郭文斌解读《弟子规》

郭文斌 著

天津出版传媒集团
百花文艺出版社

图书在版编目（CIP）数据

郭文斌解读《弟子规》/ 郭文斌著. -- 天津：百花文艺出版社, 2022.4(2025.10 重印)
ISBN 978-7-5306-8265-4

Ⅰ. ①郭… Ⅱ. ①郭… Ⅲ. ①古汉语-启蒙读物 Ⅳ. ①H194.1

中国版本图书馆 CIP 数据核字(2022)第 024487 号

郭文斌解读《弟子规》
GUOWENBIN JIEDU DIZIGUI
郭文斌　著

出 版 人：薛印胜
策划统筹：王　燕
责任编辑：王　燕　　**封面设计：**彭　泽
出版发行：百花文艺出版社
地址：天津市和平区西康路 35 号　**邮编：**300051
电话传真：+86-22-23332651（发行部）
+86-22-23332656（总编室）
+86-22-23332478（邮购部）
网址：http://www.baihuawenyi.com
印刷：山东临沂新华印刷物流集团有限责任公司
开本：880 毫米×1230 毫米　1/32
字数：400 千字
印张：15.625
版次：2022 年 4 月第 1 版
印次：2025 年 10 月第 11 次印刷
定价：58.00元

如有印装质量问题，请与山东临沂新华印刷物流集团有限责任公司联系调换
地址：山东省临沂市高新技术产业开发区新华路 1 号
电话：(0539)2925886　邮编：276017

我为什么讲《弟子规》(代序)

◎ 郭文斌

从 1998 年写长篇小说《农历》开始，到四年前在海口电视台录制《郭文斌解读〈弟子规〉》，我对中华文化的功能性越来越体会深刻。看过《农历》创作谈的读者都知道，我渴望写这么一本书：

> 它既是天下父母推荐给孩子读的书，又是天下孩子推荐给父母读的书；它既能给大地增益安详，又能给读者带来吉祥；进入眼帘它是花朵，进入心灵它是根。我不敢说《农历》就是这么一本书，但我按照这个目标努力了。

为此，我用了整整十二年时间。2011 年，我的长篇小说《农历》参加第八届“茅盾文学奖”评选，在最后一轮投票中名列第七。这个成绩，已经出乎我的意料了。对于当时一个非著名作家来讲，紧跟张炜、莫言、毕飞宇、刘震云、刘醒龙等大家之后，也算是一桩奇迹了。一百八十部参评作品，六十位评委，六轮投票，最后获得提名，对我来说，真是非常满足了。为此，有许多出版社约稿，希望我能写第二部，冲击下一届“茅奖”。当时，还真动心了。开始写《农历》的姊妹书。但是写到一半，我就停下了。

因为就在那一年，我的生命中出现了一种全新的连我自己都无法明确的价值冲动，大于写出一部长篇，大于冲击“茅奖”，那是什么呢？

读过拙著《寻找安详》的朋友知道，就在那一年，《寻找安详》的发行出现了井喷状态，提前预订书的火爆局面，让出版社应接不暇。说明安详理念已经成为人们精神生活的重要组成部分。

这让我开始思考文化的功能。一天，一位《寻找安详》的受益者，给我打电话，是现场感那节课帮她走出恐惧时，我突然明白，文化一定要让百姓能用、愿用、常用、广用，必须像大米面粉一样成为百姓必需，像阳光空气一样让人离不开。为什么有那么多传统文化淹没于历史长河之中，而中医却传承了下来，就是因为中医能够回应生命第一关切，是百姓的必需。

之后，我接二连三地得到反馈，有几位重度抑郁症患者，在读完《寻找安详》后，大为好转。找我的家长络绎不绝，把我带进了之前我不知道的“生活”。我才知道，有那么多的人需要一种全新的、可操作的、功能性的“文化”。怎么办？

推荐大家看《寻找安详》是种办法，但不是所有人都能通过阅读解决问题。此前几年，我曾经在一些学校和单位讲“孔子到底离我们有多远”，就是想把当时在人们看来高高在上的圣贤智慧对接到日常生活中。但是实践了一段时间，发现《论语》好是好，可操作性不够。怎么办？就在各种典籍中寻找方便百姓操作的、能够像幸福说明书一样的读本。最后，我的目光落在《弟子规》上。

当我决定讲《弟子规》时，有一种声音问我，一位作家，要讲《弟子规》了，是不是太降低身价了？正在犹豫之间，老天给我赐了一个小宝贝，在陪伴他成长的过程中，我发现，真是没有哪部经典能像《弟子规》这样方便我“教育”孩子。妈妈叫他，他没有反应，我就来一句“父母呼，应勿缓”；挑食，我就来一句“对饮食，勿拣择”；妈妈还没有吃，他已经动手了，我就来一句“长者先，幼者后”；便后不洗手，我就来一句“便溺回，辄净手”；看完书，乱放一起，我就来一句“读看毕，还原处”。越来越感觉到《弟子规》是大智慧，是把真理可操作化的难得之作。

于是我就到全国去讲，果然受到大家欢迎。消息传到海口电视台，就有了我们的合作。节目一出来，更是得到人们的好评。被中国教育电视台等多家电视台播出，被“学习强国”推送，被好多学校引进课程，甚至被一些致力于乡村振兴的志愿者整理成书，当作内部资料出版。这套节目播出四年来，“寻找安详小课堂”以它为教程，做降低抑郁率、离婚率、犯罪率的实践，收到了很好的效果，被新华社、新华网、《光明日报》《宁夏日报》、宁夏电视台等全国多家媒体报道。

现在，它将要和《中国之中》《吉祥如意》两本书一起，由百花文艺出版社正式出版发行了，真是“中”，真是“吉祥”。在此，向为此书策划、编辑付出了大量心血的编辑们表示衷心感谢！

更要向作者李毓秀先生表示衷心感谢！

“凡是人，皆须爱；天同覆，地同载。”

“将加人，先问己，己不欲，即速已。”

今天，再看这些句子，你还能觉得它浅显吗？

是为序。

2022 年 3 月 18 日

目　录

附录

第1集

《弟子规》里有生机

主持语:

《弟子规》,原名《训蒙文》,是清康熙年间秀才李毓秀所作。该书以三字韵的形式,阐述了完美人格塑造的基本常识和素养教育的代表性途径,以其罕见的系统性和操作性,成为中华优秀传统文化大观园里的一朵奇葩。宁夏文联主席、著名作家郭文斌先生,结合自己多年的学习和实践经验,与海口电视台合作录制了52集讲坛类人文节目《郭文斌解读〈弟子规〉》。

不同于以往的讲解,这次郭先生重点从人的生命力构建角度、人的潜能开发角度,阐述了一种由全面教育和全程教育构成的整体教育观;用独特的观点和风趣的语言,阐述了一种对于现代人来说极其重要的生命状态,那就是在第一规定性里找到人生最低成本的获得感、幸福感、安全感,让阳光、温暖、诗性、安详、喜悦充满每个人的心房。

大家好！从今天开始，由我给大家分享《弟子规》。我们都知道《弟子规》是清朝教育家李毓秀在朱熹《训蒙文》的基础上编撰而成。后来经过贾存仁先生的修订，在清末成为与《三字经》《百家姓》《千字文》并行的重要的训蒙养正读本，成为家喻户晓、妇孺皆知的教育读本。习近平总书记一直强调，弘扬中华优秀传统文化，弘扬社会主义核心价值观，一定要落细、落小、落实。党的"十九大"又提出，要增强人民的获得感、幸福感和安全感。

怎样才能够把中华优秀传统文化和社会主义核心价值观落细、落小、落实？怎样才能够提高人民的获得感、幸福感和安全感呢？

在近十多年的生活中，人们用《弟子规》来进行个人幸福指数的提升，进行家道的建设，进行团队的建设，均取得了非常可喜的效果。近几年我在帮助中央电视台做一个大型纪录片《记住乡愁》。至今已经播出了 180 集。在这 180 集节目里面，我们看到，但凡繁荣昌盛的家族，都有自己的家规家训。我在学习了这些家规和家训之后，发现它的基本精神跟《弟子规》非常一致，而它的完整性和系统性却都没有超过《弟子规》。也就是说，《弟子规》作为一个家训，作为一个家庭建设的规划，它的完整性、系统性、实践性、可操作性，应该说到目前为止，我还没有看到一本比它更完整的、更系统的、更完美的读本。这就让我更加对《弟子规》充满了敬意。

2017 年，为了从实践的角度探索《弟子规》的生命力，我们在银川成立了一个"寻找安详小课堂"，用《弟子规》作为教材，进行了四年的课程，结果令人非常欣喜，非常振奋。在这四年的学习实践过程中，有不少的抑郁症患者得到了治愈；有许多即将破碎的家庭重新找回了幸福；有许多问题青年的心理障碍得到了消除；有许多人生态度消极的人,通过学习变得积极。我在中华书局出版的《寻找安详》和《醒来》这两本书里面,实名收录了十几位同学的分享,包括他们改变命运的过程,他们实现人生获得感、幸福感、安全感的过程,足以证明《弟子规》在这个时代仍然具有强大的生命力。

比如在《醒来》中分享的净莹。一天上课时,她举手说:“郭老师,我能不能提一个问题?”我说:“你讲。”她说:“我能不能拥抱一下你讲台上的那盆水仙花。”我说:“可以啊。”没想到她上来抱着这盆花痛哭流涕。然后给大家分享说,十多年来,她居然没有发现大地上有鲜花存在。为什么呢? 每天都生活在一种仇恨当中,身心状况可想而知。

因为重度抑郁,学校已经好多年没有给她安排课了。学校领导说:“你好好活着,就是对我们工作的最大支持。”

在一位学生的婚礼上,我见到了她。那几年,我有一个习惯,包里常常背着几本《寻找安详》,见到有需要的人就送,当时我也送她一本。没想到过了几天,她就给我打电话,说:“郭老师,看完《寻找安详》感觉舒服多了,心情好多了。”我就介绍她到“寻找安详小课堂”去听课,没想到听进去了,然后每次都参加。就在那一次课程的答疑中,她突然看到了讲台上有一盆水仙花。从那天开始,她一天一个变化,没过多久,她就回到工作岗位上,开始了新的生活。现在,她的抑郁症已彻底康复。这个案例给了许多抑郁症患者以信心。

还有一个例子,也比较典型。在石家庄,有一位女企业家,夫妻关系很紧张,母女关系也很紧张。就在这个时候,因一个特殊的机缘,来到我们这个团队。坚持学习之后,她的身心为之一变。在《醒来》附录的分享文章里她写到一个情景:有一天,他们一家人终于坐在了一起,孩子围绕着爸爸欢声笑语、谈笑风生的时候,她的眼泪就下来了。为什么呢? 当年她的先生挣钱,她也挣钱,她原想着挣够足够的钱就有了获得感、幸福感、安全感,没想到事与愿违。就在她身心崩溃的时候,我到坝上草原去讲课,她去做义工,到机场接我。在车上,她问了我许多问题,我给她一一做了解答。从此之后,她就一直跟着我听课,我讲到哪里,她就跟到哪里。现在,她的家庭,真的是其乐融融。

她女儿填报大学志愿的时候,只报宁夏的大学。为啥呢?跟着我们这个团队学习。可见她对小课堂的信任,对我们团队的信任。后来,她终于如愿以偿,被宁夏的一所高校——北方民族大学录取。然后,他们一家人就搬到银川来生活。

我讲这个故事,想说明什么呢?就是说简简单单的一本《弟子规》,我们四年之中用它作为教材,居然能够让一个濒临崩溃的家庭走向和谐。不但改善了他们夫妻的关系,也改变了孩子的世界观、人生观、幸福观。

还有一个案例。一天,一位领导约太太到朋友家协议离婚。为什么协议离婚呢?发现他的肝硬化是被太太气出来的。他跟太太说:“我还想多活几年,你就成全我吧!”太太说:“好,我成全你。”两个人就相约到朋友家,协议离婚,和和气气地离婚。没想到就在这个时候,朋友介绍这位太太到“小课堂”去听课。

奇迹发生了!半年之后,这位先生发现,他的太太变了,变温柔了、变温暖了、变温和了。他的身心也一天天在变化。那年大年期间有一个五天的学习班,他就约他儿子一块儿去“探幽”。到底是什么样的课程,能够让一位那么刚硬的女性变得温柔?他听完课之后上台分享,他的太太之所以能够脱胎换骨,变得温柔贤惠,是这套教程使她发生改变的。说明这套教程是科学的、有生命力的、可操作的。从此,他也成为我们这个学习团队的一员。

由此可见,通过学习《弟子规》,不但可以让抑郁症患者康复,还可以让夫妻破镜重圆，让一些有心理障碍的人走向健康，可见它的强大生命力。这些年我到全国做志愿者，也看到了许许多多企业，应用《弟子规》把单位经营得风生水起。

比如说，宁夏有一家博康医院，还有一家兴泰公司，他们先后全员学习了《弟子规》，收到了非常好的效果。从这个意义上来讲，在今天，《弟子规》它真的是把中华优秀传统文化落细、落小、落实的一个“智慧系统”。

我们都知道，要想在高速路上顺利地行驶，需要导航。在我看来，《弟子规》就是生命的最好导航。它的精神要义来自《论语·学而篇》：“入则孝，出则悌，谨而信，泛爱众，而亲仁，行有余力，则以学文。”也就是说，它的精神是孔子的智慧，它的精神是《论语》的精神。但是和《论语》相比，它由 113 件事情构成，更好操作。这 113 件事，事实上是有代表性的，像一个人生导航。我们都知道开车需要导航，卫星在太空翱翔要环绕轨道，“和谐号”“复兴号” 动车之所以能达到传统运输工具速度的好多倍，就在于它有一个轨（“轨”通“规”）。

有人把《弟子规》称作生命第一“规”。从一定意义上来讲，这样称谓并不过分，因为它是古圣先贤通过生命实践得出来的正确的人生路线图。就像在大海上航行，我们的祖先绘制了《更路簿》，按照《更路簿》出航，就能够获得安全。如果没有这个《更路簿》，在茫茫大海上航行，就有可能迷失方向。所以，《弟子规》，它首先能够为生命提供安全感。近年来，随着现代教育的发展，我们对生命效率的强调达到了极致，但对人生安全感的教育却没有跟上，所以，有许多人走到半路就翻船了、翻车了，给家庭、给国家造成巨大的损失。

“君子务本，本立而道生。”“知所先后，则近道矣。”我们要想让人们有获得感、幸福感、安全感，就首先要让人们认识生命，看懂人生的图纸。通常，人们买回电器，要先看说明书，而生命肯定也有一个更重要的“说明书”。如果不按照这个“说明书”去操作，是很难正确地使用这个“电器”的。如果不按照导航去行驶，车就很难顺利地到达目的地。《弟子规》正是这样的一个“生命电器”的“说明书”、生命的导航，它是生命健康、幸福、安全的一个“规”。而这个“规”，从一定意义上来讲，就是人的安全性教育。

中国古人的教育，首先对人进行安全性教育，然后才进行效率性教育。现在，我们看到有关部门频频下发文件，对人的安全性教育提出了修复性的建设性意见。2017 年秋季，《弟子规》作为正式教材，已经成为一个通用的读本。这就意味着教育部门已经认识到安全性教育要比效率性教育更重要，已经认识到先和后的逻辑关系。要想让人类永久性生存，要想使人们在群体中健康、和谐、幸福地生活，我们就必须建立一个大的轨道。这个轨道，既保障个人安全性又确保集体安全性、人类安全性。从这个意义上来讲，在今天，《弟子规》的学习就显得重要、必须、迫切。

习近平总书记关于中华优秀传统文化，有许多精辟深刻的论述。我个人在二十多年来学习传统文化的过程中越来越认识到，学习传统文化一定要像习总书记讲的那样落细、落小、落实。如果不能够落细、落小、落实，即使满腹经纶，也无法实现获得感、幸福感、安全感。为什么呢？操作性不够往往让人无法落地，接不了地气；接不了地气，时间久了就会束之高阁。我们在生活中看到有许多饱学之士，硕士生、博士生，文凭很高但是幸福感很低，你从他们的脸上看不到笑容，你从他们的目光中看不到喜悦。原因出在哪里呢？原因出在他们没有把知识变成生命力。

我曾经出过一本书叫《〈弟子规〉到底说什么》，这是中华书局在几年前出版的，也比较受大家欢迎。后来，随着多次讲解，我对《弟子规》的认识，一步步深入，最后到了当初想象不到的地步。我发现它具有非常高的操作性，拿来就能用。天天诵读《弟子规》，天天按照《弟子规》去践行，我发现我的幸福感提高了，获得感提高了，安全感提高了。

在此讲《弟子规》，是因为我从我个人的生活实践、我们团队的实践和这些年我帮助中央电视台做大型纪录片《记住乡愁》等等几个方面得出来的一个结论：在今天，要想弘扬中华优秀传统文化，我们就必须将其落细、落小、落实。怎么落？应用《弟子规》是再好不过的一个途径。

第 2 集

《弟子规》里有营养

主持语：

著名作家郭文斌先生通过上一堂课的讲述和分析，认为如果忽视了心性教育和道德教育，将会引发越来越多的社会问题和人的心理问题。

解决这些问题的办法之一，就是从优秀的传统文化中汲取营养，让我们从中找回安全感和道德感。而《弟子规》就是这样一部充满了心性教育智慧的作品。那么《弟子规》里到底蕴藏着什么样的心性教育智慧呢？

大家好！上一堂课我们对学习《弟子规》的现实意义做了解读，我们说，要想让社会主义核心价值观，让中华优秀传统文化落细、落小、落实，有一个非常好的途径，那就是学习和践行《弟子规》。因为《弟子规》它是由具有代表性的 113 件事情构成，指向我们生命力建设的 113 个方面。

以中央电视台大型纪录片《记住乡愁》为例，我们看到已经播出的180集节目里面，那些几百年甚至上千年的大家族，都有一个共同的特点，就是他们都有家规家训，这些家规家训在播出之后被广大观众学习和效仿。

《记住乡愁》前120集，拍摄的是120个古村落，再120集，拍摄的是古镇。古村落也好，古镇也好，它最终指向的是人的生命力建设、家族的生命力建设和家族企业的生命力建设，包括它对这个国家生命力建设的意义。而第三季的收视率比第二季提高了百分之七十，被中宣部领导誉为"弘扬社会主义核心价值观最接地气的精品力作"。这个接地气，在我理解有许多方面，其中一个重要的方面就是，它揭示了中国人"修齐治平"的经验。而这个经验中核心的核心，就是家道的建设、家风的建设，而它的可操作性的载体就是家训。

比如说钱学森的家族，为什么这个家族里面，人的寿命很长、人的建树很高，有国家领导人、有科学家、有国学大师、有大作家。我们看到，这个家族有一套完整的家训，比如说"利在一身勿谋也，利在天下必谋之，利在一时固谋也，利在万世更谋之。"就是说，是这样的家训，让这个家族的每一个生命单元，从小就接受了一套生命安全性的教育、效率性的教育。他们对于生命力建设，有一套完整的、系统的、可操作的导航。从这个意义上来讲，我们可以看到《弟子规》对于国家，对于民族的强大建设性、指导性。由此，我们可以预言，在将来的岁月里，随着人们对它的认识的深入，它会焕发出更加强大的生命力。

我从这些年"寻找安详小课堂"中收获了一个个鲜活的案例，就是收在《寻找安详》和《醒来》附录里面的那些实名分享的借助于《弟子规》改变命运的案例，它们说明，《弟子规》是有生命力的，是这个时代仍然可以好好应用的一本改变命运、提升我们幸福感、获得感和安全感的读本。

从我个人来讲,通过二十多年传统文化的学习和践行,我越来越觉得,四书五经也好,十三经也好,最后要变成我们的生命力,就要知行合一。而要知行合一,我们就要找到一个具有可操作性的生命说明书。在我看来,《弟子规》就是再好不过的一个生命说明书。因为它很简短,它很方便现代人应用。每天清晨诵读一遍,你就会知道这一天应该怎样度过;晚上诵读一遍,你就会检验今天哪些是正确的,哪些是错误的。有没有闯红灯?有没有被扣分?

要让广大的人民群众接受传统文化,就一定要让这一套文化方便人们应用。

我发现,当你给人们讲平天下的时候,当你给人们讲治国的时候,有些人感兴趣,有一些人未必感兴趣。但是,当你讲到传家的时候,他就一下子有兴趣了。但是,对于一部分人来讲,你讲传家他仍然兴趣度不高,但是,你讲到个人幸福,他就有了兴趣。即便是你讲到个人幸福,还有一部分人漠然。怎么办呢?你把幸福再给它细分,细分到长寿、富贵、康宁、好德、善终,会发现人们有兴趣了。没有谁不希望自己长寿。长到什么程度呢?就没有概念了。按照《尚书》的说法,一个人起码应该活到的年龄是 120 岁。按照现代细胞学的说法,也应该是 120 岁。可是你去生活中调研,很少有人想到自己能活 120 岁。

我们都知道,建一座大厦需要图纸,如果图纸的设计只有十层,没有十二层,这座大厦就只能建到十层。生命大厦也一样,都没有设计到 120 岁,怎么能活到 120 岁呢?从这个意义上来讲,立志首先应该是长寿,就是从生命的长度来讲,我们首先要明白自己能活 120 岁。当我把这个概念讲出来的时候,你会发现场下的观众马上兴奋起来。怎样才能活到 120 岁呢？这个时候，我们就要把生命力建设再落小，小到更好操作的层面。

小到什么层面呢？这时候我常常会给大家打比方，我说如果我们把长寿看成面条、富贵看成面包、康宁看成点心、好德看成是蛋糕的话，看上去是几样食品：面条、面包、点心、蛋糕，但是仔细一想，它们都是一样东西，什么东西呢？面粉。这样对于生命力建设，就变得更简单了。就是说，我想长寿、我想富贵、我想康宁、我想好德、我想善终，原来要找到它的基本原料面粉就可以了。这个面粉呢，就是生命能量。这时候，我们的获得感也好，幸福感也好，安全感也好，就会变成一件事，就是提高生命能量。

如何提高呢？找到根本性载体。现代科学已经证明，任何事物都由三要素构成——信息系统、能量系统、物质系统，而能量系统和物质系统是由信息系统决定的，这个信息系统是第一载体。换句话说，能量是由信息作为载体存在的。那么，生命力建设就变成了对于信息系统的把握。信息系统又是由什么构成的呢？很简单，由念头构成。这时候，我们对于获得感、幸福感、安全感的构建，就更为微细地落到了对念头的管理上。

一个人一旦认识到生命力的建设是念头造成的时候，他对于幸福、获得和安全，就会向内找，不会向外求了。

为什么呢？一个人的幸福感也好、获得感也好、安全感也好，都是由念头决定的，那么这个人向外的目光就折回来了。而一旦向外的目光折回来，他向内在、向念头、向自我、向本质寻求的时候，这个人的生命成本就降低了，这个人的焦虑度就降低了，这个人的抑郁度就降低了。为啥呢？

一切都由念头决定。动一个安详的念头，生命就是安详的；动一个焦虑的念头,生命就是焦虑的。当一个人把生命认识到这个程度的时候,古人讲的“自在”就产生了。自在的另一面就是“自由”,这才是人生真正的自由境界。

念头才是真正的自由,它不依存于外在条件。关于这一点,我在《醒来》这本书里用大量的篇幅介绍了美国心理学家霍金斯用三十年的人体运动学实验得出来的一个实验结果,就是对生命能级的描述。他认为,人的生命力跟意识亮度有关,意识亮度越高,生命力越强大。就像这个灯泡一样。他研究发现,意识是有亮度的。

一个人意识的光泽度越高,生命能量就越高。而生命能量,我前面打了比方,就是长寿、富贵、康宁、好德、善终这五福面点的面粉,就是我们获得感、幸福感、安全感的建材,即最基本的原料。他在生命能级里面,用 0—1000 级做了一个描述,他认为 700—1000 级,一般的人够不着,够得着的能级是 600 级。当一个人的能级到达 600 意味着什么呢? 意味着他的获得感、幸福感和安全感将是普通人的 1000 万倍。

想象一下,一个人的幸福感是普通人的 1000 万倍,那将是一个怎样的境界?从另一个角度来讲,这样的人大地上几乎不存在。那么,到底有没有这样的人存在呢? 按照霍金斯的研究理论,我们一一对照会发现,有极少数人到达过这样的一个级次。霍金斯发现,一个人的生命能量到达 600 级的时候, 他的基本念头是什么呢? 三个字:“都一样”。就是说,当一个人的基本心态是“都一样”的时候,这个人的生命能级达到了 600 级。我们在地球上找,有没有基本心态到达如此状态的呢?有!比如说孔子,他讲“吾十有五而志于学,三十而立,四十而不惑,五十而知天命,六十而耳顺”,“耳顺”这个境界就是“都一样”。

什么意思呢? 别人赞美我,我也快乐;别人批评我,我也很快乐。

外在的毁誉已经不能让他焦虑。换句话说，都一样，赞美和批评都一样。孔子六十岁的时候，到达了"都一样"的生命境界，对应的能量级是 600 级。陈蔡之困，处境何其艰难，他仍然可以抚琴。子路就受不了了，说，我们都到了这样的境地，您还能这样乐啊？孔子就问子路，那我们应该怎么做呢？子路就问孔子，君子有没有受困的时候？孔子怎么回答的呢？孔子说，君子和普通人的区别是君子受困也不改变他的喜悦。也就是说，条件好我快乐，条件不好我也快乐。这就是《论语》开篇讲的"学而时习之，不亦说乎？有朋自远方来，不亦乐乎？人不知而不愠，不亦君子乎？"

"学而时习之，不亦说乎？"这个"说"指的是一种不需要条件做保障的快乐。在古代，"学"有两层意思：第一是觉悟；第二是效仿。当一个人觉悟了，回到面缸里面了，面包的烦恼就没有了，面条的烦恼就没有了，点心的烦恼就没有了。为什么呢？回到了本质地带，就是觉悟。换句话说，他的生命能级到达了 600 级，他的信息系统是都一样。到了这个层面，他每天读古圣先贤的经典快乐，不读也快乐；吃山珍海味快乐，吃粗茶淡饭也快乐。就是说，按照这一套"学"的智慧系统去做，就"说"（悦）。

"有朋自远方来，不亦乐乎？"为什么会有朋自远方来呢？因为我快乐。换句话说，当一个人到达了 600 级的境界，他坐在那个地方就是在弘扬传统文化。我们都知道，太阳一出来，向日葵齐刷刷地朝向它。为什么会有这样的效果呢？因为太阳是光源，有能量。人也一样。老子也讲过："我无为而民自化，我好静而民自正。"当一个人的能量提高了，朋友就来了。正如手掌升，五指皆升；手掌降，五指皆降。

"人不知而不愠，不亦君子乎？"意思是说别人了解我，我快乐；别人不了解我，我也快乐。也就是说，外在条件不会影响到他内心的喜悦，这就是“都一样”。孔子到60岁的时候，修炼到这样的境界，这样的能级，基本的载体是“都一样”。所以，我们看到孔子，他在任何时候都没有改变他的喜悦。

由此，我们就明白，在那么一个兵荒马乱的年代，为什么有三千弟子跟着他？一个团队，如果核心领导人不快乐，会有凝聚力吗？就像颜回，他最大的理想就是跟着孔夫子。颜回能够“一箪食、一瓢饮，在陋巷，人不堪其忧，回也不改其乐”，为什么呢？因为他按照孔夫子的教导去做，所以能够做到不迁怒、不贰过。

有人问，你为什么要学传统文化？我说，之所以要学传统文化，首先是为了不生气。如果你能够做到任何时候都不生气，好，那就不需要学了；如果你还做不到在任何时候都不生气，那还要学。为什么呢？我们看孔子评价颜回的两个标准——不迁怒，不贰过。所以，要想不生气，我们就要学传统文化。

要让中华优秀传统文化可用，就要把它的宏大体系变成具有可操作性的细节。

第3集

《弟子规》里有安全

主持语：

郭文斌先生在上一堂课的讲述中认为，学习践行《弟子规》可以把中华优秀传统文化落细、落小、落实，甚至可以小到我们的念头上。正能量的念头，能让我们的心性充满阳光和希望。

郭文斌先生借助美国心理学家霍金斯的能量级观点认为，在正能量念头的驾驭下，如果我们分享了别人的获得感、幸福感和安全感，我们的获得感、幸福感和安全感将会成倍地增加。然后就有可能达到孔子所言的"学而时习之，不亦说乎；有朋自远方来，不亦乐乎；人不知而不愠，不亦君子乎"的那种状态。

这种生命状态怎么才能获得呢？《弟子规》所体现的生命说明书、生命的导航、生命的安全性的"规"，其来源又是什么呢？

大家好！上一堂课我们讲到，通过《弟子规》可以把中华优秀传统文化落细、落小、落实。小到什么程度呢？小到念头上。我们借助美国心理学家霍金斯的能量级分享了一个人的能量如果能够到达600级，他的获得感、幸福感和安全感将是普通人的1000万倍。当一个人的幸福感是普通人的1000万倍的时候，我们就可以理解孔子所讲的“学而时习之，不亦说乎；有朋自远方来，不亦乐乎；人不知而不愠，不亦君子乎”的那种状态。

这样的一种生命状态，怎样才能获得呢？《弟子规》就是解决这个问题的。从《弟子规》的“总叙”可以看到，“弟子规，圣人训；首孝悌，次谨信。泛爱众，而亲仁；有余力，则学文”。从中，我们会得到什么样的概念呢？它首先告诉我们，《弟子规》是圣人训。也就是说，作为生命说明书、生命导航、生命安全性之“规”的《弟子规》，它的来源是什么呢？是圣人智慧。什么是圣人？圣人是通达了宇宙和生命真相的人。从这样的一个大前提出发，我们就可以得到安全感。

我们都知道，知识有真的，有假的，有正的，有邪的。什么样的知识是正的，什么样的知识是邪的？就像有人说我们要弘扬中华优秀传统文化，特别要注意“优秀”。那什么是中华优秀传统文化？我理解，觉悟的人讲的就是优秀的，迷惑的人讲的很难是优秀的，除非他是复讲圣人的言说，除非他是复述经典，就像孔子讲的“述而不作，信而好古”。为什么呢？因为只有到达山顶的人，他讲的关于山顶的感觉才是正确的。睁开了眼睛的人看到的大象才是全部，否则就是盲人摸象，摸到头的人就认为象是头的形状，摸到了尾巴的人就认为象是尾巴的形状。

在中华书局出版我的第三本随笔集的时候，本来我给它起的名字叫《回归喜悦》，但是编辑在出单行本的时候，看到了其中附的一张光盘，名字叫“醒来”，他就强烈地建议用《醒来》这个名字，用了读者果然很喜欢。更多的时候，人处在一种假醒状态，在这种状态中，就很可能会把生命看错，把世界看错。就像有一次，我被老虎追赶，吓得屁滚尿流，就在自己非常紧张的时候，发现自己在床上躺着，没有老虎。哦，原来是一场梦。谁想过了一会儿，一头狮子又追过来了，又吓得要死，无路可逃时又发现自己在床上躺着，原来在做梦中梦。那一天对我的触动很大。我们如果不觉悟，不学习圣贤文化，不走进中华优秀传统文化，很可能会活在重重叠叠的梦境中。按照古人的说法，我们很可能要活在十一层的梦境里面。就像剥葱一样，剥掉一层还有一层，一直有十一层梦境包裹着我们。从这个意义上来讲，《弟子规》开篇讲的“弟子规，圣人训”尤为重要。

什么是圣人？我们看圣（聖）的造字，它是耳朵的“耳”和“口”跟“壬”这样的一个联合体。什么意思呢？能够听到宇宙本质的声音，讲的也是宇宙本质的声音，还有担当精神，这就是圣人。这样的人讲的道理，讲的人生真相、宇宙真相，我们才可以相信。

《弟子规》一开始就讲“弟子规，圣人训”，让我们有安全感，这个智慧体系是可以信任的。老子讲过一句很著名的话，他说“信不足焉，有不信焉”，一个人为什么会产生怀疑、疑惑呢？是因为他没有一个大的信仰。而一个人怎样才能有大的信仰呢？《大学》给我们开出来的方法是“格物、致知、诚意、正心、修身、齐家、治国、平天下”。

如何平天下呢？首先要治国。如何治国呢？先齐家。如何齐家呢？先修身。如何修身呢？先正心。如何正心呢？先诚意。如何诚其意呢？先致知，要有智慧。如何有智慧呢？先格物。关于格物，有各种各样的解释，在不同的方向不同的层面，我觉得它都对。但是我对格物的理解是，只有把现象世界看破，才能够抵达本质。换句话说，如果不能从现象世界中醒透，不能从梦境中醒透，不能彻底醒来，是很难有智慧的。

我们从《弟子规》总叙的第一句话“弟子规，圣人训”就可以看到编写者对宇宙和人生的认识非常通透。从这句话我们可以看出，《弟子规》充满着敬畏心、感恩心，因为它开篇就用“圣人训”来给我们立下一个大前提，让我们知道《弟子规》所讲的 113 个生命方向，生命安全的“规”、幸福的“规”、获得的“规”，它是来自源头活水，来自一个醒透的人对我们描述的生命、世界、宇宙之真相。

怎样才能达到孔子所讲的大喜悦、大自在境界呢？《弟子规》总叙给我们开出来的方法论是“首孝悌”。“孝”很好理解，我们看它的会意，上“老”下“子”。就是说，一个人能够把“老”和“小”变为一个整体，这就是孝。孝，在中国传统文化里面可以说是重中之重。古人告诉我们，生命构建的道路有一千条，但第一条一定是孝道。

我们看“教”这个字，由“孝”和“攴”构成，“攴”的原始意义是一个人拿着鞭子，就是说你不孝敬老人我就打你。可见，古典教育是从教“孝”开始。“孝”为什么这么重要呢？因为它揭示的是宇宙规律折射到人间伦理上的常识，因为这个宇宙是一个整体。整个宇宙是小星体围绕着大星体在运转，微观世界也是如此，是电子围绕着原子核在运转。这就说明，无论是宏观世界还是微观世界，都是小质量的围绕大质量的、小体积的围绕着大体积的运转。

人间伦理也一样，一定是晚辈围绕着长辈，这样，家庭才能和谐，社会才能和谐，国家才能和谐。换句话说，任何一个团队、任何一个生命单元都要有一个核心。这个核心如果用一棵树来形容，就是根。根深才能叶茂。从这个意义上来讲,“孝”事实上是宇宙常识在人间伦理上的折射。假如说一个人不孝,会有什么样的后果呢?他会走出整体性,那整体性给他提供的能量就断掉了。

可见,“首孝悌”的“孝”是我们获得生命力的第一途径。换句话说,孝是保持生命能量的唯一途径。

假如说一个人不孝的话,会有什么后果?生活中,我们看到,一个人,如果他的孝心关闭了,这个人要么会焦虑,要么会抑郁。当你帮他把孝心打开之后,他的焦虑、抑郁都会有一定程度的缓解。由此可以证明,孝道是生命最为重要的能量管道。

“悌”是什么意思呢?是对“孝”的延续。如果说爱老人是“孝”,那么“悌”就是对老人的这一份爱的横向发展,就是爱我们的兄弟姐妹。

接下来《弟子规》讲“次谨信”。如果说“孝”和“悌”是对家庭成员爱的一种投射,“孝”是向上的爱,“悌”是平行的爱,那“谨”和“信”就是对自身能量的一种守护。“谨”由“讠”和“堇”构成,“堇(jǐn)”是一种可以修复伤口的草。“讠”“堇”组合,意味着我们要时时刻刻保护好生命力。“信”是人讲的话,就是说,作为一个人,他讲的话要达到谨的程度、诚信的程度。

“弟子规,圣人训;首孝悌,次谨信。”“孝悌”是从家道的范畴来讲,“谨信”是从修身的角度来讲。接下来呢,把在家养成的爱,在自己身上养成的“谨”和“信”,扩展为 “泛爱众”,再扩展就是“亲仁”。“泛爱众”的课程完成之后,就是到达孔子提倡的“仁”的境界了。从一定意义上来讲,“泛爱众”已经到达了我们上节课讲的“都一样”境界,不但要爱我们的父母、爱我们的兄妹,爱我们自身、爱邻里、爱朋友,而且要爱一切人,到“都一样”的境界。直至爱一切生命,爱一切存在。

接下来就是“亲仁”,就是让生命保持在一种无条件的爱的境界。

一个人只有到达了这个境界之后才可以“学文”，这就是“行有余力，则以学文”。可见，古人生命力建设的次第，是先进行德行的培育，再去“学文”。

这样的一个“总叙”，即“弟子规，圣人训；首孝悌，次谨信。泛爱众，而亲仁；有余力，则学文”，我们可以看出古人对于人格大厦构建的次第，“孝”和“悌”是根，“谨”和“信”是枝干，到了“泛爱众”和“亲仁”就要开花结果了。然后，把这样一个生命大树展示给世人，让世人对于生命有一个正确的认识，起到榜样的作用，这叫作“文”。换句话说，用我们的人格去投射影响其他人，这就是“文”。这是《弟子规》的总叙。

由《弟子规》“总叙”，我们可以看出来，它里面既有认知方式，又有价值诉求，还有行为模式、学术范式，这就是中华文化的四大板块，都囊括在里面了。

它的认知方式是什么呢？显然，是圣贤认知。它是一种找到本质的简易的认知方式，也就是十三经之首《周易》所揭示的认知方式。圣贤认知的最大特点是特别强调整体性，特别强调在整体中去认识生命、认识宇宙。这种整体性，体现在方法论上，就是辩证法。我们的辩证法是非常朴素的阴阳辩证法，也就是用阴和阳来解释宇宙。在以后的课程里面，我们会给大家详细地讲解这些认知方式。

从《弟子规》的总叙中，可以看出什么样的价值诉求呢？“泛爱众，而亲仁”，这是一种整体性的爱，为什么要“首孝悌”？为什么要“次谨信”？目的是为了“泛爱众”“亲仁”。这就像《大学》里面讲的“大学之道，在明明德，在亲民，在止于至善。”如果说“孝悌”“谨信”是一种“明明德”的手段，那么它们的目的是什么呢？是要达到至善的境界，就是“泛爱众”“亲仁”。由此可见，《弟子规》的价值指向侧重人伦关系的建构,那就是和谐。

如果我们就世界文化做一个对比，会发现古印度文化特别强调生命的超越性。它对生命的规划一定是指向超越。这从它的人生四阶段可以非常明显地看出来。一个人 20 岁之前叫守真期;20 岁到 40 岁叫居家期;40 岁到 60 岁叫行脚期;60 岁到 80 岁叫弃绝期。就是说 0 到 20 岁,你要在家里面学习成长;20 岁到 40 岁,养老育小; 40 岁到 60 岁，必须离开家庭，寻师访道，解决生命的下一站问题;60 岁到 80 岁必须放下家庭,去追求永生问题、真理性问题,也就是超越性问题。

西方文化则以追求物质的最大化为特点。当然，在苏格拉底时代，人们追求心灵的超越跟物质的最大化是统一的。到了柏拉图时代,偏向了对内心的探索。到了柏拉图的学生亚里士多德,一下转向了对物质世界的探索,把对物质的占有作为生命的意义。到现在,西方文化的一个特别突出的特点就是让物质利益最大化。而相较于古印度文化和西方文化,中华文化在这两者中间找到了一个平衡点,那就是“中”。

这个“中”,又是一个什么样的状态?它在现实社会有什么重要意义?《弟子规》里面怎样描述这个“中”?怎么抵达这个“中”呢?下一堂课我们接着分享。

第4集

《弟子规》里有幸福

大家好！上一堂课我和大家分享了《弟子规》的总叙，从中可以看出《弟子规》的认知方式是整体认识，是易认识。《弟子规》的价值观是什么呢？我接着给大家讲解。

从古印度文化和西方文化的对比，可见古印度它侧重解决的是人和神的关系。西方文化侧重解决人和物质的关系，中国文化侧重解决人和人的关系。从《弟子规》的总叙我们可以看出来人伦的高潮，那就是“泛爱众”。

“行有余力，则以学文。”“学文”作为一种方法论，落在哪里呢？落在人间伦理的维护上。从《弟子规》的总叙我们可以看到，它的价值观就是传统伦理所强调的仁的境界。它的价值导向是和谐。深入研究之后你会发现，《弟子规》是人间和谐伦理的说明书。

《弟子规》的行为方式是什么呢？它不同于古印度的行为方式，特别强调对于本质的探求；也不同于西方的行为方式，特别强调法律和制度的重要性，而介于这二者中间，那就是礼乐文化。

《弟子规》的学术范式是什么呢？它先进行心性教育、道德教育，再进行知识教育和技术教育。“行有余力，则以学文。”这个“文”，是心性和道德的实践性展开，是“六艺”的生活化演义。由此，我们可以对《弟子规》做一个基本描述：它是整体性认识，是易认识；是和谐的价值诉求，强调的是人伦关系；是礼乐的行为模式，是六艺的学术范式。

对总叙有了这样的认识之后，我们就要强调这次分享《弟子规》的方法论，就是我们讲的是《弟子规》的精神，不是讲《弟子规》的 113 件事，而是通过 113 件事来讲《弟子规》的内核，它的精神性。

也许有人会问，《弟子规》诞生于清代，在今天还适用吗？我的理解是：也许有些条文可能不适合今天社会，但是它的精神永远不过时，比如说孝悌的精神、谨和信的精神、泛爱众的精神、亲仁的精神、学文的精神，它们永远不过时。就《弟子规》的精神性，我们将从七个方面和大家分享。

第一，“入则孝”。

我在读《弟子规》的时候，一直在想一个问题，为什么它要从“父母呼，应勿缓”开篇呢？对应到生命，它的开始又是一种什么样的状态呢？一天，我看到有人探讨，小孩子刚生下来是先呼一口气，还是先吸一口气呢？有一位智者给出了答案先呼后吸，有词为证即为“呼吸”。就是说，我们刚刚来到这个世界上，是先呼了口气。当时，我很疑惑：不吸，哪有气往出呼呢？我看到这位智者回答：这就是生命元气。这一口气呼出来之后，呼吸就开始了，这就是呼吸。

《弟子规》从“父母呼，应勿缓”来讲，有很深的含义。我们可以想一想，如果“父母呼”我们没有反应是一种什么感觉呢？我们跟父母是一个生命整体，当“父母呼”我们没有应的时候，我们跟父母之间类似于呼吸一样的能量交换就中断了。跟父母的能量交换中断意味着什么呢？父母是我们长长的先人链条的第一个环节，父母有他们的父母，父母的父母有他们的父母，一直到找到第一个父母，那就是我们的第一祖先，那就是生命的源头。而我们跟最近的父母能量交换中断意味着我们跟这样一根长长的先人的能量链条的关系就中断了，那么受损失的当然是我们自己。

这些年，为了把这个问题讲清楚，我常常会讲两个概念。一个概念是“永恒账户”，如果对心理学有了解，就会知道每一个人都有一个“永恒账户”，就是潜意识。潜意识，它有以下几个基本特点。

第一，自动记录性。就像我在这里讲课，摄像机会一个字、一个动作不落地全部录入。在下一个时间把它播放出来，跟我现在讲的一模一样。

第二，全息性。全息性已经被科学证实，念头一动，脑电波超光速抵达全宇宙，就是说念头的传播速度是超光速的。古人讲，“若要人不知，除非己莫为”，讲得还不够精准，应该是“若要人不知，除非己莫想”。念头一动，整个宇宙接收器都知道了。

关于这一点，做过妈妈的人都有体会。你看那个小孩子睡着了，睡得很安静，妈妈在他身边干活儿，他睡得很香甜。妈妈一旦离开，他就哭。妈妈返身回来，在他肩膀上拍一拍，说“妈妈在，妈妈在”，他又睡着，又很安静地进入梦乡。妈妈就很纳闷：哎，这小家伙到底是睡着了还是没睡着呢？说他睡着了吧，他知道我出去了，说他没睡着，他睡得很香甜。怎么解释呢？当我们对心理学有一些研究之后就会发现，睡着是他的意识层关闭了，但是他的潜意识永远不关闭。如果潜意识关闭，谁记录我们的梦境呢？如果潜意识关闭，谁把我们叫醒呢？由此我们知道，潜意识是与宇宙共享的。

当我们知道潜意识是与宇宙共享的时候，敬畏心一下子就生起来了。我们动的每一个念头都与宇宙共享，我们就会想到孔老夫子为什么要讲“诗三百，一言以蔽之，曰：思无邪”。为什么要“思无邪”呢？因为潜意识是与宇宙共享的。由此，我们就理解古人为什么讲“治世之音安以乐，乱世之音怨以怒，亡国之音哀以思”。为什么呢？声音、色彩等等都是全息的，从中我们可以看到一个国家是安是乱是亡，它是全息的。

第三，永恒性。潜意识的永恒性已经被现代医学和催眠治疗证实。认识到潜意识的永恒性之后，就会对生命、宇宙有全新的认识，也会对“孝”有全新的认识。既然潜意识是永恒的，那我们就可以做一个推论：祖先的潜意识也是永恒的。既然祖先的潜意识是永恒的，那我们孝敬老人就具有现实意义。做一个简单的推理，别人打我们的小孩，我们开心还是不开心？当然不开心。别人对我们的小孩子疼爱，我们开心不开心呢？当然开心。

而爸爸妈妈是爷爷奶奶的孩子，那我们对爸爸妈妈孝敬，爷爷奶奶高兴还是不高兴？当然高兴。爷爷奶奶又是他们爸爸妈妈的孩子，我们对爷爷奶奶怀念，他们的爸爸妈妈高兴不高兴？高兴。由此可见，我们孝敬老人，所有的先人都会高兴。他们一高兴就会给我们发红包，我们就会五福临门。就会长寿、富贵、康宁、好德、善终。我们知道，长寿是能量变的，富贵是能量变的，康宁是能量变的，好德是能量变的，善终也是能量变的。而能量来自哪里呢？一部分来自自己的创造，就像我们劳动了一天就会获得一天的工资。还有一部分能量是被给予的。谁给予的呢？祖先对我们的“转移支付”。这就又牵扯到第二个概念——幸福学的概念、成功学的概念、健康学的概念，那就是“能量总库”。

什么是“能量总库”呢？在我理解，每一个人的能量由两部分构成，一部分能量，我把它叫作“基本工资”，这个是老板定的，一到公司老板就定好了，自己没办法改变。另一部分是“岗位津贴”，我们能够把握的能量就是“岗位津贴”。“岗位津贴”意味着什么呢？干一份工作拿一份工资，不干就没有。可见，“基本工资”是“原始能量”，“岗位津贴”是“现存能量”。

“原始能量”由哪些要素构成呢？

第一部分是先人结转的。中华民族特别强调孝亲尊师。为什么要孝亲呢？因为你一孝亲，关于“亲”的这份能量就结转过来了。怀念祖先，其实就是跟祖先的一次能量交换。从已经播出的 180 集《记住乡愁》，我们看到那些兴旺发达的大家族都特别重视祭祖，祭祖的一个重要现实意义就是从祖先那里获得能量。这些年，我们帮助了一些焦虑症患者，也用类似的方法，效果很明显。

第二部分是“原始能量”。作为一个民族，它是一个能量单元；作为一个国家，它也是一个能量单元。为什么《了凡四训》里面讲“忠孝之家，子孙未有不绵远而昌盛者”呢？因为孝是跟亲人进行能量交换，忠是跟国人进行能量交换，越爱国，我们的能量来源就越多，所以，“忠孝之家，子孙未有不绵远而昌盛者”。

由此可知，我们的“基本工资”部分有先人结转的能量，有国家结转的能量，有民族结转的能量。如果我们能够跟整个人类进行能量共振能量交换的话，又会得到整个人类给我们的能量。

习近平总书记提出构建“人类命运共同体”，从能量的角度来讲，它是每一个生命个体的福祉。因为我们获得的是整个人类共振给我们的一份能量。从力学原理也能讲得通，因为“爱出者爱返”。我们给予了宇宙一份爱，宇宙便会放大返还给我们多倍的爱，这个就是我们的“基本工资”部分。

那么，“岗位津贴”这一部分能量，怎样才能增多呢？有两个途径，一个是创造。心理学告诉我们，能量来自感激，帮助别人的时候，能量就过来了。奉献的时候，能量就进入我们的“账户”。另一个途径就是节约。节约得越多，“现存能量”部分就越多。《大学》里面讲“生之者众，食之者寡；为之者疾，用之者舒”，就是告诉我们，多多地生产、少少地用，快快地生产、慢慢地用。我们的经济学，是节约的经济学，奉献的经济学。可见“能量总库”是由“基本工资”和“岗位津贴”两部分构成。

第 5 集

《弟子规》里有能量

主持语：

上一堂课，郭文斌先生在解读《弟子规》第一章“入则孝”的过程中，生动形象地提出了“能量总库”的概念，并认为“能量总库”是由“原始能量”即“基本工资”和“现存能量”即“岗位津贴”构成的。“基本工资”就是历代宗亲结转给我们的能量和我们个人“永恒账户”上的能量构成的。而“岗位津贴”的能量则来自我们对社会的奉献和节约的能量两方面。如果我们在生活中秉持《大学》所讲的“生之者众，食之者寡；为之者疾，用之者舒”的态度，就能让我们的“能量总库”中的能量不断增值，从而提高幸福指数。

那么《弟子规》里究竟蕴藏了什么能量？它又是用什么方式让我们的“能量总库”增值的呢？

大家好！上一堂课我给大家分享了一个概念，那就是“能量总库”,“能量总库”由“基本工资”和“岗位津贴”构成。“基本工资”由祖先、先人结转给我们的能量和我们个人“永恒账户”上面的能量组成。“岗位津贴”有奉献和节约两个来源。所以,我们讲,我们的经济学是“生之者众,食之者寡;为之者疾,用之者舒”,就是说多多地生产、少少地用,快快地生产、慢慢地用,跟西方的“赤字经济”正好相反。我们的经济学,用古人的话说是积福的经济学,而不是赤字消费、提前消费、刺激消费。它保证了我们“能量总库”里面的能量永远是一种正的状态,而不是负的状态。通常,人们夸奖一个孩子有出息,常会说那是因为祖上有德。若用“能量总库”来讲,就很好理解了。班里五十位同学,为什么有些同学学得很轻松,常考第一;而有些同学很努力,但考试成绩总是不理想?有许多家长就逼孩子:“他能考第一,你为什么不能?”家长如果了解了“能量总库”的概念,就不逼孩子了。因为一个孩子能不能考第一,不单单是他努力的结果。努力是重要,但更重要的是他的“能量总库”里面有没有足够的能量。如果他的“能量总库”里能量非常充沛,他就会学得很轻松,就能轻轻松松考第一。如果他的“能量总库”是赤字的,是欠账的,他再努力也考不过别的孩子。

当家长把这个道理搞清楚之后,他一方面会鼓励孩子好好学习,同时还要替孩子把“能量总库”里面的能量变多。怎么变呢?自己好好地奉献、好好地节约。他的心态就会变得平和,就不会为了孩子的学习而焦虑,去逼孩子。所以,是否懂得“能量总库”这样一个概念,对于正确地教育孩子至为重要。当我们把“能量总库”这个概念普及之后,会有相当多的家长心态变平和。而家长的心态变平和,对孩子的成长非常有益。当家长认识到孩子的学习成绩不单单由孩子的努力决定,还跟自己是否奉献有关,跟自己是否节约有关,他就一下子把消极的、焦虑的情绪调整到积极的和喜悦的。而当他知道,要想把“能量总库”的能量变多，首先要从孝敬老人开始，他就会改变教育观。

怎么改变呢？他会一下子认识到，养老本身是育儿。他去孝敬孩子的爷爷奶奶，原来就是在帮孩子的忙，就等于把家族这个能量的活水引过来了。爸爸妈妈一孝敬他们的爸爸妈妈，这个孩子就多了一倍的能量。孩子的爷爷奶奶、姥姥姥爷一高兴又跟他们的先人进行能量交换，孩子就获得了三倍的能量。这些年，我们用这个方法帮助了一些家庭，效果很明显。大家有兴趣可以到《醒来》和《寻找安详》以及《〈弟子规〉到底说什么》里面去看案例。

如此，我们再回过头来看“父母呼，应勿缓”，就会明白它讲的是生命力建设的第一个重要渠道，它强调的是反应力和行动力。一个人的反应速度越快，他的生命力就提升得越快。“父母呼”，我们马上反应，能量马上就接上了，共振马上就发生了。“父母呼”，我们推迟一个时间段，能量就会延迟一个时间段，共振就会延迟一个时间段，生命的效率就降低了。所以，“父母呼，应勿缓”对应在生命力建设上，它强调的是反应力、行动力。一个人的反应力高，行动速度快，他的能量补充速度就快，生命准确性就高。开水壶打翻了，若能马上意识到，烫伤就免于发生。电闸按错了，马上意识到，事故就免于发生。开车失控了，若能马上反应过来，悲剧就免于发生。

可见，要在生活中避免灾难发生，就要从“父母呼，应勿缓”开始训练。从孩子对父母呼唤的反应训练他的应急反应力。这种反应力养成之后，许多因迟钝和延误引起的灾难就会免于发生。长大成人之后，他就能迅速地意识到一些错误的行为方式，就能够迅速地进行矫正。许多人生悲剧，都是因为一些小细节造成的。一个人，如果在养成教育时期，在反应力的培养、在行动力的培养上不要缺失，他的人生就会顺畅许多。

“父母呼，应勿缓”也可以视为宇宙秩序在人间伦常上的投射；也是微观世界确保每一个念头准确性的规范。它既是宇宙整体性的对应，也是人的和谐性的保障。因为只有呼而勿缓，父母才是开心的。父母开心意味着什么呢？意味着能量是畅通的。

美国斯坦福大学的艾尔玛教授做过一个实验。把一个正在生气的人呼出来的气体液化，注入老鼠体内，老鼠会瞬间倒毙。这意味着什么呢？意味着爸爸妈妈不开心的时候，我们得到的能量交换是负面的。

霍金斯能量级里 150 级的能量对应的心态就是抱怨和生气。而 150 级意味着什么呢？负 50 级。霍金斯发现，正能量和负能量的分水岭是 200 级，现在人类的集体能量是 207 级。当爸爸妈妈生气的时候、抱怨的时候，他们的能量在 150 级。而能量具有共振性，爸爸妈妈的能量如果在 150 级的时候，我们的能量马上也会到达 150 级，因为我们跟父母是一种量子纠缠关系。

所以，如果我们心很静，一定会有体会，当家庭成员很开心的时候，我们也会很开心；当家庭成员不开心的时候，我们也会感觉到很难受。什么原因呢？难受是因为能量不够了。开心是能量的一种状态，能量高的一种状态，一旦感觉到不开心，马上就要意识到我们的能量降低了。

不开心有很多种原因。一种就是家庭成员的负能量投射。人们常常会有这样的体会，比如说，上大学的同学发现某几天他的情绪很低落，后来跟他的爸爸妈妈一联系，原来爸爸妈妈的情绪也很低落。如此，“父母呼，应勿缓”就能确保我们和父母之间正能量交换。

由此，我们可以做许许多多的延伸。从小“父母呼，应勿缓”，长大后做了官，百姓“呼”他就会“应勿缓”。老百姓有诉求，他马上有反应，他就是好官，百姓的获得感、幸福感、安全感就高。

讲大一点儿，“中国梦”怎样实现呢？人类命运共同体怎么实现呢？要从“父母呼，应勿缓”开始。因为“父母呼，应勿缓”对于人的养成教育，体现在反应力上。而反应力对应到社会成员身上，就是“爱国、敬业、诚信、友善”；对应到人民公仆身上，就是对老百姓的诉求他能在第一时间做出反应；对应到跟宇宙之间的关系上，就是第一时间和对宇宙清洁性的诉求、和谐性的诉求、和平性的诉求、绿色性的诉求做出反应。由此我们就可能成为一个环保主义者，就会成为一个低碳生活的倡导者，就会成为一个大爱的使者。所以，“父母呼，应勿缓”，小到家庭，大到社会、国家、民族、全人类，包括宇宙，它是一个整体性的训练。

接着，《弟子规》讲“父母命，行勿懒”。我们体会它语气上的变化：“父母呼，应勿缓；父母命，行勿懒。父母教，须敬听；父母责，须顺承。”“父母呼，应勿缓”，我们可以感受到它语气里面的主动性、自觉性。“父母命，行勿懒”，我们可以感受到它语气里面的被动性、强制性。

第二个行为养成单元就带有强制性了。“呼”不应，就命令了。语气上的变化，折射出生命对应状态。第一，由主动变成被动了。主动性带来生命的和谐状态，被动性则不然。第二，能量由顺畅到停顿。“父母呼”时“应勿缓”，“父母命”时“行勿懒”，从“呼”到“命”，从“缓”到“懒”变化微妙。细心体会，会感受到能量短暂的中断之后马上要求恢复的一种诉求。

接下来，“父母教，须敬听”。父母命令如果还没有很好地改进，父母就要教育了，讲道理了。讲道理的时候就要“敬听”，一个人在这个时候他就要接受道理的教育。

接下来，“父母责，须顺承”。如果父母教，还不听，那父母就要用惩罚教育了。

我们可以看出来“呼、命、教、责”在教育状态上的程度变化。“责”，显然是底线教育了。

“父母呼，应勿缓；父母命，行勿懒。父母教，须敬听；父母责，须顺承。”我们观察孩子们在读这四句话的时候他们的表情变化，“呼”没有应，就变成“命”；“命”没有反应，就变成“教”；“教”没有反应，就变成“责”。正如道德是法律的上线，法律是道德的下线，对于一些不接受道德教育的人来讲，就要用法律对他进行惩戒，那就是“责”了。

关于责罚，有许多争议。传统教育里主张一定的体罚教育；现代教育又反对。到底应该怎么对待这件事情呢？在我看来，适度地体罚是必要的，过度地体罚是错误的，走中道最好。有许多家长对孩子的体罚过度了，在孩子的心灵深处留下伤痕。

在“寻找安详小课堂”，我们发现，有许多孩子对父母的仇恨就是由于父母的责罚不当造成的。比如说，有一位山东大学的大三女生来学习，当听明白要对父母理解，原谅父母当年的教育不当时，我们让她给爸爸妈妈打一个电话，对爸爸妈妈表达自己的谅解，她居然发不出来“妈妈”这两个字，你就可以想象她对母亲的仇恨达到什么程度。

这样的结果是怎么造成的呢？是爸爸妈妈当年对她的教育失当造成的。古人认为，孩子在自尊心形成之前可以体罚，但前提是，不能让孩子的心中产生仇恨。怎么样体罚呢？古人打竹板是有讲究的，不会打孩子的脸，不会打孩子身体的敏感部分。打哪儿呢？他打手心，而且打手心的时候要把手展开，打劳宫穴这个位置。打劳宫穴这个位置，可以加深孩子的记忆，对孩子起到惩戒的作用，因为我们的劳宫穴所连接的经络对应着我们的右脑。

古人打竹板是很科学的，既惩戒了孩子又不会伤着孩子。但是现在有些父母一气之下，要么拳打要么脚踢，会伤着孩子，有的还会打脸，这会让孩子的自尊心受到严重伤害。我们也看到有许多家长打孩子屁股，把裤子扒下来打屁股，这都是错误的，伤自尊的惩戒一定要注意。另外，当孩子有了记忆力，有了自尊心之后，就要尽可能地减少责罚教育。要想进行责罚教育，怎么办呢？“易子而教”。我的孩子交给你，你的孩子交给我。老师打竹板，学生一般情况下不会产生仇恨，即使产生仇恨也是非血缘性的。也就是《孝经》里讲“因亲以教爱，因严以教敬”，古人对于教育是很智慧的。

那么，如何“因亲以教爱，因严以教敬”呢？下一节课我们接着分享。

第6集

亲爱严敬方成教

主持语：

通过郭文斌先生上一堂课的分享，我们知道，让我们的能量总库的能量总和增值的法宝之一就是“孝”。《弟子规》中的“父母呼，应勿缓；父母命，行勿懒。父母教，须敬听；父母责，须顺承”等句，就是教导我们如何通过“孝”来获得能量的增值。

可见《弟子规》中所蕴含的“孝”的能量是惊人的。那么除了“孝”的能量之外，《弟子规》中还蕴藏着什么能量呢？又是通过什么样的渠道和方式，让我们的能量总库中的能量增值的呢？郭先生告诉我们，那就是“爱”。而爱又是因“亲”产生的，一句“我爱你”的能量能达到惊天地泣鬼神的效果。爱因斯坦因此留下一句名言：“直到最后我才明白，宇宙中一切能量的源泉竟是爱！”

大家好！上一堂课我给大家分享了《弟子规》的前四句“父母呼，

应勿缓；父母命，行勿懒。父母教，须敬听；父母责，须顺承”，讲到从“呼”的主动性到“责”的被动性这个过程。由“责”，我们讲到了古人的教育是“易子而教”。

为什么要“易子而教”呢?《孝经》讲:“因亲以教爱，因严以教敬。”“因亲以教爱”由父母承担。古人称之为这个“爱”怎么产生呢? 通过“亲”来产生。父子之间、母子之间、父女之间、母女之间的那种“爱”，就是一种亲的状态。那种状态，古人称之为“天伦之乐”。它是一种没有缘由的天然的和谐状态。这种状态里面包含着一种不求回报的大爱。对应在霍金斯的能量级里是 500 级。按照霍金斯的说法，当一个人的能量到达 500 级的时候，这个人的生命力，是普通人的 75 万倍。

这么高的一个能量级，是由哪一个念头作为载体的呢? 前面讲过信息系统决定能量系统，能量系统决定物质系统。那么，500 级的能量级，是由哪一个信息系统做载体的呢?答案是“我爱你”。这个“我爱你”是不求回报的大爱，就是“因亲以教爱”的这个“爱”，就是孔老夫子讲的“仁爱”，也就是《弟子规》中将要开花结果的那样一种人生境界。这个“爱”的特点，是不求回报。

不求回报，怎么理解呢? 讲一个细节，大家就清楚了。有没有哪一个母亲给孩子喂奶的时候动过这样的念头呢? 一口奶一块钱，两口两块，三口三块。给孩子换一次尿布十块钱，两次二十块。等孩子长大了对孩子说，几十万，给老娘拿来! 恐怕没有一位母亲动过这个念头，这样一种生命状态就是不求回报的“爱”的状态。夫妻之间，如果有矛盾日子过不下去，会到民政局去办离婚，到法院去闹离婚。但是我们很少听见，有哪一对父母把孩子领到民政局，或者法院，说，这个孩子我不要了。没有的。为什么呢? 因为父母对孩子的爱是不求回报的，这种爱就是仁爱，就是亲爱。它是一种出自人的本能的爱，它是宇宙的本质在人间的投射。

一个人在大街上走着走着，突然天空暗了下来，一看太阳没有了，接着听到一个声音说，请交光租，太阳开始收光租了。没有任何一个人听到这种声音。突然之间大地塌陷，听到一个声音说，请交地租。突然之间空气中断，听到一个声音说，请交气租。宇宙间最宝贵的东西都是免费供应的。所以，老子讲："天地之所以能长且久者，以其不自生，故能长生。"整个天地都是一种不求回报的状态；整个天地，都在演绎一种无私奉献的精神。这种不求回报，折射在人间就是奉献，就是大爱。体现最明显的就是父母对孩子的爱。古人发现了这个规律，就通过"亲"来教这个"爱"。没有哪一个女孩子学了生孩子再去生孩子。没有哪一个孩子生下来，要先培训吃奶，她是天生就会的。包括饱了要笑，饿了要哭，也是本能就会的。这种本能性投射在人间伦常上，就是最天然的父子之亲、母子之亲、父女之亲、母女之亲。而这种"亲"一旦被伤害，将会影响到一个人一生的幸福。

这种"亲"如果伤了，这个人在今后的人生历程中，是很难找到幸福的。

《醒来》的附录里收录了一位名叫朱娟的女孩的一篇文章，讲了她的生命转换过程。用她的话来讲，她当年是一个女土匪，学了《弟子规》之后，变成了一位淑女。后来通过勤学苦读，她在一次公务员考试中考了第一名，就业的问题解决了，品质的问题解决了，但有一个问题迟迟解决不了。什么问题呢？嫁不出去。有一次她给另一个女孩子打电话，对其进行心理辅导的时候，把自己讲明白了。在打了两个小时电话之后，她一下子知道她嫁不出去的原因是在哪里了。原因在哪里呢？原来她嫁不出去，是因为她不会爱人家男孩子。向更深的层面去剖析，她之所以不会爱男孩子的原因在哪里呢？因为她不知道"爱"

是一种什么样的状态。为什么自己不知道“爱”的这种状态呢？因为她小的时候，没体会过这种状态。这个女孩，在她的童年，没有体会过爱别人的状态。所以，来一个男孩子，在她这儿谈一段时间之后，感到的是冰冷。男孩子找女孩子，事实上找的是一种温暖，找的是一种亲情。按照弗洛伊德的说法，他在找母爱。

我们看到，现在不少的女博士，到最后都选择独身。原因出在哪里？她的知识很多、学问很多、谈恋爱的理论一套一套的，但是男孩子在她这里体会不到女性的温存、温柔、温暖，体会不到一种女性本能给他的一份爱，时间一长他就离去了。追溯根源，是她的父母在“因亲以教爱”的阶段没有完成相应的功课。还有许多父母就是在“父母呼，应勿缓；父母命，行勿懒。父母教，须敬听；父母责，须顺承”这个教育里面伤了孩子。所以“因亲以教爱”阶段需要特别注意，既不能溺爱，也不能伤着孩子，这个分寸就难把握。

主持语：

上一节，郭文斌先生根据美国心理学家霍金斯的能量级原理指出，从家庭到社会，从人类到自然，甚至到宇宙，无处不在的“爱”所对应的能量竟然高达500级。这是一个接近金字塔顶端的能量级。法国作家维克多·雨果说：“人间如果没有爱，太阳也会熄灭。”足见“爱”所蕴藏的惊人能量。郭先生强调：“真正的爱不是利己，而是利他，是不求回报的真心付出。”我们的祖先和父母因此谆谆教导我们：“要有爱心，要学会爱人、爱物、爱自然、爱宇宙。只要心中有爱，我们就会拥有强大的能量。”这便是《孝经》中所言的“因亲以教爱”。而在《弟子规》总叙中的一句“泛爱众，而亲仁”就是教导我们，要广施爱心，亲近有仁德的人。

那么在《弟子规》里，还蕴含着什么能量？

在古代的家庭教育分工里侧重于妈妈相夫教子。因为女性的温柔度、温存度、把握分寸的程度更加有利于“因亲以教爱”；而爸爸常常是“因严以教敬”。作为一个父亲的角色，他既需要“爱”又需要“敬”。没有“爱”这个人温度不够，没有“敬”这个人的庄严度不够、力量感不够。“爱”侧重于阴性能量，“敬”则侧重于阳性能量。现在我们的孩子更多由爷爷奶奶带，爷爷奶奶带孩子有什么特点呢？他们会溺爱孩子。孩子被溺爱久了，这个孩子的“敬”不够，阳刚之气也就不够。这就是我们讲的“因亲以教爱”。

而“因严以教敬”，则强调在孩子小的时候由父母“因亲以教爱”，孩子长大之后由老师以“严”来教“敬”。我们看到古代的教书先生，手里有一个竹板、戒尺，做什么用呢？你不听话老师就责罚，孩子在老师这里获得“敬”的教育。教书先生是通过严格来教“敬”，举手投足要合乎规范。而“敬”的教育如果缺失，我们的能量体系里面就缺少了一半。《记住乡愁》的第一集节目叫《敬畏之心不可无》，从“敬”开启走进乡愁系列。所以“因亲以教爱”和“因严以教敬”，这是古人教学法里面的两个缺一不可的重要板块。在古代，即使父亲再有学问，他也会把孩子交给另一个人去教，原因就是不能伤着父子之亲。因为这个亲一伤，亲的能量就中断了。我们知道血缘系统的能量，主要来自亲。

这样讲完“因亲以教爱，因严以教敬”，我们回头看，“父母呼，应勿缓；父母命，行勿懒。父母教，须敬听；父母责，须顺承”，事实上这四句话把生命力建设的四个主要的要素讲出来了。第一个要素是“勿缓”，第二个要素是“勿懒”，第三个要素是“敬听”，第四个要素是“顺承”。如果再简化，就是“快、勤、敬、顺”。就是说，要提高一个人的生命力，第一要“快”；第二要“勤奋”；第三要有“敬畏感”；第四要“顺”。

江河之所以归海，是因为它有“顺”的品质。大海之所以是大海，是因为江河的注入让它成为大海。我们可以想象，一艘船在大海上航行，如果它顺风，就会快，如果它顺流而下，它就会快；如果它逆流而上，它逆风而行，就会慢。所以获得感也好，幸福感也好，安全感也好，都是四个要素来提供的，那就是“快、勤、敬”和“顺”，最后落在“顺”。“孝”讲到最后就是“顺”，所以古人讲“孝顺孝顺”。因为“孝”，所以这个人“一帆风顺”。因为“顺”，所以这个人获得了成功，获得了健康，获得了喜悦，所以“孝”最后落在“顺”上。

“顺”体现在一个人的“孝”的状态，那就是满足父母身体上的需要、心理上的需要、理想的需要和灵魂的需要。对应在我们今天讲的，“孝”就是养父母的身、养父母的心、养父母的志、养父母的慧。养父母的身很好理解，我们顺父母的生存必需；养父母的心，我们顺父母的好心情的必需；养父母的志，顺父母的理想诉求，完成父母的理想诉求；养父母的慧，让父母的生命处在一种智慧的境界，处在一种通达的境界、超越的境界。

我们对这四个层面有一个通达的理解之后，就会发现，孝敬有着无限的层次。我们给老人吃和喝是孝敬，我们让父母开心是孝敬，我们实现父母的心愿是孝敬，我们让父母活得明白，也是孝敬。对应在日常生活中，如果说要找一个非常简单的对于孝的理解，这些年我常常用“对等性”讲孝道。怎么样的“对等性”呢？我们身体的需要、心灵的需要、情感的需要、道德的需要、本质的需要，我们能够对等地想到父母，那么孝道就接近于一种完美的状态。

比如说，小宝宝咬了一口苹果，他觉得不好吃吐出来，他的妈妈会马上接过去把它吃掉，并说:“哎呀，被小家伙吃过的苹果更加香甜。”没有哪一个父母嫌弃小宝宝吐出来的食物,大部分父母都会捡过来吃掉。但是,要让我们把父母吃过的、咀嚼过的食物再吃掉,很少有人能做到。不要说是父母咀嚼过的、吃过的,即使父母吃剩的饭菜要让我们吃掉,也很少有人能做到,我就很长时间做不到。但是有一天,我的父亲剩了半碗饭,吃不完了,我妈说她要吃,那一天我就想超越一下,我就接过父亲那半碗饭,我说:“爸,我正好缺一点儿。”我在吃那半碗饭的过程中就观察我父亲,我从父亲的神态里面、目光里面看到了从前从来没有看到的一种幸福感。

那天晚上我就写日记:“真正的孝敬老人，要从不嫌弃老人开始。”其实这个不嫌弃,就是这些年我讲的“对等性”。老人当年没有嫌弃我们,没有嫌弃我们吃过的东西。不要说我们吃过的东西,有的父母对于孩子的便便,都是一种欣赏的姿态。“哎呀,今天拉得多好啊,不黏不稀刚刚好,黄葱葱的真好看,像云彩一样。”记得有一个晚上,我抱着小家伙躺在床上玩,玩着玩着,人家一泡尿就尿下来了,正好尿到我的嘴里面,我就跟我太太开玩笑,我说:“哎呀,比可口可乐还甘甜。”我没有嫌弃他。但是我们看一看生活中,有许许多多的后辈嫌弃老人,老人用过的马桶可能都不愿意用了,嫌弃老人的味道了;老人用过的碗筷都不愿意用了,等等。

有许许多多的老人从儿女嫌弃的目光中受到了伤害，那种自卑深深伤害了他们。我们对于小生命能宽容,有多少个父母光看着小家伙睡在那里就觉得幸福得一塌糊涂,看不够;晚上搂着小宝宝睡,幸福得一塌糊涂,搂不够。但是又有多少儿女能搂着,不要说搂着老人睡觉,光是给老人一个拥抱、在老人晚年需要的时候能够睡在父母身边,在老人重病期间能够睡在老人身边,已经很不容易了。这些年我因为意识到孝道的重要性，所以在力所能及的情况下践行着孝道。当我每一次给我的父亲搓澡的时候，往往搓着搓着，我会潸然泪下。老人好像有点儿不好意思，我就常常给父亲说，我说："你当年给我们洗过多少次，搂过多少次，抱着我们，我们都没有不好意思的感觉，你现在为什么有不好意思的感觉呢？"所以，孝敬老人是我们的传统美德。

主持语：

郭文斌先生通过介绍中国传统教育的智慧告诉我们，"敬畏心"也是一种无比强大的力量。郭文斌先生认为，一个人无论他有多高的才华、多重的权力、多广的名气、多大的成就，如果缺乏敬畏之心，最终一切能量都将归零，甚至变成负数。为了不让我们的人生陷进这样的悲剧之中，我们的祖先总结出了"因严以教敬"的教育智慧：通过威严的方式，来教导我们常怀敬畏之心，常葆生命能量。

郭先生强调，如果要增加我们的生命能量，提高我们的生命力，那么，第一，反应要快，行动要敏捷；第二，要勤奋；第三，要有敬畏心；第四，要顺。

在《弟子规》第一章"入则孝"中，"父母呼，应勿缓；父母命，行勿懒。父母教，须敬听；父母责，须顺承"这几句话，就将我们生命力建设的四个要素展现得淋漓尽致，所以《弟子规》里处处皆是正能量。

这一堂课就讲到这里，下一节课我们接着分享《弟子规》。

第7集

孝的延伸就是道

主持语：

通过郭文斌先生上一堂课的分享，我们明白了生命力建设的四个核心要素，那就是"快、勤、敬、顺"。郭先生认为，要具备这四个核心要素，离不开一条关键的纽带，那就是"孝"。没有孝心，"快、勤、敬、顺"可能一个也实现不了。

那么"孝"究竟是什么呢？许多人的理解就是"孝敬父母"，就是让年迈的父母吃饱穿暖。郭文斌先生告诉我们，"孝敬父母"仅仅是"孝"的一个方面，而让父母吃饱穿暖也只是孝敬父母的一个层面。只有将"孝敬父母"扩展延伸到"孝天下之父母"，"敬天地自然宇宙之一切"，"孝"才能成其为"道"，才是"大孝"，才能助力我们生命力的建设。《弟子规》正是这样教导我们懂得"孝"，指导我们践行"孝"，并从"小孝"迈向"大孝"的智慧体系。

大家好！上一堂课我们给大家分享了《弟子规》“入则孝”部分的前四句，我说它是生命力建设的四个核心要素，就是生命的“快”、生命的“勤”、生命的“敬”、生命的“顺”。这是宇宙的整体性到个体的生命力中的一种投射。由这四个要素，我们延伸到孝敬老人要从“对等性”找到我们孝敬的自觉和良知。就是说孝敬老人其实很简单，就是四个字“将心比心”。就是当年我们的爸爸妈妈怎么对待我们，我们现在怎么对待爸爸妈妈，这样能量就对等了。如果每一个人都能够用当年爸爸妈妈对待我们的那种状态去对待爸爸妈妈，那么这种孝应该是完整的，应该是及格的，应该是能够给我们提供基本的生命力的。

由这样的一个“对等性”，可以对孝的延伸意义做许多阐释。我们跟父母的爱要对等，我们跟祖先的爱也要对等。孝敬父母，养父母之身，养父母之心，养父母之志，养父母之慧，是孝道；养祖先的身，养祖先的心，养祖先的志，养祖先的慧，也是孝道。

这就是《中庸》里面讲的孝，即“善述人之事者也”。对于我们祖先的理想，我们能够把它变成现实，这是孝。所以宋儒张载讲“为天地立心，为生民立命，为往圣继绝学，为万世开太平”，其实这就是孝。

我们做这样的《弟子规》解读，这是我们整个摄制组团队在为中华民族尽孝，这是大孝。为什么呢？这是“为往圣继绝学”。我们讲《弟子规》的精神也是《论语》的精神，那么我们解读《弟子规》，推动《弟子规》的传播，让人们走进《弟子规》的智慧体系，这就是“为往圣继绝学”，这也是大孝。

有一个生命个体受益，我们的“能量总库”里面就多了一份能量；有千千万万的人受益，我们就多了千千万万份能量，这一份份能量也会反馈给我们的先人。我们看我们的手，当一个指头提起来，五个指头都提起来；当一个指头降下来，五个指头都降下来；如果说中指是我的话，大拇指是祖先，食指是父母，无名指是我们的儿女，小拇指是我们的子孙后代，你看我提高了，整体提高了；我降落了，整体降落了。“身体发肤，受之父母，不敢毁伤，孝之始也。”就是说一个人的孝道要从哪里做起呢？从爱惜自己做起。一个人孝敬老人的高级境界是什么呢？“立身行道，扬名于后世，以显父母，孝之终也。”这是孝道的一个高级境界。

从这个意义上来理解，一个人按时作息，一个人保护好自己的身体，这是孝道；一个人保护好自己的品德，这是孝道。这在《弟子规》后面的篇章里面接着要给大家讲到。一个人爱国是孝道，精忠报国是孝道。古人讲“忠孝不能两全”，这是从狭义的“孝”层面讲的；从广义的“孝”来讲，忠就是孝。因为我们都知道，当一个人尽忠的时候，父母得到了一种来自忠的能量的滋养，祖先得到了来自忠的能量的滋养。我们可以想象岳飞的父母跟秦桧的父母享受到的幸福感是有着天壤之别的。当一个人尽忠的时候，本身就在尽孝，所以忠孝从来是两全。在一定意义上，一个人行孝就是尽忠。为啥呢？当每一个家庭都其乐融融的时候，整个国家就会其乐融融，是不是尽忠呢？反过来，当每一个人都敬业的时候，都爱国的时候，那么国家就安宁，家庭也会得到安宁。这是不是尽孝呢？所以忠孝从来就两全。忠孝不能两全，这话是从狭义的“孝”来讲的。

这几天出来录制《弟子规》的节目，本来走出来是很艰难的，因为我九十二岁的父亲恰恰这几天身体不太好。而昨天我打电话给我爱人，我问：“老爸怎么样呀？”她说：“哎呀，老爸这两天很好啊。”我还跟我们制片人开玩笑，我说：“你看我出来为天下人讲孝道，讲《弟子规》，我老爸也变安宁、变健康了。”所以我们很现实地在生活中会体会到，当我们真的尽忠的时候，我们的老人就得到了一份来自于孝的能量滋养。

由这样的一个对等性，我们还可以对孝道做很多延伸。空气是我们的父母吗？是。阳光是我们的父母吗？是。大地是我们的父母吗？是。那么我们环保也是尽孝，爱这个地球是尽孝，爱这个国家是尽孝，爱这份职业是尽孝。所以由“快、勤、敬、顺”这四个《弟子规》“入则孝”开篇讲的生命力构建的要素，我们可以把孝道的外延扩展到无限的层面。

古人讲“以孝治国”，“君子务本，本立则道生”，可谓抓住了根本，因为“孝心”是“敬心”，是“感恩心”，是“爱心”的最朴素的体现、最朴素的载体。这是我们由孝的对等性延伸出来的对孝的外延的一种联想。就是说“爱国是孝道，敬业是孝道，诚信是孝道，友善是孝道”，这个在《弟子规》接下来的篇章里面会有外延性的子系统的阐释。

在“父母呼，应勿缓。父母命，行勿懒。父母教，须敬听。父母责，须顺承”之后，《弟子规》接着讲什么呢？

在人的生命力建设的“快、勤、敬、顺”之后，我们接着往下看：“父母呼，应勿缓；父母命，行勿懒。父母教，须敬听；父母责，须顺承。冬则温，夏则清；晨则省，昏则定。”为什么在前面四句之后接着讲“冬则温，夏则清。晨则省，昏则定”呢？如果说前面的四句讲的是人的行动力、执行力、反应力，这四句讲的就是人的感受力。冬天到了，我们要想到爸爸妈妈要添冬衣了；夏天到了，我们要知道爸爸妈妈要添夏衣了。它代表着我们感受力的训练，就是一个人知冷知热能力的训练。我们在生活中看到，但凡那些和谐的家庭，但凡那些和谐的团队，但凡那些和谐的国家，这些生命单元里面的成员一定是有知冷知热能力的。当一个妻子懂得知冷知热，其丈夫对她一定是满意的；当这个丈夫懂得知冷知热，妻子对他也一定是满意的。当一个孩子懂得知冷知热，他的爸爸妈妈对他一定是满意的。所以这一句话讲的是我们的感受力。

主持语：

古人说："善事父母为孝。"郭文斌先生告诉我们，孝敬父母其实很简单，只要能做到"对等"二字即可。当年父母怎么对待我们的，现在我们就怎么对待父母。在这个过程中要做好"养父母之身"，更要做好"养父母之心，养父母之志，养父母之慧"。只有做到了这"四养"，才是完整的真正的孝。

郭文斌先生提醒我们：孝敬父母仅仅是贯彻狭隘的"孝"，仍然不能称其为"道"。如果我们由"四养父母"延伸到"四养祖先"，由孝敬父母扩展到孝敬天下之父母，由爱父母扩展到爱自己、爱兄弟姊妹、爱所有人、爱国家乃至爱自然宇宙，并用行动去践行所有的爱，这才是"孝道"。如此，我们的"能量总库"里就将增加千千万万份能量。那么，当我们正确地应对父母的"呼、命、教、责"之后，应该怎样把孝落小、落细、落实，由孝入道呢？

"冬则温，夏则清（qìng）。"清这个字，有一些读本上把它注音为"jìng"，据专家考证应读"qìng"，它是"热"的反面。当我们在热的时候，马上能联想到父母也热了；在冷的时候呢，联想到父母也冷了，这样我们就会第一时间给父母送上凉爽或温暖。这样的一个生命状态一定会带给亲人幸福感、安全感，当然也有获得感。所以知冷知热的能力在一个人的反应力之后，作为生命力建设的第二项内容被《弟子规》提出来，说明《弟子规》的作者非常有智慧。

如果没有反应力，没有感受力，一个人很难有行动力。从一定意义上来讲，恻隐之心、同情心是一个人感受力的体现。我们都知道人的爱、人的慈悲心来自于人的恻隐之心和同情心。同情心和恻隐之心决定了一个人的良知的苏醒程度、爱心的开发程度。这样的一个恻隐心和同情心的训练就在感受力里面。所以这样的一个意象，“冬则温，夏则清”是培养一个人的感受力的。

而“出必告，反必面”，“告”有些读本里把它注音为“gù”。按照专家的考证，“告”这个字有三个读音，在这里应该是打招呼的意思。就是说我离开爸爸妈妈的时候，我要打个招呼，“爸爸妈妈我走了！”“爸爸妈妈我要出差了！”“爸爸妈妈我要上学了！”“爸爸妈妈我要走了！”就是出门向父母打一声招呼。“反必面”，回来了我要先去看一看父母，打一声招呼我再干我的活儿。这样的一个行为，“出必告，反必面”成为习惯之后，会对一个人的生命力建设提供什么样的要素呢？提供一种随时的能量连接。当我出门的时候，我给父母打一声招呼，这让父母放心，事实上是跟父母进行了一次量子纠缠；回来的时候向父母打一声招呼，又跟父母产生了一种量子纠缠。它能保证我们跟父母的能量在一种共振状态。所以“出必告，反必面”，既是我们的反应力训练，也是对我们生命的整体性、一体性的强调。

从大的方面来讲，当一个人在任何时候都能做到“出必告，反必面”，我们可以想象一下：这个人养成习惯之后，他在生命的开始和生命的结束也能够做到“出必告，反必面”。那么这个人的“换乘车”就是清醒的一个过程、安全的过程、妥善的过程、准确的过程。因为我们出门是我们分别的象征，回家是我们团聚的象征。当我们出门的时候打一声招呼，回来的时候打一声招呼，我们生命中无数的分段就处在一个连接的状态、整体性的状态、系统性的状态。

说一千道一万,《弟子规》是用来构建我们生命力的。在这里,它特别训练的是我们的连接性,就是随时把我们的子系统和整体进行连接,从整体性来保证我们的生命安全性。“出必告,反必面”,这是一个人养成教育中的重中之重。那么在“冬则温,夏则凊。出必告,反必面”之后,《弟子规》又接着讲什么呢?

“出必告,反必面;居有常,业无变。事虽小,勿擅为;苟擅为,子道亏。”讲到了我们对于一些生命细节的态度,就是面对细小的物件,面对细小的事情,我们应该是什么样的态度呢?“勿擅为”。“苟擅为,子道亏”,在这里我们体会一下“擅为”,“擅为”就是粗率、任意、随意。“擅为”给父母构成什么样的能量投射呢?“子道亏”。当我们轻率地对待这些生命细节的时候,伤害的是整体能量。

量子力学发展到今天,我们已经很清楚地知道,我们动的每一个念头不单单伤害着家庭的整体性,而且在伤害着整个宇宙。因为生命是全息的,我们的每一个念头一动,整个宇宙接收器都感受到了。我们这个念头如果是正能量的,整个宇宙接收到了一份正能量的投射;如果是负能量的,整个宇宙得到了一个负能量的投射。我们的每一个念头,事实上是整个宇宙的一个建设力,当然也是破坏力。就是说面对细小的地方,我们要如临深渊、如履薄冰。

对应在我们的养成教育上,应该怎么做呢?“事虽小,勿擅为;苟擅为,子道亏。物虽小,勿私藏;苟私藏,亲心伤。”我们如果不把一些生命细节处理妥当,直接的后果是伤了我们父母的心。伤了我们父母的心,如果从能量的角度来讲,就是我们把父母的能量降低了。把父母的能量降低了,等于把我们的能量也降低了,因为父母是我们整体性的第一个链条。关于这一点,这些年有一本书非常畅销,就是《零极限》。《零极限》里面讲到的生命原理,拿到这个地方来讲非常有印证性。

《零极限》讲了一个什么样的故事呢？就是讲在美国的夏威夷岛上有一个精神病医院，里面收治着许多精神病人。这些精神病人的病严重到什么程度呢？这所医院的医生都不敢去上班。因为精神病人有攻击性，冷不防就会被他们攻击。所以医生走在这个医院里面都是贴着墙根走，很恐惧，后来有许多大夫就不去上班了。在这个时候，有一个叫修·蓝的博士接管了这些精神病人，他怎么对这些精神病人进行治疗的呢？他与这些精神病人不见面，只是把精神病人的档案拿过来，对着他们的档案反复地说一句话："对不起，请原谅，谢谢你，我爱你。""对不起，请原谅，谢谢你，我爱你。"没想到，这些精神病人最后全部痊愈出院了。这样一个治疗的人间奇迹被畅销书作家维泰利写成了一本书，叫《零极限》。

当初我在读到这本书的时候，我感觉很震惊。我说如果这样的一个案例是确凿无疑的、真实的，那么它可以作为教育学的案例，也可以作为医疗教学案例。我们可以想象，精神病人在修·蓝博士的一段话面前，尽管他们不见面，仅靠"对不起，请原谅，谢谢你，我爱你"，他们就能被治愈，那么再严重的问题学生还能教不好吗？精神病人都能在这一段话面前治愈，那么再严重的心理疾病患者还能治不好吗？

主持语：

郭文斌先生由《弟子规》中的"入则孝"教导我们，"父母呼，应勿缓；父母命，行勿懒。父母教，须敬听；父母责，须顺承。"这几句话体现的是人的行动力、执行力和反应力；"冬则温，夏则凊；晨则省，昏则定"这两句体现的是人的感受力，也正是我们践行"孝"过程中落小、落细、落实的第一步。没有感受力，就很难有行动力。“孝敬父母”首先要感受到父母的需要。“孝天下之父母”也要感受到天下百姓的需要。然后才能为父母、百姓提供对应的服务，让父母、百姓有幸福感、安全感和获得感。

郭先生接着用“入则孝”中的“事虽小，勿擅为；苟擅为，子道亏。物虽小，勿私藏；苟私藏，亲心伤”几句话提醒我们：要光明磊落做人，小心谨慎做事，否则迟早会闯下祸端，殃及自身，累及亲人。

这样的一本书对我们理解《弟子规》里的“事虽小，勿擅为；苟擅为，子道亏。物虽小，勿私藏；苟私藏，亲心伤”有什么样的意义呢？下一节课我们接着分享。

第 8 集

量子清理好神奇

主持语：

“苟擅为，子道亏”“苟私藏，亲心伤”，《弟子规》通过这几句话警示我们：如果我们做事任性，为人自私，迟早会闯下祸端，殃及自身，累及亲人。然而“人非圣贤，孰能无过”，万一有人走错了道，做错了事怎么办？

在上一堂课的结尾部分，郭文斌先生借用美国畅销书《零极限》中描写的修·蓝博士奇迹般地治愈精神病人的故事告诉我们，可以借助“量子清理”来进行纠正和调整。一句再简单不过的“对不起，请原谅，谢谢你，我爱你”竟然具有神奇的治愈力，其原理又是什么呢？

大家好！上一堂课我们给大家分享了《零极限》这本书，对应《弟子规》“入则孝”部分的“事虽小，勿擅为；苟擅为，子道亏”这一部分。在《零极限》里面，我们看到修·蓝博士对待精神病人，他并没有面对面地对他们进行疏导和心理干预，而只是对着精神病人的档案说“对不起，请原谅，谢谢你，我爱你”“对不起，请原谅，谢谢你，我爱你”，最后这些精神病人全部痊愈。

这样一个治疗的奇迹、教育的奇迹，对应在《弟子规》“入则孝”部分的“事虽小，勿擅为；苟擅为，子道亏”上，我们会发现，东西方文化相互之间在这里得到了巧妙的印证。“事虽小，勿擅为；苟擅为，子道亏。”事情小，小到什么程度呢？小到我们的起心动念。因为任何一个事情的行为，都是由我们的念头作为动机的。我们要想真正地做到“事虽小，勿擅为；苟擅为，子道亏。物虽小，勿私藏；苟私藏，亲心伤”，就是真正能做到这两条所要求的，我们必须警惕我们的起心动念。

修·蓝博士为什么通过四句话就能够对精神病人起到这么大的干预作用呢？因为修·蓝博士认识到一个问题，就是我们每一个人的潜意识跟有缘分的人是重叠的、交集的、共享的。为什么修·蓝博士不见精神病人，而对他们的档案讲“对不起，请原谅，谢谢你，我爱你”，精神病人就能够痊愈呢？因为修·蓝博士认为，精神病人之所以出现在他的面前，是因为精神病人也跟他有量子纠缠。所以当他把自身潜意识里面被污染的部分、感染的部分净化了，精神病人也就自然被治愈。

其实这样的一个原理，老子的《道德经》里面已经讲得很清楚了，老子讲：“我无为，而民自化；我好静，而民自正；我无事，而民自富；我无欲，而民自朴。”司马光把这四句话概括为“无为自化，清静自正”，他认为这是老子思想的精华。可见在两千多年前，老子已经把畅销书作家维泰利写的《零极限》这本书里面描述的治疗学奇迹讲清楚了。

这些年我一直在讲一个观点：在今天，西方科学可能恰恰为我们认识东方智慧提供了方便，提供了科学证据。所以《弟子规》在“入则孝”部分给我们编设“事虽小，勿擅为”“物虽小，勿私藏”这样一个修养的课程、养成教育的课程，也就显得尤为智慧。

在老子的《道德经》里，我们还看到老子讲："天下难事，必作于易；天下大事，必作于细。"他从另一个方面论证了小事情的重要性，就是说对小事情要引起足够的重视。老子反复地强调"无为"的重要性，而"无为"要达到"有为"的效果，就需要我们对小事情做到足够的警惕。

所以他又说"合抱之木，生于毫末""千里之行，始于足下"，他强调了细小的事情对于一个人成功的重要性。

从老子的论述，从孔子的论述，从古圣先贤的论述，我们可以看出《弟子规》在这里用"事虽小，勿擅为；苟擅为，子道亏。物虽小，勿私藏；苟私藏，亲心伤"，强调了在我们生命力建设中细节的重要性。

《零极限》这本书告诉我们，生命的最小单元——每一个念头，它在我们跟这个宇宙的能量交换过程中非常重要。既然每一个念头对整体来讲，它既可以是建设力，也有可能是破坏力，那么我们就要跟踪念头。而《弟子规》在这一章节，强调的是"事虽小，勿擅为。苟擅为，子道亏"。它说我们如果擅自地、随意地、粗糙地完成一些生命中的细节、生活中的细节，我们的"道"就亏了。这个"道"是老子讲的"道生一，一生二，二生三"的这个"道"。换句话说，它是我们的本质，是我们人格大厦的核心部分。

而"苟私藏"造成的后果是"亲心伤，子道亏"。从小的细节我们可以看出中国人对于生命单元中细小部分的重视。这一部分在"三百千"(《三字经》《百家姓》《千字文》)里面，在我们的"训蒙养正"读本里面，都有特别强调。比如说中国人对孩子的教育在餐桌上进行，在"洒扫应对"中进行，也是这个道理。一家人吃饭，我们要在孩子夹一筷子饭、端一次碟子、端一次碗中培养孩子的谨慎力；在"洒扫应对"中培养孩子对细节的把控力。这一部分和前面的行动力、反应力、感受力是密切相关的。因为感受力、行动力最后都要落到我们对自己起心动念的跟踪和把握上。这就是我们开篇讲的，要把传统文化的学习落小、落细、落实，落到生命的每一个细节，因为“物虽小，勿私藏；苟私藏，亲心伤”落到这样的细节，因为“事虽小，勿擅为；苟擅为，子道亏。”

接下来这一部分，在小的细节的把控之后，作者讲道：“亲所好，力为具。亲所恶，谨为去。”由细节性的把握，由起心动念的跟踪，它讲到了我们的亲人所喜欢的，我们就要去尽力完成；我们亲人憎恶的、不喜欢的，我们就应尽可能地规避，落到对我们亲人情绪的感受和呼应上。

“亲所好，力为具；亲所恶，谨为去。”关于这两句话我给大家分享一个故事。有一次一所小学请我去讲课，在路上，请我讲课的那位老师说：“郭老师，到我们学校去，你可千万不要讲《弟子规》。我们这个学校是一所国际化的学校，它以西方文化为主，你讲《弟子规》，估计老师和同学们都不喜欢。”我就很紧张，我想我跟小学生讲课，我不讲《弟子规》我讲什么？一边走我就一边很紧张地在做着梳理。到底讲什么呢？到了现场，看到这些小朋友那个坐姿跟普通的学校都有些不一样，显得很西式。到了现场我就来了一个灵感，我就问这些小朋友，我说：“小朋友啊，你们的身份是什么呢？”他们说：“是学生啊。”我说：“学生学什么呢？”他们说：“学知识啊。”我说：“对，也不全对。”我说：“在我看来，学生就学‘生’。什么意思呢？这个‘生’是我们平常讲的‘卫生’的‘生’，‘生机勃勃’的‘生’，‘生命’的‘生’。”这时小朋友就感觉有些疑惑了：这个“生”是什么呢？我说：“是能够让你长高个儿，让你漂亮，让你有智慧，有好运气的这个‘生’。”古人讲“春来草自青”，就是说春天一来百花盛开。春天就是生命的生机。小学生就应该学这个东西，学让我们能够健康、聪明、漂亮、有好运气的这个“生”。我们怎么样才能学到这个“生”呢？要想学到这个“生”，我们就要知道这个“生”在哪里。这个“生”到底在哪里呢？你连这个“生”在哪里都不知道，你怎么能学到呢？我就问大家：“你们知道这个“生”在哪里吗？”小朋友们回答不上来。我说：“我告诉小朋友，这个‘生’就在你妈妈那里。为什么这么讲呢？因为你是你妈妈生的，难道‘生’不在她那里吗？她那里没有生机，她怎么会把你生下来呢？”这样讲，小朋友一下子就有了兴趣。

我们既然知道，生机在妈妈那里，我们怎么样才能从妈妈那里获得生机呢？很简单，要想从妈妈那里获得生机，妈妈那里就应该有生机。妈妈那里怎么样才能够有生机呢？我跟他们讲：“美国斯坦福大学的艾尔玛教授做过一个实验，他把一个正在生气的人呼出来的气液化，注入老鼠体内，老鼠瞬间倒毙。由此我们可以看到，当一个人生气的时候，他给我们提供的是生机还是杀机呢？当然是杀机，就像秋风一样的那种生命气场。我们可以想象，爸爸妈妈在生气的时候，就意味着我们是一个一个的小白鼠。而每一个人在生气的时候，我们的细胞都是一个一个的小白鼠。所以从这个意义上来讲，让爸爸妈妈不生气是我们获得生机的大前提。”

主持语：

“事虽小，勿擅为；苟擅为，子道亏。物虽小，勿私藏；苟私藏，亲心伤。”郭文斌先生以《弟子规》中的这几句训谕告诉我们：如果我们做人做事不检点、不谨慎，终会积小成大，漏失自己的生命能量，更会损伤家庭甚至家族的整体能量，因为我们和亲人有量子纠缠关系。量子是现代物理的重要概念，最早由德国物理学家普朗克提出，经爱因斯坦等科学家完善，建立了完整的量子力学理论。“量子纠缠”是爱因斯坦等人提出的以一种波的形式进行能量交换和宇宙信息传递的量子力学现象。郭文斌先生由此引申出“量子清理”的概念，简单地说就是把我们“能量总库”里的负能量转化为正能量。

那么，用什么来进行“能量转化”呢？郭先生告诉我们，很简单，就用“对不起，请原谅，谢谢你，我爱你”。为什么这句话有如此之大的功效呢？因为它包含的是真诚的忏悔、虔诚的感恩和至诚的爱心。

我们在前面的课程里讲到，当一个人在生气的时候，他的生命力降到多少级了呢？按照霍金斯能量级划分已经到了 150 级。他已经到了负 50 级。我们跟这么低的一个生命磁场进行共振的话，按照霍金斯的说法，我们肯定已经受伤了。因为霍金斯认为，当一个人的生命能量低于 200 级的时候，他就要生病了。

我们怎么样才能够让爸爸妈妈不生气呢？既然生气让我们如此受伤。很简单，按照《弟子规》里面的要求去做。爸爸妈妈喜欢的我们去做，爸爸妈妈不喜欢的我们不做，爸爸妈妈不就高兴了吗？我发现这些小朋友脸色也变了，神情也变了，情绪也变了，接着我就给他们分享《弟子规》。

完了之后，那位老师对我说：“郭老师，你厉害！到底你还是把《弟子规》讲了！”我就跟这位老师说：“我说不管是东方还是西方，只要我们讲的是生命力建设，只要我们讲的是人的获得感、幸福感，只要我们能够给他的幸福指数的提高提供一种文化上的支撑，他都能够接受。”由这样的一个案例，我们也可以看出“亲所好，力为具；亲所恶，谨为去”的背后，我们对目前的人间伦理、人间道德的建设会得出一些什么延伸性的意义呢？

从家庭成员来讲，“亲所好，力为具；亲所恶，谨为去”。对于父母来讲，他是喜欢他的孩子好好学习呢？还是不好好学习呢？当然是好好学习。他喜欢他的孩子上网呢？还是读书呢？当然是读书。他喜欢他的孩子养成良好的生活习惯，拥有一个良好的生活方式。对应到爷爷奶奶或是我们的爸爸妈妈，喜欢他们吵架呢？还是和睦呢？当然是和睦。是期待他们白头偕老呢？还是中途分手呢？当然是白头偕老。由此，我们有许多外延意义可以在这里探讨。

从 2007 年到 2016 年十年时间，我们国家有近三千万家庭解体。我们可以想到三千万个家庭解体会给这三千万个家庭带来什么样的后果。首先是三千万对老人提心吊胆，三千万对老人为他们的儿女担心，为他们恐惧，为他们夜不能眠。如果这些夫妇从小有过《弟子规》的训练，比如说把“亲所好，力为具；亲所恶，谨为去”变成他们的潜意识，那么很可能在他们准备离婚的时候这句话跳出来，就不离了。

我个人当年对我的爱人，也是非常挑剔，非常刻薄，也不是没有动过分手的念头。作家往往很容易活在一种幻想的生活里面，幻想着一种红袖添香夜读书的情景。当太太不能给自己提供这些幻想的时候，难免就会想入非非。可是，我为什么到今天还守着这样一位糟糠之妻过日子，而且现在还越过越恩爱了呢？我回想了一下，跟我心中自觉不自觉怀着的这一句话有关系，就是“亲所好，力为具；亲所恶，谨为去”。每当我有这种非分之想、刻薄之想、暴力之想的时候，我就想到我的父母，想到我的岳父岳母，一想到他们，我就下不了决心。我觉得正是这种“亲所好，力为具；亲所恶，谨为去”的心理，让我走过了那一段最危险的时期。后来走进了传统文化，当我发现夫妻恩爱是可以经营的时候,我们一步一步走向了恩爱夫妻。所以我跟别人开玩笑说,别人是先谈恋爱再结婚,我是先结婚再谈恋爱,现在年过半百,才尝到了夫妻恩爱的感觉。

这些年,因为我这样的一个经历,我也规劝许多准备离婚的夫妇,劝他们不要离婚。我说:“你们不要为别的,为了你们的老人着想,为了你们的孩子着想,也不应该离婚。”我们刚才讲到,夫妻恩爱是孝敬老人,夫妻恩爱同样是爱护我们的孩子。我们有过做父母经验的都知道,小孩子晚上的第一需要就是要找妈妈。你看小孩子白天奶奶可以带,爷爷可以带,保姆也可以带,到了晚上,他一定是要找妈妈的。我见过小孩子晚上找妈妈的那个情景:两行泪长流,在那里非常凄惨地呼唤着“妈妈,妈妈……”他一次找不到妈妈他就有恐惧感,两次找不到妈妈就有双倍的恐惧感,当这样的恐惧感积累到一定程度,孩子的安全感就失去了。一个孩子没有了安全感之后,他在以后的人生历程中就没有一种爱的感觉,体现在他的身上,这个孩子就可能有多动症。

主持语:

上一节郭文斌先生以《弟子规》“入则孝”的前边部分内容告诉我们,要保持我们与父母之间正常的能量交换,首先就要有避免伤害父母的心。如果我们伤了父母的心,父母的能量就会急速降低。按照霍金斯能量级原理,父母的生命能量级低于200级的时候,他们就要受伤生病了,这是其一。其二,当父母的能量急速降低之后,他们传递和交换给我们的将是更低的负能量,最终伤害的是整体能量。

所以“亲所好,力为具;亲所恶,谨为去”“事虽小,勿擅为”

“物虽小，勿私藏”这几句话很重要，这是我们伦理道德修养的第一步。所以，“本分做人，谨慎做事”“孝敬老人，夫妻恩爱，兄友弟恭，关爱孩子，报效国家，敬畏天地”等等，都是我们获得生命安全感的正确选择。

这一堂课就讲到这里，下一节课我们接着分享《弟子规》。

第9集

夫妻原是两门课

主持语：

上一堂课，郭文斌先生由“亲所好，力为具；亲所恶，谨为去”，延伸到我们日常生活中的伦理学、道德学、行为学的话题，特别强调了夫妻关系在家庭建设和社会建设中的重要性。郭文斌先生认为，处理好了夫妻关系，也就掌握了阴阳调和之道；掌握好了阴阳调和之道，也就懂得了齐家之道；懂得了齐家之道，也就明白了处世之道；懂得了齐家之道和处世之道，也就能正确地进行家庭建设和社会建设。家庭和社会和谐了，我们就拥有了真正的幸福感。

那么，在当下社会，我们应该树立什么样的价值观和幸福观？我们又靠什么去提升自己的幸福指数呢？

大家好！上一堂课我们讲到了“亲所好，力为具；亲所恶，谨为去”，从这一句话延伸出来，我们在日常生活中应该联想到一些伦理学、道德学、行为学的话题。我们特别强调了夫妻关系在家庭建设、社会建设中的重要性。如果夫妻关系处理好了，既是孝敬老人，也是关爱孩子。有一次，我在一所监狱讲课，给那些未成年服刑人员讲课，当我一走进会场，那些孩子们唰地站起来齐唱《世上只有妈妈好》的时候，我再也忍不住泪水，因为好多孩子脸上都挂着泪水。后来，我跟狱警、狱长、政委聊天，才知道这些孩子们基本上都来自破碎的家庭。

当我们每一对夫妇想到，离婚会对孩子造成巨大伤害的时候，就要有一种责任感。难道天下的夫妇就想不到这一点吗？是什么原因让离婚率逐年上升？我个人认为，有时代的原因，也有现在人们对幸福的理解的原因。我们看到大多数离婚的人，他们对幸福的理解是，幸福是由对象提供的。这些年，我就想方设法在一些平台上呼吁建立一种新的幸福观。如果我们的幸福观不改变，离婚率是降不下来的。

怎样改变人的幸福观呢？这些年，我找到了两句关键的话和五个关键的能量关系，发现效果很好，在这里讲给大家。比如说我们“寻找安详小课堂”里就有许多准备离婚的听众学员，学习了《弟子规》之后，打消了离婚的念头，甚至有许许多多已经离婚的人又复婚了。比如说烟台的丰金书院，它有档案记载，在那里参加学习的人中离婚又复婚的夫妻已经有一百多对，这让我们很欣慰。

我们用什么样的方法让人们放弃离婚的打算？首先，有两个概念要转换。第一个概念，就是幸福是能量变的，不是对象给的。如果人们一旦把幸福是由能量变的这个概念建立起来，他们就会在提高生命能量的这一条线上下功夫，而再也不会去频频地换对象。比如说我有一个朋友，他要死要活地要离婚，要换太太。我跟他讲不要换太太，换太太换不来幸福。如果说换太太能换来幸福，那么像那些频频换太太的人最终应该得到他想得到的幸福，但是你去听他们讲，他换了一个、两个，甚至三个四个，他其实没有得到他想要的效果。原因在哪里呢？按照“投影说”，我们找的那一位太太，只是我们心灵底片的投射而已。换句话说，换太太相当于换屏幕，而没有换底片。底片不换，你换再多的屏幕还是同样的投影。我们应该在哪里做文章呢？换底片！提高我们的生命力，我们的幸福指数才能提升。

我们在前面的课程里讲过，当一个人的生命能量提高到 600 级时，他的幸福感将是普通人的 1000 万倍。当一个人明白这个道理，他就不会在“换太太”的念头上做文章。能量是由念头变的。哪一个念头能量是最高的？当然是 1000 级对应的念头。但那个念头我们一般人够不着，我们一般人能够够得着的一个念头，就是我们前面讲过的“都一样”这样的一个心态。当一个人的心态达到“都一样”的时候，他获得的幸福感是普通人的 1000 万倍，对应到夫妻关系上也是如此。

我现在到大学里面讲课，常常开玩笑地讲，当男同学一眼看下去，下面的女同学都长得一模一样的时候，你们的焦虑就没有了。大家挑啊，挑剩的最后一个是我的，还是都一样。由此我们反证可以得出，人的焦虑来自于一个不一样的念头。人们换太太也是来自于一个“不一样”的念头，“我要换一个更好的”，但是他忽略了向内求，忽略了一个人如果不向内求而向外求，他是永远得不到他要的那个效果的。古人讲，“行有不得，反求诸己”，古人寻找幸福的方法是向内寻找幸福。所以，我就给这个朋友建议不要换太太。他问我有这个本事没有，我说我就是这么换过来的。怎么换呢？我说：“你每天早晨起来，你就对着你的太太做心理暗示。怎么做心理暗示呢？你说：‘西施，西施，西施。’整天都这个念头，时间长了，你太太就会成为天下最美的人，这样你就不想换了。”

这样一种心理暗示有没有实际意义呢?有。心理学上有一个著名的案例,比如说“请吃北京烤鸭”——好香啊,我们的口水就流下来了。如果我们换一个念头,我们体会一下是什么感觉。换一个念头说“请吃鸭的尸体”——我们一下子就不想吃了;不但不想吃,还有恶心的感觉。同样的一个存在,念头换了,你把它的概念换了,你的感受就换了。事实上,幸福就这么简单。心理学告诉我们,心理暗示是重要的能量。这样的一个实验对我们日常生活有什么样的启示意义呢?就是任何时候我都要给对象投以正面的念头。时间长了,抱怨就没有了;抱怨没有了,我们对对方的挑剔、成见就会降低。

我们可以想象,离婚的人,相当一部分是互相赌气,为的是争一口气。但是当我们每事当前,都能想到对方的优点,我们就会像初恋的时候那样度过幸福生活每一天,怎么还会有这么高的离婚率呢?许多人的离婚,事实上是咽不下一口气,就是赌气。当我们把赌气这样的一个生命状态换成多看对方的优点,离婚率就会大大降低。

做丈夫和做妻子是两门功课,这就像做丈夫是“语文课”,做妻子是“数学课”。我们不能因为丈夫不去上“语文课”,我们就不去上“数学课”。这些年有许多孩子,当我们把道理讲清楚,比如要百分之百无条件孝敬老人的时候,有许多孩子就说,他当年都不理我,不管我,我为什么要孝敬他?!我说:“错了,小家伙,爸爸妈妈当年对你不好,那是因为他的慈道这一课不及格,如果你现在不去孝敬老人,那是你的孝道不及格。而‘慈道’和‘孝道’是两门功课,是一个人要完成的许许多多功课里面的两门不同的功课。所以我们不要看爸爸妈妈的功课不及格,我们就跟着一起不及格,我们要把它分开来对待。”同样,做丈夫和妻子也是两门功课。

当认识到这一点的时候,不管对方对我们好不好,不管对方对我们爱不爱，我们都要爱对方爱到不求回报的程度。为什么呢？我通过把对方爱到不求回报的程度，使我的生命能量到达 500 级，这是霍金斯能量级给我们揭示的。而如果你不爱我，你抱怨我，那你的能量在 150 级，跟我有什么关系啊？我的能量到 500 级，在下一个生命周期坐宇宙飞船。你的能量在 150 级，下一个生命周期你坐拖拉机。这是两门功课。当我们把这个道理搞清楚之后，我们再也不会计较对方对我们不好而去报复他。计较对方当年对我不好，我现在就对他不好，这实际上是一种自我损伤。

《记住乡愁》第二季拍了这么一位女士。她丈夫当年出轨，没想到在一次外出途中遇到车祸一命呜呼了。这位女士不但没有幸灾乐祸，还凑钱给她前夫办了一场体面的葬礼，还替她的前夫还清了 11 万块钱的外债，而她只是一位并不富裕的农民。记者问她："你怎么做到这一点呢？他都抛弃了你，你还能这样对待他？"她怎么讲呢？她说："他抛弃我，那是他的事情。而我现在这样做，我是在尽一个前妻的责任！"这让我很震撼。这位女士很早就明白一个道理，做丈夫和做妻子是两门功课。现在把做妻子的这一门功课做及格，在人生课程中就已经完成了。如果这一课不及格，下一个生命周期还要补课，损失的是自己。

主持语：

幸福是什么？幸福是人类共同追求的美好生活状态。郭文斌先生根据《弟子规》"入则孝"章节中的"亲所好，力为具；亲所恶，谨为去"等句，结合生命能量学原理告诉我们，在家庭生活中，幸福可以通过两句关键的话和五个关键的能量关系实现。郭文斌先生认为，如果夫妻双方懂得了"幸福是能量变的，而不是对象给的"这句话的真正含义，就会各自在提高生命能量上下功夫，就不会总用挑剔苛刻的眼光要求对方。如果夫妻双方明白了"做丈夫和做妻子是两门功课"这句话的深刻道理，就会各自把"丈夫"和"妻子"的角色扮演好，各自把责任承担好，而不会总是盯着对方的缺点指责抱怨。如此，必能实现夫妻的"阴阳调和"，最终让父母放心，让孩子安心，让家庭和睦，让社会和谐。这就是幸福。

那么郭先生总结的五个关键的能量关系又是什么呢？

我们看到，古人是把生命当作众多课程中的一个课程去完成的，是在"敦伦尽分"，完成自己的本分，这就是《大学》里面讲的"为人君，止于仁；为人臣，止于敬；为人子，止于孝；为人父，止于慈；与国人交，止于信"。就是作为父亲要把"慈"道完成，作为儿女要把"孝"道完成，作为国君要把"仁"道完成，作为大臣要把"敬"道完成，作为朋友要把"诚信"完成。就是说，一个人在每一个角色上都要做到百分之百，那么这个人的社会角色人格就圆满。这也是《大学》里面讲的"大学之道，在明明德，在亲民，在止于至善"。

一个人怎么样才能够"明德""亲民""至善"呢？妻子是我们的"民"、丈夫是我们的"民"、父母是我们的"民"、孩子是我们的"民"、同事是我们的"民"、百姓是我们的"民"。所有的人都是我们的"亲民对象"，只有我们"亲"了每一个"民"，只有我们做到"亲民"，我们才能"止于至善"。只有"止于至善"，我们才能够"明明德"。所以，它是背后的一个整体性，它讲的是"明明德""亲民"和"止于至善"。这三件事情其实是三个不同的方面，而它们的核心是相同的。这就是我们为什么讲不要计较对方对我们好不好，我们要对对方好到百分之百。我们上一堂课讲到的《零极限》里面，修·蓝博士之所以能够彻底治愈那些精神病患者，是因为修·蓝博士认识到这些精神病人是他的“旧记忆”。如果这些“旧记忆”不清理，他也没办法“止于至善”。所以我们看修·蓝博士的一生都是在不求回报地爱一切“亲民”对象。

由此我们就会想到，我们现在所倡导的“全心全意为人民服务”，其实是健康学、成功学、幸福学。只有“全心全意为人民服务”，我们的幸福感才能够达到百分之百。如果我们心中保留着对一个人的仇恨，那就不叫“止于至善”。只要我们这个桶里有一个仇恨的短板，我们这个水桶就装不满水，我们就不可能“明明德”。所以一个人要想彻底地觉悟、彻底地醒透，就要对每一个对象投入百分之百的爱和奉献，哪怕是对仇人。这个在《弟子规》后面的章节里面，如“报怨短，报恩长”这一部分，也有强调。后面，我们从报怨和报恩的角度再讲。

这里我们讲的是夫妻关系，而要处理好夫妻关系，我们还要处理好五种能量关系。哪五种能量关系呢？

第一，能量要归位。丈夫是“阳性能量”，妻子是“阴性能量”。从自然属性来看，我们要放大丈夫的担当感、妻子的温存感，也就是丈夫的阳刚之气、妻子的贤惠之德，只有将这些充分放大，夫妻关系才能够和睦。

第二，能量要互补。在今天，有相当多的夫妻关系不好，是因为大家都在消解能量，而没有进行能量互补。比如说妈妈出差了，爸爸逮住机会就给孩子讲：“宝贝啊，幸亏你有一个好爸爸，如果没有爸爸，你早饿死了，你妈妈当年根本不管你。”爸爸出差了，妈妈逮住机会给孩子也如是讲一番。最后孩子就会得出一个结论：爸爸妈妈都不是好东西。这样就造成了这个孩子对爸爸妈妈都没有信心，甚至他对人有恐惧感，所以我们现在看到有许多的孩子不愿意结婚。什么原因呢？因为爸爸妈妈互相“挖墙脚”。从这样的一种投射，我们可以知道，爸爸在讲妈妈坏话的时候，妈妈在讲爸爸坏话的时候，整个家庭能量等级降低到 150 级以下，受伤的首先是老人和孩子。《中庸》讲“君子之道，造端乎夫妇，及其至也，察乎天地”，从此可见夫妻关系和睦的重要性。

第三，能量要净化。我们还要讲的是，想处理好夫妻关系，能量要净化。怎样净化呢？这些年我在全国各地做志愿者，讲到 500 级的能量对应的念头是“我爱你”，我就建议大家把“我爱你”这样一个念头融入一切生活细节里，我们会发现幸福感大大提高。比如说，做饭的时候，很多妻子总是抱怨说：“这土豆丝怎么天天是我切？ 这菜怎么天天是我炒？这饭怎么天天是我做？他怎么不做？”做饭的过程是埋怨的过程。从现在开始，我们把念头转过来，做饭的时候，比如切土豆丝时，我们把“我爱你”融入进去，默念“我爱你”“我爱你”“我爱你”！洗衣服的时候，默念“我爱你”“我爱你”“我爱你”！拖地的时候，默念“我爱你”“我爱你”“我爱你”！我们会感觉到幸福感有了巨大的提高。

带着“我爱你”的念头，特别是不求回报的“我爱你”的念头，在劳作的时候我们的能量在 500 级。当我们把这个道理弄明白之后，吃饭也带着“我爱你”的念头，走路也带着“我爱你”的念头，睡觉也带着“我爱你”，甚至上卫生间都带着“我爱你”的念头，我们会发现一下子进入了人生的天堂。

主持语：

上节课郭文斌先生继续根据《弟子规》中的训谕和《大学》中的名句，结合生命能量学原理告诉我们：要想让我们家庭里的每一位成员都获得幸福，首先必须通过两句关键的话将夫妻关系调整到一个和谐的状态，此谓“阴阳调和”之道。此外还要处理好五种关键的能量关系。

郭文斌先生生动地描述了前三种能量关系。第一，丈夫是“阳性能量”，妻子是“阴性能量”，要放大丈夫的阳刚之气和担当意识，放大妻子的柔静之气和贤惠感。第二，能量要互补，就是夫妻双方要相互补台，而不是相互拆台，相互支撑而不是相互掣肘，相互恩爱而不是相互埋怨。第三，要懂得用“我爱你”“我错了”等积极的念头进行能量净化，始终让自己的生命能量保持在高水平，如此我们的幸福感就会得到极大的提高。

既然“我爱你”有如此巨大的能量，我们就想办法把它变成意识激光。成为意识激光的时候，它就成为我们生命力的一个重要的部分。怎么样变成意识激光呢？下一节课我们接着分享。

第 10 集

万能钥匙“我错了”

主持语：

“幸福在哪里？朋友啊告诉你，它不在柳荫下，也不在温室里……”

这是 20 世纪 80 年代流行的一首关于幸福的主旋律歌曲，曾经家喻户晓，风靡一时。那么，幸福到底在哪里？郭文斌先生认为，如果把幸福落小、落细、落实到我们的家庭生活中，夫妻关系至为重要。此外还要处理好五种关键的能量关系。

在上一堂课里，郭文斌先生详细描述了前三种能量关系的重要性，那么还有两种能量关系，它们又是什么呢？郭先生将在本节中告诉我们，那就是能量同频和能量积累。为什么要把能量同频和能量积累这两种能量关系专门作为一堂课的内容呢？它们能帮助我们找到真正的幸福吗？

大家好！上一堂课，我给大家讲由“亲所好，力为具；亲所恶，谨为去”延伸到夫妻关系的和谐，将是直接地孝敬老人，直接地关乎我们的孩子。怎么样才能够处理好夫妻关系呢？我们讲了两个概念：第一个概念是，幸福是能量变的，不是对象给的；第二个概念是，做丈夫和做妻子是两门功课。我们不能因为对方不去上课，我们就不去上课。就是谁奉献谁获益，跟对方没关系。我的能量提高了，我的下一个生命周期就会有一个更美的旅行；我的能量降低了，我下一个生命周期的旅行风景就会大打折扣。

由此，我们还讲到了五种能量关系。

第一，能量归位。阳性能量归到阳性能量，阴性能量归到阴性能量。阳性能量放大阳性能量，阴性能量放大阴性能量，夫妻“一阴一阳之谓道”，夫妻关系就更加和谐。

第二，能量要互补，不能消解。怎么样能量互补呢？在孩子面前赞美对方，在老人面前赞美对方，在尽可能多的场合讲对方的好话。因为我们知道我们在动赞美的念头的这一刻，我们就在跟对方共振，就是在进行家庭整体能量的提高。当然，这也是对孩子的关爱，对老人的孝敬。

第三，能量要净化。怎么净化呢？我们在上一节课讲到，既然我们认识到“我爱你”，特别是不求回报的“我爱你”，它给我们带来的生命能量是 500 级；而一个人的生命能量提高到 500 级，将是普通人的 75 万倍！这么高的一个能量级！我们就想，一定要把“我爱你”这个能量级变成意识激光。怎么变成意识激光呢？很简单，我们知道，当一个简波重复的时候，它就变成意识激光了。比如太阳光，它照在我们身上，平常我们是没感觉的，但是当它被聚焦打到我们身上，就会把我们烧伤。我们小时候常常玩，拿一个老花镜把太阳光一聚焦，放在棉花前面，棉花就着了；放在草上，草就着了。

现代科学也给我们做了无数的例证。比如说，当普通的光打在一个物件上，这个物件没有反应，当变成激光时可以把钢板穿破。由此可以知道，一个人的意识变成激光之后的巨大力量，当然也是破坏力。而“我爱你”这样的一个念头，它给我们带来的是能量上的提升，是建设力。“我恨你”这个念头，它带给我们的是负能量，是破坏力。“我爱你”是生机，“我恨你”是杀机。

我们在日常生活中做任何事情都应该把“我爱你”这个念头融入进去，哪怕接一个电话，哪怕走每一步路，哪怕喝每一口水，吃每一口饭，我们都要把“我爱你”融入。这样时间长了之后呢，它就会变成意识激光。一旦这个念头变成意识激光，我们的能量就会很稳定地保持在 500 级。而我们的能量很稳定地保持在 500 级之后，体现在我们的孩子会孝敬老人，孩子会好好学习，有好的道德品质。如果一个孩子不孝顺老人，是因为他的能量不够；一个孩子厌学，是因为他的能量不够；一个孩子品质恶劣，是因为他的能量不够。

当我们把这个道理搞清楚的时候，在日常生活中就要练习“我爱你”，让它变成条件反射。我建议，我们在听完课之后就要去用。比如说我们现在听到“我爱你”能量这么高，就给周边的人说“我爱你”。如果我们要让它变得有抒情性，我们可以加一个语气助词，就是汉语拼音的第一个字母“ɑ”（啊）。回家后就给我们的另一半来一句“啊，我爱你”，并加上拥抱的动作。

在一次为期三天的论坛上，我们把这个原理讲了之后，一位女士第二天就来给我反馈，她说：“郭老师，不灵啊？”我说：“怎么不灵啊？”她说：“你猜呀，我一进门就来了一下子。人家怎么说呢？”我问：“人家怎么说呀？”人家说：“神经病。”我就说：“你要找原因，你给另一半泡了一杯‘我爱你’的茶。人家一喝‘噗’吐出来了。咋回事呢？神经病的味道。水没错，茶也没错。问题出在哪里呢？问题出在我们用的这个茶杯还是神经病的味道。我们应该怎么办呢？我们就要先把茶杯洗干净，再给他泡一杯'我爱你'的茶。"怎样才能把这个茶杯洗干净呢？

霍金斯发现有一个 350 级能量级对应的念头，它是专门来打扫生命容器的，就是"我错了"。就是说"我错了"这个念头，它承载的能量是 350 级。350 级意味着什么呢？霍金斯没有做换算，但是他换算过 300 级。他发现 300 级等于 200 级的 9 万倍。我们可以想象，350 级它的能量至少在 200 级的 10 万倍以上。这也不得了啊！当一个人的生命力是别人的 9 万倍，我们对应到健康上，从理论上讲，他是别人 9 万倍的长寿，9 万倍的康宁，9 万倍的善终。对应到成功率，同样的一件事情，他的成功率是别人的 9 万倍。对应到生产力，他的生产力是普通人的 9 万倍。就是说一个团队里有一个人的能量在 300 级，这个团队的战斗力将是别的团队的 9 万倍。在日常生活中，能量在 300 级的人也不多见，何况 350 级？350 级这么高的一个能量级，它是由哪一个念头作为载体的呢？是"我错了"。为什么"我错了"这个念头有这么高的能量级呢？

我们看《周易》八八六十四卦，六十三卦有吉有凶，只有一卦全吉。哪一卦？谦卦。谦卦体现在日常生活中，最明显的、最具体的是一个人在日常生活中能常说"我错了"。认错，就证明有忏悔精神，有反省精神，能认错。当一个人能认错的时候，他的能量就在 350 级，这个人就是有谦德。被称为天下第一善书的《了凡四训》里，最后一节"谦德之效"里边讲的"惟谦受福"就是这个道理。谦德能给我们带来福气。按照我们这一轮讲《弟子规》的基本方法论能量来讲，就是只有谦德能给我们带来能量。

老子讲："江海所以能为百谷王者，以其善下之，故能为百谷王。"

什么意思呢?大海为什么是大海呢?因为它有谦德,它比小溪有谦德。江河百川为什么归海呢?因为大海胸怀广阔有谦德。所以老子反复地赞美水,比如“水善利万物而不争”,不争就是谦德。事实上,我们可以把人的一切美德都归到谦德。比如说孝敬老人、关怀兄妹、“谨而信”“泛爱众”,都是谦德。敬畏心、感恩心、爱心、慈悲心、恻隐之心、同情心都是谦德。而谦德最具体的表现,就是一个人能净化能量。用什么净化呢?说:“我错了!”所以我们选择用意识激光训练的时候,我们在选“我爱你”之前先选“我错了”。因为要先打扫心灵容器,再往里装“我爱你”的能量。

主持语:

郭文斌先生由《弟子规》“入则孝”中“亲所好,力为具;亲所恶,谨为去”这句训谕,延伸到夫妻和谐、家庭幸福的“保鲜秘方”,进而提出五种能量关系。其中第三种关键的能量关系是要懂得用“我错了”这个念头进行能量清理,否则我们积累的能量再多,也是非纯能量。

郭文斌先生强调,“我错了”这个念头之所以能够净化生命能量,是因为它体现了《易经》中唯一“六爻皆吉”的谦卦的精神,因此在霍金斯能量级中它高达 350 级。当我们的心灵容器清理洁净之后,再往里装“我爱你”的能量,就是纯能,纯能产生真幸福。根据霍金斯能量级原理,不求回报的“我爱你”所承载的生命能量高达 500 级。如果一个人的生命能量提高到 500 级,将是普通人的 75 万倍。如此高能,足以将消极转变为积极,杀机转变为生机,不幸转变为有幸,失败转变为成功等等。

那么第四、第五种关键的能量关系又是什么呢？

这样一个念头“我错了”，在处理夫妻关系的时候尤为有效。我就有体会，原来因为一个事情跟太太争，冷战一周，缓解一周，十来天就过去了。现在发现当我们应用“我错了”的时候，一个“我错了”，这十来天的功夫就省下了。有许许多多的夫妻之所以关系发生了裂变，之所以最后走上了法庭，有一个重要的原因，就是大家都在说“你错了”。我的体会是，当我们能够随时把“我错了”这三个字说出口的时候，夫妻关系基本上就能够维持在一个和谐的状态。当然，在生活中我们要常说“我错了”，这是需要训练的。

有一次我跟我太太因为一件事情争起来了，我让她说“我错了”，她让我说“我错了”，最后两人都不说。然后我爱人就发出最后通牒，她拎着一个包站在门口说：“郭文斌，你到底说不说？”我说：“我要捍卫真理。”她说：“好！ 我让你尝一尝捍卫真理的滋味。”“哐”的一下，门一关走掉啦。吃晚饭的时候我就后悔了。为什么呢？我不会做饭。第二天更后悔，因为有一件特别着急的事情需要她来处理，但是人不在啊。这时候我的一位学生就说：“郭老师啊，你说‘我错了’可以解决世界上的一切难题，赶快说啊！”

说实话，讲不出口。我就拿起电话，可还是说不出口。最后真的是为了解决问题，我把吃奶的劲儿都使上了，勉强把“我错了”这一句话说出口，效果非常好。不到半个小时，我就听到钥匙插在锁孔里和她温柔的声音，回头一看，人回来啦！我晚上就写日记：“世上本无事，只因不说‘我错了’。”还写了一句话：“能说‘我错了’，错误也是正确；不说‘我错了’，正确也是错误。”

为什么呢？当我们说“你错了”的时候，我们的生命能量是150

级，能量降低了，而生命的所有意义就是提高能量。而当我说“我错了”的时候，我的生命能量到了 350 级，我的能量提高了，这才叫正确。我们都知道在家里边，特别是夫妻之间，我们要争理是争不清楚的，没理可争。要说争，就争谁先说“我错了”，这才叫争理。所以我们需要随时随地进行能量的净化。怎么净化呢？常说“我错了”。这是处理好夫妻关系的第三个能量关系，能量要净化。

能量要净化，我们要做到两点：第一要常赞美对方；第二要常看对方的优点。因为如果看不到对方的优点，我们是不可能赞美对方的，而赞美对方会直接改变家庭磁场。比如说，我们都老夫老妻了，还能赞美什么呢？但是我们在生活实践中发现赞美产生的效果会很好。比如说，我们对我们的太太说：“啊，亲爱的，虽然你两鬓有了白发，但比起年轻时更有女人味儿。”对方听了非常欢喜。太太做好饭菜，一定要说：“哎呀，这饭菜真好吃啊！是天下最好吃的饭菜。”赞美会直接改变家庭磁场。

对老人也要赞美，对孩子也要赞美。赞美的大前提是要常看对方的长处，看对方的优点。特别是夫妻之间，要看对方的优点，看对方的长处，看对方的努力。前几年我没有这个智慧！一吵架就看对方的缺点，一个缺点两个缺点三个缺点，没法儿活了。现在，把方向改变一下，一不愉快，赶快去想对方的优点，一个优点两个优点三个优点，马上就不生气了！我现在对我爱人积累的优点就很多。当你们常常看对方优点的时候，你心中全是对方优点的时候，你会发现恩爱的感觉就出来了。比如说我太太，现在我出来，家里边一个耄耋的老人和一个幼小的小孩儿，就全留给她了，但她特别支持我出来做公益。为什么呢？因为她理解这份事业，因为我学了传统文化之后，做了公益之后，我能说“我错了”，我能看到她的优点了，我的脾气改变了，不再像当年那样刻薄了。这样,相互理解就产生了,久而久之,因为共同的价值观、共同的追求,这种恩爱就产生了,这一点在当今社会尤为重要。

第四个能量关系,是能量一定要同频。怎么做能量才能同频呢?夫妻一定要有相同的价值观、人生观、世界观。这些年我们一直动员夫妻共同学习传统文化,我们发现一旦夫妻共同学习了传统文化,其家庭就更稳固了。这些年我们“寻找安详小课堂”鼓励全家学习,夫妻共同学习,带着孩子学习,带着老人学习。这样做的一个好处就是让大家产生共振,产生共鸣。

比如说我们“寻找安详小课堂”的班主任,有一次我在一个封闭班上看到他眼泪汪汪地看着儿子上台分享。为什么呢?因为他拿出了大量的资金,扶持“寻找安详小课堂”,一直渴望儿子能够跟他一起学,可是儿子好久都走不进小课堂。后来一个特殊的因缘,我就动员他儿子来参加这个小课堂。参加了一次封闭的课程之后,他上台做了分享。当他分享的时候,他爸爸流下了眼泪。这样的一个家庭磁场,家庭成员有共同的价值观、共同的爱好,“亲所好,力为具;亲所恶,谨为去”。这样的一种共同的价值追求,让他父亲感动。一家人共同学习,作为一个父亲,看着自己的儿子来学习他所推崇的传统文化,他的喜悦我们可想而知。那一天, 那位小伙子的分享感动了在场的每一个人,非常感人。

古人讲,如果一家人不学传统文化,没有共同的价值观,很可能亲人就变成仇人。我们知道,爱得越深恨得越深。但是,一旦亲友关系变成道友关系,这种亲爱就会变成永恒。随着我们的成见消失,我们之间关系变得亲密,拥有同一个频率,就这个道理。

第五个夫妻关系的能量关系,就是能量的积累。就是说夫妻之间就像种庄稼一样,要进行能量积累。能量积累到一定的程度,那种恩爱感、那种亲热感、那种亲爱感足以让我们携手走完一生。正所谓“执子之手，与子偕老”，所谓的“百年好合”才有可能性。由《弟子规》“入则孝”部分“亲所好，力为具；亲所恶，谨为去”中的许多外延中的夫妻关系的处理，我专门以此为例，讲了家庭能量经营中的一个重要环节，就是说夫妻关系要处理得好，既可孝敬老人，也关乎孩子成长。

主持语：

在历数了“我错了”在能量清理中的重要作用之后，郭文斌先生告诉我们，让我们的家庭获得和保持幸福的第四、第五种关键的能量关系，就是能量同频和能量积累。

所谓能量同频，就是夫妻之间一定要有相同的价值观、人生观和世界观。三观不同将令夫妻生活目标难以统一，生活态度无法协调，奋斗的方向相左相悖，最终导致夫妻失和、同床异梦，夫妻矛盾增多，家庭建设无从着手，家庭幸福更是无从谈起。只有能量同频，才能有生活的共振和幸福的共鸣。

所谓能量积累，就是要不断用相互理解、相互敬重、相互恩爱、相互关心来积累和增强夫妻之间的生命能量，如此家庭才能永葆和谐，幸福才能永驻心间。

这一堂课就讲到这里，下一节课我们接着分享《弟子规》。

第 11 集

几人懂得亲之痛

主持语：

上两堂课里，郭文斌先生以夫妻关系为例，讲述了“幸福是能量变的而不是对象给的”“做丈夫和做妻子是两门功课”这两句关键的话，以及能量归位、能量互补、能量清理、能量同频、能量积累五种关键的能量关系在实现家庭幸福中的重要作用。

郭文斌先生认为，实现家庭幸福，夫妻关系是第一责任关系，但并非唯一的责任关系。父子关系、母子关系、兄弟姊妹关系、同事关系，以及一切生命共同体的关系，都对和谐家庭的实现和人生幸福感的获得影响重大。只要我们谨记《弟子规》中“亲所好，力为具；亲所恶，谨为去”这句训谕，按照“两句关键的话”和“五种关键能量关系”来处理夫妻关系和家庭关系，就一定能获得幸福。

那么《弟子规》中“身有伤，贻亲忧；德有伤，贻亲羞”这句训谕，又能给我们修身和齐家带来什么启示呢？

大家好！上一节课我给大家分享了《弟子规》“入则孝”部分的“亲所好，力为具；亲所恶，谨为去”。由所好、所恶这两个点，我们延伸讲到了夫妻关系的经营，在老人心灵世界中的投射和在孩子心灵世界中的投射，在孝道的建设和慈道的建设上，它都具有重要意义。

我讲了两个概念、五种能量关系。两个概念中“幸福是能量变的，而不是对象给的”，要求我们向内求，而不能向外去寻觅。第二句话是“做丈夫跟做妻子是两门功课，各完成各的功课，不能因为对方不去上课，就不去上课”。五种能量关系就是说能量要归位、能量要互补、能量要净化、能量要共振同频、能量要积累。如果一对夫妻能够认识到并做到这两点和五种能量关系，一般情况下不会走向分裂，一般情况下都会相扶相携把这一生的路走完。这对于老人来讲是福利，对孩子来讲也是福利。

这些年我讲家庭伦理的时候发现，夫妻关系成了重中之重，由此我们就更能够理解《中庸》里讲的：“君子之道，造端乎夫妇，及其至也，察乎天地。”什么意思呢？当我们把夫妻关系搞懂了，理解透了，做到家了，宇宙的秘密我们就都了解和理解了。把宇宙的秘密了解了，能够理解了，也就意味着我们从 11 层的梦境里面能够醒透，也就意味着我们能够“明明德”，能够“亲民”，能够“止于至善”；也就意味着我们能达到孔子所讲的“学而时习之，不亦说乎”的那个“说”，“有朋自远方来不亦乐乎”的那个“乐”，以及“人不知而不愠不亦君子乎”的那个“君子”的境界。

这是以夫妻关系为例，由此我们也可以延伸至父子关系、母子关系，延伸至兄弟姊妹关系，延伸至同事关系，延伸至人跟一切生命共同体的关系。原理上是一样的，我们讲《弟子规》，重在讲《弟子规》的精神，而要讲《弟子规》的精神，就要有一种举一反三的能力。在这两句话之后，《弟子规》讲什么呢？接下来讲“身有伤，贻亲忧；德有伤，贻亲羞”。事实上是“亲所好，亲所恶”众多外延里面的一个外延，它特别拿出来讲，就是它强调了“身有伤，贻亲忧；德有伤，贻亲羞”，强调身的伤和德的伤带给父母的伤害。

孔子讲“父母唯其疾之忧”“身体发肤，受之父母，不敢毁伤”，是讲我们的身体是父母给的，我们不敢毁伤。因为我们的身体受伤了，父母的身心也就受伤了。为什么呢？我们的身体跟父母的身体是全息的对应关系。我们的身体有痛感，父母一定会有痛感。

这一点曾参的童年故事给我们做了证明。有一天曾参上山打柴，突然感觉心口疼，他的第一反应是母亲出事了，跑回家一看，母亲没出事，而是来客人了。那个年代没有手机，母亲为了不让客人久等，让曾参快点儿回来，她就咬了一下手指头，曾参就感到心一阵疼痛。由此可见我们的身体和父母的身体是有通感的。

我们看到现在有许许多多的青少年没有意识到这一点，在身上“雕龙画凤”。有一次我看到一个孩子，心里特别难受，他的胳膊和腿上被刀划的是一个一个的疤痕。我问他咋回事儿，他说他上课打瞌睡，用这种方式来提神。其实我一边在听他讲，我一边想：也许是真的，也许另有原因。不管是哪一种原因，这样的做法肯定对父母带来了极大的痛感。我们也看到有许多孩子上网，一熬就一个通宵，甚至有孩子带着便携冰箱进网吧，穿着尿不湿打游戏，饿了就从冰箱里取一个面包吃，拿一瓶水喝，尿憋不住了就尿到尿不湿里，为什么这么做呢？就是不愿意从游戏上下来。这样做的结果可想而知对身体伤害是多么的大。

古人为了爱惜自己的身体,他们是怎么做的呢?《黄帝内经》里面讲“食饮有节,起居有常,不妄作劳”。由此可以联想到古人为什么要“食饮有节”,为什么要“起居有常”,为什么要“不妄作劳”呢?因为古人受的教育是“身有伤”的教育。“身有伤,贻亲忧”,他们不愿意让父母担惊受怕,所以他们的作息很有规律,他们不会暴食暴饮,他们不会为了妄想去杀鸡取卵,对生命进行破坏性的透支使用。身体受伤了,给父母带来的伤害尚且如此之重;那么道德受伤了,对父母的伤害就更大了。

我们可以想象像秦桧这样的人,带给他们的祖先和后代的伤害。秦家在出了秦桧之后,多少年都发达不起来,有许多秦家人都改成了别的姓。在多少年之后有一位叫秦大士的考上了状元,朝中有人就弹劾他,说这位秦大士是秦桧的后代,不能当这个状元。皇帝就调查,查来查去发现秦大士不是秦桧的后代,是秦桧哥哥的后代。秦桧哥哥当年在秦桧陷害岳飞这个事件中,保持了他的客观态度,没有参与其中。所以秦大士在调查之后得以保持他的状元身份。后来呢,他到了岳飞的坟前写下了一首诗,其中有一句“人从宋后羞名桧,我到坟前愧姓秦”。什么意思呢?从宋朝之后,就没有人用秦桧的“桧”起名字了。我姓秦,我没办法改变我的姓,我在岳飞的坟前只有羞愧。由秦大士的这首诗我们可以非常形象地理解《弟子规》里面所讲的“身有伤,贻亲忧;德有伤,贻亲羞”。

主持语:

随着郭文斌先生从“亲所好,力为具;亲所恶,谨为去”讲到“身有伤,贻亲忧;德有伤,贻亲羞”,我们看到“身有伤,贻亲忧;德有伤,贻亲羞”实际上是“亲所好,力为具;亲所恶,谨为去”的众多外延之一。这句训谕强调的是身之伤和德之伤带给父母的伤害。所谓“父子连心”“母子连心”绝不是空洞的说教，而是基因和血液在传承过程中的必然。所以，爱惜自己的身体，就是孝敬父母的具体表现之一。而如果我们的道德有问题，对父母的伤害就更大。郭文斌先生以南宋奸臣秦桧为例，印证了这一观点。事实上，残害忠良的秦桧，不仅让他的先人蒙羞，也让他的后代受辱，甚至玷污了“桧”这个汉字。

除了秦桧外，人们熟知的唐代乱臣杨国忠、北宋奸臣蔡京、明代宦官魏忠贤、清代大贪官和珅、抗日战争时期的汉奸汪精卫等等，都因做了伤天害理之事而被永远钉在历史的耻辱柱上。明白了身之伤、德之伤带给父母和祖先伤害的后果后，我们该怎么做呢？

前面的课程里已经讲到人的潜意识是永恒的，既然每一个人的潜意识是永恒的，我们就可以联想到祖先的潜意识一定也是永恒的。而既然祖先的潜意识是永恒的，那么他的子孙后代精忠报国，他享受的是荣耀；如果他的子孙作奸犯科，背叛祖国、背叛国家，他就会因此蒙羞。

我们在纪录片《记住乡愁》里看到，一些大家族的祠堂里面悬挂了那么多皇帝的封赏。它的意义是什么呢？让他的祖先得到荣耀，让他的子孙在祠堂里体会到一种光荣感，所以它是一种天然的教育。我们看到许多大家族的家训里面规定，一个人一旦犯法，第一不能进祠堂，第二不能上家谱。这对于个人来讲就是一个天然的约束、天然的教育。在古人的节日里面，比如说过大年，一家人要在祠堂里面过，这就是一种天然的教育。

我为什么用12年的时间写长篇小说《农历》，写五月和六月两个孩子从中国的15个传统节日里面穿过。我有一个心愿，那就是打量我们古代生活里面的教育，比如说私塾家学、书院乡学、贡院国学、寺院道学和社戏这五个方面的教育。过大年的时候，一家人待在祠堂里面追溯祖德，给后生们颁奖，共同阅读经典，瞻仰祖先遗容，阅读家谱，对于后生将是无形的激励。当他看到他的祖先为国家立功、精忠报国、建功立业、造福桑梓的时候，心中就会自然而然地激发出来一种爱国热情，激发出来一种公益精神，激发出来一种奉献精神，激发出来一种杀身成仁、舍生取义的情结。像辛弃疾、林则徐这些人为什么能够做到"苟利国家生死以，岂因祸福避趋之"？是因为他们从小接受的是一种忠义的教育。

我在《农历》里面写道，我们小时候过年，一村人到庙堂里面去，看到了关帝庙的对联"志在春秋功在汉，心同日月义同天"，就问父亲啥意思，父亲就给我们讲关公的故事。当时的情景深深地烙印在我们的心田里。我们的人格里面就有了一份对于忠义的追回，对忠义的追怀，对忠义的自觉追求。

我写过一篇文章叫《将台堡，我的故乡》。我们都知道，1936年10月22日，红军的三大主力在将台堡会师。为什么将台堡这样的一个小镇，能够接纳三大红军主力会师呢？历史上将台堡镇是一个戏乡，村村有戏，每到过年的时候村村都有社火，而社火里面演的是什么呢？演的就是忠孝节义。当忠孝节义成为老百姓一种潜意识的时候，接纳红军、支持红军就成了再自然不过的事情。

《记住乡愁》在拍到古田镇的时候，我们看到六千红军在古田镇屯军的影片。我们就会想，为什么不是别的镇而是古田镇呢？我们考察发现，一千多年前古田镇就具有优良的传统。当我把中国的传统节日整体做了一个审视之后，我就决定写《农历》这部长篇小说。我带着主人公五月和六月从中国的 15 个传统节日里面走过，发现祠堂、家谱、书院、义学这一切都对五月和六月的成长是一个天然的教育，它们是一堂天然的哲学课、天然的美学课。

这样一种教育和《弟子规》里面讲的“身有伤，贻亲忧；德有伤，贻亲羞”非常吻合。比如说我写五月和六月过中秋节，五月和六月摘梨子，把梨子摘下来给村里人分赠的时候，五月和六月还有些不情愿，但是当他们把这些梨分赠出去，得到乡亲们的回馈比他们分赠出去的更多的时候，他们就有一种喜悦感，这时候爸爸妈妈就表扬他们。五月和六月这样的行动，给他们的爸爸妈妈带来的就是一种德的增长，爸爸妈妈就有幸福感的增长。

“德有伤，贻亲羞”，当道德感获得提升的时候，对于亲人来讲那就是一种荣耀。整部《农历》里面，五月和六月所成长的过程，事实上就是爸爸妈妈的喜悦增多的过程。五月和六月他们爱的力量一步一步地提高，也是他们的爸爸妈妈喜悦感提高的过程。这是由“身有伤，贻亲忧；德有伤，贻亲羞”讲到的古典教育对我们的启示。在今天，我们尤其需要对这两句话更加充分细致地加以发挥。

我们可以肯定的是，如果每一个官员都是参照这两句话为人民服务，很可能贪腐的概率就大大下降；每一个公务员带着这两句话去上班，他们的敬业程度就会大大提高。为什么呢？“身有伤，贻亲忧；德有伤，贻亲羞。”因为当他人赞美我们的时候，我们的亲人获得了一份对等的能量。当他人给我们献上红花的时候，我们的亲人、我们的子孙后代同样得到了一份祝福。

如果一个人怀揣着“身有伤，贻亲忧；德有伤，贻亲羞”这句话踏上人生的旅程，基本上可以说，他轻易地不敢犯错，轻易地不敢铤而走险，既不会占国家便宜，也不会做伤害自己的事情。这跟前面讲的“事虽小，勿擅为；苟擅为，子道亏”“物虽小，勿私藏；苟私藏，亲心伤”有一个非常完美的呼应。由“身有伤，贻亲忧”到“德有伤，贻亲羞”我们也可以看出，古人对生命的认识，它是由身体层面到道德层面，身体层面重要，道德层面更重要。

由此我们就可以理解为什么古往今来有那么多的仁人志士能够做到杀身成仁、舍身取义。我们看到孔子的弟子子路，在牺牲的最后一刻，还能够很从容地把帽子扶端正，非常从容、非常安详地告别这个世界。子路死了，是为了保卫国家而死，为了平叛而死，那么他死得光荣，死得有质量，他荣耀了他的祖先，也荣耀了他的后人。所以，这样的死，死得其所。

在中国五千年的文明史里面，为什么有那么多人血洒疆场，有那么多人精忠报国？因为他们受到的是一种荣耀祖先的教育、荣耀子孙后代的教育。他们把生命放在一个长长的家族链条、民族链条里面，放在一个整体里面。通过整体性审视的人生，一定是谨慎的人生，一定是如履薄冰、如临深渊的人生，一定是善护自己念头的人生。

主持语：

郭文斌先生通过古今多个案例告诉我们，“身有伤”已属不孝，而“德有伤”造成的伤害远甚于“身有伤”给父母和祖先造成的伤害，甚至累及子孙后代。因此古人总是把“修身”摆在齐家治国平天下的最前面，如果不修身就去“齐家，治国，平天下”，势必害家误国祸天下，也必伤害父母、辱没先祖、牵累子孙。而一个道德高尚的人，不但能青史留名、光宗耀祖，更让子孙后代骄傲自豪，并且享用他结转的正能量。

写出“苟利国家生死以，岂因祸福避趋之”的民族英雄林则徐，虽自身命运多舛，却给子孙后代带来巨大福荫，与带给祖先和后人无尽耻辱的秦桧形成了鲜明的对比。因此记住了“身有伤，贻亲忧；德有伤，贻亲羞”，也就懂得了“事虽小，勿擅为”“物虽小，勿私藏”。在道德的天平上，这两句话形成了非常完美的呼应。

这一堂课就讲到这里，下一节课我们接着分享《弟子规》。

第 12 集

健康其实很简单

主持语：

在上一堂课，郭文斌先生以一种独特的方式解读《弟子规》“入则孝”部分的“身有伤，贻亲忧；德有伤，贻亲羞”。他以此告诉我们，如果我们在各自的成长、工作和生活过程中都用这句训谕警示自己，并朝着免致“身有伤，贻亲忧”的方向努力践行，我们的人生一定是安全的，一定是幸福的。在具体的操作层面，我们在牢记“身有伤，贻亲忧 ；德有伤，贻亲羞”这一训谕的同时，应该明白如何把自己的行为落细、落小、落实，让我们的身体不受伤，保持在一种健康的状态。

本期节目，郭文斌先生将结合《黄帝内经》告诉我们，怎样做才能免致“身有伤，贻亲忧”，让我们身体健康、生活幸福。

大家好！上一节课我们给大家分享了《弟子规》“入则孝”部分的“身有伤，贻亲忧；德有伤，贻亲羞”。用这句话来指导我们的工作和生活，这个人的人生一定是安全的，一定是幸福的。

这节课我们接着上一堂课的话题继续分享，从可操作性层面我们探讨一下，如何才能够让身不受伤。要说健康，离不开我们祖先留下来的《黄帝内经》。一个人怎样才能健康呢？《黄帝内经》告诉我们有三个很重要的因素，那就是“食饮有节”“起居有常”“不妄作劳”。

“食饮有节”，如果简单讲，就是吃得刚刚好，喝得刚刚好，不冷不热，不多不少，不黏不稠，这就是食饮有节，不要吃过量。从营养的搭配上来讲，《黄帝内经》的说法应该是以五谷为主，所谓的五谷杂粮是最有营养的。用今天全息论的观点来讲，我们会发现种子里面包含跟宇宙对等的全息能量。我们看到一粒种子埋进土壤，它会长成一棵参天大树，可见种子里面的信息系统、能量系统是多么的充分。再打个比方，我们把一片菜叶埋到土里它长不出一棵菜，把一块羊肉埋到土里长不出来一只羊，由此可见，种子的信息系统、能量系统更全面。

我们现在有考古学家从古墓中挖出来一些种子，种进土壤还能够发芽生长，说明种子它不但有生命力，还有保鲜力。就是说它跨越时间仍然具有生命力。我们多吃种子，对于补充生命能量是大有好处的。小米为什么这么养人？在农村许多孕妇生孩子没有奶水的时候，喝了小米粥就能下奶，因为小米它是种子。我们发现小米能够在非常干旱的地方生长，说明它的生命力非常旺盛。而且小米是单细胞植物，非常容易被肠胃吸收。

我们讲小米很养人，其实一切米都很养人，古人讲的五谷就是最养人的。到如今餐桌上一看，我们就知道现代人搞反了。九道菜吃完最后上主食，还是小得不能再小的一点儿面点。所谓的主食，事实上相当多的人到那时已经吃不下了。我们开玩笑地说，现代人个个面有菜色。什么原因？在进食的比例上出了问题。由此我们想到，古人早就发现了什么食物最有营养。古人认为营养比例是五谷七分，菜二分,肉一分。可是今天相反的进食比例让我们现代人因为进食不当诱发各种疾病。

我们都知道“三高病”是吃出来的,许许多多的消化系统疾病是吃出来的。所以有人常开玩笑说,在当今社会没有饿病的,大多是撑病的,这就是饮食没有节制造成的。我们在生活中观察,喝完小米粥的碗,拿水冲一下,碗就干净了。但是装过油腻食物的碗,我们需要用清洁剂才能洗干净。我们的血管、肠胃事实上跟碗一样,当油垢堆积到一定程度,时间久了,它免不了就会生病。我们发现在道家的食谱里面,大多数菜它是蒸的煮的,很少用炒的方式烹饪,由此我们可以联想到老子讲“五味令人口爽”,现代人可能过于贪恋对味觉的满足,忽略了肠胃的感受。

《弟子规》讲“冬则温,夏则清;晨则省,昏则定”,实际上对应在我们的身体上也是一样的,就是说肠胃的感受我们也要体会一下。我们常常为了满足舌头的欲望而不顾肠胃的感受,肠胃已经叫苦连天了,但舌头还在撺掇“吃吧,吃吧,吃吧”,所以到最后，许许多多的消化系统疾病就出现了。古人讲的“早好、午饱、晚少”这样的进食规则,现代有许多人做不到,往往是早饭不吃,中午饭不吃,晚上再进食。而晚上,五脏六腑到休息的时候了,如果我们吃得太撑,五脏六腑要消化食物,势必会影响我们的睡眠质量。古人讲的“早好、午饱、晚少”是有科学依据的,是对我们饮食的一种强调。

现在我们也看到,由于过度地使用化肥、农药,我们的食品被大量地污染,过度使用添加剂让我们的食品存在安全隐患。怎么办呢?我们在今天就要倡导健康生活，呼吁全社会都来响应健康的生活方式。在今天地球人口不断增长的情况下,我们怎样才能让子孙后代有饭吃呢?这需要我们现代人做到“食饮有节”。如果每一个人都能够把过度的饮食节约下来,很可能地球上相当多的一部分人将免于饥饿。所以无论是出于自我的保护、自身健康的考虑，还是为了他人的利益,我们都要做到“食饮有节”。

我在《〈弟子规〉到底说什么》这本书里面讲道,人们一顿饭不吃是容易做到的,吃得很撑也是常常发生的,最难做到的是吃到中途把筷子停下来。这些年我有一个体会,吃饭吃得差不多了,赶快离开饭桌,赶快刷牙;如果不刷牙,就总想吃,结果就吃多了。牙一刷,就感觉心里清净了。我们都知道,如果习气在,很难控制进食;牙一刷,在口腔里面的习气没有了,我们就容易做到对饮食的控制。这就是“食饮有节”。

2003 年那年,因为慢性肠炎和慢性胃炎,我就把饮食结构彻底做了改变。十几年下来有一个特别明显的感受,我发现精力比以前充沛了。当年吃高碳水化合物食物的时候,我往往会昏昏欲睡。现在大家都看得到,我一天可能讲八九个小时的课也不喝水,精力还不错。我个人认为,吃得刚刚好是最好的,吃得一多往往容易昏沉。后来我问了一些养生专家,他们讲:“你吃多了,整个血液都到胃部去消化食物,脑供血就不足,所以人就有一种昏昏欲睡的感觉。”事实上,我们多吃的那一部分食物恰恰给生命力造成了巨大的浪费。因为要把这些食物转化为能量,它恰恰要人体消耗能量。

这就是说,吃得刚好是最好的。我在《〈弟子规〉到底说什么》这本书里面把它总结为“一半原则”,就是吃一半刚好。

从一定意义上来讲,让肠胃处在一定的饥饿状态,恰恰是保持健康的一个很好的方法。我个人为了治疗慢性肠炎、慢性胃炎,也尝试着进行过三天时间的辟谷。我发现只要方法得当,这三天你会体会到一种非常轻松、轻盈的感觉。睡一会儿觉，会一天精力充沛。用这种方法，三天或者两天或者一天，让肠胃得以休息，得以修复，这也是我们“食饮有节”的一个有效方法。

主持语：

既然懂得了“身有伤，贻亲忧；德有伤，贻亲羞”的重要性，我们就要行动起来，从“身体”和“道德”两个层面加强修养，克服“伤身”和“伤德”的致因，让亲人放心。

道德层面暂且不表，郭文斌先生从我国最早的医学典籍《黄帝内经》中找到了身体健康的良方，即“食饮有节”“起居有常”“不妄作劳”。“食饮有节”就是吃得刚刚好，喝得刚刚好，不冷不热，不黏不稠，不多不少，低碳环保，谷主菜辅。《道德经》曰：“五味令人口爽。”历史上有太多的案例告诉我们，过度的口腹之欲不但会伤身、伤德，甚至让人身败名裂。同时从平常的“食饮有节”，可见食饮有节的重要性。

那么又如何理解“起居有常”和“不妄作劳”呢？

“起居有常”，就是我们要按照自然规律生活。有句话叫“药补不如食补，食补不如天补”，而天补的一个重要内容就是按照天时去作息。

怎么讲呢？通俗地讲就是跟着太阳生活，太阳“起床”我们起床，太阳“睡觉”我们睡觉。如果一个人能够按照大自然的规律对生命的阴阳加以调配，基本上会保持在健康状态。“一阴一阳之谓道”，当阴阳平衡的时候，人一般不会得病。按照古人的说法，一个人生病就是阴阳失调了。

怎样才能让阴阳保持和谐？就是太阳“起床”我起床，太阳“睡觉”

我睡觉。按医学的观点，晚上十一点到次日凌晨一点，这是子时。这个时候是身体进行阴阳交接的关键时刻，也是身体造血的时期，是肝胆运行的关键时期。这个时候按照古人的说法，睡两个小时可能相当于我们平常睡七到八个小时。相对于一天来讲，晚上九点钟，就是我们的冬至，我们要准备把能量藏起来了。你看农民在冬天要把地打磨，让它的能量进入藏的状态，为来年春天的播种做准备。早晨三点钟，就相当于一年中的立春，我们该起床了。我们看到古代的皇帝，他的作息时间是早晨三点起床的。一般到五点左右，奏折就批改得差不多了，因为古人认为早上五点左右是我们思维最敏捷的时候。

这些年我把这个观点在一些学校讲了之后，有些老师和学生就问我，怎么做到呢？这么多作业，九点钟睡觉，作业做不完啊？我说可以调整的，早睡早起，早晨起来做作业。同样的时间，只是把时间一调整，对我们的健康大有益处，这就是人们常说的“起居有常”。

许多长寿老人介绍长寿秘密的时候，其中有一条就是作息非常规律，该睡觉的时候睡觉，该起床的时候起床，他一定是让身体处在一种条件反射的状态。我们会发现有些人他从小养成习惯，比如早晨七点是大肠经当令的时候，就应该大便，上厕所，他养成习惯了，他一到七点就上卫生间，他成条件反射之后，身体里垃圾的清理效率就比一般人高得多，肠胃里面的毒素就少得多。养成习惯，当身体记忆形成之后，身体各器官会自动运作，我们的生命能量就会耗损得少，这就是“起居有常”。

当然也有些人说：“我的工作性质要求上夜班怎么办？”这是对于一般人来讲的，对于特殊的职业来讲另当别论。养生专家也好，长寿的老人也好，还讲了长寿的另一个更重要的原因，那就是爱能使人长寿。如果晚上我们加班是为人民服务，我们仍然可以获得能量的补给。我们在前面讲过，感激本身就是能量。睡眠是为了补充能量，如果从别人那里能获得感激也是能量。生活中我们发现，上夜班的大夫、媒体人、老师，往往也有很多长寿的。什么原因呢？他们的工作本身很有能量。

“起居有常”，是我们补充能量、维持能量、守护能量的一个方面。我当年也是熬夜，大家知道作家不熬夜就不像作家。因为熬夜会让身体大受其损，这些年我就慢慢地调整，如果没有特别着急的活儿，晚上九、十点左右就准备休息了，早晨会起得早一些。

第三个让我们的身体保持健康状态的要素，《黄帝内经》里面讲的就是“不妄作劳”。什么意思呢？就是说我们在生活和工作中，对“精气神”的使用要刚刚好。特别是古人发现一个人如果有了妄心，这是最消耗能量的。妄心，用今天的话来讲就是私心杂念。我们会发现有公益心的人长寿，孔子叫“仁者寿”。另外，有爱心的人长寿，慈善家长寿，志愿者长寿。

私心太重的人，他的五福就受到影响。为什么？我们都知道私心产生杂念，现代科学证明，杂念最耗损能量。在《寻找安详》一书中，我用大量的篇幅介绍过生命的一个保持能量的状态，就是现场感。就是说一个人在现场感当中，他的能量保持得是最好的。关于现场感，打一个比方，面粉是待在面缸里的，面缸是静止的，它是一种能量不动的状态。用《中庸》里面的话来讲，就是“喜怒哀乐之未发，谓之中”的“中”的状态，就是现场感。

用语言对现场感进行描述，我们很难理解。现在，我们跟电视机前的观众朋友们用半分钟的时间做一个实验：跟踪我们的呼吸，吸到不能再吸，呼到不能再呼。我们体会一下，在这半分钟里我们能不能做到不起杂念、不走神？我说开始，我们一起来做。然后我问两个问题，大家就知道什么是现场感。对于生命来讲，找到现场感可以说是第一重要的。为什么？我在《寻找安详》里面写道，找不到现场感，我们就找不到幸福感、找不到存在感、找不到崇高感、找不到力量感等等。现场感是生命的基础。我们现在就做这样的一个实验，在 30 秒里面，我们只做一件事情，跟踪呼吸，看我们能否做到不起一个杂念，不走一次神儿？

好，开始。30 秒时间到。

在这半分钟里面，我们能否做到纯粹的不起杂念呢？根据我们在一些课堂上的实践，很少有人完全能够做到不起杂念。我们跟起杂念的朋友来探讨一个问题：既然大家刚才起杂念了，我想问第一个问题，这个问题很关键。既然大家刚才起杂念了，请问是哪一个"我"起的杂念？大家想一想是哪一个"我"？大家说就是"我"，难道还有一个"我"吗？我问第二句话，那么第一句话的答案就自动产生。这句话更重要，大家注意听：既然大家刚才起杂念了，那么请问又是哪一个"我"发现起杂念的"我"的？大家一下子就明白，原来在我们的生命中有两个"我"，那么这两个"我"，我们借助它就可以给大家解读一种生命状态——"现场感"。

主持语：

上一节，郭文斌先生继续就"起居有常""不妄作劳"进行讲解。所谓"起居有常"，就是按天时作息，按自然规律生活。通俗地讲就是跟着太阳生活，日出而作，日落而息。郭文斌先生认为，如果我们按照大自然的节律调配生命能量，阴阳平衡就能达到健康状态。

"不妄作劳"就是顺应天理法度生活。除正常的劳作外，不过度操劳，保持精气神，尤其要在平时的工作和生活中保持一颗平常心，用平常心缓解生存压力，治疗焦虑和抑郁，养护爱心和公心。孔子曰“仁者寿”，告诉我们爱心使人长寿。现代科学证明，私心折损生命能量，公心增益生命能量。中华民族几千年保持生命力的实践证明了这一点。

现场感到底是一个什么样的状态呢？下一节课我们接着分享。

第 13 集

活在现场春光现

主持语：

在上一堂课，郭文斌先生就《黄帝内经》中“食饮有节，起居有常，不妄作劳”做了讲解，他告诉我们实现健康并不难，难的是长久保持。要想让我们长久处于健康状态，就要让我们的生命能量长久处在一种保持的状态。而要让我们的生命能量长久处在一种保持的状态，就不得不提到“现场感”这个词。如果我们不能活在“现场感”状态，健康迟早会出问题，因为能量就是在非现场状态里漏失的。同时，如果我们找不到“现场感”，幸福也将是一句空话。既然“现场感”如此重要，它究竟是一种什么状态呢？我们又需要通过怎样的训练才能“活在现场里”呢？

大家好！我接着给大家分享《弟子规》“入则孝”里面的“身有伤，贻亲忧；德有伤，贻亲羞”这句话。上节课我们就如何才能让我们的身体不受伤，让我们的身体健康，借助《黄帝内经》的“食饮有节，起居有常，不妄作劳”给大家做了分享。最后讲到了要想让我们的生命能量处在一种保持的状态，就要活在“现场感”。

怎么样的一种状态是“现场感”呢？我们做了一个实验：用 30 秒跟踪我们最基本的生命体征“呼吸”。我们发现，在这 30 秒当中，我们也很难做到专注，很难做到不走神、不起杂念。随之，我提了两个问题：既然大家起杂念了，那么是哪一个“我”起的杂念呢？又是哪一个“我”发现这个起杂念的“我”的呢？我们就会突然发现，原来我们的生命有两个“我”，一个“我”是起杂念的“我”，另一个“我”是发现这个起杂念的“我”的“我”。换句话说，一个是客体，一个是主体。找到这个发现者有多重要？我讲一个真实的事情。夫妻两个吵架，太太说：“你有本事就动手！”先生说：“你以为我不敢？”太太说：“那你动呀。”先生的菜刀就过去了，悲剧发生了。我们想一下，菜刀在过去的时候，是起杂念的“我”在做主，还是发现杂念的“我”做主呢？显然是前者。发现者缺席，悲剧就发生了。

我们在生活中常常有这样的体会，有时都离开家已经好远了，还要回去再试一下门锁好了没有。为什么会发生这种情况？因为我们不在现场，换句话说，我们在锁门的那一刻，不知道自己在锁门。这种不知道的状态，对应在能量上，就是能量的一种耗散的状态。

大家注意，刚才我用了一个词叫“走神”。“走神”是什么走掉了呢？是最高级的一种生命能量走掉了。古人认为“精”“气”“神”是能量的三种状态，“精足不思欲，气足不思食，神足不思眠”。“神”是最高级的一种能量状态。“神”走掉了，相当于能量走掉了。“精”足的时候，这个人是没有欲望的。一个人贪心很重，欲望很重，说明这个人“精”已经严重不足了。因为“精”不足，我们前面讲的他的能量不够，所以他就有内在的一种空虚感，就要让他向外去抓取东西，这就是贪心。“精”不足，这个人贪心就更加旺盛。现在有许多大夫误导患者，本来这个患者已经严重的“精”不足了，他还要给他开一些药，让他强行“打火”。就是说这辆车已经没油了，又没电了，还让他强行打火，这是错误的。

“气足不思食。”当一个人的“气”很足的时候，这个人吃适量的饭就够了，他不会吃得太多。当一个人特别能吃的时候，我们就要知道，他的“气”已经不足了，因为我们都知道食物要提供生命力作用于我们的生命，它必须“气”化。一个人“中气”很足，“元气”很足的时候，他只需要很少的食物转化出能量。而“神”呢？是最高级的生命状态。“走神”就是能量走掉了。可见，耗费一个人能量的不是体力。你会发现你干一天活儿也不觉得累，就像我现在这样讲课，我讲一天也不觉得累，但是如果我起了私心杂念，一会儿就累得一塌糊涂。大家一定有这样的体会，当你面临选择的时候，你是最累的。这事到底怎么做？是求人还是不求人？是送礼还是不送礼？是托关系还是不托关系？一会儿你就累得一塌糊涂，所以杂念是最耗费能量的。

现代科学发现，人的脑部用血占全身用血比例的大部分。就是说一个人在用脑的时候，他需要的血液量比使用体力的时候还要多。由此我们可以知道，要想养生就要少“走神”。少“走神”，就要活在一种现场感里。现场感是一种什么样的状态？就是做任何事情，你要知道你在做某件事情，吃饭你要知道你在吃饭，睡觉你要知道你在睡觉，走路你要知道你在走路，就像我现在讲课，我要知道我在讲课。

我们再做一个实验，请问大家：你们现在在做什么？大家会说，正在听课。但是我在问这句话之前，大家往往不知道自己在听课，当然这是一种高级的专注、忘我状态，但还不是现场感。现场感就是你做任何事情，你是知道自己在做这个事情。换句话说，你的主体是在场的。当主体在场的时候，就是说，你的“神”没有离开你的生活或工作现场。所以我们为什么让大家体会，微微地闭上眼睛，用30秒的时间跟踪我们的呼吸，吸到不能再吸，呼到不能再呼，因为我们跟踪呼吸的时候处在一种现场感的生命状态。

在生活中我们会发现，当你特别累的时候，你静静地躺下，跟踪上五六分钟或者十来分钟呼吸，精力就恢复过来，这要比你吃一顿喝一顿补充能量要快。现代科学证明，人的能量补充，往往是在阴性能量当值的时候。比如说，孩子长身体是在睡着之后长的，植物拔节是在晚上。在农村我们都有体会，晚上会听到麦子拔节的声音，“嘎巴，嘎巴”，它一定是在晚上。为什么在晚上长个儿、晚上拔节？因为在阴性能量当值的时候，它一般是一种被滋养的生长的状态。

由这个话题，我们就对“不妄作劳”有了全新的认识。怎样才算“不妄作劳”呢？就是不动杂念！大家会说：不动杂念，我怎么生活？动有用的念，不动无用的念。一个人怎么样才能够让杂念尽可能的少下来呢？《弟子规》通篇就是教这个的。《弟子规》教我们从爱老人开始，然后爱兄弟姐妹，最后要“泛爱众”。当一个人，他的心中装着所有人的时候，为所有人的幸福着想的时候，不为自己着想的时候，这个人的杂念就少了。古人早把这个奥秘看透了，“私心杂念”，即私心产生杂念，我们的妄心对应的就是私心，私心是为自己着想的心，为自己着想的时候杂念就多了。而杂念一多，能量就走掉了；能量走掉了，吃亏的是我们自己。

由此我们就明白老子为什么讲“甚爱必大费，多藏必厚亡”。为什么“多藏必厚亡”呢？因为财富在天地，如果我们把天地之间的财富藏在自己家里，相当于我们把属于我们的一份“精气神”物化。当一个人明白这个道理之后，他会自动地、自觉地把一些藏品捐献出去，或者拍卖去做公益。为什么呢？当我们把这个藏品捐献了、拍卖了的时候，也就把相应的能量激活了。虽然这件藏品没有了，但是它能让我们长寿、富贵、康宁、好德、善终。

主持语：

健康和幸福，人之所欲所求也。郭文斌先生借助于《黄帝内经》所述告诉我们，要想获得健康和幸福，就要让我们的生命能量长久处在一种保持的状态，而要让我们的生命能量处在一种保持状态，就要“活在现场”。

郭文斌先生通过两个简单的实验进一步说明，所谓“活在现场”就是不起杂念，说到底就是“不走神”。尤其是在做事的时候，要清醒地知道自己在干什么，清醒地知道自己所做的事是善举还是恶行，从而能自觉地趋利避害、弃恶扬善。因为私心杂念和恶行恶为会损耗自己的生命能量，而正心正念和善行善为能保持甚至增益自己的生命能量。那么明白了“活在现场”的重要性之后，如何做才能让我们无论在什么情况下都能保持这种“活在现场”的状态呢？

当一个人明白这个道理的时候，就会慢慢理解大同社会的理想：“大道之行也，天下为公，选贤与能，讲信修睦，故人不独其亲，不独子其子，使老有所终，壮有所用，幼有所长，鳏寡孤独废疾者，皆有所养。”它是一种大同情景。因为财富的囤积，事实上是把我们自己能量总库里的能量物化，积压在那里。

有一次在烟台讲课，我把这个观点讲了之后，有位南京的企业家回到南京就搞拍卖会，把她的藏品、首饰、衣服拍卖了一百八十多万，将钱款捐给了一所学校。第二次我们见面，她穿着一身运动服，她说："郭老师，你说得太对了，捐出去、拍卖出去太轻松了。你知道我以前活得多累吗？每天打开衣柜，急得哭鼻子，衣服太多了，不知道穿哪一件。现在就一身运动服，很轻松，很简单。"

许许多多的人，其实为物所累，因为你有藏品你要保管藏品。记得央视有一次拍摄了一位华侨，这个人收藏的中国文物有多少呢？多到他的姑姑为了守护这些文物，一生都没有出嫁。后来姑姑把这些文物转交给他的时候，他突然觉悟了，他要把这些文物捐给广东的一家博物馆。捐完之后我从镜头里面能够看到他那种轻松感，他说："我真的解放了，现在穷得什么都没有了，连车都没有了，但我很快乐。"

老子讲的"甚爱必大费，多藏必厚亡"是非常有道理的。它让我们明白一个真相，就是说，如果我们积压的财富太多，就会把我们的生命力压在里面。它把我们的长寿压在里面了，富贵压在里面了，康宁压在里面了，善终压在里面了。

懂得了这个道理之后，我虽然财富不多，但也尝试着把它变成活性能量。这些年，仅中华书局出版的书，我捐到全国各地公益平台的已经有一百四十多万本。捐完之后，确实感觉很轻松，并且有一种成就感。作为一个作家，自己的书能够到达全国各地，这种感觉很美好，这比把稿费存在存折上感觉好得多。但我的体会是，刚开始做时，有些不舍。比如说，有一次我看到《宁夏日报》报道，有一个孩子烧伤了，手术要完成需要几十万元，我就激动地捐了两千块钱，但是不到一个小时就后悔了，说这事需要大家捐款来帮助患者，靠你一个人能捐多少？自己一个月工资才四千块钱。过了一阵又后悔了，心想也许捐五百元钱就行了。但是做着做着，就会由被动变为主动，现在相比于跟我一样身份的人，我算得上是一个“无产阶级”了，没车没别墅，什么都没有，没有工作室，但是我觉着非常喜悦。

我常常开玩笑说，有时候觉得天下的航空公司都是自己的，天下的宾馆都是自己的。为啥呢？你出去做志愿者讲课，宾馆有人订，机票有人订，饭有人管，甚至讲课连衣服都有人买，所以感觉这钱包里的钱没用了。但又觉着有许多钱，想做一件事情，只要说一声，就有许多朋友愿意呼应你。比如说我们银川的“寻找安详小课堂”，有教室，学员要管饭、要住宿，要给大家发材料，要请老师，要买机票，这些都有我们的志士仁人在做。比如说我们的班主任马占豹、张兴泰都在默默地奉献，让人感动。从这个意义上来讲，老子讲的“甚爱必大费，多藏必厚亡”是对的，老子讲“生而不有，为而不恃”，这是天道。

“功成而弗居”，这是我们从生命力角度讲的。就是说当我们真的明白什么是我们的宝贝之后，我们就会取舍了。什么是生命的宝贝呢？精气神。左边一口气，右边一个亿，我们肯定要一口气。有多少富翁在生命的最后一刻，可能都后悔了。后悔什么呢？那些钱没花出去。当年有个企业家，身家几十亿，但是生命没有走到中间就结束了。他的太太带着他的家产，嫁给了他的司机。这个司机就开玩笑说：“原来我以为我给老板打工，现在才知道老板是给我打工。为啥呢？连太太都是我的。”

当我们每个人明白这一点之后，我们就会知道，什么是我们的宝呢？精气神是宝。怎样才能守住我们的宝呢？无私奉献就可守住。把“自我”去掉，把杂念去掉，我们就能守住了。把低频的能量、积存的那些能量捐出去做公益，它们会变成高频的能量存在我们的永恒账户里。这些能量，我们能带到下一个生命周期，它们可以变成我们的五福、变成我们的运气，带给我们吉祥如意。

这是我给大家汇报的“身有伤，贻亲忧；德有伤，贻亲羞”里面的如何才能让我们的身体保持在一种健康的状态，让我们的父母不担忧。现在我们都知道，有许许多多的人，因为身体不好让老人担心。当每一个人都能够做到“食饮有节，起居有常，不妄作劳”，我想我们每一个人的健康水平就会提高，家庭的幸福感就会提高，实现中国梦的整体力量就会增强。如果我们每一个人都病病恹恹的，我们怎么去实现中国梦呢？

实现中国梦，往细里讲要从做到身不受伤、德不受伤开始。如何让我们健康？这些年在拍摄纪录片《记住乡愁》的时候，我发现那些长寿村的老人，他们的长寿秘诀，有两条具有普遍性。第一，心特别清静，不与人争；第二，生活特别有规律，粗茶淡饭，饮食非常简单。这些都值得我们借鉴。

怎样才能让我们德不受伤呢？我觉得《弟子规》从开篇讲到现在，都在讲这个问题。而特别值得我们注意的就是“物虽小，勿私藏；苟私藏，亲心伤”。一个孩子如果从小养成了私藏物品的习惯，若将来他掌握了重要的权力，一定会占国家的便宜。占国家的便宜意味着什么？不需要我多讲了。有一次我突然意识到一个问题，我们可能随处都在占国家便宜。举一个最简单的例子：坐公车如果不用于公务，而是公车私用，这就是占国家便宜。占的这个便宜我们细细想一想，按照古人的说法，这个账我们是还不清的。为什么呢？如果说这部分资金来自于地税，我们就欠了这个地区人的钱；如果属于国税，我们就欠了全国人民的钱，我们都还不清。当我有一天意识到这一点的时候，我不敢用公用电话了，不敢用办公室电话说私事了。如果我说私事呢？我就拿我的手机去打。当明白这一点的时候，我也觉得活得轻松了，之后单位的东西、国家的东西不会私用了。

“物虽小，勿私藏”，当人意识到这一点的时候，更不会去接受别人的红包了，更不会接受别人的贿赂了。有一次我到我老家西吉的教育局去讲课，前后讲了三次课，假设每次有一千人听课的话，我捐出三千多册书，如果按码洋算那也有五六万块钱。教育局要给我钱，我不要，因为我动的是捐书的念头，如果收了钱，那就违背了我的初衷。从另一个角度来讲，我说：“我要感谢你们给我提供一个平台让我还账，因为当年我在教育局工作，用了单位的许多免费的纸、本子、墨汁。”半开玩笑地跟他说，我说：“我这一次还清了，跟你们两清了。”惹得下面的听众哈哈大笑。其实，看似是玩笑话，道理却是对的。否则的话这就是一份欠账，这份欠账要是被我们带到下一个生命旅程，那么我们的生命自由度就降低了。

“物虽小，勿私藏；苟私藏，亲心伤。”这句话在《弟子规》里面，它跟“身有伤，贻亲忧；德有伤，贻亲羞”在一定意义上是一个呼应的关系，所以一个孩子从小就要养成良好的习惯，不私藏东西。

主持语：

通过郭文斌先生的讲述，我们知道不走神地活在“现场”，这对于我们获得健康和幸福是何等的重要。如果我们没有活在“现场”，健康和幸福将只是一种理论上的可能性，这就好比物理学上所讲的由长、宽、高所构成的“三维空间”，如果没有“时间”这个关键因素，这个“三维空间”就只是理论性的，而无法成为现实。

上一节，郭文斌先生通过老子所言“甚爱必大费，多藏必厚亡”“生而不有，为而不恃”“功成而弗居”等，结合自己的经历不断启发我们，事上改过迁善是“活在现场”的初级阶段；心上改过迁善是“活在现场”的中级阶段；无功无过无念是“活在现场”的高级阶段。而要始终保持并增益生命能量，最终获得健康和幸福，就要常怀“大道之行，天下为公”的信念，动大善心大善念，施大义举大义行。如此，私心杂念就起不来，就不会因诸多“我要”之想而走神，渐渐地我们就能使自己长久地“活在现场”里，彻底避免《弟子规》里所述“身有伤，贻亲忧；德有伤，贻亲羞”。

我有一个侄孙子，前段时间，中央电视台到我的老家去拍片子，我建议把他拍进《记住乡愁》作为一集中的人物，因为他让我非常感动。他今年 7 岁，他有一系列的表现让我觉得他把《弟子规》学到家了。比如说吃饭，吃一块馍，他一定要给爸爸掰一半，他再吃；喝水，他一定要给爸爸喂一口，他才喝；跟爸爸在一起，他总是拎包的角色。这一堂课就讲到这里，下一节课我们接着分享。

第 14 集

有乐无倦皆方便

主持语：

前面郭文斌先生用一堂课的时间告诉我们，只要做到“食饮有节，起居有常，不妄作劳”，就能让我们保持健康状态，就能避免《弟子规》所言的“身有伤，贻亲忧”。接着给我们讲述了“活在现场”的重要性。

郭先生认为现场感状态能够让我们不走神，让我们的生命能量长久处在饱满的状态。而要做到不走神，就要做到不起私心杂念，常怀利他之心，常存全心全意为人民服务之想并付诸行动，这样就能保护好自己的道德，就能避免《弟子规》所言的“德有伤，贻亲羞”。

那么问题又来了，如何才能养成我们的“利他”之心和“天下为公”的胸怀呢？

大家好！我接着给大家分享《弟子规》“入则孝”这一部分中的“身

有伤，贻亲忧；德有伤，贻亲羞”。

上节课我们留下了一个话题，就是说如何才能做到身不受伤、德不受伤，让我们的父母安心呢？那就要把身体保护好，让它健康；把道德保护好，让它健康。我们从三个方面给大家分享了如何让我们的身体保持在健康状态，那就是“食饮有节，起居有常，不妄作劳”。我特别给大家汇报了要活在一种现场感的状态，而现场感的状态给我们生命的最大支撑、贡献，就是它能够让我们不走神，让能量处在一种饱满的状态。怎么样才能不走神呢？不起私心杂念，常存利他之想，常存全心全意为人民服务的思想。

我讲到了我的侄孙子郭盛阳，在他的养成教育里面，他基本上做到了《弟子规》里面所讲的“物虽小，勿私藏”“事虽小，勿擅为”。他到我家来看我爸爸，我爸爸给他一些糖果呀、饮料啊，他是先看他爸爸，他爸爸说：“好，你拿着吧。”他就会拿着。过春节的时候，我们给他一个红包，他也不接，他就看他爸爸，爸爸说：“好，你小爷给你，你就拿着吧。”他才拿着。就是说在他的身上，我们看不到贪心。就是这种养成教育，让我们很满意。他的爷爷病了，他站在爷爷身边，给爷爷喂粥、按摩；他的爸爸胃不好，爸爸出门的时候，他给爸爸把药准备好，他说：“爸爸早点回来，少赚点钱，只要身体好就行。”他从五岁半的时候就开始读三本书——《寻找安详》《醒来》和《农历》。你想，一个五岁半的孩子，他怎么读呢？有一些字认识，有些字不认识。好在他爸爸教他拼音，他就硬查词典。他最早读的是《醒来》，满篇都是注音。到了《寻找安详》这本书呢，注音就少一些了。现在他正在读《农历》，也快读完了，基本上就不需要注音了。现在，全国有许多听众在收听他读的《寻找安详》《醒来》和《农历》。

这一次《记住乡愁》摄制组到我的老家宁夏西吉县将台堡拍片

子，把他作为其中的一个人物拍进了节目当中。央视的编导都特别喜欢他，喜欢他落落大方、彬彬有礼、不卑不亢。这样的一个孩子，他的养成教育是从哪里着手进行的呢？就是“事虽小，勿擅为；苟擅为，子道亏。物虽小，勿私藏；苟私藏，亲心伤”。当然他能做到这一点，首先是做到了“父母呼，应勿缓；父母命，行勿懒。父母教，须敬听；父母责，须顺承”。

在我们的生活中，有这样的孩子，给了我们很大的信心。因为他最初识字，就是从读带注音的《弟子规》开始的。这给我们很大的信心，也给今天许多家长很大的信心。我把他介绍给一些学校，他的爸爸现在也到一些学校去分享他的事。为了让这位父亲对这个孩子承担起更大、更全面的责任，我就让他把他的一些生意放下，好好陪读，每周写一篇孩子的成长日记，很感人。我看了几篇，都快掉眼泪了。其中有一篇讲，有一次孩子感冒了，回家以后，他不摘口罩，爸爸妈妈问：“你回家了，你不摘口罩干吗？”他说：“我摘下口罩，就会把空气污染，空气污染了，你们就会感冒的。”他生病时候都为别人着想。他每天读我的书的时候，他爸爸会发来视频。我看到他把书放在桌子上，先给书鞠一躬才开始读。他做这样的榜样，给我们家族、我们周边起了很好的示范作用。

现在我家三岁多一点儿的小家伙每天早晨就模仿他，说：“听众朋友，大家好，现在我给大家朗读由著名作家郭文斌创作的长篇小说《农历》。”就是说一个家族，我建议建立一个学习群，每天早晨，让这些孩子读一段，我们把它叫“能量朗读”。比如我们选一段话，让这些孩子读。有一段时间，我们选的就是《弟子规》。读了一段时间，我们把它换成《了凡四训》里面的一些片段，就是“即命当荣显，常作落寞想；即时当顺利，常作拂逆想；即眼前足食，常作贫窭想；即人相爱敬，常作恐惧想；即家世望重，常作卑下想；即学问颇优，常作浅陋想”。再比如说《了凡四训》里面的“有益于人，是善；有益于己，是恶。有益于人，则殴人、詈人皆善也；有益于己，则敬人、礼人皆恶也。是故人之行善，利人者公，公则为真；利己者私，私则为假”。每天早上让孩子读这些片段，你会发现孩子三岁也好、五岁也好、七岁也好，都能读下来了。有一个孩子，他的养成教育完成了，其他的孩子就可以效仿。这也是我们让一个家族在“身有伤，贻亲忧；德有伤，贻亲羞”上引起警觉的一个方面。如何让我们每一个孩子都能够身心健康、道德完美？这就需要我们树立典型。而要树立典型，就要从孩子的养成教育着手，养成教育又要从细节入手。

我们在这一轮分享《弟子规》的开篇讲，我们一定要让传统文化落小、落细、落实，只有落小、落细、落实，才能将其变成我们的生命力。像郭盛阳的成长过程，我们就很满意。这是《弟子规》在他身上产生效果的一个投射。在他的童年，他的爸爸很纠结。为什么呢？给这个孩子的文具，早晨拿出去，晚上回来就没有了。他全送人了，谁愿意要都给。他爸爸说，像这样下去他怎么办呢？后来他觉着拿不定主意的时候就问我，我说：“好事儿呀，给他，让他送。这样送下去，不就是在培养他无私的品格吗？”果然，这个孩子一入学，语文和数学都考一百分，他的学习已经不用爸爸妈妈管了。为啥呢？因为他懂得“身有伤，贻亲忧；德有伤，贻亲羞”。

在他的心灵世界已经看不到私心杂念。他见人就鞠躬，告别的时候就行礼，很自然，你看不出来做作，这已然成为一种自然的行动。这是我给大家汇报的“事虽小，勿擅为；苟擅为，子道亏。物虽小，勿私藏；苟私藏，亲心伤”在一个人的身心建设中的重要性，就是说“身有伤，贻亲忧；德有伤，贻亲羞”这句话，我们要让它“落地”。要让我们的亲人不忧不羞，我们就要从“物虽小，勿私藏”“事虽小，勿擅为”方面来进行养成教育。那么，孩子从小养成这些习惯，长大后一事当前，一物当前，他就不会起贪小便宜的念头，不起占便宜的念头，当然也就不会做贪赃枉法之事。

主持语：

郭文斌先生通过上一堂课的讲解告诉我们：只有“活在现场”，才能使我们不走神，才能让我们的生命能量长久处在饱满的状态。那么怎么做才能不走神呢？

郭先生告诉我们，就是不起私心杂念，常存利他之想和全心全意为人民服务之心。那么又要如何才能达到这个境界呢？答案是要养成《弟子规》所述“事虽小，勿擅为”“物虽小，勿私藏”等良好习惯，尤其是要从小养成这些良好习惯。根据人的自然属性，从小养成的习惯会保持一生。因此无论中外，都非常重视养成教育，都从幼儿抓起，这也正是《弟子规》被选为童蒙养正重要读本的原因。

《弟子规》113 件事正是养成教育的金玉良策。那么，养成利他、利公、利天下之心并最终形成习惯，究竟能给我们带来什么呢？

我们在拍摄《记住乡愁》的时候，拍到了被朱元璋封为“江南第一家”的郑氏家族。我们看到，这个家族在宋、元、明时期为国家输送了县长级以上的大臣一百七十多位，没有一位贪赃枉法。厉害不厉害啊！一百七十多位县官以上的清官，这个大家族怎么做到的呢？他们曾经有十五世，一个大家族同居同食。我们可以想象，如果每一个人都私藏财物还能做到吗？做不到。他们到了鼎盛时期，三千多人这样的一个大家族，在一个锅里吃饭，如果每一个人都私藏财物，能做到吗？做不到。像这样一大家子，同居同食在他们这个大家族里面延续了多长时间呢？十五世。由此就可以想象当年这些家族把《弟子规》的精神落实到了什么程度。当然，那个时候还没有《弟子规》，但是有《弟子规》的精神。我们说，我们讲《弟子规》是讲《弟子规》的精神。他们家的一百六十八条家训，后来被宋濂带到了南京，直接成为明朝典章制度的雏形。就是说把一个家规修改之后就可作为国家制度，可以想象当年人们的家道建设、家风建设、家训完善到什么程度。我看了一下那些家训，可以说跟《弟子规》一脉相承，它们的精神非常吻合，但是就可操作性而言，还是《弟子规》更完善。因为《弟子规》来自于《论语》，它又经过朱熹、李毓秀、贾存仁一代又一代地完善，由此我们对《弟子规》更加有信心。

这是我们给各位汇报的“身有伤，贻亲忧；德有伤，贻亲羞”。我们特别强调要从“事虽小，勿擅为；苟擅为，子道亏。物虽小，勿私藏；苟私藏，亲心伤”这两句用功。当今社会，为什么诚信危机影响着我们的生活？有一个重要的原因，就是我们的养成教育在“物虽小，勿私藏”这一块和在“事虽小，勿擅为”这一块没有完成。有人从小养成了一种占便宜的习惯，那么诚信危机就发生了，所以这一句至为重要。

“身有伤，贻亲忧；德有伤，贻亲羞。”在个人层面，它是我们保持生命力的一个重要途径；在家道建设方面，它是让一个家族几百年甚至上千年保持生命力的一个途径。上升到国家，上升到民族，上升到人类，它也是我们不可或缺的和谐力、建设力、生命力的保证。关于“身有伤，贻亲忧；德有伤，贻亲羞”，我在《寻找安详》和《醒来》，以及《〈弟子规〉到底说什么》这几本书里面还有许许多多的案例，由于时间关系，在这里我就不再赘述，大家有兴趣可以去看。

接下来，我给大家汇报“身有伤，贻亲忧；德有伤，贻亲羞”后面的内容，那就是“亲爱我，孝何难？亲憎我，孝方贤”。

“亲爱我，孝何难”，就是说我们的亲人对我们特别好，尽孝道就容易。如果亲人对我们不够好，我们对亲人还能做到百分之百地去爱，那就不容易了。这句话在这里起到了起承转合的作用，它要求我们把对老人的爱转向对老人的爱和孝的质量。怎么做质量最高呢？当然是“亲憎我”的时候我爱老人，那就质量更高。按照古人的说法，这叫作“以德报怨”。就是说亲人对我们不好，我们还对他好，这就是“以德报怨”。

怎么理解以德报怨呢？我讲一个《记住乡愁》里面的案例。四川有个德胜村，两个小伙子发生了口角，其中一个不小心把另一个小伙子的一只眼睛给打瞎了，肇事者因为恐惧而逃逸。没想到这位受伤的人，我记得他叫祁永兵，不但没有仇恨，反倒帮着这个逃逸的小伙子的妈妈去种庄稼，因为孩子跑了就剩下妈妈了。那个逃逸在外的孩子听到这个消息之后很惭愧，也很感动，在外面好好做人，拼命地赚钱。后来回到村里，他一边报答这个祁家，一边为村里修桥补路，做补偿。《记住乡愁》拍下了两家人和好的感人画面。

后来《记住乡愁》节目组在举行《记住乡愁》晚会的时候，还把祁永兵请到了演播室。我见到了他，他带着他的爸爸，他们是第一次来北京。我就问他：“你是怎么做到这一点的呢？人家把你的眼睛都打瞎了，你当时也正是谈婚论嫁找媳妇的时候，你不恨他吗？”他说：“如果我恨他，他不快乐，我也不快乐；我现在不恨他了，他快乐，我也快乐。”他的回答让我很震惊。他接着讲：“他又不是故意把我眼睛打瞎的。”我就在想，如果有人把我的眼睛打瞎了，我能不能做到像他这么淡定？能不能做到像他这样“以德报怨”？能不能做到不但不恨，还帮人家的妈妈去种庄稼？我当时就很感动，于是把钱包掏出来，倾我所有，把钱包里那些钱全给了他，我说：“你就带着你爸爸转一转天安门吧。”没想到他根本不要。他说：“郭老师，如果你愿意，把你的书给我签一本两本。”我就给了他一本《寻找安详》、一本《农历》。虽然他是一个普通的农民，但是我觉得值得仰望。他的内心是那么强大，是那么淡定，虽然他的一只眼睛瞎了，但是没有影响他内心的那一份美丽。

党的十九大提出要建设富强、民主、文明、和谐、美丽的中国。怎么样才能美丽呢？我的理解是，每一个人的心灵都像祁永兵这样美丽了，我们整个中华大地才能美丽。在那一刻，我觉得他的内心无比美丽，他的一只眼睛确实瞎了，但是一点儿都没影响他在我心中的那种美好形象，这就是“以德报怨”。对应我们的家庭生活，我们也看到大舜当年给我们做出了光辉的典范。当年，大舜的父母和弟弟设计了许多圈套，准备置他于死地，让他修粮仓，把火从下面点着；让他去掘井，把土从上面填下去，而大舜靠他的智慧奇迹般活了下来。大舜展现给我们的是：父母越陷害，弟弟越陷害，他越爱他们，越孝敬他们，越对他们给予悌道。大舜为我们做出了一个榜样，那就是“亲爱我，孝何难？亲憎我，孝方贤”，所以孔子十分赞赏大舜。《中庸》里面讲，大舜是一个“德为圣人，尊为天子，富有四海之内。宗庙飨之，子孙保之”的人。

主持语：

上一节，郭文斌先生通过几个真实的小故事告诉我们，养成利他之心和全心全意为人民服务的思想，并将其变为我们的行为习惯，不但能让我们在“利他”和为人民服务中，体会到帮助他人、利益他人的快乐和成就感，最后我们自己也终将得到“利己”的回报。只是这个“利己”不是自己用“私心贪念”巧取豪夺实现的，而是在“我为人人”的先决条件下得到的“人人为我”的圆满回报。换言之，若要利己，必先利他、利公、利天下。因此，“事虽小，勿擅为”“物虽小，勿私藏”是做人的起码底线，如果突破这一底线，就会导致“苟擅为，子道亏”“苟私藏，亲心伤”。

当“利他”之心和“全心全意为人民服务”的思想成为行为习惯并上升为行为自觉时，那就是“德”了。一个有德之人是绝不会容忍自己“德有伤，贻亲羞”的，而当养成了“利他”和“全心全意为人民服务”的道德之后，我们就会在“利他”和“全心全意为人民服务”中体会到无穷的快乐，并乐此不疲地将“为人民服务”进行到底。

《中庸》讲了这样一段话：“故大德必得其位，必得其禄，必得其名，必得其寿。”大舜为什么那么厉害呢？因为他明白一个事实真相。前面我们讲过《零极限》，大舜虽然当时没读过《零极限》，但他一定懂得一个道理，那就是他的生命中之所以出现了陷害他的父母和弟弟，一定是他的旧记忆里面有这一幕。如果用冤冤相报的方式予以回应，那么只能是剧情重演。

在下面的生命周期，仍然有冤冤相报在等待他，所以他现在处理问题的方式就是一次性解决。怎么解决呢？我现在受，我把他受了，然后受了受了，一受就了。这也体现了《零极限》的原理。《零极限》里面有一句重要的话，那就是一个人要为他生命中发生的一切承担责任。

那么如何对应到大舜的身上？下一节课我们接着分享。

第15集

孝心也是试金石

主持语：

前面，郭文斌先生反复强调，要让我们的生命能量长久处在饱满的状态，就要做到不起私心杂念，常存利他之心和全心全意为人民服务之想。

在上一堂课里，郭文斌先生讲述了古代的大舜和央视纪录片《记住乡愁》中德胜村的祁永兵，一古一今两个人物"以德报怨"的感人故事。那么，当我们以拳拳的"利他之心"和炽热的"全心全意为人民服务"之情，突然遭遇到世人，尤其是亲人"打我、骂我、辱我、欺我、吓我、骗我、谤我、轻我、凌虐我、非笑我、不堪我"，甚至"以怨报德"，我们将怎么办？

本期节目郭文斌先生将根据《弟子规》中"亲爱我，孝何难？亲憎我，孝方贤"之训谕启发我们，应该用"以德报怨"的理念去解决问题，而不能用报复的方式。

大家好！上一堂课我给大家分享了《弟子规》“入则孝”部分的“亲爱我，孝何难？亲憎我，孝方贤”。我们以纪录片《记住乡愁》中德胜村的祁永兵为例，以大舜为例，讲到了“以德报怨”这种高难度的人生境界。我们看到大舜作为我们的祖先，给我们身先垂范，做了一个“以德报怨”的典范，所以尧就把皇位传给了他，他成为孔子所赞叹的人物，一个“德为圣人，尊为天子，富有四海之内。宗庙飨之，子孙保之”的人，为我们中华民族做出了一个光辉的典范。

从舜的身上我们看到，一个人要是做到对方加害于我，甚至要置其于死地的时候，能不起报复之念，相反地更加孝敬老人，更加爱他的弟弟。他是怎么做到这一点的？他一定看透了生命的真相。按照《零极限》里面的说法，大舜一定知道，要想让陷害的悲剧、加害的悲剧、嫉妒的悲剧不再重演，在现在这个生命周期就要把问题解决掉。换句话说，要把“底片”换掉。否则，在下一个生命周期还会有类似的悲剧在等着他。怎样才能把“底片”换掉呢？把它“受”掉，因为古人讲受了受了，一受就了，不受不了，就是这个道理。

在民间有一个传说中的人物，就是那个大肚和尚弥勒佛。有一个偈(jì)子说：“有人骂老拙，老拙只说好。有人打老拙，老拙自睡倒。涕唾在面上，随它自干了。我也省力气，他也无烦恼。”接着他讲：“人弱心不弱，人贫道不贫。”从中我们就可以看到，这种被民间广为传颂的人物身上，它给了我们重要的心理暗示。当我们遇到诬陷、遇到嫉妒、遇到仇恨，我们应该怎么办呢？我们要像弥勒佛一样把它装进我们的大肚子里。许多寺院，一进去就是天王殿，接着我们会看到大肚弥勒佛，其实它是古代建筑对我们的一种心理暗示。什么意思呢？当我们进了这个门，就要向它学习。学它的什么呢？大肚能容天下之事，立定脚跟做人，大着肚皮容物，就是这个境界。宰相肚里能撑船，也是这个道理。

《弟子规》在这里做了一个逻辑上的转折，从“身有伤，贻亲忧；德有伤，贻亲羞”转折到“亲爱我，孝何难？亲憎我，孝方贤”。如果人们能够领会这一句话的意图，我们的离婚率就不会那么高。我不管太太对我好不好，我对太太百分之百的好。不管先生对我好不好，我对先生百分之百的好。那么，这个家庭的稳定性就提高了，和谐度就提高了；老人能得到安养，孩子会有一个健康的成长环境。现在为什么离婚率这么高呢？因为“亲爱我”的时候我就爱他，“亲憎我”的时候我就不爱他了，而且我又把加倍的憎恨还给对方，把加倍的仇恨还给对方。我们就会一直处在一种恶性循环中，了无出期。

现在看一看，国家提出来的外交政策，实际上是这样一种古老逻辑的现代化。对于国际争端，我们应该用理解的、包容的、和平的、共享的理念去解决，而不能用报复的、战争的方式去解决，用报复和战争永远赢不来和平。为什么呢？我今天打击你，已经埋下了一个明天你打击我的种子，这个恶性循环将永无出期。今天我把他的祖辈灭掉了，意味着将来他的子孙来报仇。

我们看到中华民族五千年来始终保持的一种姿态，那就是和平，就是求同存异，就是和平共享，这是由我们的大同理念所奠定的。在这样的一个逻辑下，我们审视中国文化。开篇我们讲中国文化是整体性文化，既然是整体性文化，我们知道里面只要有一个分子受伤了，那么整体就受伤了；有一个分子被污染了，整体就被污染了。这些年在传统文化战线有好多朋友在用酵素，他喝水的时候，在四十五度的水里面兑进去一定的酵素，你会发现它确实对健康有作用。我曾经做过实验，你看那个马桶，如果上面有污垢，你在上面滴上一点点酵素，你会发现它的净化功能真的很好。就是说你给一个整体的水里面滴进去一滴酵素，整个水体都被酵素化了。

古人早就认识到了这一点，所以孔子在他的晚年，给他的高徒曾参讲“吾道一以贯之”。我这一辈子讲了个什么呢？我这一辈子就讲了一个字。哪一个字呢？“一”。“一”是什么意思呢？“一”就是整体性；“一”就是全息性；“一”就是系统性；“一”就是辩证法；“一”意味着这不是“二”。如果是“二”就有斗争有矛盾，而“一”呢，它是上升到整体性去看待问题。因为是整体，所以我要爱别人。因为是整体，所以我不但要“亲仁”，不但要“入则孝，出则悌，谨而信”，还要“泛爱众”，还要“亲仁”，因为我们是一个整体。

前面我们讲过，从心理学角度来讲，我们的潜意识是与宇宙共享的。我们联想一下。我们每一个人呼出来的气，能做到让对方不吸进肺里吗？做不到。同呼吸就决定了我们必须共命运。就连呼吸这个东西，我们都隔不断，更无法做到你是你的，我是我的。我们在房间里放一些水果，为什么马上会闻到水果味呢？因为这个宇宙是一个整体，我们无法做到水果味不进入我们的鼻孔，所以整个宇宙是一个整体。按照音流说的说法，宇宙就是一个语音流，它是一个整体，无法切割。我们说的抽刀断水水更流，就是这个意思。

我们认识到这一点，就会对来自我们生命中的仇恨、怨怼泰然处之。应该怎么办呢？《弟子规》在后面的部分有讲，就是“恩欲报，怨欲忘；报怨短，报恩长”。在这里它是专门就我们孝敬老人讲的，就是“亲爱我，孝何难？亲憎我，孝方贤”。老人对我们不好，我们对老人好，方能显出我们的境界。

在“亲爱我，孝何难？亲憎我，孝方贤”之后，《弟子规》接下来进一步讲道“亲有过，谏使更；怡吾色，柔吾声”。什么意思呢？亲人有错误，我们一定要进行规劝，帮助他改过。这些年，有些人说《弟子规》是强权逻辑，是长辈对晚辈的一种强权之规。其实不然。你看《弟子规》里面讲到“亲有过”，作为晚辈，要对他们进行规劝，要让他们改过。那么方法论是什么呢？“怡吾色，柔吾声”，就是说我们给爸爸妈妈提意见的时候，在方式方法上一定要注意，要和声细语。比如说我常常劝我的父亲，放下对别人的一些成见，改变一下他的世界观、宇宙观、生命观。平时讲不进去，我就摸索，什么时候讲他能听进去呢？给他洗澡的时候，当我给他搓澡，触摸他身体的时候，我就发现他听进去了。否则的话，之前只要一讲他就断然拒绝，他就反对。给他洗脚的时候去讲，你就会发现，他是一种接受的姿态。方法很重要，“亲有过，谏使更”。

主持语：

郭文斌先生认为“以德报怨”是一种很难达到的境界，但难以达到并不是不能达到。中国古人早就留给我们可行的方法，那就是只要我们拥有儒家讲的“仁心”，也就是“忠恕之心”，就能做到。具体讲就是由己推彼，再由彼推己的体谅之心，是一种内心角色不断转化过程中的将心比心。如果做到了就能跳出没完没了的“冤冤相报”深潭，享受“亲爱”与“和平”带来的无穷快乐，这就是古人崇尚的“仁者无敌”。“仁者无敌”不是指武艺高强，所向无敌，而是指拥有仁爱的人心中没有仇敌。

郭文斌先生认为，如果世人都明白了这个道理，就不会有无休无止的纷争和残酷无情的战争；如果明白这个道理，对父母和亲人就能做到以德报怨。也许大家会问，如果父母、亲人有错怎么办？《弟子规》告诉我们不能消极顺承，而要积极劝谏。那么又如何劝谏？《弟子规》也告诉了我们方法，那就是“怡吾色，柔吾声”，就是要和颜柔声地向父母、亲人讲道理，帮助父母、亲人改正错误，一次不行两次，两次不行三次四次。就像《弟子规》所言“谏不入，悦复谏；号泣随，挞无怨”，一直到父母亲人改正错误为止。

郭文斌先生认为，用这样的方式帮助父母亲人改正过错，恰恰是考验我们孝心的一块“试金石”。

由“亲有过，谏使更”，我们也可以做许多延伸。亲有过，我们要“进谏”；领导有过，要不要“进谏”呢？要“进谏”！朋友有过，要不要“进谏”呢？要“进谏”！它是以此为代表讲进谏的意义。“进谏”就是帮助人改过。帮助人改过，我们讲我们是整体，他的能量提高了，我们的能量对应地也提高了。否则的话他作为一个短板，把我们的能量就流失掉了，所以帮助人改过是善中之善。

“亲有过，谏使更；怡吾色，柔吾声。”方法论是柔声细语，要妥当。接下来讲道：“谏不入，悦复谏；号泣随，挞无怨。”就是说这一次给他“进谏”了，他没有接受，就再找机会。如果他坚决不改，哪怕哭着喊着，受他的鞭打，也要“进谏”，就是非要他改过。比如说父母要离婚，比如说父母有酗酒的恶习等等，作为子女就要“进谏”。

我的理解，“进谏”有多个方面，一方面是语言上的“进谏”，一方面是行为上的“进谏”。比如说当年，当我看到我的儿子把我爸吃剩的半碗饭吃掉之后，我就很惭愧。为什么呢，因为之前我一直没有吃过父亲的剩饭。儿子也没有指责我，他就是用这样一个行动让我生起惭愧心，这事实上是一种“进谏”。那天之后，我就下决心超越自己。

有一次，儿子向我和太太申请，他说：“爸，能不能给我打五千块钱过来？”咋回事呢？他的一个同学家的房子在一次暴雨中塌了，要盖房子，他想借给他同学五千块钱。我说："这好啊，同意啊。"我就让我爱人打了五千块钱过去。过了一段时间呢，他给我打电话说："爸爸，我骗你们了。"咋回事呢？他说他给他同学打过去了一万块钱。我说："你怎么那么多钱呢？"儿子说他向我们要钱的时候，他身上还有五千块。这五千块是哪里来的呢？上大学的时候亲戚朋友给他的，他就私藏了，没有告诉我们。

当时我的心情很复杂，后来我突然意识到，我要给儿子点赞。你想他把他的五千块钱私房钱，全拿出来捐给他的同学，这相当于我把我的所有财产拿出来。但是我给大家说实话，我平常捐款也只是拿出自己的一部分存银，没有做到人们需要多少，我会倾囊相助。但对于他来讲，他把他的五千块钱全部拿出来捐赠给同学，相当于他把他全部的财产捐出来了。这是不是一种"进谏"呢？是！有一年我在北京干活儿，马上要放假了，他也快放寒假了，我就让他买机票跟我一块儿飞回银川。他拒绝了我。他说："老爸，等我啥时候能挣工资了，等我的工资能挣到够买机票的时候，我再坐飞机。现在呢，我不能坐飞机，你还是自己坐飞机回去吧，我坐火车硬座就行。"当时我就很惭愧。你们想，这也是"进谏"。

儿子上大学的时候，把他奶奶接到北京旅游了一次，每每翻看到这些照片，他带着奶奶在天安门广场、在他们学校的这些照片，我就很惭愧。因为以前一直想着要带父母出去旅游一次，但是总觉得有重要的事情。比如一直想带父母坐一次飞机，最终没有实现这个心愿。想着带父母到海南看一次大海，也一直没有实现。现在我的母亲已经去世，我的父亲身体已经坐不了飞机，这个愿望就永远成为遗憾。每每想起来都锥心地难过、后悔。正如古人讲的"树欲静而风不止，子欲养而亲不待"。这一愿望是永远完不成了。好在儿子在他上大学的时候把我的母亲接去了一趟北京城，虽然只是坐火车去的，但毕竟是去了，这算不算“进谏”呢？算。

现在我的一个侄子在天津工作，我就动员我的哥哥嫂子，也动员我侄子，让他赶快把他爸爸妈妈接到天津去看看，不要留下遗憾。这就是“亲有过，谏使更；怡吾色，柔吾声”。当你看不破钱财的时候，它让你看破；当你放不下的时候，它让你放下；当你尽孝不及时的时候，它让你及时。

我现在还有一个新的体会，我三岁多的小儿子，每天无意间说的每一句话，有时候也是给我的一种“进谏”，我把这些话视为“进谏”。比如说有一天，我要出门的时候，他把一句歌词就改编了一下，有一句歌词叫：“爸爸爸爸，如果你爱我，你就抱抱我吧。”他改成了“爸爸爸爸，如果你爱我，你就不要去出差吧”。我就很纠结。但他突然之间让我对生命有了一种新的理解和认识，有一些不重要的活动，我就婉谢了，尽可能多陪着他。当然一些传统文化的课，例如帮中央电视台做《记住乡愁》，这种有意义的事情我还是会去做。但是一些无谓的事情就不去了，比如到某个地方采个风，写篇文章这一类的，我一般就拒绝了。

有一天，我跟我太太因为一件事情闹不愉快了。三岁多的小孩子，就对着他妈妈说：“妈妈，你不要说他了嘛。”我太太一下子就缄口了。但在那一刻，我突然意识到我错了，虽然他在说他妈妈，我也是这个战争的挑起者之一。从那以后我就尽可能地不在他面前和我爱人起口角，所以这也是“进谏”。自从有了这个小生命之后，我一下子发现了一个问题。什么样的问题呢？一个人之所以对外面的世界想入非非，那是因为我们没有把心放在我们的亲人身上。现在的我就体会到，当你的心中被一个小宝贝占满的时候，你已经分不了心去想入非非了，这也是一种“进谏”的方式。

主持语：

郭先生通过生动的事例和《弟子规》的训谕启发我们“亲有过，谏使更”，可以延伸到我们对待领导和亲朋好友以及同事等诸多关系中。“人非圣贤，孰能无过。”领导会犯过错，朋友、同学、同事也会有过错。真正优秀的下属和朋友就要通过智慧帮助他们改正过错，这样才能提升我们的整体能量，这才是善中之善。而不是毫无原则地迁就、姑息领导的错误，纵容包庇朋友、同学、同事的过失，那将会导致他们过上加过，错而又错。

当然，劝谏一定要注意方式方法，也即《弟子规》中讲的“怡吾色，柔吾声；谏不入，悦复谏”。不能得理不饶人，更不能恃理伤人。《增广贤文》曰：“良言一句三冬暖，恶语伤人六月寒。”说的就是这个道理，这也恰恰是考验我们对领导和亲朋好友以及同事的帮助是否真诚的“试金石”。

“亲有过，谏使更。”我现在的理解是，最好的“进谏”就是把榜样做出来，毕竟口头说是有作用，但是作用不大。前两年我差点儿想用暴力的手段，让我的家庭成员都学传统文化，但效果不佳。为什么呢？大家说你这个是口头讲师，你没做出来。这些年我就知道了，要想真正地对别人进行“进谏”“规劝”，达到规劝的效果，首先自己要先做出来。

怎么做呢？下一堂课我接着给大家分享。

第 16 集

榜样之力最无穷

主持语：

在上一堂课里，郭文斌先生通过大舜和央视纪录片《记住乡愁》中德胜村的祁永兵两个人物的感人故事告诉我们，“以德报怨”是一种很高的生命境界，大舜和祁永兵因此成为一古一今“以德报怨”的榜样。就是在这样的榜样带动下，中华大地才涌现出许许多多“以德报怨”的感人人物。

同样，《弟子规》倡导的“亲有过，谏使更；怡吾色，柔吾声。谏不入，悦复谏；号泣随，挞无怨”的劝谏智慧，要想让其真正成为社会改造力，仍然需要榜样的感染、典型的感染力。也正是这种贯穿五千年的典范教育和榜样力量，让诸如“以德报怨”“亲有过，谏使更”“谏不入，悦复谏”这样的优秀传统文化生生不息，成为中华文化大观园里的瑰丽奇葩。

大家好！我接着给大家分享《弟子规》“入则孝”部分的“亲有过，

谏使更;怡吾色,柔吾声”这一部分。

上节课,我们讲给父母进谏有口头进谏,也有以身作则做出榜样来让人们产生信心、信任的进谏。我拿自己做例子讲一件事,有一次,我参加了一个大学生的夏令营。因为其间还要给《记住乡愁》看台本,所以白天他们的游学,我就不准备去了。晚上,他们给我安排了一堂课,所以早晨吃早点的时候,我就比这些同学去得晚。一到餐厅我就傻眼了,咋回事呢?这些同学,好多饭菜吃了一半就剩下了。我怎么办的呢?我现在还穿着他们游学的文化衫,代表着这样一个传统文化的游学的队伍,我总不能让这些饭菜都剩下。我就把这些同学剩下的饭菜集中过来消灭。闷头吃啊!那一天吃到什么程度呢?吃得我中午没吃饭,晚饭也没吃,撑得不行,睡不着觉。我算了一下,可能七八份豆浆、五六份粥、好多煎饼、好多油条、好多咸菜。晚上上课,坐在那里都感觉很撑。

正要准备上课的时候,有一个辅导员就开始讲话了,说:“今天早晨剩饭的同学请站出来。”没想到真的就站出来好几个同学。辅导员又说:“给郭老师鞠躬。”他们真的鞠躬了。然后这位老师就“抖包袱”。咋回事呢?原来早晨,我正在“打扫战场”的时候,这位老师因为天下雨嘛,他把伞就落在了餐厅,回来取伞的时候,看到我正在“打扫战场”。他就看到了这一幕。既然这位辅导员把包袱抖出来了,晚上,我就以“一粒米就是一个世界”为题讲了一堂关于节约的课。就从一粒米是一个世界讲起,就是说一粒米来到我们的生命中,相当于一个故人、一个亲人来到我们生命中,它也是一个一次性的缘分对象,它来是给我们做贡献的。如果我们不要,没有把它吃掉,而是把它倒掉、浪费掉,我们对这一粒米来讲“就是一个永远的欠账”;对它来讲,“它的生命也完不成升华”。因为作为大米来讲,它就是为人类奉献的。

我接着讲，在生活中应该惜福，应该节约。如果我们每一个人能节约一粒米，这世界上许多生命就不会挣扎在饥饿线上，等等。就从与一粒米的缘分讲起，讲了一堂课。

继续给他们讲，因为是大学生嘛，关于如何谈恋爱，怎么样谈恋爱，我就以我的一位女作者跟我的一次交流为主题，给他们讲。我说，有一个女作者，她有一段时间来找我，说她遇到了生命中很大的一个难题，很纠结。咋回事呢？两个小伙子都来找她，每天给她送玫瑰花，她拿不定主意该选择哪一个？就很纠结。她问我："我该怎么办？"我说："很好办！你去考证这两位谁最孝敬老人，你就嫁给他。"为什么呢？一个人如果对给了他生命的老人，养育了他生命的老人都不爱，他要说爱你一生这是假的。过了一段时间，这个女作者又来找我。她说："郭老师，这两位都特别地孝敬老人，你还有什么好办法吗？"我说："那你去到学校里去考证，谁最尊敬老师，你就嫁给他。"为什么呢？一个人连给了他智慧的老师都不尊敬，他也不会尊敬你的。不尊敬你，这夫妻日子怎么过呢？

过了一段时间，这个女作者又来找我。她说："郭老师，这两位都特别地尊敬老师，你还有什么好办法吗？"我说："有，你让他单独请你一顿，你看谁最后把盘子打扫得最干净，你就嫁给他。"为什么呢？一个人能够珍惜一粒米，他一定会珍惜你的初心，就轻易不会和你分手。如果他能轻易把一碟子饭菜倒掉，他就能够轻易把你换掉。倒掉饭菜的心跟换掉太太的心用的是一个。

过了一段时间，这个女作者又来找我，说："这两位把盘子都打扫得很干净。怎么办呢？"我说："那你去考证他的爸爸妈妈谁最孝敬老人，谁最尊敬老师，谁最节约粮食？如果他的爸爸妈妈都做得很好，那你去考证他的爷爷奶奶。"为什么呢？古人认为有什么样的家风，就培养出来什么样的孩子。

就讲了这么一堂课。这个“光盘”也被收在中华书局出版的我的七卷本精装版文集里面，就是两堂课：如何谈恋爱？如何成功？

第二天早晨，我就想有意地去看一看我这一堂课有没有效果，我因有事去得也晚。到餐厅一看，我非常感动，盘子被吃得干干净净，没有一个人剩饭，没有一个人剩一粒米。我就给他们的领队，让我很敬仰的国学大家刘老师说：“你看，孩子好教育嘛，一堂课他们就能做到‘光盘行动’。”刘老师说了一句话：“不是一堂课，是两堂课。更重要的是你昨天的那堂课，如果你没有‘光盘’行动的那一课，你讲得再多他们未必听啊。”为啥呢？这些孩子年年游学，我年年讲节约，他们还是剩。这就是说我们要进谏，我们要帮助人们改过，说教重要，讲理重要，做出榜样来更重要。

我有一次录节目，跟一位好朋友出去吃饭。好朋友不小心把他的小米粥打翻在桌上了。我看他在那里不知道怎么办，想让服务员来处理的时候，我就把他弄撒的粥拨到我的碗里，喝掉了。后来效果很好，我这位朋友把他碟子里本来要扔掉的红薯皮全都吃掉了！你看，这个过程就非常美好。

我们讲，学《弟子规》要学《弟子规》的精神。《弟子规》里面讲：“亲有过，谏使更；怡吾色，柔吾声。谏不入，悦复谏；号泣随，挞无怨。”怎么样的“谏”才算“悦复谏”呢？我个人理解最好的“谏”就是自己做出来，用榜样去感染对方。

我们传统文化团队里面，有一个同学跟着我这些年学传统文化，就是因为一个细节让他感动了。哪一个细节呢？有一次在食堂，我看他打了很多包子，到最后他也吃不完，于是就把包子一个咬了一口，放在那儿，然后用餐巾纸一盖，准备倒掉。就在这个时候，我把他已经咬了一口的包子拿过来吃掉了。这个同学一下子就被感动了，从此之后，他就一直跟着我学传统文化，没掉队。后来，在一次总结分享会上，他讲到了这个细节。你看，就这么一个动作，让他对传统文化有了认定，有了认可，有了好感。

这些年，我在全国做志愿者，看到志愿者吃大家的剩饭，喝大家的剩水，跪在厕所里打扫马桶……常常被感动。我才知道在中华大地上，还有这么一批人在以这种方式弘扬传统文化。在这种感染下，我便一发而不可收。从 2012 年开始，我便在大型传统文化公益论坛上讲课，在一种感动中度过了几年。后来进入纪录片《记住乡愁》节目组，课就讲得少了。有那么一两年，可以说是下了飞机就上论坛，下了论坛就上飞机，就是被这种精神感染力支撑。这种精神、这种感染，在我看来也是“亲有过，谏使更”，而且是无声的“谏”，更有力。

你看，许多人分享，在这些大论坛里面，看到这些义工，听众坐着听讲，义工要站一天。有掌声起来，他们要鞠躬。一天可能要鞠几百个躬，怎么不让人感动？一般的会场开完会，遍地垃圾，狼藉一片。可是这个会场一天下来，第二天再入场的时候，洁净如初。谁来维护？这些义工啊！就是这些义工的这种感染力，让许许多多的学员对传统文化产生了兴趣，有了好感。

我们在这里，说学《弟子规》，要学《弟子规》的精神。“亲有过，谏使更；怡吾色，柔吾声。”“怡吾色，柔吾声”是方法论，就是找到最妥当的方法。最妥当的方法是什么呢？是“其身正，不令而行”“其身正”，进谏才有效果。

主持语：

郭文斌先生在上一堂课里讲道：如果我们的父母和亲人、

朋友、领导、同事有过错就要义无反顾地劝谏他们改错。郭文斌先生告诉我们：劝谏要讲究方式方法，除了《弟子规》里讲的要“怡吾色，柔吾声”“谏不入，悦复谏”之外，最重要的是率先垂范，把正确的事情做给对方看，把正能量传递给对方，这样会收到事半功倍的效果。

心理学家指出，面对别人的指责和劝谏，一般人往往会产生诸如“大道理，谁不会讲”“说我不对，你做个对的给我看看”“你并不比我高尚，凭什么指责我”之类的抵触情绪。此时我们只需把正确的事情做给他们看，就能迅速地化解他们的不良情绪，进而感化他们，让他们自觉地改正过错，而这一刻，我们就是榜样。

郭文斌先生通过自己吃掉夏令营学员的剩饭剩菜，让学员们惭愧感动，从而改掉浪费粮食这个不良习惯的亲身经历告诉我们：“口劝不如行动，身谏胜于言谏。”这就是榜样的力量。

在前面的课程里，我讲过一件事，就是说石家庄有一个女企业家，因为听完我的一节课，她就跟随听课，一直听到和她先生相商举家搬迁到银川来居住，跟随“寻找安详小课堂”，一边听课一边工作、学习。当年她出于感动，给我买了一辆车。因为她看到我没车，常常打的不方便。要说在这个时候，我把这个车收下也很自然，十来万的车。但是当时我婉谢了她的好意。为什么这样做呢？事实上我也是有私心的。我的私心是什么呢？我就要让这些同学看到，郭文斌一边在讲，一边还在做。如果说我一边在讲奉献、讲舍、讲无求，一边在收别人的东西，那么我在别人心目中的这种感染力、号召力就没有了。

我给“寻找安详小课堂”定了一个规矩，给他们主持人讲：“第一，不能收一分钱学费；第二，不能接受一些学员的贵重礼品。”我们四年来也经受过检查，但是没出问题。为什么呢？我们没收过钱。因为我们看到历史上有许多很重要的人物出问题有两个方面：一个方面，敛财；另一个方面，猎色。所以我给小课堂的人讲，如果我们把这两个问题把握住，我们就能够健康地发展。

为了解决这两个问题，我给他们建议：尽可能地让全家来参加学习。全家参加学习，夫妻一起来参加学习，这些问题就不会发生了。也尽可能地纯公益化，就是大家来我管吃管住，给你提供材料，给你赠书，不收学员一分钱学费。这是不是一种“谏”呢？也是。通过这种规劝，让许许多多的学员出于感动，口耳相传，接受传统文化的教育，接受《弟子规》的教育，走进学习、践行《弟子规》的行列。

再举一个家庭的例子，比如说我跟我太太家，现在有将近一半的人在学习传统文化。我的一个侄女和一个妻侄女前一段时间被两所幼儿园招聘为员工，这两件事情对我们郭家和我太太田家影响很大。因为这两个孩子都是坚持学习《弟子规》的，当时家里就有人讽刺她们，也有人嘲笑她们，说不务正业。现在当幼儿园录取了她们，她们当了老师和保育员的时候，大家对她们的看法一下子变了。

这些年，我一直给她们讲，鼓励她们做出来，不要争论。对于其他人的一些看法，我们要理解，因为他们没有走进来，不知道这里面的风景的美好，我们可以先做出来。还有一个例子，我孩子他大舅，原来他见了我，跟我讨论的问题是他死了之后是用火葬还是水葬这问题，活得很悲观，主要是因为他糖尿病很严重。但现在一段时间，他跟我的妻嫂在“寻找安详小课堂”，站在那里跟大家一块读《弟子规》，七十多岁的人很精神。有一天他提了一包水果来感谢我们，说原来他们老两口爱吵架，现在也不吵了，一有时间就看我的光盘。我太太开玩笑说：

"几年前就把光盘给你了，书给你了，你们不看。"他说："几年前就没看，不知道看，没兴趣看。这些年为什么看呢？看到身边的人一个一个受益了。"由此，我们就会得出许多让我们振奋的结论，就是说要想规劝别人，首先要自己先做，自己快乐了别人就会快乐，别人看到了快乐，那么就会产生感染力。这就是孔子所讲的："学而时习之，不亦说乎？有朋自远方来，不亦乐乎？"

为什么"有朋自远方来"呢？因为他看到你这里有宝藏，他看到你快乐，他看到你喜悦，他也想获得这一份喜悦，于是就来获取这一份宝藏。那么这样的规劝才是最有生命力的。由此我们可以联想到，中华民族五千年历史，有人说西方有民主，东方没民主。其实讲这个话的人是不了解我们的历史的。我们中华民族的五千年历史，其实就是这一句话的历史，就是"亲有过，谏使更"。你看，我们过去设有专门的谏议大夫跟皇帝进谏，魏征进谏到不要命的程度，皇帝好多次都想杀他，但是舍不得啊！魏征走了之后，李世民发出感叹："以史为鉴，可以知兴替；以铜为鉴，可以正衣冠；以人为鉴，可以明得失。"现在魏征走了，我拿谁来做镜子啊？过去我们都知道，皇帝身边常常跟着两个人，两个史官，一个记录他的言，一个记录他的行。我们可以想象一个人的身边跟了两位史官，要把他的言行写进历史，你说这不是民主吗？

古代中国的治国和监国体系是并行的，是非常科学、非常完善的。中华民族，我们看到王朝在更替，但是这一套文化没变。史官家族是世袭的，它在一定意义上比西方现在的大法官还厉害，我们拥有一套完整的监国体系。这样一种进谏的精神，它是在家庭训练中养成的，就是"亲有过，谏使更；怡吾色，柔吾声"。

我们可以想象一下，如果世界上所有暴力的政权都能够接受和平进谏，那么这个世界就是和谐的、安宁的、和平的。

主持语：

正如《广雅》所释："谏者，正也。"郭文斌先生认为，最好的劝谏方式是用行动把正确的事情做出来，以表率作用和榜样力量促使父母、亲人以及身边的领导、同事、同学、朋友改正过错。

上一节课，郭文斌先生通过自己拒收学员贵重礼品和讲课费的故事告诉我们，"人格是最重要的劝谏"。一个成功的谏者必须做到心口如一、言行一致，这一点尤为重要。古代诸如汉时的刘辅、王褒、贡禹、匡衡，唐代的魏征、白居易、陈子昂，宋朝的司马光、欧阳修、范仲淹、苏辙等等，都是心口如一、言行一致的忠谏楷模。正是他们犯颜直谏的忠勇之气和言行一致的榜样作用，有效地帮助天子校正了过失，成就了诸如汉武帝、汉文帝、唐太宗、宋太祖、宋仁宗等无数大有作为的君王。

为什么有许许多多的人听不进去这种"进谏"呢？因为他没有得到中华民族传统养成教育的熏陶，没有受过训练，也没有这个概念。我们不要小看《弟子规》里面的这一句话，它是一个人的思维方式的训练，它是一个人对生命的姿态、对世界的姿态、对这个宇宙的姿态的一种训练。

为什么我们的《周易》里面八八六十四卦，六十三卦有吉有凶，只有谦卦全吉呢？因为中国人知道"惟谦受福，骄横致祸"。我们看，霍金斯的能量级，负能量的第一个台阶就是骄傲。这一堂课就讲到这里，下一节课我们接着分享《弟子规》。

第 17 集

规劝之中藏智慧

主持语:

前面,郭文斌先生根据《弟子规》"入则孝"部分的"亲有过,谏使更;怡吾色,柔吾声。谏不入,悦复谏;号泣随,挞无怨"之训谕告诉我们:当面对父母亲人及领导、同事、同学、朋友犯有过错,我们不仅要有劝谏的热肠,更要有智慧的方法,才能获得满意的效果。

郭文斌先生还通过自己的亲身经历,结合历史上劝谏的成功案例告诉我们:要将"以言进谏"和"以身进谏"有效结合。郭文斌先生同时认为,无论是"以言进谏"还是"以身进谏",都需要讲究方式方法,更需要把握火候时机,否则就会使自己美好的劝谏动机变成一锅"夹生饭",甚至"引火烧身",走向劝谏初衷的反面。因此,我们在劝谏之前就要学会察言观色、洞悉火候、把握机会,这就是我们规劝的智慧了。

大家好！我接着给大家分享《弟子规》“入则孝”部分。

上一节课，我给大家分享了《弟子规》“入则孝”部分里面的“亲有过，谏使更；怡吾色，柔吾声。谏不入，悦复谏；号泣随，挞无怨”，就是说我们不但要有进谏的动机、规劝的动机，还要有正确的方法、妥善的方法，才能达到、收到最圆满的效果。有以“言”进谏，也有以“身”进谏。由这个话题我想再多讲几句话，孔子讲到“与之与言而不可言”，我们就会“失人”；“不可与言”我们“与之言”的话，我们就会失“言”。就是该说的时候，该给他进行规劝的时候，我们没有规劝，那么我们把这个人就“失掉”了。而不该规劝的时候，我们对他进行规劝的话，我们很可能就会把缘分做成“夹生”。这些年，我们在进行《弟子规》的推广过程中，也发现这个问题，有些人明明缘分不成熟，但我们强行规劝，结果适得其反，让他对《弟子规》产生逆反心理。比如说，有一段时间，我就犯了这样的错误，印了许多《弟子规》，见人就送，见人就讲。效果好不好呢？现在看来未必好，这一行为让人感觉到有“暴力”倾向，就是规劝别人有点儿不惜一切代价。

后来，意识到这个问题之后，我就学会观察缘分，观察火候。总结出几点，在什么样的时候规劝呢？一般情况下，对方没有渴求，规劝效果都不好。比如这些年，当大家口耳相传《寻找安详》《醒来》《〈弟子规〉到底说什么》这些书能对焦虑症和抑郁症有一定的疗愈效果的时候，就有许多人来主动找我。这个时候在他的孩子、他的家属经受焦虑症和抑郁症的折磨，并且很可能有危险发生的时候，我们就要不惜一切代价百分之百地跟进，这样效果就很好。比如说有抑郁症的孩子，你帮他把抑郁症缓解了，把他带出抑郁，那么很可能这一家人就会走进你的课堂，就会读你的书。

在一些公众场合，我也就有经验了，不像以前见到人就宣讲要学

《弟子规》，要读《弟子规》，《弟子规》能让我们有获得感、有幸福感、有安全感等等。现在没有像当年那样执着，学会了等待、学会了沉默、学会了等待时机。就是说当你感觉不到对方需求的时候，他已经吃得很饱了，他现在正饱着，你给他强塞馒头，那你不惹他生气吗？换句话说，他还没有感受到疾病的痛苦，你给他药，他会吃吗？

我是从 2006 年开始学讲孔子，这一路走来，最后我就总结了对于火候把握的一点点经验。就是说一个人的需求感、渴望感没有生成的时候，我们不要强行地推进。我们都知道，学习传统文化，就像孔子讲的“有生而知之，有学而知之，有困而学之”。这主要强调的是“困而学之”，就是他在遇到人生困境的时候。当然也有一些人是主动学习的，只要这个读本能给他带来更高级的生活状态和更好的生活质量，他就会学习。这种人就不需要对他多说，他自然会接受对《弟子规》的学习，对传统文化的学习。对于那些“生而知之”的人来讲，就更不需要规劝了。我在这里想讲的是我们传统文化的推进，在《弟子规》的推进过程中，要注意“中道”，就是火候要把握好，就是在合适的时候、合适的场合，把合适的精神营养送给对方，这就是最好的。

由此，我总结出来传统文化的弘扬，在今天一定要用“利润思维”。“利润思维”是个什么概念？今天的人们，他们的思维习惯是“利润”。简单讲就是说我学《弟子规》对我有什么好处？既然要用“利润思维”对人们进行规劝，怎么做？最好的方法是把“榜样”展示给他看。比如说我们现在五天的封闭课，用的是《了凡四训》这本教材，一般在第五天结课的时候，我们会邀请一些学员的家庭成员分享感受，当他看到学员的变化，他也就会对这一堂课产生兴趣。当然不邀请他也会看到，当他回家看到学员发火的频率降低了，抱怨的频率降低了，作息时间改变了，那么他也会由此产生兴趣。所以，最好的规劝就是把“榜样”做出来。

当年，我们“寻找安详小课堂”的主持人如在女士看了《寻找安详》就要跟进学习。那时我对传统文化还没有像现在这么重视，以写作为兴奋点，也怕麻烦。当她一而再再而三地要求的时候，我就说：“你能做到四条，我可以给你一些时间辅导。你让你的先生说你是天下最好的太太，让你的孩子说你是天下最好的妈妈，让你的妈妈说你是天下最好的女儿，让你的领导说你是天下最好的员工。”做到这四条，我就给你这一种可能性。

没想到，她真的做到了。这位如在女士，她现在已经讲了七轮《弟子规》，她的第一轮《弟子规》是被她的儿子邀请到他的课堂上去讲的。当时他的儿子上高中，应该是高三。我们可以想象一下，如果他的妈妈没有改变，他能把他的妈妈请到他的课堂上去讲一轮《弟子规》吗？她之所以能让她的孩子对《弟子规》产生兴趣，并且想介绍她到他的班里去讲授，是因为他的妈妈首先改变了。在《寻找安详》这本书的附录里面有她的一个实名分享，题目叫《安详给了我第二次生命》，就是说她真的改变了，然后她影响了她的家庭，影响了她的同事，影响了周边的朋友，跟着她学习《弟子规》的同事就有六七位。我就对她讲：“你本事比我大，让你的同事能跟着你学习，像铁杆儿粉丝一样，四五年不离不弃。”她就是把榜样做出来。

主持语：

郭文斌先生以自己规劝别人学习《弟子规》的亲身经历，再一次告诉我们劝谏的方式多种多样，有以言进谏，也有以身进谏。最好的方式是自己率先垂范做出榜样感化对方，这样劝谏的效果最好。

郭文斌先生认为，在劝谏的过程中，有一个步骤至关重要，那就是时机的把握和火候的拿捏。孔子曰：“可与言而不与之言，失人；不可与言而与之言，失言。”说的就是要把握劝谏的时机，“可与言而不与之言”就会失去绝佳的劝谏时机，而“不可与言而与之言”，轻则让对方产生逆反心理，重则引发对方的不信任，甚至引火烧身。

那么问题又来了，怎么把握适当的时机和精准的火候？郭先生以自己的经验告诉我们，在劝谏的时候一定要察言观色，一是不要在对方还在气头上的时候去劝谏；二是必须察觉到对方对自己的过错有反省，此时再及时进谏就水到渠成了。所以孔子教导我们“知者不失人，亦不失言”。

“亲有过，谏使更；怡吾色，柔吾声。谏不入，悦复谏；号泣随，挞无怨。”这几句向我们透露了一个信息：弘扬传统文化，讲解《弟子规》，宣传《弟子规》，让更多的人受益，我们不可能一蹴而就，我们要做好心理准备。什么样的心理准备呢？“号泣随，挞无怨。”我2008年推广《弟子规》的时候，做到什么程度呢？让银川市的中小学、一部分大学和幼儿园参与了我们诗歌节的诵读活动。三四千学生在一个广场齐诵《弟子规》，市委领导都参加，全国的许多媒体作为头条进行报道，可以说是轰轰烈烈，场面非常壮观。后来回想都后怕，三四千学生集中在一个广场，安全怎么保证？但是现在越来越变得实际，推行《弟子规》要做好心理准备。比如说做了之后也有人肯定，也有人指责，也有人批评，甚至有人泼冷水，这个时候该怎么办？如果这个时候你心灰意冷了、退缩了，那么就没有今天坐在这里讲《弟子规》的郭文斌，好在咬紧牙关扛过来了。不管人们怎么议论，不管我在事业上、生活上、工作上，包括个人进步上，受到多大的损失，还是坚持下来了。

2013 年，全国宣传思想工作会议上习近平总书记首次用“四个讲清楚”对传统文化做了肯定的那一天，我才舒了一口气，传统文化的“春天”终于来了，我可以大张旗鼓地宣传传统文化了。不像当年，那真是在争议中、在挫折中、在各种议论中度过。由此，我想到《弟子规》里面一句话：“居有常，业无变。”就是对你认定的一件事情一定做到底，这样我们才能够有收获。按照《超凡者》书里面讲到的：一件事情只有你投入其中的时间超过一万小时，它才能产生效果。用中国人的概念讲就是十年才能磨一剑。我算一下，从 2006 年到今，我推进《弟子规》和《了凡四训》的阅读和践行，已经 12 个年头。在这个过程中确实备尝了精神压力，但是现在让我欣喜的是这 10 年辛劳没有白费，没有白付出。在今天我深切地感觉到这是我们这个民族最急需的精神食粮。

我们现在看到很多的学校想把《弟子规》引入课堂，进行教学实践活动，但是没有很好的老师去讲解，幸亏我们有这样一个团队，我们可以派人到各个学校去对老师进行培训工作。我们在救急，从一定意义上讲就是在爱国，在精忠报国。我现在出来讲课，我幼小的儿子说：“爸爸，你又要去精忠报国了。”因为他妈妈说：“你爸爸出去精忠报国了！”我一出门，他说爸爸又要精忠报国去了。他在地图上一看，说：“海口在什么地方？这个地方是产椰子的地方。”这是我由这一句话引申出来的，传统文化的推进，我们要有心理准备，它不会一帆风顺，不会一蹴而就。因为它毕竟断代了一百年，我们要把这个断流的河重新疏通，是需要体力的，需要智慧的，也是需要耐心的。

接下来《弟子规》讲什么？“亲有疾，药先尝；昼夜侍，不离床。”讲完了规劝、进谏，讲到了在亲人有疾病的时候，我们应该采取什么姿态呢？这一点汉文帝给我们做出了榜样。

汉文帝的母后病重，他衣不解带、目不交睫，自己尝完药的温度之后才让母后喝。他如此孝法，掀起了一股孝风。“孝文帝”，他的号里面就以“孝”字打头，以“孝”和“文”作为核心意向。这一句话事实上跟前面的“冬则温，夏则凊；晨则省，昏则定”是呼应的。“冬温”“夏凊”“晨省”“昏定”讲的是对一个人的感受力培养。在这里它进一步让我们体会到，父母的身心疾患带给父母身心上的伤害，要尽可能地给父母提供温暖，提供妥帖的服务。

“昼夜侍，不离床。”对照我们的现实生活，现在的子孙辈能够做到这一点的已经不多了。我们都知道，能够在父母病了之后，“昼夜侍，不离床”的已经很少很少。当然这跟现在的医疗条件改善有关系，在古代社会必须由自己的子女“昼夜侍”，而且要熬药，真的要做到知冷知热，药烫不烫、苦不苦。我们在《二十四孝》里面也看到，庾黔娄甚至尝父亲的粪便来推测父亲的病到底好没好，这都成了传奇式的人物。

《弟子规》“孝”的这一部分，为什么在规劝之后要讲“亲有疾，药先尝；昼夜侍，不离床”呢？这是作为孝道的一个非常实在的状态。当年，我在山东卫视里面看到了一则故事，大连的一个大孝子王希海伺候他爸爸的故事感动了全中国人。他爸爸是植物人，王希海为了伺候爸爸，居然一直没有结婚。他爸去世之后，医院的专家说王希海的护理方法可以给医院的护士讲课。为什么呢？一个卧床26年的人，居然没有褥疮。王希海怎么做到这一点呢？每半小时给父亲翻一下身。我们可以想象王希海连续的睡眠最长也就半个小时，26年他能坚持下来，这是多么不容易。因为他爸爸是植物人，痰咳不出来，王希海就想了一个办法，用一个吸管一口一口地把他爸爸喉咙里的痰吸出来。连他妈妈都说她做不到，王希海做到了。

像王希海这样的故事我在全国巡讲，感动了许多人，教育了许多人。这样做对于王希海本人有什么好处呢？有一年，我们两个到大兴安岭地区加格达奇讲完课，主办方就安排我们去漠河。王希海给我们做了一个示范，让我看到了孝敬老人会有什么好处。零下四十摄氏度的温度下，我们都穿着棉衣冻得在那里发抖，而王希海把衣服脱得只剩一件短裤躺在冰雪上给大家做造型，让大家拍照四五十分钟。身体好不好？真好。王希海 26 年没睡过一个囫囵觉，身体为什么这么好？他的孝心打开了，他对父亲的爱已经是不求回报，已经到达 500 级，所以他的健康水平应该是普通人的 75 万倍。古人讲“诸事不顺因不孝”，古人讲“老人堂上坐，一宝压百祸”，就是这个道理。

主持语：

上一节，郭文斌先生继续根据《弟子规》中的“亲有过，谏使更；怡吾色，柔吾声。谏不入，悦复谏；号泣随，挞无怨”这几句训谕，结合自己的实践经验告诉我们：用贴心和孝心劝解父母亲人，用爱心和关心劝谏朋友，用忠心和敬心劝谏领导，是历代先祖和包括《弟子规》在内的优秀传统文化经典留给我们的劝谏智慧。

中华上下五千年，智慧劝谏的案例写满史书。战国时期，齐国谋士邹忌通过对朋友、妻子、下属对自己夸赞意图的分析，用同理心让齐威王纳谏。武周时期，宰相狄仁杰借用武则天梦见折翅鹦鹉，用敬畏心启发武则天还政于李唐。唐初长孙皇后以盛装庆贺的方式，劝谏唐太宗，使魏征免于被诛杀。这些历史故事告诉我们，劝谏既要有忠勇之心，更要懂心理战术，要在深刻洞察对方心理的基础上把握最佳时机，寻找最佳支点，使用最佳杠杆，唤醒对方良知。

随后，郭文斌先生由《弟子规》中“亲有疾，药先尝；昼夜侍，不离床”这句训谕和王希海伺候植物人父亲26年的感人故事，展开对“孝”文化的深层探讨。

“孝”心是我们生命力建设最好的途径。在《弟子规》“入则孝”部分的后面，它把父母在生病之后子女的做法，做了一个示范，就是《弟子规》“入则孝”这一部分后面的篇章。这一堂课就讲到这里，下一节课我们接着分享《弟子规》。

第 18 集

爱的根本是孝道

主持语：

在上一堂课的结尾部分，郭文斌先生讲述了一个叫王希海的现代孝子 26 年如一日伺候植物人父亲的感人故事，告诉我们：什么是感天动地的孝，那就是“亲有疾，药先尝；昼夜侍，不离床”，并由此规劝我们：在父母身体不安的情况下，要及时尽孝。我们知道，“孝”是中华民族最基本的文化传统，也是中华民族生生不息的文化基因。

在中国传统道德规范中，孝道具有特殊的地位和作用。汉字“教”最后演变为由“孝”和反文组成，也折射着中华民族的集体意识，意为教育的根本要建立在孝道的基础上。那么中国人为什么如此崇尚孝道？“孝”究竟是封建礼教，还是人伦天道？《弟子规》又是如何把“孝道”从形而下导入形而上的呢？

大家好！我接着给大家分享《弟子规》“入则孝”部分。上一节课和大家分享了“亲有过，谏使更；怡吾色，柔吾声”这一部分，接着分享了“亲有疾，药先尝；昼夜侍，不离床”。我们讲了“规劝”和“在父母身体不安的情况下尽孝”它的特殊意义。

接下来《弟子规》讲什么呢？“丧三年，常悲咽；居处变，酒肉绝。丧尽礼，祭尽诚；事死者，如事生。”在我们的亲人去世之后应该怎么做？“丧三年，常悲咽；居处变，酒肉绝。”通过字义也很好理解，就是说在父母去世之后的三年里，我们不能吃肉，不能喝酒，要常常在一种怀念的状态之中。也许有些人很教条地说：“‘常悲咽’，还不把人哭伤了？”它在这里是借悲咽来表达，它代表一种心态，是对父母的怀念。

我们为什么对父母要守孝三年呢？按照孔子的说法：因为我们在爸爸妈妈的怀抱里待了三年，我们才能彻底地走路，独立生活。那么对等的，我们在前面讲过“孝敬老人”，如果能够做到对等性，那么这个“孝”基本上就及格了。什么意思呢？就是说如果我们爱老人能爱到老人当年爱我们的状态，那么就对等了。

这三年我们要常常怀念老人，想他带给我们的恩惠，在这里也是对等性原理的应用。在怀念期间，我们要更加提高我们的生命能量来祝福老人。我们在前面课程里讲过：“当我提高了，老人也提高了；当我降落了，老人也降落了；当我的生命力提高了，老人的生命力也提高了；当我的生命力降低了，老人的生命力也降低了。”换句话说，我们对老人的最好怀念就是好好做人，好好做事，把生命力提高，把生命能量提高，把我们这个家族命运共同体、家族能量总库的短板补上，让老人得到我们转移支付给他的一份能量，这是对老人最好的怀念、最好的祝福。

怎么样才算是真正对老人的一种怀念呢？那就是人们常讲的一句话：化悲痛为力量。因为老人在他这三年特殊的时空点上，他需要我们的一份祝福给他作为“路费”，这就是古人讲的怀念的现实意义。按照中国民间的传统，亲人去世以后，我们常常要进行三年祭。而在三年祭之前，要做七七四十九天的七祭，就是每七天我们要举办一个怀念仪式。为什么每七天要举行一个怀念仪式？因为中国人讲七日来复。

我们特别强调“七”在生命成长、流转过程中的特殊意义。因为古人发现：小孩子在妈妈的子宫里，七天一个身体，七天一个样。古人认为人在去世之后，七天也是一个特殊的需求，所以需要亲人对他用怀念的方式给他进行祝福，给他进行帮助。这是由中国人特有的对生命的认识构成的。在民间常常有许多家庭，在这七七四十九天里面，要不间断地对亲人进行一些祝福的仪式。七个“七”之后，接下来要过一百天，然后有一年的怀念仪式、两年的怀念仪式、三年的怀念仪式。三年之内，按照民间的传统，比如说我在《农历》里写到的，三年之内有“孝”的家庭不能贴红对联。正月十五不能做灯盏，必须由亲朋好友、街坊邻居给他们赠送，他们才能用。换句话说，用一切方式来提醒这些家人，在这三年当中要怀着“慎终追远”的心情来纪念祖先、纪念去世的亲人。从民间传统里面，我们看到许多的规范仪式，我们民间常常要披麻戴孝，披麻戴孝是一个意象，它是通过这个外在的载体引起我们内心的一份怀念。

前面我们讲过，每个人都有一个永恒的账户，那就是我们的潜意识；而每一个人的潜意识有四个特点，即自动记录性、自动播放性、全息性和永恒性。既然每一个人的潜意识是永恒的，那么我们去世了的亲人的潜意识还在不在呢？当然在。既然在，我们的怀念就有实实在在的意义，我们的祝福就有实实在在的意义。从这个意义上来讲，“丧三年，常悲咽；居处变，酒肉绝”就有现实意义。

当然,不同的民族有不同的习惯,不同的人用不同的方式和方法来怀念祖先。比如说庄子,他夫人去世之后,他就敲着盆在那儿唱歌。大家会问这没有“常悲咽”,夫人死了,夫人去世了,他还唱歌?对不对呢?从庄子的这个生命层面来讲,没错,因为庄子知道生命是永恒的。

庄子讲了一个寓言。有一个女孩子要嫁到一个王室做妃子去了,出嫁之前哭得很伤心。嫁过去之后吃好的,喝好的,享尊荣,她又对当初自己的哭哭啼啼觉得好笑。这么好的事情,当初为什么还要哭呢?在庄子看来,也许下一站路程有可能比现在更加愉悦,有更加美好的风景在等着我们,所以庄子在他的夫人去世之后,鼓盆而歌。

这算不算是一种祝福呢?是另一种祝福。我们从霍金斯的能量级可以看出来,喜悦给别人的能量共振在 500 级左右,很高,相当于不求回报的大爱。从庄子这个角度呢?对于他的亲人的去世,他是另一种特殊的祝福。我们能不能效仿庄子呢?恐怕不行。为什么呢?因为人们的集体无意识是老人、亲人去世之后,我们要怀着一种悲伤的心情来度过三年。就是这三年我们不能娱乐,不能大吃大喝,不能欢天喜地,要处在一种怀念的状态。这种怀念的状态,古人讲最好的方式就是化悲痛为力量。换句话说,这三年我们要做足够多的好事来把产生的能量转移支付给亲人,让他们获得一份能量上的支持,这就是古人的理解。

为什么古人要求在亲人去世后守孝三年呢?还是走中道。他没有要求六年,也没有要求一年、两年。三年,这就刚刚好,就是适合《中庸》里面讲的“喜怒哀乐之未发,谓之中;发而皆中节,谓之和”。换句话说,我们悲伤,悲伤得刚刚好;快乐,快乐得刚刚好;恐惧,恐惧得刚刚好。我们知道,孩子的教育里面有相当多的恐吓教育。比如说孩子要动电的时候说:“不能动,那个很危险!”这对他是教育,但是不能过度。晚上的时候说:“要按时回家,不然的话,会有危险的！”

恐惧在一定意义上是对人生命的一个保护,但是要恰当。如果过度的话,七情会伤着我们的身体,喜、怒、哀、乐、悲、思、惊恐都会伤着我们。中医里面讲:“一个人喜过度会伤心,恐惧过度会伤肾。”《中庸》讲:“喜怒哀乐之未发,谓之中;发而皆中节,谓之和。”就是说一个人,他的生命在“和”的状态,他就不会生病。怎么样才是一种“和”的状态呢？就是喜怒哀乐要刚刚好,不能过度。喜不能过度,悲伤不能过度,忧思也不能过度,都要刚刚好。这是《弟子规》“丧三年,常悲咽;居处变,酒肉绝”中我们解读出来的精神,就是以恰当的心态来对待这一份怀念,对待亲人的去世。不能因忧伤、悲伤伤了身体,也不能在亲人刚刚去世之后就欢天喜地,因为这是我们人类的集体无意识所限定的。

主持语:

爱,是人类最美好的情感形式。郭文斌先生认为“爱”一定要落实到行动上。不能落实到行动上,哪怕嘴上说得再动听再响亮,也不能称其为“爱”。普天下的父母都是爱自己孩子的,表现在行动上就是天然的“舔犊”,就是一把屎一把尿不讲任何条件地拉扯和呵护。而子女对父母的爱也要落实到行动上,那就是孝敬。那么什么又是“孝”呢？古人云“善事父母为孝”。《论语》又把“善事父母”概括为“生,事之以礼;死,葬之以礼,祭之以礼”。这就是说,无论是父母生前还是身后,我们都要礼敬善待。

郭文斌先生根据《弟子规》中的训谕告诉我们,对父母生前的孝落实在行动上就是“父母呼,应勿缓;父母命,行勿懒”,

就是“冬则温，夏则凊；晨则省，昏则定”，就是“事虽小，勿擅为；物虽小，勿私藏”，就是“亲有疾，药先尝；昼夜侍，不离床”。

而对父母身后的孝，体现在行动上就是“丧三年，常悲咽；居处变，酒肉绝。丧尽礼，祭尽诚；事死者，如事生”。这才是完整的孝道，也才是子女对父母真正的爱。那么这种孝道，是不是人们认为的封建纲常礼教呢？

接下来《弟子规》讲：“事死者，如事生。”这句话就把“入则孝”推向了一个哲学高度，就是说我们中国人认为生与死是平等的。有一个成语叫“出生入死”，在中国，我们的祖先早就认识到，人从生下的那一天，其实就是向死。就是说，我们活一天，就向死亡走近一天。我们的哲学是“齐生死”的哲学。什么意思呢？生和死是一样的。当我们把生死平等对待之后，我们当然会延伸出来“事死者，如事生”。既然它是平等的，那么对待去世的亲人，我们要像他活着一样来对待他。这样做有什么好处呢？有好处。因为离去的只是我们亲人的肉体、身体，他的潜意识永远存在于这个宇宙。当我们以“事死者，如事生”的姿态来面对我们逝去亲人的时候，我们逝去的亲人也会得到一份喜悦和安慰。

《记住乡愁》在宁夏拍了一期节目，在南长滩有一个姓拓的人家，我们去采访的时候，发现那个村子家家户户都经过新农村改造了。姓拓的这家主人是一位退休的老校长，他们家也改造了。但是我到他家里一看，他们家的陈设、家具没变，还是老家具，跟这个房子就很不协调。突然间我发现，在这些老家具的上面有一个鹤发童颜的老人像。我就问这位校长：“这是你什么人啊？”他说是他妈妈。我就知道啥原因了。接着我问了一句话，我说：“别人家的房子改造了，家具也换了，你的这些家具怎么不换呢？”这位校长说了一段话，让我们编导团队特别感动。他说：“房子换了，这没办法，这要响应国家号召，当然我们也愿意住新的，孩子们也愿意换成新的，但是这些家具我可以不换，我可以做主。这些家具我不但没有换，而且摆放的方式、位置，跟原来一模一样。为什么呢？我妈妈当年活着的时候，这些家具就这么摆的，现在我这些家具仍然这么摆着，看到家具的位置，我就感觉我妈妈还在这个屋子里面。”

你看，他的这种心境，其实就是“事死者，如事生”，感觉妈妈还在他身边，还在这个屋子里面，并没有离开。从更深的意义上来说，就是孔子讲的“祭如在”。祭神的时候就要感觉神在，祭祖先的时候要感觉祖先在，这样的祭才算是真诚的祭。“事死者，如事生”，不管是怀念也好，祭礼也好，我们就像他在现场一样对待。这样的话，我们心中就会得到敬畏和感恩带来的一份能量共振，这也是联合国官员莱特讲的“中国人的信仰”。

中国人的信仰是什么呢？就是怀念自己的祖先。莱特在研究了中国文化之后，他讲中国人其实是有信仰的，只不过他们是祖先信仰。在这里，他把“入则孝”的孝道推向了我们中华民族的信仰，那就是“事死者，如事生”。到这里，《弟子规》“入则孝”的这一部分，我们就分享完了。

我们现在做一个简短的回顾。《弟子规》从“父母呼”开始讲起，我们讲这是人的行动力的培养、执行力的培养、反应力的培养，一直讲到“事死者，如事生”，我们会看到这里面有一个逻辑上的递进过程。它从一个人的反应力，一直讲到感受力，讲到后面的道德力，讲到自己对念头的跟踪力，再讲到“事死者，如事生”这一部分的规劝力，讲到我们对生命的认识，最后到齐生死，这样一个人孝道的价值大厦的完成。就是说孝敬老人的最高境界，到最后要达到一种“事死者，如事生”的状态，这样就完成了我们中国人特别强调的“慎终追远”的一堂大课。所谓“不忘初心，方得始终”是也。由此，我们也可以看到《孝经》里面讲的“孝悌之至，通于神明，光于四海，无所不通”与《弟子规》的“入则孝”的呼应。就是说一个人孝敬老人，孝敬到极致的时候，这个人会有什么样的一种生命境界呢？他会得到宇宙能量对他的补给，这就是老子讲的“人能常清静，天地悉皆归”。也就是说，一个人孝敬老人，孝敬到极致，可以觉悟，可以回到面缸里面去，可以实现《大学》里面讲的“明明德，亲民，止于至善”。我们看到历史上有许多觉悟的人，有许多实现了本质性超越的人、获得了本质力的人，都是走孝道这一条路的。

主持语：

郭文斌先生历数父母为生养我们而奉献的怀胎守护、临产受苦、生子忘忧、咽苦吐甘等重重恩德，教导我们必须用孝心和孝道回报父母。这绝不是有人认为的封建纲常礼教，而恰恰是子女和父母之间的平等对待。父母给予了我们生命，承担了对我们的哺育呵护，承担了对我们的成长教育，我们当然就应该承担起对父母的老迈赡养，承担起对父母的病中照顾，承担起对父母的慎终追远。这种平等关系，不是生意场上的等价交换，而本来就是天道人伦。正如鲜花果实回报给大地，万物争荣回报给太阳。事实上，父母给予我们的天高地厚之恩，我们穷其一生，也是无法等值等价回报的，因此才有了“谁言寸草心，报得三春晖”这一句千古绝唱的诗句。

郭文斌先生还从《弟子规》中的“事死者，如事生”这句训谕，结合生命能量共振原理告诉我们：对父母生前的孝，能帮助我们创造能量；而对父母身后的孝，又能让我们通过“慎终追远”的过程从父母和祖先那里继承结转的能量，从而增益我们生命能量总库中的能量。

总之，孝心能让我们提起感恩心、敬畏心和爱心，正所谓“不忘初心，方得始终”。

我认为要给中华传统文化找两个关键词的话，一个是“孝”，孝敬老人；一个就是“敬”，尊敬师长。孝亲尊师的传统形成了，教育的辩证法也就形成了。为什么呢？亲人教孩子尊敬老师，老师教孩子孝敬老人，这样《弟子规》的第一条轨道就建立起来了。师道尊严建立起来之后，才能够真正地让孝道的尊严建立起来；孝道的尊严建立起来，才能够真正地让师道尊严建立起来。“孝”“敬”是我们培养孩子感恩心、敬畏心、爱心，建设他人格大厦两个基础中的基础。

到这里“入则孝”部分已经讲完了，在下面的课程里，我会接着给大家分享由“孝”这样一个大根大本延伸出来的“悌道”“谨和信”“泛爱众”“亲仁”“余力学文”的部分。这一堂课，就讲到这里，下一节课我们接着分享《弟子规》。

第19集

兄弟友爱亦是孝

主持语：

前面，郭文斌先生通过十多堂课的生动讲述，对于《弟子规》“入则孝”部分的内涵外延和精神，从人的生命力和生命能量的维度做了一系列的精彩解读。从本堂课开始，郭先生将以独特的视角对《弟子规》第二部分“出则悌”进行解读。

古人认为，善事父母为“孝”，善待兄弟为“悌”。“悌”本义是敬爱兄长，延伸为“兄友弟恭”，再扩展为“四海之内皆兄弟也”。如果说孝道是我们向上的爱，那么悌道就是我们平行方向上的爱。“悌”也是一种孝道。如果我们做到了“兄友弟恭”，那就是对父母的孝。反之，如果兄弟反目，在一家则祸起萧墙，在一国则同胞相煎，那将是对父母的大不孝，对国家的大不忠。所以，在中国古代“八德”中，“孝”排第一，“悌”排第二，之后依次是“忠”“信”“礼”“义”“廉”“耻”，可见悌道的重要性。

那么，我们又该如何践行悌道呢？

大家好！从这一堂课开始，我给大家分享《弟子规》的第二部分“出则悌”。在前面的课程里面，我给大家分享了《弟子规》的第一部分“入则孝”。我们对《弟子规》“入则孝”的内涵、外延和它的精神做了一个解读。由此我们得出对于父母的恩情就像《诗经》里面讲的“欲报之德，昊天罔极”，就是没办法报答。《诗经》里面讲：“父兮生我，母兮鞠我。拊我畜我，长我育我。顾我复我，出入腹我。欲报之德，昊天罔极。”就是说父母把我们生下来，并抚养长大。《诗经》讲得很详细、很生动。在生命之初，父母每天抱着我们出出进进，我们就是这样长大的。这么一份恩情我们想报答，是不可能的。所以《诗经》用了一句“欲报之德，昊天罔极”来感叹。既然是这么大的一份恩情，我们就要用我们健康的成长、美好的品德、有成的事业来报答，不辜负这一份恩情。

《弟子规》接下来在“出则悌”这一部分就要教我们把这一份恩情延续放大。《说文》里面讲：“孝是善事父母，悌是善事兄弟。”我们从它的造字可以看出来，一个“忄”旁边有一个“弟”，就是说我们的心中要有弟弟，要有兄妹。《弟子规》在“出则悌”部分开篇讲：“兄道友，弟道恭；兄弟睦，孝在中。”可见，悌道是孝道的延伸。如果说孝道是我们向上的爱的话，那么悌道就是我们平行方向上的爱，作为爱的坐标轴来讲，它是横坐标。

“兄道友，弟道恭。”兄道，它强调爱护自己的弟妹；弟道强调尊敬自己的兄长和姐姐。关于这一点，我们都知道，这是天下父母最期待的、最盼望的。父母害怕兄弟之间起矛盾，兄弟纷争、兄弟之间“硝烟弥漫”，这是父母最伤心的。关于“兄道友，弟道恭”，我在《〈弟子规〉到底说什么》这一本书里面写得比较多。我讲到了我们家，我的父母是怎么样去践行“兄道友，弟道恭；兄弟睦，孝在中”的。

我奶奶去世的时候留下一句话:“善待你的哥哥嫂嫂。”这一句话就成了我们家的“宪法”,我的父亲和母亲就是带着这句话开始他们长长的人生旅途的。我伯父和伯母他们没有生养,我奶奶讲这句话,一方面是因为这个原因,另一方面是我伯父比较老实、比较弱小,虽然他是伯父,但是他个头小、性子软,所以我奶奶就留下这样一句话。一辈子他们兄弟和妯娌没有分家。我在《永远的堡子》这一篇散文里面写到,一个堡子里面住着兄弟、妯娌一家人。在我们姐弟的心中分不清哪一个亲、哪一个远,不知道哪一个是我们的“亲”父亲,哪一个是“远”父亲。我们当地把父亲叫“大”,把伯父叫“爹”,就用这样的称呼来区分。把母亲叫“妈”,把伯母叫“娘”,以此来区分。在我的回忆中,我们的成长得到了两份爱:两份父爱,两份母爱。我就是在我的伯父伯母的被窝里睡大的,每当父亲要惩罚我的时候,我的伯父和伯母就担任了保护神的角色,所以我觉着伯父和伯母跟我更亲。

我父母把我奶奶临终留下的一句话,作为他们长长的人生旅程中的一个最高的法则,小心翼翼地守护着这一句话。就算再困难,日子再难过,我的父母都没有动过分家的念头。现在回想起来,这里面最伟大、最不容易的就是我母亲。我父亲再有宏愿,再有遵守奶奶遗嘱的理想,如果我母亲不配合,他也无法遵守这个遗愿。所以这里面一个关键性的人物就是我的母亲。

我母亲对待我的伯母比女儿对妈妈、儿媳妇对婆婆还恭敬。在我的印象中,母亲是家里起来最早的,等伯母起来,母亲已经把家里一切该干的农活儿都干完了,比如说挑水、扫院、掏炕灰。然后母亲就要请示伯母今天做啥饭,伯母高兴了就会说做啥做啥;不高兴了就说:“你做你的嘛,你一直问什么?”但是下一顿母亲仍然要请示。在母亲心目中,伯母就是她的生命导航,她做任何一件事情都要请示伯母。

为什么这么做呢？为了让伯母高兴。这样的一种请示，后来就成了母亲的习惯。后来母亲跟着我们给我们带孩子。我太太是小学老师，有一天上课，教室的后门“咯吱”一声开了，我妈从后门探进头去，她不敢从前门进。然后我太太就问：“妈，你有什么事吗？”大家猜我妈说了一句什么话呢？我妈迟疑了一会儿说：“这土豆是切成条呢还是切成块呢？”惹得同学们哈哈大笑！

大家从这个细节就能看到，我的母亲是一个什么样的人。就连土豆切成条还是切成块，她也要请示一下我太太。这是怎么形成的呢？一辈子请示我伯母习惯了，她已经做不了自己的主了，做任何事情她都要问，原来是问伯母，现在就问我爱人。

后来的日子，我接母亲跟我们一起生活，我发现母亲已经没有“我”了，啥事都问别人。也正是母亲这样的一种作风维持了这个家庭，维持了我的父亲和伯父之间、我的母亲和伯母和和气气过了一辈子。所以在宁夏西吉县将台堡一带，人们一提到“明星村”，我们那个村子的原名叫粮食湾，说起粮食湾里的堡子一家，大家都会竖起大拇指。我当年在将台中学上学，每当人们夸奖父母的时候，我也感受到了一份荣耀。

随着年岁的增长我越来越觉得，母亲为此承担了太多太多的不容易。我们可以想象一下，任何事情都要请示，一辈子说话要小心翼翼。现在回想起一些细节，心里特别难受。

主持语：

郭文斌先生以自己的父母对祖父祖母生前身后不同的方式行孝，特别是严守祖母遗嘱，善待伯父伯母的真实故事，告诉我们：悌道，其实就是孝道的延续和放大。“父母担心什么，就让父母放心什么”，这是孝道最为重要的内涵之一。父母担心我们的身体，我们就要爱护身体，长保健康；父母担心我们的前途，我们就要发奋学习、勤谨工作；父母担心我们的道德，我们就要严以修身，清白做人。兄弟失和、同胞反目、手足相残，都是父母担心的事情。如果兄弟失和、手足相残，将是对父母的大不孝。为了不让父母有这种担心，我们就要力行悌道，“兄友弟恭”。

《弟子规》“出则悌”部分开篇就讲“兄道友，弟道恭；兄弟睦，孝在中”，可见悌道是孝道的自然延伸。而父母去世后“长兄为父，长嫂为母”的传统，更是将悌道直接续接到孝道之上。那么践行悌道又能为自己带来什么益处呢？

母亲和父亲，对于我们兄妹要求非常严格。我们兄妹有好吃的、好喝的，一定要先给伯父、伯母。记得有一次我们到将台乡上去，看到有新盖的养老院。哎呀！很气派，很漂亮。我回来就对父母说：“哎呀！这么好的养老院，如果要让伯父伯母去，那该多好。”没想到就这一句话，我遭到了母亲的一顿毒打，打得我皮开肉绽，挨了打了都不知道什么原因。我的母亲一边打我一边对我说：“叫你再说这样不孝的话，叫你再说这样不敬的话！”我的母亲对伯父伯母非常恭敬，但是对我们要求非常严格。伯父伯母如果吃饭的时候不动筷子，假如我们先动了筷子，会受到严厉的责罚。在我们家，母亲在这一家中落实我奶奶的临终遗言，起到了最重要的作用。

我的伯母去世的时候，有一个艰难的弥留过程，一口气咽不掉，走了又回来，走了又回来。这时候就有人提醒，她是不是在等郭文斌妈妈呢？那时我母亲正在厨房里忙碌，因为有许多亲戚来看望。这时候我母亲就洗了洗手走到我伯母的床头，抓住伯母的手，伯母像是要跟她说什么话，没说出来，就把气咽掉了。我一直在想象伯母到底在那一刻，想给她的弟媳妇说一些什么呢？可能想说的太多了。

在我的记忆中有许多画面，但有一个画面记忆深刻。在一个阳光暖融融的堡子院子里，我伯母就坐在凳子上，我的母亲给她梳头。我的伯母是三寸金莲，母亲每过一段时间，就要给我的伯母洗脚。那个裹脚布很长，那个味很不好闻。每当母亲洗脚的时候，我们都会躲得远远的。但是我没有看到母亲有一点点的嫌弃，她就拿着一个剪刀在那里洗呀剪呀。

在伯母去世之后，照顾伯父的起居就落在了母亲身上。我母亲真是做到了"冬则温，夏则清；晨则省，昏则定"。我记忆中，她每年冬天早早地就给我的伯父缝棉袄、缝棉裤，让伯父穿得暖暖和和；每一顿饭照样请示我伯父想吃什么。到夏天的时候，就给伯父做单衣。我一直在想，奶奶可能也不会想到，她留下的这一句话在我母亲一生中意味着什么。但是如果我们要从我们前面讲的能量的这个角度来讲，我的母亲活在了一种没有自我的状态，但是她的晚年特别幸福。我爱人对待母亲，就像母亲对待我伯母一样。我常常讲我岳母都没有享受到我爱人的那一份孝敬，但是我母亲享受到了，我母亲跟我爱人的关系亲过母女。

有一次过大年的时候，我们一家人照了一张全家福。我搂抱着我的父亲，我爱人搂抱着我母亲。照片洗出来之后，我觉着很尴尬，为什么呢？我跟我爸看上去像陌生人，而我爱人跟我母亲亲如母女。那一种亲，你可以想象，她们的心跟心是没有任何障碍的。我母亲用她一生的奉献换来了她晚年的幸福。晚年我们接她到银川住，跟我们度过了她生命中最后一段旅程。那一段时间回想起来，我也感觉到比较安慰。

我常常半开玩笑地跟我父亲说："老爸，你当年打我妈，按道理我妈应该报复你。"我妈就笑不作声。在我记忆中这种事经常发生，我父亲觉得我母亲好像对我伯父伯母语气不对了，就拳脚相加。还有一点让我很欣慰，就是母亲她告别人世的过程非常潇洒、非常安详！开着玩笑离开了这个世界。跟我的伯母一对比，非常明显。我的伯母走得牵肠挂肚，而我母亲走得无比潇洒。

我们家可能有一个放到全国、放到历史上都不多见的一个民间伦常上的难题。我的伯父伯母去世之后，按照民间的习惯，一个重要的环节要"出门告"。出乎人们意料的是，在儿子的那一栏里面，我父亲居然把我和我哥哥全写上去了。好多人提醒说这不行，要么你就过继一个人，要么你就以侄子的身份。否则的话，他们到了那一世要争儿女的，过不安宁的。没想到我母亲说了一句话："活着的时候都没争，死了还争什么。"在我们家的历史上就留下了一个可能在任何一家都无法理解和接受的一件事实，就是在我的父母心目中，这个家是一块儿过，儿女们也是大家的。在我们兄妹的概念中也是如此，没有觉着哪一个是伯父，哪一个是父亲，都一样亲，都一样近。从"兄道友，弟道恭；兄弟睦，孝在中"这个意义上来讲，《永远的堡子》里面的郭家这一家人可谓榜样，可谓典范。

主持语：

上一节，郭文斌先生以自己的父母，尤其是自己的母亲罕见的言行恭敬兄嫂的故事告诉我们，悌道不但能够旺家，而且能够成德。《周易》云："有天地然后有万物，有万物然后有男女，有男女然后有夫妇，有夫妇然后有父子。"顺延下去，有父子就会有兄弟姐妹。兄弟姐妹关系是除了父母与子女、丈夫与妻子之外最重要的人伦关系。

中国五千多年的文化传统和历史经验告诉我们，“兄友弟恭”是齐家必修课，而齐家又是治国平天下的必修课。接着郭先生又通过共振原理给我们阐释，“兄友弟恭”是让我们生命能量总库中的能量增多的途径之一。而无论是个人，还是家族、还是民族，要强大，都离不开整体性能量的提升。因此，悌道和悌道精神能使家庭和睦、社会安宁、国家太平、人民幸福。

现在我的妹妹们也继承了这良好的家风。在我们的印象中好像没有分过谁是谁家，对于财富也好，感情也好，都延续了父辈的传统。这一点也能让我们的老人感到安慰。这是自己亲身经历的故事，是我想讲的“兄弟睦，孝在中”的意义的体现。我想奶奶在天之灵一定会感觉到安慰。因为她看到她的临终遗言在父亲和母亲那里得到了彻底地执行，所以她一定很欣慰。在这一部分的后面，这两句话还要做展开阐述。这一堂课就讲到这里，下一节课我们接着分享。

第 20 集

悌道展开是宇宙

主持语：

在上一堂课里，郭文斌先生以母亲协助父亲力行悌道的故事和在此过程中表现出来的“无我”“恒顺”境界，以及享受了由此带来的无比幸福感，让我们强烈感受到“利他”本身是“自利”。

在本堂课里，郭文斌先生继续依据这个道理告诉我们，做到“兄友弟恭”其实并不难，就是哥哥姐姐要关爱弟弟妹妹，弟弟妹妹要恭敬哥哥姐姐。而要把悌道落细、落小、落实，就要兄弟姊妹把财物看轻一点儿，在矛盾面前相互忍让，在利益面前相互谦让。《弟子规》所讲的“财物轻，怨何生”“言语忍，忿自泯”就是这个道理。

郭文斌先生认为，如果一个人能够本着利他之心，把悌道践行到“无我”“恒顺”，达到不求回报地爱别人的时候，就会达到悌道的最高境界，将会成倍地增加自己的生命能量，提高自己的幸福指数。

大家好！上一节课，我给大家分享了《弟子规》“出则悌”部分的第一句“兄道友，弟道恭；兄弟睦，孝在中”。其实，孝道还体现在与平辈的关系处理上，就是“兄道友，弟道恭”。

上节课我给大家讲述了我的父母如何尽悌道的故事。其中有一个关键性的人物，就是我的母亲。在她去世之后，我给她写了一副对联，其中用四个字概括了她的一生，就是“无我”“恒顺”。她活在一种什么样的状态里呢？无我的境界。恒顺就是没有自己的意愿，一切都为了满足别人的要求。所以但凡到我们家来的人，都特别喜欢我妈，特别喜欢跟她聊天。为啥呢？她坐在哪里，就把安详和灿烂带到哪里。有一段时间，我儿子对他奶奶的欣赏到了什么程度呢？一筷子饭夹起来，举在半空中，就看着他奶奶。如果说用面若桃花来形容一个 80 岁的老太太，大家可能不相信。但大家可以到我的博客、微信公众号上去看我母亲的照片，真的很好看。当一个人活到无我境界，80 岁也像少女一样。就是看着特别舒服，谁都愿意往她面前凑，谁都愿意跟她亲近。真的，我儿子就爱搂着她脖子。也就是说，一个人真的能够尽到悌道，把孝悌做到极致，进入到“无我”“恒顺”境界的时候，那种美丽是无法形容的。我母亲去世之后，殓棺的时候脸上还带着笑容。

这样的一种人生状态让我坚信，我们在前面课程里面讲的，一个人到了不求回报地爱别人的时候，他的生命力真的能够达到 75 万倍于普通人的等级。就连她在生命的终点站都那么安详、潇洒，没有一点儿焦虑，没有恐惧。当一个人活到无我境界的时候，你会看到庄子描述的“生死亦如”的境界、“齐生死”的境界。母亲去世之后，我没有悲伤。为啥呢？因为她临终一站路走得很潇洒。这样一种善终，让我更加坚信古人讲的“五福”确实是能量变的，确实要在平常的生活中不求回报地去爱别人。

我父亲现在 92 岁，但我父亲就没有我母亲那样受人欢迎。为啥呢？他做不到“无我”“恒顺”，他要求很多。我常常去给老年人讲养老，我说养老首先要养谦德。养谦德是什么意思呢？就是说不能有脾气，不能有太多的个人要求。儿媳妇做什么就吃什么，给什么就穿什么，尽可能地适应环境，不要拿抱怨来惩罚自己。当然，做儿女的首先要以身作则，但是我侧重于对老人讲，我说一个人要活得像我母亲那样，什么饭都吃得欢天喜地，什么话都听得欢天喜地，什么活儿都干得欢天喜地。换句话说，在任何时候都让自己活在喜悦里。

我母亲的这种美德，如今在我爱人身上得到了继承。比如说当年我在县城工作的时候，单位分了一间几十平方米的小房子，就是那种单人宿舍。就那么小的一间宿舍，我爱人带着我的妹妹、我的侄女在县城上学。可以说，加上给我们带孩子的我妈和我儿子，一共六口，如果全坐在那间屋子里就坐满了。但是我爱人一点儿抱怨都没有，就这样把我的侄女从小学带出来，把我的妹妹从中学带出来。我们到银川之后，几个侄子住在我们家，就连结婚之后的大侄子两口子也住在我们家。我爱人就像对待自己的孩子一样对待他们。这种家风从老人那里传到了我们这一代，在这一点上我爱人做得是很好的。

现在，我父亲因为给他做的假牙，他不愿意戴，所以吃的饭就要做得非常软。我太太就每天给他擀面片，擀得真的是很薄。因为我父亲喜欢吃牛奶泡馒头加蜂蜜，有时候我对我太太说：“你忙了，你就给他泡一个馒头就行了。”她说老人嘛，还能吃多少天呢？所以她三顿饭就都给我父亲做，做得很尽心，让我很感动。我母亲去世之后，这一年多的时间，我看到太太接过了我母亲肩上的重担，尽心尽力地侍奉我父亲，父亲也很感动。

有时候，我给我父亲洗脚的时候，我父亲的眼泪就下来了。平常我给他洗澡的时候，我爱人就像我母亲一样给我父亲找衣服。可以想象父亲他内心是很温暖的。在我爱人的这种感染下，我的几个侄子、哥哥嫂嫂、妹妹妹夫、外甥，都特别孝敬我父亲，别人看着也很羡慕。现在村子里的老人都相继去世了，超过 90 岁的就剩下我父亲一个人。我对他说："你可是宝贝呀，要好好活着。"

由此我们看到了孝悌精神在一个家庭的重要性，在养老中的重要性，在教育中的重要性，这就是"兄道友，弟道恭；兄弟睦，孝在中"。

主持语：

郭文斌先生以母亲一生孝敬公婆、恭敬兄嫂、厚待乡邻的表现告诉我们：悌道的最高境界是无我，是恒顺。"无我""恒顺"是两个哲学概念。"无我"即忘我而没有私心；"恒顺"即在任何时候都顺从别人，无条件地给别人利益和快乐。当别人快乐了，自己就会更加快乐。当然，恒顺要有原则，就是要顺从人之善，而不是顺从人之恶。

郭文斌先生认为，"无我""恒顺"境界虽然很高，但并非不能达到。觉到，悟到，就能做到。而觉到，悟到，就要求我们在平时践行谦德，尤其要知行合一。郭先生的母亲，虽然没什么文化，却有极高的觉悟。这觉悟来自中华优秀传统文化中的女德，女德又源于坤德。女德与坤德的核心思想，就是《周易》所言"六爻皆吉"的谦德。所以我们要力行悌道，前提是修好谦德。谦德修好了，就具有了牺牲精神；有了牺牲精神，就能渐渐达到无我、恒顺的境界。

那么如何在生活中修好谦德，又如何培养牺牲精神呢？

接下来《弟子规》讲道："财物轻，怨何生？言语忍，忿自泯。"兄道、悌道要从哪里做起呢？古人非常英明，他们知道兄弟阋墙、兄弟纠纷、兄弟矛盾大多数由财物引起。所以《弟子规》在这里首先讲"财物轻，怨何生？言语忍，忿自泯"。这抓住了两个关键点：一个是轻财，另一个是慎语。一个是对财物，我们要把它看轻；另一个是对言语，我们要把它管好，不说伤和气的话，不说生分的话。

关于财物，我父亲和伯父就不用多说了，一辈子没分家，哪里有财物纠纷呢？我父亲好吃的好穿的都让给哥哥嫂嫂。到了我们兄妹这儿，我们也没有分家的概念，有财富大家共享。我们真的感觉到，能把财物看轻，兄弟姐妹关系自然就会改善。但是我们在生活中也看到许许多多的兄弟姐妹，争财物争得不亦乐乎。有许多家庭，老人刚刚过世，尸骨未寒就开始争财产了。我们可以想象这样的老人，他得多寒心。"财物轻，怨何生？言语忍，忿自泯。"伤感情的话要少说。

回想了一下，我跟我哥哥这么多年就吵过一次架。为什么吵呢？为他儿子的教育问题。我让他儿子学传统文化，我哥哥当年有些不同意见，我们就吵了一架，就为这一件事情，其他再没有红过脸，没有动过粗。就是说，言语上一定要互相尊重。做弟弟的要尊重哥哥嫂嫂，就像我妈和我父亲一样。"兄道友，弟道恭。"当一个人真的视兄如父的时候，自然言语上就能够做到妥当，做到"言语忍，忿自泯"。

由这样一种兄弟关系的处理，我们可以联想到许许多多方面。因为在古人看来，孝道是事长、事老，悌道是同辈之间的爱。我们可以把它延展到一个单位、一个团队、一个国家，甚至全人类。对于我们国家来讲，五十六个民族就是兄弟姐妹，大家要做到"兄道友，弟道恭"就要互相尊重，把财物看轻，因为“言语忍，忿自泯”。

习近平总书记提出来“共建‘一带一路’，打造人类命运共同体”“让全球共享中国人的发展红利”，这也是悌道精神的延展。在中国古人的心目中，世界上的一切生命都是兄弟姐妹。动物也好，植物也好，矿物也好，我们都要用悌道精神去对待。就是在横的方面，我们要用悌道精神去对待一切。比如说，这样一张桌子，我们在使用它的时候，可以把它看成是我们的兄弟姐妹，这样感觉就不一样了。对它说一声：“你辛苦了！”你会发现这张桌子就会被人格化。你再坐在这里，会发现它有温度。这就是一种诗意的存在。

中国人讲的悌道精神，可以延伸到无限的层面。在“财物轻，怨何生？言语忍，忿自泯”之后，《弟子规》又讲“或饮食，或坐走；长者先，幼者后”。它讲到了一个先后次序的问题，就是说我们在吃饭的时候，或者在行走的时候，我们要有一个次第。你看悌道的这个“悌”，它本身就包含次第在里面，就是强调“长者先，幼者后”，这一点无比重要。

我们去观察宇宙，它也是一个悌道。我们观察整个大自然，它也是一个悌道性的运转，就是长幼有序。如果长幼无序，这个宇宙就乱了；如果长幼无序，大自然就乱掉了。它一定是一个悌道在做着维系，而人间就更不用说，长幼有序很关键。现在有些西方自由主义学者鼓吹要平等，他们认为长幼有序是不对的。其实他们不了解真相，真正地把宇宙原理搞清楚，我们就会知道长幼有序恰恰是平等。因为每一个人都是从幼变成长的，今天的幼就是将来的长。大自然把一切都平衡好了，对应在人间伦理，我们发现了它的规律就是长幼有序。

“或饮食，或坐走；长者先，幼者后。”中国古人在洒扫应对的养成教育中，在《常礼举要》中，特别强调这一点。比如说，一家人坐在一起吃饭，爷爷奶奶没动筷子，做儿女的做孙子的是不能动筷子的。但是我们在现代生活中看到正好搞反了，爷爷奶奶先给孙子夹菜，爸爸妈妈先给儿子夹菜，那么这个孩子从小他会养成一个心理定势，任何时候他都会动一个念头“我先”。而任何时候动一个念头“我先”，往往会给这个孩子带来人生的灾难。就是说他在任何时候都想拿第一，我们可以想象大家的感受，时间长了，整个团队就会厌弃他。如果任何时候这个孩子都动的是“我最后，别人最先”，有谦让的这种人生态度，这个孩子走进任何团队都会受到大家欢迎。这才是真正的成功学。

“或饮食，或坐走；长者先，幼者后。”我们现在到大街上去观察一下，有多少年轻人在长者经过的时候能让路呢？到商场去看看有几个人有耐心，让长者先进门自己再进呢？这样的社会风气是怎么形成的呢？是我们的养成教育缺课了。古人的养成教育，在幼儿阶段就完成了。现在我们对孩子的教育就面临着许多难题：饭菜上来了，孩子他的本性就想先吃。我们这时就要想方设法让他先让爷爷吃，哪怕他有先让一下爷爷这个动作、这个念头也行，就是培养他一事当前先想到别人的习惯。时间久了，就会发现他渐渐地真的每到饭前他就会说“爷爷吃饭”，去叫爷爷。

在悌道里面，《弟子规》在这里特别强调了一种次序感，就是“长者先，幼者后”。当一个孩子从小养成这个习惯以后，他走向社会后就能恪守“长者先，幼者后”，他就能够在单位做到尊老爱幼，做到“长者先，幼者后”；他做了官之后，制定政策的时候，能够首先想到尊老。我们在前面也讲过，一个民族当它有尊老风气的时候，这个民族的整体生命力就提高了。

主持语：

上一节郭文斌先生根据《弟子规》中的“财物轻，怨何生？

言语忍，忿自泯”这句训谕警示我们，要做到“兄友弟恭”，兄弟姐妹在利益面前就要相互谦让，把财物看得轻一点儿，在矛盾面前也要相互忍让，谨言慎行。郭先生认为“兄友弟恭”是齐家的重要内容。如果为了利益分配、因为是非，就兄弟反目、手足相残，又何谈“孝敬父母”？更何谈“治国平天下”？

郭文斌先生又根据《弟子规》中的“或饮食，或坐走；长者先，幼者后”这句训谕告诉我们，力行悌道还要遵循“长幼有序”的原则。长幼有序则兄弟和睦、国泰民安；长幼无序则兄弟相残，引起国际纷争。古人说“兄弟齐心，其利断金”，说明悌道本身就是生产力。悌道在家是为亲爱，出家则为博爱，所谓“四海之内皆兄弟也”。正如《论语》所云：“君子敬而无失，与人恭而有礼，四海之内皆兄弟也。君子何患乎无兄弟也？”《大学》亦言：“宜兄宜弟，而后可以教国人。”

接下来《弟子规》讲道“长呼人，即代叫；人不在，己即到”。就是说长者在呼唤人的时候，叫人的时候，我们要腿勤一点儿，先替长者去叫。如果人不在，我们要赶快来向长者进行回复。我们现在会看到，学习《弟子规》的一些团队，这些孩子确实能够做到“长呼人，即代叫；人不在，己即到。称尊长，勿呼名；对尊长，勿见能”。这一堂课就讲到这里，下一节课我们接着分享。

第21集

惟谦受福天之道

主持语:

在上一堂课,郭文斌先生以母亲一生力行孝道和悌道的故事告诉我们"无我""恒顺"是悌道的最高境界,并根据《弟子规》"出则悌"部分的"财物轻,怨何生?言语忍,忿自泯"等训谕告诉我们落细、落小、落实悌道的具体方法。

本堂课里,郭文斌先生将继续根据"出则悌"部分的"称尊长,勿呼名。对尊长,勿见能"等训谕展开悌道的落细、落小、落实之旅。为什么"称尊长"不能直呼其名?为什么在尊长面前不可炫耀自己的才能?有人认为这是落后的封建尊卑观和等级观,但郭先生从《周易》中找到了合理依据:"天道亏盈而益谦,地道变盈而流谦,鬼神害盈而福谦,人道恶盈而好谦。"(意思是上天的规律是亏损盈余的而利益不足的,大地的规律是转变高耸的流向低洼的,鬼神的法则是祸害骄傲的而降福谦卑的,人类的特点是讨厌骄傲的而欢喜谦虚的。)"谦,尊而光,卑而不可逾，君子之终也。”（意思是谦能使尊贵者更有光彩，让卑下者赢得尊重，故知君子应该始终保持谦虚的美德。）在高处，则光照万物；在低处，则承载万物。内圣，境界高得不能再高；外王，姿态低得不能再低。

郭文斌先生认为，我们获取能量最大的生命状态就是谦德，而谦德体现在悌道之中就是对尊长要尽可能地尊重。

大家好！上一节课，我跟大家分享了《弟子规》“出则悌”部分的“兄道友，弟道恭；兄弟睦，孝在中”“财物轻，怨何生？言语忍，忿自泯”。接着分享了“或饮食，或坐走；长者先，幼者后。长呼人，即代叫；人不在，己即到”，讲道“称尊长，勿呼名。对尊长，勿见能”。为什么“称尊长”要“勿呼名”，“对尊长”要“勿见能”？我们在前面的课程里讲到，一个人最大的获取能量的生命状态就是谦德。而谦德体现在悌道里面，就是对尊长我们要尽可能地尊重。尊重在这里，《弟子规》讲了两个方面：“称尊长，勿呼名。”

为什么“称尊长，勿呼名”呢？因为名字作为尊长的一个代号，它代表着尊贵，代表着尊严，所以我们做晚辈的要称呼他的辈分，还要称他的职务，用人际关系的代号来称呼对方。比如说爸爸呀妈妈呀，不能直呼其名。古代社会甚至对一些尊贵的人，要避讳起姓名。什么意思呢？就是保持对它的一种尊敬感。古人在起名字的时候有名、有号、有字。我们都知道，作为一个人的乳名，只有做父母的和做老师的有权利称呼，就连皇帝都要称呼大臣的字和号，不能直呼他的乳名。什么原因呢？一个人的乳名，是属于父母、属于老师的，这就是对人生命的一种尊重，对姓名的尊重。因为姓是祖先的信息系统，名字是我们这个特定生命的一个代号。它意味着对我们生命的尊贵、我们生命的尊严。所以古人轻易不会称呼一个人的名，一般都会称他的字或他的号。在我们的现实社会中，我们特别要注意，对于长者就更加不能直呼其名。你看，在古代的称谓里面，对对方的父亲称令尊；对对方的孩子，都称令爱、令郎，显得很尊重；对长者呢，就更不用说了，称呼自己的父亲应称家严，称自己的母亲为家慈，或者称家父、家母，带有一种谦虚的口气，这是谦德。

为什么要讲"对尊长，勿见能"呢？因为当一个人对尊长炫耀自己的才华的时候，这事实上是我们的生命能量已经处在了一种骄傲的状态。而骄傲，我们看，根据霍金斯能量级，它已经到了负值，是负能量的第一个台阶。"谦受益，满招损。""天道亏盈而益谦，地道变盈而流谦，鬼神害盈而福谦，人道恶盈而好谦。是故谦之一卦，六爻皆吉。"所以，《了凡四训》里面讲"惟谦受福"。《了凡四训》在后面的"谦德之效"那一篇里面甚至讲通过谦德，你就可以判断一个人是不是能考上大学，是不是能得到提拔，是不是能获得好运气。为啥呢？惟谦受福。考上大学是福气带来的，有好运气是福气带来的，这个福气在今天就是我们所讲的能量。所以说："对尊长，勿见能。"

但是我们看到，现在的小家伙往往在爷爷奶奶面前、在爸爸妈妈面前炫耀自己的本领，这样的话会吃大亏，因为他在将来难免会不自觉地炫技。炫技往往让人不舒服，甚至会招来嫉妒，让许多人不愉快。我们知道孔子的祖先正考父，他讲"一命而偻(lǚ)，再命而伛(yǔ)，三命而俯"。就是说，第一次任命的时候他的腰是弯着的，第二次任命的时候腰弯得更厉害了，第三次任命的时候腰就弯下去了。说明古人对待荣誉、对待自己的才华，慎之又慎，绝对不敢有得意之感。所以古人讲"得意忘形"。

一个人如果骄傲，往往会招来灾祸。为啥呢？骄傲的时候，这个人的智慧就被遮蔽掉了。我们都知道大海谦虚,所以它拥有江河。江河之所以为“百谷王者”,“以其善下之,故能为百谷王”。谦德让百川归流。所以对待我们的长辈特别要注意“对长辈,勿见能”。大家也许会说:我不“见能”,你怎么知道我有才华呢?其实古人看一个人有没有才华,他不看你的技术层面,看你的气质就知道了。

《了凡四训》在“谦德之效”方面讲得很清楚:有个叫张畏岩的,考科举没考上,出来就骂考官。旁边有一个道人就说:“你的文章肯定写得不好。”张畏岩说:“你没见到我的文章,你怎么知道我的文章写得不好?”这位长者说:“闻作文,贵心气和平。”“不平甚矣,大骂试官”,“不平甚矣,文安得工”?文章怎么能写好?张畏岩一听有道理,说:“那我应该怎么办?”长者说:“你应该好好地修谦德。”因为一个人有了谦德,心气和平,他的文章才有感染力,就是有安详之气、有静气。

这些年,我也不敢说我已经有谦德了,但我已经有静气了。但听我讲课的一些朋友说:“郭老师,不管你讲什么内容,我坐在下面听你说话,就感觉很舒服。”这对我是一个鼓励。可是当年我的演讲就没这个效果。那时虽然讲得很精彩,满篇诗句,但是我知道大家听完之后收获不大。现在呢,确实讲得朴素,但是确实有许多朋友跟随着来听我讲课。为啥呢?谦德会传染。谦德是一种能量的状态,一个人如果能量不够,他是“谦”不下来的。

我们在生活中看到,越是一些大人物,越是一些有成就的人物,他越“谦”光逼人、春风拂面。就是让人有一种坐在他对面、如沐春风的感觉。用古人的话说就是能够随处结祥缘。就是大家跟你待一会儿,他就会获得一份能量的共振和补给,让人很舒服。所以真的有经验的人他不看你的本领,他看你有无谦德。就像曾国藩打仗招兵,他首先选择的是有谦德的人。所以他召集的四万湘军,能够把百万太平军打败。为什么会有这么强大的战斗力？因为这四万湘军，他是按照谦德的标准去选择的。曾国藩选军人，他特别愿意用农民的子弟。因为农民的子弟谦德往往深厚一点儿，官宦人家、商人的子弟往往容易骄慢。当然，大多数教育得法的官宦子弟和商人子弟也拥有谦德，但是通常情况下，因为父母是官员，父母有钱，很容易不小心就养成骄蛮的习气。所以曾国藩招兵的时候，他先不看你到底有没有武艺、有没有本领，他先看你有没有谦德。

我们由对这两句"称尊长，勿呼名。对尊长，勿见能"的践行程度就可以看出一个人是否拥有谦德。因为"惟谦受福"，所以我们刚才讲到的张畏岩，他按照那位道长给他的建议好好地修谦德，后来果然考取了功名。

主持语：

郭文斌先生以《弟子规》"出则悌"部分的"称尊长，勿呼名。对尊长，勿见能"这句训谕，结合《尚书》所言之"谦受益，满招损"和《了凡四训》所论之"惟谦受福"等观点告诉我们，一个人获取最大能量的生命状态就是谦德。谦德体现在悌道上，就是对尊长要尽可能地尊重。而尊重长者，落细、落小、落实就是"降心俯首"。对尊长不直呼其名而用尊称，体现的是"俯首"；在尊长面前不炫耀自己的才能和本事，体现的是"降心"，这就是我们俗称的"低姿态"。

郭文斌先生认为，当一个人对尊长直呼其名，甚至在尊长面前炫耀自己才华的时候，他的生命能量已经处在一种骄傲自满的状态，并且能量已降至负值，继续下去只会越来越损耗自己的生命力。《周易》有云："天道亏盈而益谦，地道变盈而流谦，鬼神害盈而福谦，人道恶盈而好谦。”明代《了凡四训》将其引申为“是故，谦之一卦，六爻皆吉。”清代《格言联璧》将其引申为“谦卦六爻皆吉，恕字终身可行”。因此，我们只有从内到外坚持“低姿态”，全身心修好谦德，才能从尊长身上汲取人生经验，增益生命能量。

那么谦德究竟能给我们带来什么益处呢？

在现实生活中我们会发现这样一个现象，有许多人非常有本领，但一辈子一事无成。原因是什么呢？我们都知道，能力和能力的发挥是两件事情。我在央视帮忙的时候，有一次讨论“不要把平台当作本领”。大家那时在思考，如果我们离开央视这个媒体平台，我们还能干成这一番事业吗？大家讨论发现，离开这个平台不行。有许多编导就让我很感动，他们说我们要好好干，要感恩能够在央视这个平台上干活儿。我想所有有谦德的人，一定会知道平台的重要性。当一个人意识到平台对他的重要性之后，我想他马上就会有谦德。

能力和能力的发挥是两件事情。如果没有人给我们提供平台，我们再有本领也没用。比如说我现在还能讲一点儿《弟子规》，但是比我讲得好的人多的是，饱学之士多的是，但为什么郭文斌就坐在这里讲《弟子规》呢？我想可能是因为我自己这些年修出来的一点点谦德。我们一定要注意，光有能力没有能量是不可能成功的。你看，有个别学武术的人，他学了很多招式，但是狮子过来“轰”的一下就把他扑倒在地，狮子没学过武术，为什么我们打不过它？因为狮子它有能量。就是说我们没有能量，光有本领是无用的。现在有许多家长把这个问题忽略了，让孩子学这个技术学那个技术，却忽略了给孩子积累能量。我认为积累能量最快的，是我们所讲的“惟谦受福”。《周易》八八六十四卦，六十三卦半吉半凶，只有一卦全吉，那就是谦卦，即“地山谦”。就是说一个人有了谦德的时候，他就像大海一样，宇宙间的能量就归他所用。所以能量积累最快的就是谦德。

我们前面讲过，孝亲、尊师是谦德；敬畏、感恩是谦德；爱国、敬业是谦德；知错、认错是谦德。一切美德都可以归到谦德里面去，但是我们如果从谦这样的一个方向来讲，更会引起人们的警觉，就是千万不能骄傲。

在孝道、悌道里面，谦德的主要体现就是“兄道友，弟道恭；兄弟睦，孝在中。财物轻，怨何生？言语忍，忿自泯。或饮食，或坐走；长者先，幼者后。长呼人，即代叫；人不在，己即到。称尊长，勿呼名；对尊长，勿见能”。在这里，它强调了“勿见能”，我们要韬光养晦，要学会把我们的锋芒藏住。因为整个天地，它给我们表演的就是“天地生而不有，为而不恃，长而不宰”；整个宇宙表演的就是谦德；就是生产，但不占有、不炫技。

接下来《弟子规》讲道“路遇长，疾趋揖；长无言，退恭立”。就是在路上遇到长者，马上上前行礼。如果长者有吩咐，我们要跟长者进行交流。如果没有吩咐，就退一步恭恭敬敬地立在那里让长者走过。如果我们拿这句话作为镜子到大街上照一照，你会看有多少年轻人能够做到“路遇长，疾趋揖；长无言，退恭立”？如果有一天中华民族全民都能够做到这一点的时候，我们可以想象一下，那是一道什么样的风景？

在前面的课程里面我讲过我的一个侄孙子郭盛阳，他现在就已经养成这个习惯，不管认识不认识，只要路上遇到长者，他就上前鞠一躬，惹得好多长者抚着他的头顶对他怜爱有加。老师们也反映，这个孩子请教问题的时候见了老师就鞠一个躬，你想老师是什么感觉？

有一次，我们看到有一个传统文化的团队到一个城市去旅游，团队成员们见了人就鞠躬，把对方给吓着了，以为一帮日本人来了，细看不是日本人是中国人。咋回事呢？现在我们鞠躬，受礼的人有被惊吓的感觉，就是大家感觉这礼已经很不自然了，人和人之间的一种友好关系就会大受影响。

“路遇长，疾趋揖；长无言，退恭立。骑下马，乘下车；过犹待，百步余。”有些读本把这个车注为(chē)，古人把它读作(jū)。在今天，我们的教材里面，用什么注音我们就怎么读。

“路遇长，疾趋揖；长无言，退恭立。骑下马，乘下车；过犹待，百步余。”就是说古人不管你官有多大，到了故乡都要下马下车。我们看到有相当多的地方历朝历代都有规矩，“文官下轿，武官下马”，显出对那一方水土的尊重，或者对那一个地方的人的尊重。在这里他是相对于长者讲的：不管你官多大，不管你级别多高，但是对于长者一定要“骑下马，乘下车”。就是说你坐着车要从车上下来，你骑着马要从马上下来。

原来我没注意到，这些年学《弟子规》学明白了。比如说我到一些学校讲课，一般司机开车接我，进学校门的时候，我会让司机把车停下来，自己走进去，不让车直接开进去，这是对学校的尊重，也表达自己尊师重教的一种情怀。这也是践行《弟子规》“骑下马，乘下车”。

“过犹待，百步余。”就是说长者走过一百步之后，我们再上马、再上车。大家可以想象，一个大官如果这样做，那是多么让人尊重。如果他开着车从长者身边呼啸而过，大家想象一下，那是什么感觉？有句话说“老天让你亡，先让你发狂”。有许多人不但心中没有长者，连警察都没有了。他的车畅行无阻，警察一查车，他会下去给对方两记耳光。他在这个世界上已经不受规则的制约了，那么肯定就会出问题。

连太阳都有轨道，月亮也有轨道，而一个人怎么会没有轨道？怎么可以不遵守规则呢？所以《了凡四训》讲“惟谦受福”，这是真理。

主持语：

上一节郭文斌先生联系生活实际，结合《弟子规》有关谦德的训谕和《周易》关于“地山谦”的论述告诉我们，傲慢和自满反映的其实是能力的欠缺和能量的缺失，由此双重负能量，“满招损”就成为必然。这也进一步验证了“谦受益”这个命题的正确和重要。

郭文斌先生认为，能力和能量是两个概念，做人做事光有能力没有能量是不可能成功的。能力是外在技术力，而能量则是内在本质力，其中含有道心和德行。而德行之中又首推谦德，能力越大并不等于能量越大，但能量越大，能力的发挥一定越好。所以我们不仅要重视能力的培养，更要重视能量的积累。

郭文斌先生通过深刻解读《弟子规》关于谦德的训谕，告诉我们，积累能量最快的就是“惟谦”。《周易》八八六十四卦，六十三卦都是半吉半凶，只有一卦全吉，那就是谦卦。而《弟子规》“出则悌”部分的训谕几乎全都关乎谦德。《尚书》有云：“惟德动天，无远弗届。满招损，谦受益，时乃天道”。

它告诉我们只有谦德才最合乎“天道”“地道”“人道”。谦虚是一种高尚的品德，只有谦德修好了，才能真正益人益己、利国利民。

我们看一下历史上的一些圣人，大舜“谦”到极致，谦到什么程度？父母兄弟要置他于死地，他仍然爱他们。我们看曾国藩的笔记，曾国藩一生都在做功课的地方就是谦德，所以他能够立功、立言、立德。这是我们对《弟子规》里面的悌道部分对待长者姿态的几个方面的解读，就是“骑下马，乘下车；过犹待，百步余”。接下来会讲到“长者立，幼勿坐；长者坐，命乃坐”。

为什么“长者立，幼勿坐；长者坐，命乃坐”呢？下一节课我们接着分享。

第22集

恭敬之中见初心

主持语：

在上一堂课，郭文斌先生通过解读《弟子规》“出则悌”部分的“称尊长，勿呼名；对尊长，勿见能”这句训谕告诉我们，称尊长不可直呼其名，在尊长面前，不炫耀自己的才能，目的不是让我们遵循封建礼教，而是为了培养谦德。

那么接下来“骑下马，乘下车；过犹待，百步余。长者立，幼勿坐；长者坐，命乃坐”这几句训谕又是什么意思呢？为什么要“路遇长，疾趋揖；长无言，退恭立”？为什么又要“长者立，幼勿坐；长者坐，命乃坐”？有人会觉得这不还是体现了封建纲常礼教和封建等级尊卑观吗？

在本堂课里，郭文斌先生结合《易经》《大学》等经典以及宇宙自然规律告诉我们，这几句训谕真正的用意不是为了让我们遵循封建礼教，而是为了培养恭敬心。恭敬心是谦德的核心，更是生命进步的大前提。《大学》有云：“知止而后有定，定而后能静，静而后能安，安而后能虑，虑而后能得。”没有恭敬心，就很容易忘掉初心而不循初心，做人做事就很难圆满。

大家好！我继续给大家分享《弟子规》的“出则悌”部分。上一节课我们讲“长者立，幼勿坐；长者坐，命乃坐”，为什么要讲“长者立，幼勿坐；长者坐，命乃坐”？其实这一部分也是对《弟子规》“入则孝”部分中“父母呼，应勿缓；父母命，行勿懒。父母教，须敬听；父母责，须顺承”的呼应。就是说，一个长者还站着，作为幼者就一定要等长者的指令，即长者在那里站着的时候，幼者是不可以坐下来的。如果幼者这时候坐下来，显然就不恭敬。而我们在前面的课程里讲过恭敬心是能量，当一个人把恭敬心关闭掉的时候，那么他的能量就丧失了，所以“长者立，幼勿坐”。如果长者还站着，晚辈就坐下，对于长者来讲没有损失，但是对于晚辈损失就大了。

“立”在古代是养成教育里面的一个重要课程。古人讲“站有站相，坐有坐相，睡有睡相”，“立”在一定意义上是一个人顶天立地的行姿培养的一个重要方面。我们看到在过去传统的功夫界，一个人如果站不好，师父是不会教后面的功夫的。站功是人的第一堂课。因为作为一个直立动物，一个人的站姿标准，有利于跟天地进行能量交换。过去功夫界有一句话：“我是一根针，立于天地间；天气下降，地气上升；无人无我，一片光明。”这是古代功夫界在训练站姿时的一个口令。就是说我就像一根针一样站在天地间，只有站好了，天气才能下降，地气才能上升。我们观察一下大自然，但凡能够长高的树，它都是很直的。如果一棵树弯弯曲曲，注定了它是长不高的，参天大树之所以能参天，因为它是直立的。人也一样，我们这一轮是讲《弟子规》的精神，就一定要从宇宙精神投射到人间伦理上来。

《大学》里讲到人的五门功课："知止而后有定，定而后能静，静而后能安，安而后能虑，虑而后能得。""定、静、安、虑、得"，对应我们中华文化的整体性就是木、火、土、金、水。树木在大地上生存，它一定是站在那个地方不动，如果今天换一个地方，明天换一个地方，它长不成参天大树。《弟子规》中的"入则孝"部分讲到"居有常，业无变"，这也是对人的定性的强调。如果一个人常常换职业，常常跳槽，这样的人获得成功的不多。我们看到一个人之所以能够成功，往往是他一生咬定一个目标去用功，他就把事做成了。这就像孔子一生弘扬"仁"，孟子一生讲"义"一样。现在讲我们共产党人要不忘初心，也是这个意思。如果我们频频地改变我们的目标，我们很难把事情做得圆满。

我们观察树有一个特点，它长在那里，根扎在那里，它就不动。而且它扎根的时间越长，它的生命力就越旺盛。根越深，枝干就越茂盛。所谓的"枝繁叶茂"一定是深根固本。《大学》里边讲的"定、静、安、虑、得"，这个"定"强调的是一个人五行人格里面的定性，侧重于五行里面的木性。

我们讲中国文化是整体性文化，整体性的文化体现在辩证法上就是阴阳关系。阴阳关系体现在我们的要素构成上，就是"木、火、土、金、水"。从一个人的成功来讲，从一个孩子的成长来讲，从一个人的人格养成来讲，我们只有"木、火、土、金、水"这五个意向所指，我们的生命力才全面，我们才能够成为一个个完整的人、成熟的人、成功的人。"定"它侧重于木性。我们观察树木，我们就可以知道什么叫木性，什么叫定性。

一个人的成长，按照古人的说法来讲，如果没有木性、没有定性，那是没有可能的。《大学》非常智慧，它把一个人的定性培养列为人格养成素养教育的第一课。古人认为一切智慧的打开、获得，都需要一个大前提，那就是“定”。没有“定”，就不可能有“慧”。我们可以拿大自然为例，比如说一个湖面，它特别定和特别安静的时候，整个宇宙都倒映在里面，天空也在里面，彩云也在里面，飞鸟也在里面。老子讲：“不出户，知天下；不窥牖，见天道。”老子为什么讲不出户能够知天下，不窥牖能够见天道呢？因为当一个人很“定”的时候，他的内心就是一个宇宙的折射镜，他想映照什么，他就能看到什么，他是一个全息的照映，所以定性在一个人的成长中也是重要的。我们可以想象一下，一个孩子如果没有定性，坐都坐不住，怎么能好好学习呢？

主持语：

郭文斌先生通过独特的解读方式告诉我们，《弟子规》“出则悌”部分“骑下马，乘下车；过犹待，百步余。长者立，幼勿坐，长者坐，命乃坐”这几句训谕的目的，是唤醒和培养我们的恭敬心。

《孟子·告子上》云：“恻隐之心，仁之端也；羞恶之心，义之端也；辞让之心，礼之端也；是非之心，智之端也。”孟子认为恻隐之心是“仁”的发端，羞恶之心是“义”的发端，辞让之心是“礼”的发端，是非之心是“智”的发端。这是一个递进关系，有仁才有义，有义才有礼，有礼才有智。而恻隐、羞恶、辞让、是非“四心”的核心又是恭敬，而要唤醒和培养我们的恭敬心，就必须从诸如“骑下马，乘下车；过犹待，百步余。长者立，幼勿坐；长者坐，命乃坐”等细节开始训练，然后扩展到对父母、兄弟、社会大众、自然宇宙之恭敬，包括对学业、职业、万事万物的恭敬。如此才能和父母、兄弟、社会大众、自然宇宙交换能量，从学业和职业、万事万物中汲取能量。

这其中的逻辑又是什么呢？接下来郭文斌先生用《大学》开篇所讲的“知止而后有定，定而后能静，静而后能安，安而后能虑，虑而后能得”给我们阐释。

有一次我到东北的一个民办小学去讲课，他们安排了一天的课程，从上午九点讲到下午六点，上午讲三个小时，下午讲三个小时，让我很震撼的是那些小学生的坐姿。我看到有些小家伙可能也就是四五岁，在前排坐着，一天坐硬板凳，坐得端端正正。有几个小家伙睡着了，还坐得端端正正。我就问：“你们这些孩子的坐功怎么这么厉害？”老师告诉我们，这些孩子背课文的时候，头顶要顶一碗水来练坐姿。你想，睡着了都能保持坐姿不变，那功夫有多深？我们觉得这些孩子将来前途不可限量。为什么呢？因为他有“定”功啊。果然，我讲完之后，一个孩子上台复讲，他几乎能把我讲的内容复讲一遍，虽然不敢说一字不落，但基本上差不多，很厉害！为啥呢？他有“定”，他就有智慧。

《大学》里面把“定”作为第一个人生要素，“知止而后有定，定而后能静”，每当有了“定”的基础之后，这个人就能“静”下来了。如果说“定”强调的是身姿，那么“静”更强调的是人的心灵状态。有些人展现给我们的是安静，而“静”对应在五行里面属火。你看那个火点燃之后，给人的感觉就是一种安静的暗示。为什么在我们的大型节日、祭祀活动、祭祖活动里面都要用到香、烛和火呢？许多祭祀活动要用篝火，因为火给人一种心理上的暗示，就是安静和温暖。这样的一种生命状态是以“定”为基础的，身安了、身定了，心就静了。“静而后能安”，这个“安”，指的是身“定”、心“静”之后的一种身心轻安的状态。这种状态，我们在前面的课程里讲过，是一个人的安全感。

一个人怎样才能够不焦虑、不抑郁呢？要有“定”和“静”的功夫。当一个人随时都能定下来，随时都能静下来的时候，这个人他就有一种轻安感。比如今天早晨收到一位朋友的微信，说的是一件让我不愉快的事情，但是我马上能调整，用“定”和“静”让自己定下来。怎么“定”下来？老子讲：“人能常清静，天地悉皆归。”就是当一个人心静了之后，整个宇宙都是你的。你可以用一个方法把这个让你不愉快的人，想象成宇宙中的一个分子，想象成沧海之一粟，这样你就把他忽略了。我是宇宙，我还在乎一个浪花的不安宁吗？这个时候我们就“定”下来了。

《大学》里面讲道“知止而后有定”，这个“知止”是什么呢？怎么样才能知止呢？就是当你找到人生的大方向之后，你就“知止”了。你看这个“止”是什么意思呢？“止”的造字就是人的脚指头，就是脚向着的方向。意味着什么呢？就是说一个人知道他这一辈子要干什么的时候，对于跟目标无关的事情，就可以忽略了。今天录我的课程，别的事情都可以忽略，例如油瓶倒了可以忽略，一切都可以忽略。为啥呢？我的这一生，目的就是“人能弘道”，我的目的就是创造性地推进传统文化，让更多的人受益，个人的一切得失都可以忽略不计，这就“定”住了。

“知止而后有定”，当一个人有一个大的志向之后，一些小的烦恼就会忽略不计。有了“定”、有了“静”之后，你的心就是安的。当一个人的心安了以后，也就有了安全感，这个人就能够获得宇宙能量的支持。获得宇宙能量支持以后，会得到一个什么样的结果呢？“虑”。“安”可以说是土的象征，你看大地是很安的，如果大地天天摇摇晃晃，我们就没有安全感，万物也无法生存。

我们观察许多小孩子，特别是现在的小孩子，他在玩耍的时候会偷偷地吃土，这个问题要深思！为什么孩子要吃土？他缺“土”。特别是我们现在住在水泥楼房里面，孩子没有机会获得“土”这种元素。过去的孩子在田野里玩儿，在田野里烧土豆，泥萝卜拿过来就吃，那上面是有土的。但现在我们把土和孩子隔绝了，孩子出去玩儿一会儿，身上沾一点儿土，妈妈就抱起来，回去就洗，看上去是爱孩子，实则把孩子害了。为啥呢？孩子没有土，他就没有安全感。你会发现今天的孩子有些焦虑、好动，一个人是五行中人，他缺了土，就没有安。我们看到在五行里面，“土”居中央，五行中央是“土”，东方是“木”，南方是“火”，西方是“金”，北方是“水”，“土”居中央。唐朝的时候建都长安，把首都叫作“长安”。为什么用“长安”呢？安就是土，“土”具有稳定性。

有了这种稳定性，有了安全感，之后就能“虑”了。“虑”对应的是“金”。你看古人拿什么做镜子？铜。拿铜做镜，能够映照，这是智慧。“虑”是智慧，它对应的是金性。关于五行里面的特点，如果说木是宁折不弯；火有温暖感，有奉献精神；说“土”有“安”的感觉，有滋养性、有生长性的话，这个“虑”它有什么样的特点呢？比较强硬。五行中“金”多的人一般性格比较强硬，当然也有战斗力，所向披靡。曾国藩带兵打仗，有一天他对部下说：“赶快带军队到那个地方埋伏敌人，因为敌人就要偷袭我们的营寨了。”部下说：“怎么可能？哨兵探子没有给我们任何信号。”他说：“你去，肯定没有问题。”部下很不服气，但要执行命令。果然敌兵就来了，战胜回来之后他就问曾国藩：“您怎么知道有敌兵要偷袭？”曾国藩告诉他：“当我静坐的时候，我似乎听到了那个地方有鸽子起飞的声音。”当他静到一定程度的时候，他连远方鸽子起飞的声音都听得见。他说如果不是大兵过境，鸽子是不会被惊飞的。有人解读“虑”为“七个心”，就是很细的、明察秋毫的功夫了。这就是“虑”。

第五个要素就是水到渠成，就是“得”。“定、静、安、虑、得”，“得”对应在五行里面是水性。老子在《道德经》里面反复地赞美水：“水善利万物而不争，处众人之所恶，故几于道。居善地，心善渊，与善仁言善信，正善治，事善能”。他反复地赞美水，“柔弱胜刚强”“江海之所以能为百谷王者，以其善下之，故能为百谷王”，他把一切美德都给了“水”。

为什么一个“水”的特性，在老子心中这么重要呢？因为“水”它来自“木、火、土、金”这样的一个修炼过程，“它”是最后一个人化到无形的一种状态。一个人修炼到水的境界，这个人基本上就是老子讲的“故几于道”，接近道了。我们都知道，水如果再升华变成水蒸气，道家讲“炼精化气，练气还神，练神还虚”。《大学》里面的“定、静、安、虑、得”这五门功夫，最后落在“得”上。而“得”它象征的就是水性。这样的一个水性要从哪里开始培养呢？从“定”性、“木”性。木性就强调端端正正地站着，我们在生活中会看到，大家看孔子塑像的状态，那就是一种无我的状态、大我的状态、谦恭的状态。

主持语：

上一节，郭文斌先生用《大学》中的“知止而后有定，定而后能静，静而后能安，安而后能虑，虑而后能得”告诉我们，只有明确生命方向才能保持生命定力，只有保持生命定力才能获得生命静力，只有获得生命静力才能让生命安足，只有让生命安足才不会妄想、妄求、妄动，不会散乱、昏沉、浮躁，能量才能充盈，智慧才能充满，“在明明德，在亲民，在止于至善”的“大学之道”才能实现。这是儒家打开生命智慧的方法，和释家讲的“不忘初心、方得始终”有异曲同工之妙。

“知止”就是“不忘初心”，“止于至善”就是“方得始终”。把这个“大初心”展开，应用在生活中，就是孔子“居之不倦，行之以忠”的为政之道，就是包拯“清心为治本，直道是身谋”的为官箴言，就是毛泽东“埋骨何须桑梓地，人生无处不青山”的豪情壮志，就是周恩来“为中华之崛起而读书”的宏大理想，就是每个人起航时的希冀与梦想、创业时的承诺与信念。而要不忘初心，到达“止于至善”的理想彼岸，就要“定、静、安、虑、得”护航。而要“定、静、安、虑、得”护航，就要时时怀揣恭敬之心。

由这一点我们就可以想到《弟子规》意义深远，它从人们很容易忽略的基本的行姿开始培养，“长者立，幼勿坐”，什么意思呢？长者站着，你也要站着。“长者坐，命乃坐”，长者给你个指令，“你可以坐了”。所以过去古典小说也好，画本也好，里面常常会讲“谢坐”。就是长者说“请坐”，然后晚辈说“谢坐”。现在谁家能听到这样的对话呢？爸爸妈妈还在那里忙乎着，还在那里站着，孩子“啪”地往沙发上一躺，二郎腿一跷。好不好呢？他的能量是处在一种随意的状态、懒散的状态。

“长者坐，命乃坐”，这里面对我们生命力的建设，到底有什么样的秘密呢？下一节课我们接着分享。

第23集

随缘本身是能量

主持语：

在上一堂课里，郭文斌先生通过《弟子规》“出则悌”部分的“骑下马，乘下车；过犹待，百步余。长者立，幼勿坐；长者坐，命乃坐”这几句训谕，结合《大学》所言“知止而后有定，定而后能静，静而后能安，安而后能虑，虑而后能得”，教导我们“不忘初心，方得始终”。而要做到“不忘初心”，首先就要具有恭敬之心。

通过郭文斌先生前面一系列的解读，我们明白了，《弟子规》全篇 1080 个字共 113 件事，包罗社会万象，言简意赅却意蕴深刻，每一句话每一个字都是做人做事的金玉良言。就如“长者坐，命乃坐”这句训谕，郭先生认为，这既能让人常怀恭敬之心，又能让人在成长之路上养成等候指令的习惯，这是一种被动性素养，却有主动性价值。

郭文斌先生为什么要这么理解呢？有人认为这种观点似

乎有些消极应世，与积极进取的人生态度格格不入。在本堂课里，郭先生将通过其独特的见解告诉我们，其实二者并不矛盾。那么，其中的奥秘究竟是什么呢？

大家好！我继续给大家分享《弟子规》“出则悌”的部分。上一节课我们讲了“长者立，幼勿坐；长者坐，命乃坐”，给大家汇报了《大学》里面讲的五种成人要素，那就是“定、静、安、虑、得”，强调了生命的行姿、生命的端庄要从站开始学起，就是要会站，要向白杨树学习。

我们看到，在生活中有一些复员军人，他们在单位里面，虽然已经脱下了军装，但他们的工作姿态和普通人略有不同，至少站姿和别人不一样，显得很精神。这就是军人训练出来的一种气质风貌。他们任何时候都比较干练、守时，具有准确性。

接下来《弟子规》讲道“长者坐，命乃坐”。好多人读到这里的时候，可能把它作为一种简单的事情就绕过去了，但是我读到这里的时候，浑身一振。大家注意“长者坐，命乃坐”，这里面有一个“命”在，这个“命”事实上是信息交换的一个指令，是能量交换的一个指令。一个孩子能够静候这个指令，对他的人生有莫大的福分。

在现实生活中有许多失足的人，就是因为长者没有“命”，他就去做了。在古文字里面，有一个非常有意思的现象，就是同音字，它们的意义往往是有联系的。比如说“坐”，“坐下”的“坐”跟“做事”的“做”是有联系的。因为一个人由站着的姿态到坐下的时候，他就已经有了一个收的感觉。能量在这个时候进行了一种天地间的交换，就变成个体的能量，输到身体里面来了，身体带有关闭的意思，带有收的意思。如果说站姿相当于春天的种和夏天的向上生长的话，那么坐已经有秋天的收和冬天的藏的意思了。

古人睡觉，他讲究安详卧。安详卧是个什么卧姿呢？右手放在右脸的下面，像弓一样睡着。这样睡有什么好处呢？把能量藏起来，供第二天之用。古人一般不建议我们仰着睡觉或者趴着睡觉，不建议左侧睡觉，他认为心脏和胃都在左侧，左侧睡觉会压着心脏压着胃，他建议的睡姿是右侧卧。坐也一样，一个人坐下来的时候，能量就处在一种藏的状态。我们看到在古印度那些人没事就在树林里一坐，不但坐，而且盘着腿坐。为什么要盘着腿坐呢？就是把能量进行一种收摄。但功夫界为什么要站着练功？因为站着练功，它跟宇宙有一种能量的畅通，它是用这种方式来让能量畅通。因为要进攻，我们需要迅速、有爆发力，所以它以站桩为主。

我们看到武术家王芗(xiāng)斋，最后把武术简化为两句话："百动不如一静，百练不如一站。"他到晚年的时候，别的招式都不练了，就在那里站一天。我曾经有一段时间因为身体不好，得了一种慢性病，用药效果不是很好，后来朋友介绍了王芗斋的站桩。刚开始感觉适应不了，但到后来就很享受。我爱人去上班的时候，我在客厅站着，等她下班回来我还站着。站得满身是汗，但是很享受。有一种什么样的感觉呢？就像这个身体不存在了。《道德经》里面一句话，我当时有一点儿那个感受，不知道对不对，"惚兮恍兮其中有象，恍兮惚兮其中有物"，恍恍惚惚的感觉，非常美好。

也就站了一两个月之后，这个慢性病就好了，我就把药扔掉了。当然我这样讲不是建议有病的人不吃药去站桩，但是我确实做了实验，这需要毅力。初期站桩时间短暂，如果放弃了就放弃了，但是坚持过来了就好了。在这里我想说的是，相对于"站"来讲，"坐"带有收摄性，"坐"让骨骼和肌肉趋于一种休息的状态，就是静养。古人说静养静养，到静养的时候了。

比如我刚开始在全国做志愿者讲课的时候,我是喜欢站着,我觉得坐着怎么讲都没感觉,即便是坐着的场合,我也要想办法站着。后来慢慢地发现那是一个阶段,现在我就不喜欢站着讲了,喜欢坐下来讲。也许是年龄的原因,也许是心境的原因,现在就喜欢坐下来慢条斯理地说,好像比站着更容易调动灵感,也许是能量到了一种收藏的阶段。讲课的内容,看过我光盘的朋友也知道,没有当年的锋芒了,比以前安静。所以说"长者坐,命乃坐",这是对于晚辈来讲,它是一个什么样的训练呢? 它是一种被动性学习。

我们现在的孩子过于主动,老师没有说他就干了,家长没有说他就干了。比如说,我们古人讲先要拜高堂再入洞房,现在好多年轻人,先入洞房再拜高堂。这样一个次序上的颠倒,对一个人的生命有什么影响?影响巨大。谈婚论嫁,这不单单是两个人的事情,而是两个家族长长的血缘链条在我们这里要进行交接了。比如说,我姓郭,我们郭家几十世,接力棒传到我这儿了,我爱人是田家几十世传到她那儿了。我们这两个接力棒到这里要进行交接了,可是我们居然没有给前面跑那么多棒的人打个招呼。

到这里我们就会发现,一个人如果没有得到指令做一件事情,给我们的伤害很大。就以结婚为例,没有得到爸爸妈妈祝福、没有得到祖先祝福的婚姻往往会出现问题。有些大学生听完这个课以后说:"郭老师,讲晚了。为啥呢? 事情已经办了。"我说没关系,没听过郭文斌的课之前犯的错误都不算,现在赶快补课。怎么补?给爸爸妈妈,给祖先说我错了,以后不再犯同样的错误,以后再不要犯。那么怪这些孩子吗?怪这些大学生吗?不怪。怪谁呢?怪郭文斌没有早早地到"海口大讲堂",没在我们海口电视台录节目。就是说我们做长辈的没有把这个道理给孩子讲清楚,还担心讲清楚之后这些大学生是否接受,没想到讲到这里掌声就起来了。当你真的带着对他的一种关心去讲道理的时候，大学生是能接受的。

主持语：

郭文斌先生根据能量交换原理启发我们，《弟子规》中“长者坐，命乃坐”这句训谕，实质上就是让人学会等待指令，这个指令既是信息交换的载体，也是能量交换的载体。有了这个载体，我们就能在人与人之间、人与物之间，乃至人与宇宙之间，实现能量交换。而每一次的能量交换，都会增益个人的生命能量。换言之，如果我们培养好了“等待指令”的习惯，就能不断地增益自己的生命能量。而要学会等待指令，就要做到《大学》开篇讲的“知止而后有定，定而后能静，静而后能安，安而后能虑，虑而后能得”。事实上，“定、静、安、虑、得”就是一个从等待指令，到能量交换，继而增益生命力的完整过程。

郭文斌先生还从“春种夏长，秋收冬藏”的自然规律从细节上启发我们“长者坐，命乃坐”也是谦德。郭先生在前面的课程中反复提到“谦卦六爻皆吉”“满招损，谦受益”的放之四海而皆准的道理。那么如何培养我们的谦德？郭先生认为，首先要从“长者立，幼勿坐；长者坐，命乃坐”等对待尊长的恭敬态度做起。那么“长者坐，命乃坐”这种等待指令的人生态度究竟是消极应世还是积极进取呢？

这个时候我们就会想到古典的教育，它是以一个人的“被动性教育”为主体的。因为我这个人是宇宙中的一员，是整体中的一员，怎么能不被动于整体呢？如果我要独立于整体，要标新立异，我很快就蒸发了。就像浪花离开大海到沙漠里面去，那就没有它了。学习被动，事实上是一个人变得主动的大前提，被动不是消极，被动也是积极。这就是老子讲的“人法地，地法天，天法道，道法自然”，就是小质量的一定要与大质量的同频共振，要适应大质量。

对应在《弟子规》里面，这就是“长者坐，命乃坐”。这个虽然讲的是一个动作，但它是“心”的修炼，它是以“坐”为例讲的，可以延伸成“长者命，幼乃吃；长者命，幼乃干；长者命，幼乃唱；长者命，幼乃穿；长者命，幼乃拿”等等。

孔子讲“举一反三”，我们说，我们讲《弟子规》是讲《弟子规》的精神。由“长者坐，命乃坐”我们要训练什么、学习什么呢？在心的成长上，我们要获得什么呢？获得被动性素养，那就是等候指令。就像军人一样，整装待发。如果没有得到指令，即便是我牺牲生命，我也不能开枪，这是军人完成他功课别无选择的方式。如果将军一声令下，我不执行，那我也失分了。这里其实跟“父母呼，应勿缓”也是呼应的。

《弟子规》中第一句我们能领悟透，后面的我们都能领悟透，它是一个人的执行力、反应力。在这里我给大家汇报：它强调的是一个人的被动性训练，就是“长者坐，命乃坐”。对应到我们的德行上，一根金条放在这儿，如果没有人给我们指令，我们是不能动的。古人讲“不与取”就是“偷”。别人没有指令，我们拿了，把这一本书从这里挪到那里，在古人看来这都算是偷的行为。为啥呢？因为我们没有得到指令就动了。

我们可以想象一下，如果一个人从小有着充分的被动性训练，将来走向工作岗位，会犯错误吗？会贪赃枉法吗？也许有人说郭文斌你这样讲，说明这个人没有创造性呀，其实被动性恰恰是创造性的基础。创造来自整体给我们的灵感。我们看到乔布斯在每一个发明之前，他都要静坐获得灵感，这就是被动性。等待指令，他是等待指令，他不是索取指令，因为灵感是索取不到的，只能等待。我在讲课的时候很有体会，哪一堂课讲什么？准备好的那个不算，就是在一个特定的场合，你要讲什么话，这是被给予的，它是一个被动性的结果。

孔子肯定是明白这一点，否则的话他不会说“信而好古，述而不作”。你还能讲过什么？你还能讲过整体性吗？三维空间，你能把四维空间的真理讲完吗？不可能。就像一个点，它是零维，多少个零维才能构成一个线，构成一个一维？多少条线才能构成一个面？你在线上做文章，从这头跑到那头，一辈子也跑不完，你怎么能把面穷尽呢？连线都穷尽不了，我怎么能把面穷尽呢？多少个面才能成为一个立体空间呢？如果生命高一维，我们穷尽一生都走不遍，何况创造？往往一些超凡的创造，来自高维信息的一种赐予。什么样的人能获得这种灵感？心量大的人、为大家着想的人、有公益心的人、不自私的人。

我在前面讲了，以钱学森家族为例，这个家族为什么出了那么多科学家？为什么有那么多创造呢？他的家训是为天下人着想，不是为自己家谋私利。在这里，我们可以知道“长者坐，命乃坐”它背后所暗含的生命力建设的要素，就是要学习的被动性。

我们看曾国藩的一生，他的《曾国藩家书》字里行间都在训练被动性。他组建湘军多不容易，但是说解散就解散。为啥呢？组建湘军是国家的需要，解散湘军也是国家的需要，他就学被动性。曾国藩如果当时主动一下，他的湘军能把太平军打败，他还怕把朝廷的军队打不败吗？但是他不这样做。为什么不这样做？他明白被动性比主动性对于他来讲更重要。所以他成为一代圣人，立功、立言、立德。如果他当时应用了主动性，就没有后人对他的景仰。我们都知道，毛主席对曾文正公敬仰有加。他就是成功地应用了被动性完成他人格大厦的圣人——立功、立德、立言。

“长者坐，命乃坐”，这是我们所看到的《弟子规》在“出则悌”部分的一个重要环节。我们知道，“出则悌”是由孝道扩展到悌道，由家庭扩展到社会的一个重要环节。一个人有没有被动性的训练，这是人生走向社会的第一步。我们常常讲入乡随俗，孔子进入太庙，先问里面的礼节，非常恭敬。

著名的“程门立雪”的故事大家都听过，宋朝的杨时有一次跟他的同学游酢（zuò）要找程颐讨教问题，没想到到了程颐的门下，程颐正在瞑坐。有人考证可能程颐正在打坐的关键时候、静坐的关键时候。这时候，杨时跟游酢两个人就立在程门之外，没想到天下大雪，等程颐瞑坐结束，往门外一看，雪已经一尺厚，杨时和游酢还在门外站着。他怎么不折回去呢？或者说进屋坐一会儿？古人就这样，因为他没有得到程颐说“请进”这个指令，他就站在那儿，回去又不甘心，因为他要“问道”。对古人来讲“问道”是第一位的，孔子讲“朝闻道，夕死可矣”。所以他们在大雪中就能够站到大雪下了一尺多深。由“程门立雪”的故事，我们可以看到古人的一种被动性训练、古人的恭敬心训练、古人的敬畏感训练、古人的规矩感训练。

主持语：

郭文斌先生告诉我们，中国古典教育注重被动性教育。古人认为人和自然宇宙是一个整体，被动性教育就是要我们遵循规律，不要妄动。宇宙有宇宙的规律，自然有自然的规律，人类社会也有人类社会的规律，依律而行，则万事万物和谐共处；不从规律，则万事万物必定混乱。从社会学的角度来说，“长者坐，命乃坐”这句训谕，也是在教导我们遵守规矩。规矩即规律，中国人常说："没有规矩，不成方圆。"守规矩，则上承天道，下合地道、人道，并能实现人与自然宇宙能量同频共振。这就是老子所言"人法地，地法天，天法道，道法自然"之真谛。我们也因此明白，"长者坐，命乃坐" 这种等待指令的人生态度，并非消极应世，而是积极进取。这与中华武术中的"收紧拳头才能有力出击"的原理相同。

郭文斌先生又从曾国藩对待湘军组建与解散的态度进一步说明，等待指令的人生态度能利国利己，并用"程门立雪"的故事启发我们，训练"等待指令"的人生态度，必须从"事虽小，勿擅为""长者坐，命乃坐"等细节开始培养我们的恭敬心和敬畏心，最终教会我们遵规守矩，这样我们的人生才能充满正能量。

杨时后来成为闽中理学的传承人，他们家后来出了十多位进士。能量高不高？很高，谦德深厚，我们在前面讲过"惟谦受福"。在福建三明一带有他的故事。这是"长者坐，命乃坐"在我们的素养、学养、修养养成方面的重要性的体现。

《弟子规》由"长者坐，命乃坐"接着讲什么呢？"长者坐，命乃坐"是被动性的一个训练环节，接下来由一个人的身姿它讲到了我们通常很容易忽略的一个方面，那就是说话。它接着讲："尊长前，声要低；低不闻，却非宜。"为什么在"尊长前，声要低"呢？而且低到什么程度呢？下一节课我们接着分享。

第24集

行稳致远在中和

主持语:

在上一堂课里,郭文斌先生根据《弟子规》“出则悌”部分的“长者立,幼勿坐;长者坐,命乃坐”这句训谕教导我们,被动性训练的重要性以及如何进行被动性训练。

本堂课,郭文斌先生将继续依据《弟子规》“出则悌”部分的“尊长前,声要低;低不闻,却非宜”等训谕告诉我们如何训练谨慎力。为什么“尊长前,声要低;低不闻,却非宜”?这就涉及中国古代一个著名的哲学命题“中庸”。

什么是“中庸”?程子的解释是:“不偏之谓中,不易之谓庸;中者,天下之正道;庸者,天下之定理。”也有人解释为“用中”。从《中庸》开篇“天命之谓性,率性之谓道,修道之谓教”来看,“中”这个“正道”,指的是宇宙的本质、生命的本质。“中庸”就是找到这个本质,应用这个本质。用郭先生通常打的比方,就是回到“第一母亲”那里。从《中庸》接着所讲的“喜怒哀乐之未发，谓之中；发而皆中节，谓之和”，可见“中”是生命处于天人合一的内在状态，“庸”是生命处于天人合一的外在状态。“中”是天人合一的形而上状态，“庸”是天人合一的形而下状态；“中”是天人合一的本然状态，“庸”是天人合一的应用状态。整个《中庸》讲的是如何实现“致中和，天地位焉，万物育焉”的和谐境界。

大家好！我们继续分享《弟子规》“出则悌”部分。上一堂课我给大家汇报了《弟子规》“出则悌”中的“长者立，幼勿坐；长者坐，命乃坐”，我们讲这是一个人的被动性训练的重要课程。在上一堂课我们留下一个话题，就是“尊长前，声要低；低不闻，却非宜”，这也是生命力构建里面的重要课程。为什么要“尊长前，声要低；低不闻，却非宜”？在这里我们讲这是一个人的谨慎力训练的部分。前面课程，我们反反复复强调“现场感”。一个人在现场的时候，也就是一个人有过“定、静、安、虑、得”的训练之后，他说话是很从容的。

我们讲《中庸》里面强调的“喜怒哀乐之未发，谓之中；发而皆中节，谓之和”，什么是“和”呢？就是做任何事情做到刚刚好。说话也一样，当我们说话说得刚刚好，不高不低、不紧不慢、从从容容的时候，我们是在现场的。而在现场感中说的话，我们有体会，就是你讲再多的话也不累。而且你的现场感程度足够高，讲着讲着，你嘴里面还会有甜甜的津液产生。我有体会，当我在现场感程度比较深的状态中讲一天课，比如从早晨九点讲到下午六点，甚至讲到晚上，中间休息一会儿，一天都不用喝水。由“尊长前，声要低；低不闻，却非宜”，我们可以想到在老师面前“声要低”。“低不闻，却非宜”，那么夫妻之间也要如此，同学之间也要如此，上下级之间也要如此，即便一个人待在屋子里也要如此。为啥？我们说话不是目的，是借助说话，完善我们的人格，要提高我们的心灵等级，这才是“宜”。我们要提高我们的能量，如果我们因为说话把能量漏掉了，那么说得再好也失败了。

我们在生活中观察到，那些不在现场感中而讲话特别多的人，他的脸色不好看，很苍白。道家的训练里面有一种功夫，就是“视而不见，听而不闻，言而不语”。什么意思？他讲话他又不在讲话，就是说他只不过是宇宙的一个工具，他是老天的一个笛子，这个笛子是由老天吹；我坐在这里，我是一个笛子，我没有我的意思，你高维空间的智慧，你借助我这个工具，你流淌就行。现在讲课我就有个体会，讲完上句，下句讲什么我不知道，来什么讲什么，没有我的意思。我就编一个程序，我是一个工具而已。

比如我讲《弟子规》，我很可能就是李毓秀先生的工具。你写《弟子规》什么意思，我就是工具。当然《弟子规》来自朱熹原始的《童蒙须知》，而朱熹的智慧来自什么？来自孔子，孔子又是“信而好古，述而不作”。那孔子的智慧来自哪里？来自整体。老子讲过一句话：“天得一以清，地得一以宁，神得一以灵，谷得一以盈，万物得一以生，侯王得一以为天下正！”这个“一”指的是什么？就是整体。老子讲“道生一”，“一”是“道”的儿子，是“道”的二次投射。换句话说“一”就是“道”。所以讲话我们要讲有用的话，没用的话不要开口。《弟子规》中说：“话说多，不如少。”生活中要尽可能地在现场感中说话。因为主体在现场，我们轻易不会说错话。一句话要出来的时候，一个念头要动的时候，主体要检验这句话、这个念头对不对。

如果没有足够的现场感，我们就拿《弟子规》做评判，符合《弟子规》精神的我们讲，不符合《弟子规》精神的我们不讲。

《弟子规》里面讲：“道人善，即是善；人知之，愈思勉。扬人恶，即是恶;疾之甚,祸且作。”我们在生活中常常会发现,许多话是说是非的,那就不讲。这个后面我们还要展开讲,我们在这里说的就是说话的语速要刚刚好,程度要刚刚好,让长者感觉到一种非常舒服的感觉。就是说要能以听清为准。但是在我们现在的生活中,有许多孩子说话,要么就很急——“啪啪啪”,要么语无伦次,要么就高声大嗓,我觉得这些都是没有《弟子规》训练的结果。一个人在这个环节上,如果缺了课,走向社会往往就会对环境造成不和谐。我们在生活中会看到有一些人,这个团队本来很和谐,但有一个人一进来,马上这个团队就乱套了。为啥?他这个人没有经过《弟子规》的训练,不懂得在合适的时候说合适的话,这就是“尊长前,声要低;低不闻,却非宜”的延伸意义。

写文章也一样,要想什么是读者最容易接受的、最欢迎的,我们不能激情过度,也不能悲观过度。按照全息理论的说法,人的声音里面有我们的全息信息。所以一个人,对自己的说话能够把控的时候,能够跟踪的时候,能够掌握的时候,那么这个人事实上,他的“定、静、安、虑、得”的功夫,也在其中。“尊长前,声要低;低不闻,却非宜。”如果声音太小,那也给人一种底气不足的感觉。

主持语:

郭文斌先生在前面的课程里提到,《弟子规》虽然言简意赅,却包罗社会万象,意蕴深刻。看似通俗简单的三字韵语句,竟蕴藏了诸多深奥的中国古代哲学命题。就如“尊长前,声要低;低不闻,却非宜”这句训谕,表面上看,是劝导我们在长辈面前说话要谨慎,声音既不能太高,也不能太低。太高,显得傲慢无礼;太低,显得过于谦卑,不自信。于是“度”的把握尤为重要。这个不高不低,不偏不倚,恰到好处的“度”,就是中国人千百年来孜孜以求的“中庸”。不要小看了“中庸”一词。“中庸”所反映的其实是一个人的德行修为。孔子在《论语·雍也》中说:“中庸之谓德也,其至矣乎。”意思是说,中庸体现的是人的道德,如果能达到中庸,就是最高的道德。

因此,中国人千百年来一直在努力追求“中庸”,中庸不是不能实现,而是很难实现。为什么?因为中庸没有量化的标准,只能靠我们自己来感悟。郭文斌先生因此认为,我们从小到大待人接物的训练,要由尊长面前推广至老师、同学、夫妻、同事,甚至一切人面前,说话都要把握好这个度,并在不断积累、不断总结、不断矫正中火候化、功夫化。那么,除了说话,还有什么能训练我们到达“中庸”的境界呢?

接下来《弟子规》讲“进必趋,退必迟;问起对,视勿移”,由“站”到“说”,接下来讲什么呢?进退。我们看到孔子到了上朝的时候,快见皇帝的时候,走得很快;但是往外走的时候,他走得很慢,这就是一种度。因为你要见人的时候,你慢了,显得傲慢,就是能量要交换的时候要快。“进必趋,退必迟”,那么离开的时候你如果走得很快,让人感觉很冷漠,热情不够,没有温度,没有人情味儿,这就是对进和退的把握。在人生的上进阶段、求学阶段、学习阶段,我们要发奋有为,要加速进行。在我们人生的后半场,就要缓缓地退下来。这就是给人一种积极性、主动性和被动性的平衡,就是进必须趋,退必须迟。如果我们把进看作一个人的奉献的话,那么退就是一个人索取的一种姿态。奉献要快,获得要迟,它们都是对应的。

接下来讲到目光,如果说“站”是身体的语言,“话”是心灵的语言，进退是我们的一种动作和速度感，那么“目光”最能折射我们的灵魂。“问起对，视勿移”，可能在这几个环节里面更关键。就是当长者向我们问问题的时候，我们要很安详地、端正地、优雅地、不卑不亢地、从容地看着对方，看着长辈，“问起对，视勿移。”我们在生活中去观察，有相当多的孩子，他不敢跟长辈对视，有一种孩子是不敢，有一种孩子是从小养成了环顾左右的习惯，他的目光的游移反映出他内心的散乱、躁动。“问起对，视勿移”，看上去是我们的一个行为、一种姿态，但它折射的是我们的心灵、我们的定力、我们的静力、我们的安力，它折射的是我们的生命力。

古人训练一个伟人、训练一个圣人，在训蒙养正阶段、打基础阶段，那可是要下功夫的。《诗经》讲，“如琢如磨”，就是说雕琢的功夫完成之后，就要磋了、要磨了。“如切如磋，如琢如磨。”切，啪啪啪，一块玉切开了之后，剩下的功夫就要打磨了。把玉磨到完美，那是一个细节一个细节、一个动作一个动作、一个眼神一个眼神地去纠正的。

孔子的六艺里面，为什么有射箭呢？我们知道一个人在射箭的时候是目不转睛的，训练的是他的定力、目力，不仅仅是为了打仗用，更多的是借助射箭来训练他内心的那一刻的定。大家瞄准目标的那一刻，心无旁骛，没有杂念，他是定、静、安的训练。如果那一刻一起杂念，就射不中靶子了。《中庸》里面讲，当我们没有射中靶子，我们不用埋怨靶子，我们要埋怨我们的内心定力不够。所谓的“行有不得，反求诸己”，就是这意思。别怪靶子、别怪箭、别怪弓，是因为我们的心动了，心不定，所以没射中。古人的一切外在训练，都是为了提升内在的质量、心的品质、人格的质量，是为了完善人格而服务的，所以他们特别在乎细节的雕琢。

老子反反复复讲：“天下难事，必作于易；天下大事，必作于细。”

“合抱之木，生于毫末；九层之台，起于垒土；千里之行，始于足下。”“故圣人不为大而能成其大。”所以圣人用功的地方，恰恰比普通人还要小之又小。小到哪里？小到从自己的念头，就是起心动念处做文章。生活中一个人把他人杀了，是要偿命的。但是对于圣人来讲，他动了杀人的念头，都要责罚自己。所以我们看到，但凡成功的人都有一个功夫——反省力！

日本有一个著名的企业家叫稻盛和夫，现在很火，我们有许多企业家都向他学习，他创造了两个世界五百强的企业。当年日航面临倒闭，首相鸠山由纪夫拿着三百亿美金找不到救命的人，这时候他想到了已经七十多岁的稻盛和夫。稻盛和夫走马上任一年时间，让日航扭亏为盈，创下了世界经济史上的奇迹。他现在创办的盛和塾，成为培养企业家的一个重要平台。稻盛和夫为什么这么成功呢？世界金融危机中，他的企业丝毫不受影响。因为稻盛和夫有著名的六项精进，就是他的六个训练功夫。这六项精进里面，其中有一项就是反省力训练，他的六项精进，第一是努力；第二是反省；第三感恩；第四利他精神；第五是乐观；第六是谦德。

我们讲的《弟子规》跟他的这些一模一样。央视记者采访稻盛和夫，问：“你是用什么创造了世界经济史的奇迹的？”他说我用的是中国的孔孟哲学。稻盛和夫非常推崇王阳明，非常推崇《了凡四训》。稻盛和夫有一个习惯，他每天工作完之后回到家里，他对着母亲的像，对他一天的工作和生活进行反省。如果他做错了事，他对着母亲的像扇自己耳光，说自己混账，怎么能做这件事情？他每天把反省作为提高他生命力的重要功课。

曾文正曾国藩就更不用说，曾国藩有个习惯，每天写日记反省自己。《了凡四训》里面介绍的袁了凡，他怎么反省？用功过格，做一件好事记一笔，做一件不好的事情记一笔，就是不放过自己。这是对自己下狠心，进行自我雕琢、自我切磋。所以我们在《弟子规》的这一部分“问起对，视勿移”，我们可以延伸出来，一个人的生命景象，就是他心灵的折射。我们从一个人的目光中，可以读到他的全部信息。曾国藩识人，其实主要是从一个人的目光里面去把握和探究他内心深处的秘密。因为目光是一个人心灵的折射。

主持语：

郭文斌先生从我们待人接物的行动速度和目光交流等细节方面分析指出：“进必趋，退必迟；问起对，视勿移。”这句训谕体现的仍然是“中庸”。“进必趋，退必迟”说明这个人身定；“问起对，视勿移”说明这个人心定。这个“定”就是《中庸》讲的“中不偏，庸不易”。不快不慢的步伐，不高不低的声音，不游不移的目光，都在体现“中不偏，庸不易”。特别是我们的目光，眼睛是心灵的窗户，当尊长与我们交流的时候，我们要安详地、端正地、优雅地、不卑不亢地、从容不迫地看着尊长。

正如《中庸》所讲：“喜怒哀乐之未发，谓之中；发而皆中节谓之和。”“进必趋，退必迟；问起对，视勿移”，即是一种“和”的状态，它来自“中”，来自生命本体的大平静、大安详。郭文斌先生指出：“中庸之道”的理论基础是天人合一，天人合一的真实含义是生命个体性和宇宙整体性高度对应。也就是“中不偏，庸不易”，即因“中”而“和”，因“和”而“中”，最终达到“致中和，天地位焉，万物育焉”的大和谐境界。

《弟子规》在这里把“出则悌”的部分落到“问起对，视勿移”，就像

第一部分孝道部分落到“事死者，如事生”一样，它到了“问起对，视勿移”，它又上升到了哲学层面，上升到了心灵层面。可见《弟子规》每一部分最终一定是把人带到心灵构建上。

那么接下来《弟子规》讲了什么呢？这一句话之后，《弟子规》接着把“出则悌”的部分推向哪里呢？下一节课我们接着分享。

第 25 集

悌道圆时爱亦圆

主持语：

在上一堂课里，郭文斌先生依据《弟子规》“出则悌”部分的“尊长前，声要低；低不闻，却非宜。进必趋，退必迟；问起对，视勿移”这几句训谕，告诉我们：要从细小的养成教育里训练我们对于“中庸之道”的感悟。

从本堂课开始，郭文斌先生将向我们讲述《弟子规》“出则悌”部分“事诸父，如事父；事诸兄，如事兄”的内容。那么“事诸父，如事父；事诸兄，如事兄”究竟向我们传达什么信息呢？郭先生认为，“事诸父，如事父；事诸兄，如事兄”实际上就是把“善事父母，善事兄弟姐妹”的内涵和外延无限地扩展。当我们能够把别人的父母当作自己的父母，把别人的兄弟姐妹当作自己的兄弟姐妹来关爱的时候，悌道就完成了。这是一种包含了人情温度和人伦温暖的大爱，这种大爱就是《中庸》开篇所讲的具有“天命”意味的“率性”境界。

大家好！上一节课我给大家分享了《弟子规》“出则悌”部分的“长者立，幼勿坐；长者坐，命乃坐。尊长前，声要低；低不闻，却非宜。进必趋，退必迟；问起对，视勿移。”

我们讲，一个人的目光是他心灵的折射。从一个人的目光里，我们可以看出一个人的心灵世界。我们一个人的行仪、一个人的身姿，在一定意义上是一个人的心灵语言。可见这些细小的养成教育，对传达一个人的心灵世界至为重要。

从这一节课开始，我们讲“出则悌”里面“事诸父，如事父；事诸兄，如事兄”。我们讲的《弟子规》“入则孝”部分到了“事死者，如事生”，把《弟子规》的“规”，把《弟子规》的行为，推向了哲学的高度。那么到了“出则悌”也是同样，到“事诸父，如事父；事诸兄，如事兄”，《弟子规》“出则悌”部分也到达了高潮。整个“出则悌”在讲如何“善事”兄长，“善事”兄弟姐妹，“善事”长者；到了“事诸父，如事父；事诸兄，如事兄”，它到达了一个把它的内涵和外延无限扩展的境地。我们也可以看出来《弟子规》悌道所指的价值方向，就是说当一个人能够把别人的父亲当作自己的父亲，把别人的哥哥当作自己的哥哥，那么悌道就完成了。可见《弟子规》是一个由小到大、由里到外、由狭隘到广阔的一个无限展开的过程。“事诸父，如事父；事诸兄，如事兄。”应细细体味它里面所包含的人情温暖、人伦温暖。《弟子规》在这样一个部分，事实上是规劝我们，心量要通过悌道扩展到后面我们将要分享的“泛爱众”的程度。

当每一个人把别人的父亲当作自己的父亲，把别人的兄妹当作自己的兄妹，我们可以想象共产主义世界就实现了。换句话说，当一个人到达了这个境界，那么他的私心已经去掉了，自我已经去掉了，他已经到达了一种大我境界。所以我们说学《弟子规》一定要学《弟子规》的精神。由“事诸父，如事父；事诸兄，如事兄”我们可以做无限的推理：那“事诸”同事呢？“事诸”其他民族呢？“事诸”其他的生命呢？都要运用这个原理。它用这样的一个代表性的意象，让我们把我们的心灵提升到一种“一”的境界。

在前面的课程里面我们讲过，“一” 就是整体性， 老子反复在讲“道生一，一生二，二生三，三生万物”。当一个人的心灵世界在“一”的境界的时候，那么这个人他就在整体的大海里面。而一个人在整体的大海里面，他就拥有整体性提供给他的生命力，他的五福“长寿、富贵、康宁、好德、善终”就有了源源不断的能量补给，这个人就能活在一种吉祥如意的境界里，活在心想事成的境界里。所以“出则悌”它的旨归是把对我们血缘意义上的兄弟姐妹的爱， 扩展到非血缘意义上的苍生，扩展到除人类之外的一切生命体，这是《弟子规》的精神所暗含的价值追求。

我们看到《礼运·大同篇》里面讲：“大道之行也，天下为公，选贤与能，讲信修睦；故人不独亲其亲，不独子其子；使老有所终，壮有所用，幼有所长，鳏、寡、孤、独、废疾者皆有所养。”这就是古人所期望实现的一种大同世界。而这样的一个大同世界怎样才能实现呢？就像十九大要求我们要加强社会美德建设，要注重社会美德的建设。家庭美德、社会公德、职业道德，最终要落到个人品德。个人品德最终要达到一种“去自我”“去自私”的境界，只有这样，社会风尚才能为之一变，大同社会才有可能实现。

《弟子规》的“出则悌”部分，它事实上是对一个人的建设力、和谐力、生命力的一个台阶性的训练过程、递进过程。最终它要让接受《弟子规》教育的人，具有为除自己之外的一切生命奉献的品格。《弟子规》的“出则悌”部分事实上跟第一部分“入则孝”达到了同样的哲学高度。当一个人真的能做到“事诸父，如事父；事诸兄，如事兄”，事实上他也做到了“事死者，如事生”。我们在前面讲过，宇宙间一切生命，它们的潜意识是永恒的，那么这个“父”、这个“兄”也包含一切可能性的生命外延。到这里我们会看到“孝”和“悌”，它们殊途同归。如果说“孝”是一棵参天大树的树根，借助于悌道的枝干，它将向有可能的空间进行适当的延伸，那么“出则悌”这一部分就圆满了。

接下来，我们把“出则悌”和“入则孝”的逻辑关系简单地做一个梳理，我们会发现在“入则孝”的部分，作者从“父母呼，应勿缓”开篇，到“事死者，如事生”结束。我们讲它是从人的反应力、行动力、执行力讲起，最后借助速度感的培养，来让他回到宇宙整体。只有一个人真的回到了宇宙整体，他在整体性的海洋里面，才能真正做到“事死者，如事生”。而“出则悌”部分，从“兄道友，弟道恭”开始讲，兄和弟是长幼关系，哥哥和弟弟的关系。从“兄道友，弟道恭”讲起，到“事诸父，如事父；事诸兄，如事兄”结束，它是通过对家庭成员爱的训练，达到让一个人具有爱社会、爱非血缘生命的一种能力和自觉，那么“出则悌”这一部分就完满了。在《弟子规》的开篇里面，我们讲到了学习《弟子规》的精神。由“入则孝”和“出则悌”这两部分，我们可以看到《弟子规》的境界深不可测。如果我们真的能够读懂、能够践行，《弟子规》的精神境界与《论语》《道德经》相当。

主持语：

我们知道狭义的“孝”是“善事父母”，狭义的“悌”是“善事兄弟姐妹”。郭文斌先生认为，如果把“孝悌”扩展到“事诸父，如事父；事诸兄，如事兄”，就是大孝大悌，就为悌道画上了圆满的句号。这就出现了两个问题:第一,为什么?第二,怎么做?

为什么要将孝悌扩展到“事诸父,如事父;事诸兄,如事兄”?郭文斌先生认为,这是中华文化整体性认知的必然结果。老子讲:“道生一,一生二,二生三,三生万物。”可见,万物来自整体。

庄子说得更直截了当:“天地与我并生,而万物与我为一。”

正因为我们和天地万物是一个整体,所以只有将孝悌扩展到所有人,乃至万事万物甚至天地宇宙,才能最大限度地与所有人,乃至万事万物,甚至天地宇宙,交换能量,从而扩充生命力总量,最终完成整体性人格。因此才有了“事诸父,如事父;事诸兄,如事兄”。

明白了“为什么”,第二个问题“怎么做”的答案也就出来了。郭文斌先生认为,再远大的目标、再宏大的主题、再美好的理想,还得从落细、落小、落实开始:那就是善事自己的父母和兄弟姐妹,然后再“老吾老以及人之老,幼吾幼以及人之幼”,最终扩展到“事诸父,如事父;事诸兄,如事兄”。如普天之下人人为之,则天下大同的理想社会必将实现。

接下来我给大家分享《弟子规》的第三部分“谨”。“谨”我们看这个字的会意,它是一个“言”和“堇(jǐn)”这两个部分组合而成。“言”不用多解释,是我们讲的话、写的字。“堇”,是一种植物。它有什么特点?如果人们受伤了,把这种植物敷在伤口上,短时期内伤口会愈合。这样的两个字放在一起造一个字,它有什么意思?它有疗愈性,同时它有短暂性,同时它有慎重的意思在里面。《说文》讲,“谨”就是慎重的意思。我们从会意就可以看出来一种象征性,说明这个“堇”带有小心的、谨慎的意思，当然也有妥善和圆满的意思。古人有一句话："修身如执玉，种德胜遗金。"就是说持守我们的身体就要像拿着玉一样小心翼翼，这就接近于"谨"这个意思。

"谨"这一篇，它从哪些养成的环节开始讲起呢？它从"朝起早，夜眠迟"讲起。为什么讲"谨"要从对待时间讲起？因为古人早就认识到，生命是由时间构成的，特别是对于我们三维空间的生命来讲，时间就是常量，它不像在四维空间可以折叠，在我们三维空间时间显得非常可贵。三维空间时间就是生命，过了一分钟，我们的生命就减少了一分钟，过了一分钟又减少一分钟，珍惜时间就是珍惜生命。所以《弟子规》在第三部分"谨"，首先从"朝起早，夜眠迟"来讲起，可见这个"谨"还有珍惜的意思。

为什么我们要"朝起早，夜眠迟"？因为生命是宝贵的。在这里还有一个重要的逻辑，要想真的做到生命"谨"这样的境界，我们就要反惰性。所以"朝起早，夜眠迟"它是反惰性的一个课程。曾国藩在他的家书里面反复地讲过早起的意义。曾国藩讲："傲为凶德，惰为衰气，二者皆败家之道。"就是说在德行里面最可怕的就是傲慢。我们在前面课程里面讲过，霍金斯的能量级用科学实验告诉我们，负能量的第一个台阶，175 级就是骄傲，大家有兴趣可以到我的《醒来》里面看，我有详细的分析。就是说骄傲它是我们负能量的第一个台阶，是灾难的兆因。曾国藩说"傲为凶德"，就是"吉凶"的"凶"，他把"傲"作为"德"里面最可怕的，所以曾国藩是很厉害的。"惰为衰气"，就是这个"惰"，它是最耗费我们生命力的。这两个是败家最厉害的两个方面，"皆败家之道"。

曾国藩给他的弟弟的信里面写道："戒惰莫如早起。"怎么样才能把"惰气"克服掉呢？最好的方法就是早起。我们能够早起，时间长了

“惰”就戒掉了。而戒傲呢？“莫如多走路，少坐轿。”他跟他的弟弟讲，一个人怎么样才能把“傲”除掉？少坐轿子，用现在的话来讲就是少坐车多走路，因为坐轿子很容易骄傲。为啥呢？坐上轿子你就有一种威风的感觉，一种颐指他人的感觉。曾国藩把早起作为治“惰”的方式，把走路、不用仆人作为治“傲”的一个方式。这在今天跟我们许多倡导非常吻合，我们要走群众路线，要为人民谋福利，为民族谋复兴，那么我们就一定要“戒惰复勤，戒傲复谦”。

古人有一副对联说：“一勤天下无难事；百忍堂中有太和。”就是说一个人如果能勤奋的话，那么这个人就没什么难事了；如果一个人能忍的话这个家就太平和气了。所以有人总结中华民族的品质，就把它概括为两个字，一个“勤”，一个“忍”。“忍”其实是和平的代名词，“勤”是奉献的代名词。就是说用奉献和和平基本上可以表达中华民族的品质。这样的两个品质对应在《周易》里面就是“厚德载物，自强不息”。“厚德载物”侧重于讲和平，“自强不息”侧重于讲勤劳，这是中华民族美德的核心、人格的核心。

《弟子规》在“谨”这一部分，如果说人们的人格成长是一棵大树的话，“孝”就是根，悌就是枝干，那么分枝的任务借助“谨”和“信”来完成，而在“谨”这一部分我们看到，首先从早起晚睡讲起。大家也许会说：“郭文斌，你在前面的课程里面说要早睡，怎么又要晚睡了？”《弟子规》里面讲的晚睡跟我们现代人的晚睡相比，不算晚。我们现在的晚是太晚了，《弟子规》里面意思是说不要天一黑就睡觉，它在这里着重的是讲早起。但我个人也有体会，原来总觉得晚上写东西容易出活儿，所以往往是晚上写作，白天睡觉，时间久了就把身体搞坏了。

近年来我就有意识地调整，有时候凌晨三四点起，有时候凌晨五六点起，总之不睡懒觉了，我感觉确实身体比以前要好一些，更重要的是我发现焦虑度降低了。这些年随着我帮助一些患有焦虑症的朋友,发现焦虑症患者有一个特点:晚上不睡觉。这些焦虑症患者的微信、QQ,深夜还在更新。要帮助焦虑症患者从焦虑和抑郁中走出来有一个方法,最简单的方法,就是多晒太阳,早睡早起,慢慢地焦虑就会缓解。但是一般人很难改过来,稍稍好一些,就又开始熬夜了。也许有些朋友说我这工作需要熬夜,工作熬夜和在那里耗时间,不是一个概念。我们在前面讲了工作熬夜用的是正念,耗时间熬夜用的是一种也不敢说是邪念,但至少是负能量的。

主持语:

上一节郭文斌先生带我们开始了《弟子规》第三部分"谨"的学习之旅。那么"谨"是什么意思呢?《弟子规》想通过"谨"这一章节告诉我们什么呢? 郭先生首先通过解释"谨"的字形字义告诉我们:"谨"是一个人的严谨力训练,是非常重要的保持生命力的内容。"谨"这一章所说的都是日常生活中的小事情、小细节,千万不能忽视了这些小事情、小细节,所谓"天下大事必作于细",一切良好的行为习惯,都是在日常小事当中养成的,这是成大事业者共有的品质。

接着郭文斌先生以曾国藩为例,告诉我们"朝起早,夜眠迟"的关键是要克服惰性。"朝起早,夜眠迟"是日常生活小事,然而能做到的人并不多。因此"谨"的修养重点是要在行动力和持久力上下功夫。而要保持行动力、持久力,就要在敬畏感上做文章。古人说"诚于中,形于外",生活当中的细小行为都是内心思想的折射,如果心里一放松,放纵自己,行为就一定失谨。古代有不少智者之所以能透过现象和局部看到本质和整体，甚至预知未来，正是来自这种诚和敬，这就是《中庸》讲的“至诚如神”。

“朝起早，夜眠迟；老易至，惜此时”，在这里，它一开篇用我们对时间的珍重，一下子把“谨”带入时空坐标轴的时间线，让我们对生命产生一种警惕。为什么呢？你看在后面，“老易至，惜此时”，那么真的“老易至”吗？也许一些小朋友说“我还很年轻”。如果说人生有一万年，那一百年真的是白驹过隙，我现在一晃已经是天命之年。我现在查资料，查一些名人的词条的时候，会先去注意他们活了多少岁，我对时间，对他们的年龄特别地关注。我查到相当多的人，几乎一半的人，都是五六十岁就告别了人世。当我意识到这一点的时候，就特别紧张，常常跟我太太讲，我说我把每一天当作最后一天过。细细想，当一个人把他的每一天当最后一天过的时候，还有什么事看不开呢？还有什么事放不下呢？还有什么从心上拿不掉呢？这一堂课，就讲到这里，下一节课，我们接着分享。

第26集

习惯成时命已成

主持语：

上一堂课，郭文斌先生以其独特的视角，生动地解读了《弟子规》第三部分“谨”的开篇“朝起早，夜眠迟；老易至，惜此时”，并以晚清名臣曾国藩为例，告诉我们这句训谕是克服惰性的必修功课。

本堂课，郭文斌先生继续就“谨”部分之“晨必盥，兼漱口；便溺回，辄净手”等训谕开导我们如何珍惜生命。“修身、齐家、治国、平天下”，是中国人孜孜以求的君子之道。其中“修身”就是要求我们内外兼修。古人所谓“诚于中，形于外”，就是要求我们要“知行相合，表里如一”。要实现这一目标，就要注重诸如“晨必盥，兼漱口；便溺回，辄净手”等生活细节，把对生命的保洁、保健上升到敬畏层面。只有如此，才能让良好的生活卫生和健康作息习惯变成自觉，为最终成为国之栋梁打下身体素质的基础。

大家好！我接着给大家分享《弟子规》第三部分“谨”。上一节课，我给大家分享了《弟子规》“谨”部分的开篇“朝起早，夜眠迟；老易至，惜此时”。我们以《曾国藩家书》为例，讲这是反惰性的一个功课。曾国藩认为“克服惰性的最好方法就是早起”。我们看到曾国藩当年也晚起，也跟晏起做过斗争。他刚定下功课，二十天里边有十几天晚起，所以他就很懊丧，但后来终于战胜了自己。他认为惰性不仅是人格的大敌，也是家道的大敌，是败家的一个习气。所以我们要想兴家，必须早起。

曾国藩常讲，看一个家的兴盛，要看他的子女能不能早起。从生机和杀机、从阳气和阴气的角度来讲，早起也容易获得生机。我们在前边的课程里边讲过，相对四季来讲，一天中，早晨三点是“立春”，“立春”的时候我们起床了，阳气在动中补。晚上九点相当于“立冬”，“立冬”的时候我们睡眠了，阴气在静中补。如果我们在该补阳气的时候不起床，在该补阴气的时候不睡觉，久而久之，阴阳就失去平衡了。阴阳失去平衡，就会损害我们的健康，人就会生病。

从“生机”和“杀机”这个角度来讲，我们看古人的许多论述，讲早晨是“生机”，到了晚上就是“杀机”。你看一到晚上马上就冷啦，为啥？太阳太阳，阳就是生机，万物生长靠太阳。太阳初升的时候，那是少阳，然后到太阳，它是一个阳气生发的时候。古人是拿宇宙来比照我们的日常生活的。

我们在做大型纪录片《记住乡愁》的时候，看到许多人家的家训里都有一条让子女早起的训谕。《弟子规》讲道：“朝起早，夜眠迟，老易至，惜此时。”因为“老易至”，所以我们要“惜此时”。在这里我们会读到非常深沉的人生之叹，人的这一生太短暂了。一个人变老是瞬间的事情，除非我们到四维空间，时间可以折叠，老人可以变成小孩儿，甚至停留在某一个年龄段，但是三维空间的逻辑，时间就是稍纵即逝。

接下来《弟子规》怎么给我们做这样一个珍惜生命的论述呢？“晨必盥，兼漱口；便溺回，辄净手。”如果说“朝起早，夜眠迟”讲的是对时间的珍惜，那么“晨必盥，兼漱口；便溺回，辄净手”讲的是对我们身体的珍惜。我在前边讲过，事物由信息系统、能量系统、物质系统构成。

第一句讲的是信息系统，在这里它强调的是物质系统。怎样才能真正保护好它呢？它以盥洗为例，告诉我们要卫生，就是现在常说的要讲卫生。你细细地体味“卫生”这两个字，讲的是什么呢？保卫生命。当你用保卫生命来解释“卫生”的时候，你会突然觉得我们平常讲的卫生有了很深的含义。怎么讲卫生呢？“晨必盥，兼漱口；便溺回，辄净手。”早晨起来干吗呢？要盥洗。洗漱之后，便溺之后，一定要洗手，就是说生命要从洁净开始。如果说第一句强调早起，那这句话强调洁净感。古人讲洁净，除了卫生这个用意之外，古人还认为，外在世界对应着内在世界；外在世界洁净了，内在世界也就洁净了。

我生活的宁夏西吉县将台堡一带，是一个回汉同居的地方，小时候回族老大爷常常给我们讲洗脸，洗三把脸是有含义的。洗脸要投射到心灵层面，我们要去除掉心灵层面上的污染。古人特别强调生命的洁净感。为什么世界上有许多地方认为到河里洗一洗，就能够让我们的精神世界变得洁净？它在一定意义上也是一个心理暗示。通过洗手、洗身来暗示我们，把心灵调到一种洁净的状态。用前边我们课程里边的内容讲就是反私心杂念，把我们的心调频到清净的状态。这就能达到老子所讲的“人能常清静，天地悉皆归”。

“晨必盥，兼漱口；便溺回，辄净手。”许多家训里面都强调这一点，《朱子治家格言》也是。“黎明即起，洒扫庭除，要内外整洁。既昏便息，关锁门户，必亲自检点。”开篇也是从洁净开始，因为环境在一定意义上可以影响我们的心灵世界。古人讲境由心造，在一定意义上来讲，心也由境造。比如说我们到了纯净的大自然，我们的心情一下就会好起来。看悲剧我们会痛哭流涕、悲痛欲绝；看喜剧，我们会开怀大笑，这就说明环境对心灵也是一个投射。孔子讲：“《诗》三百，一言以蔽之，曰：思无邪。”就是说环境它在一定意义上也在影响着我们的心灵世界，因为它是一个反投射。按照投射学的说法，你在看投射，它又是一次心灵投射，它是一种反复投射、循环投射，所以老子讲的“以德报怨”就是反投射。如果我以怨报怨，那就没完没了啦，所以我以德报怨，我就一次了结，它是反投射。

在现代社会，一个人“晨必盥，兼漱口；便溺回，辄净手”，除了是卫生习惯，它还是社交礼仪。据说王安石很有才华，但是不大讲卫生，常常上朝的时候，皇帝看到有虱子从他领口里爬出来，惹得大家哄堂大笑。回顾王安石的一生，他这种习惯对他的生命历程，也是有影响的。

这是《弟子规》讲的“谨”的第二个要素，就是说要珍重我们的身体，以借助于珍重身体来保护我们的心灵。“晨必盥，兼漱口；便溺回，辄净手。”“溺”读“niào”，不读“nì”，“便溺回，辄净手”就是指大小便之后一定要洗手，这从现代科学的角度来讲，也是非常有道理的。所以《弟子规》虽然产生于清朝，但是它具备科学精神。

主持语：

郭文斌先生以《弟子规》“谨”篇中的“晨必盥，兼漱口；便溺回，辄净手”，结合人与自然的信息互动、能量互动、物质互动关系告诉我们，这几句训谕是规劝我们要珍惜自己的身体。

《孝经》之所以说“身体发肤,受之父母,不敢毁伤,孝之始也”,也是规劝我们只有首先珍惜保护好自己的身体,才谈得上孝敬父母。而要珍惜自己的身体,就必须首先养成讲究卫生的习惯。

通常,习惯分为个人生活习惯和风俗习惯两种。“晨必盥,兼漱口;便溺回,辄净手”显然是个人生活习惯。汉代典籍《大戴礼记·保傅》写道:“少成若性,习惯之为常。”这里的“习惯”指的就是我们积久养成的生活方式。古罗马诗人奥维德说:“没有什么比习惯的力量更强大。”他的潜台词就是说,好习惯的力量助人上进,坏习惯的力量让人颓废。可见,习惯决定着我们的未来。

《弟子规》“谨”篇中的“晨必盥,兼漱口;便溺回,辄净手”这几句训谕就是教导我们从养成洁净的习惯开始,让我们从小形成对自己生命负责的自觉,由此扩展到对他人负责,对社会负责,对国家负责,对人类负责。

接下来讲的是“冠必正,纽必结;袜与履,俱紧切”。如果说“朝起早,夜眠迟”这一句讲的是对时间的珍惜,“晨必盥,兼漱口”这一句讲的是对我们这个身体的珍重,那么“冠必正,纽必结”讲的是我们对待一切为我们服务的外在,我们也要有一种珍重的感觉。“冠必正,纽必结”,借助这个珍重,能让我们的形象显得端庄、优雅、美丽,就是对服务于我们外在的一种约束。

“冠必正,纽必结。”“冠”特别在古代,它是一个人的地位、身份的象征,当然它也象征着作为生命的至尊。按照全息理论的说法,“冠”象征着老人,象征着领导,象征着向上的部分。我们常讲,我们要扣好人生的第一粒扣子。一个人的纽扣能不能扣好,说明这个人有没有端庄感,说明这个人有没有珍重感,说明这个人有没有一种仪式感。

从卫生学的角度来讲,“纽必结”也是古人对养生的强调。在今天社会,有许多人把这点忽略了。老了的时候,我们会发现许多人有风湿病,有关节炎。有些人即便没老,这些症状也出来了。是什么原因呢?风寒所致。而古人很早就发现,衣物具有保护我们生命、保护我们身体的作用。你看那些僧人,即便是夏天,也是绑着绑腿的。僧人绑着绑腿不单单是一种仪式,是个符号,也是出于养生的需要。他们知道人的脚和腿是最容易受寒的,因为寒从脚下起,所以对脚的保护超过对头的保护。身体的上半部分可以露出来,但是下面一定裹得严严实实的。

我在宾馆常看到有些人穿着拖鞋去吃早点, 那个吃早餐的餐厅里边的空调温度低得寒彻骨,我就想提醒一下,又觉着不合适。光着脚丫,这都是不懂养生。人的经络,全身的经络都通达脚部,受寒之后这是对生命一个要命的伤害。所以“冠必正,纽必结”既有很现实的、健康的要素在里面,也有礼仪在里面,更有庄重感在里面。

《弟子规》里的每一句话都是提升我们心灵境界的投射。当一个人能够把纽扣系得很整齐的时候, 这个整齐的过程就是对心灵秩序的一种建立。我记得《寻找安详》刚出版时,海南的一个大知识分子,水平很高,就《寻找安详》给我写了十几条存疑,要跟我讨论。有一次我们通话长达两个小时。他觉得有些不可思议,因为在《寻找安详》里边有相当多的内容讲的就是《弟子规》。后来当我讲到,比如说《弟子规》在后边的部分讲到“房室清,墙壁净;几案洁,笔砚正”那一部分的时候,我就跟他讲,我说当一个孩子把书本放得特别整齐的时候,他的内心是端正的。他就说:“你讲的这个有道理。”就这个问题,我们慢慢地就沟通好了。后来在讨论之后,他也慢慢地响应我的观点,也走上了践行传统文化的道路。

这些年在弘扬传统文化的过程中，我们发现最难接受，最难推进的就是知识分子。知识分子有所谓的批判精神，你讲一句他批判九句。但是这位朋友接受了，就因为这十几个问题跟他探讨，最后他总算转过弯来。现在他也学习《弟子规》，还直接帮助到了他的孩子。

《弟子规》“谨”部分用“冠必正，纽必结”来强调我们身姿的端庄感。我们现在开会的时候，往往会接到要穿正装的通知，这也是对公共秩序的一种强调。军人之所以给人一种力量感、威严感，是因为军人的服装首先是统一的，都很整齐。我们可以想象一下，检阅仪仗队的时候，如果仪仗队穿的是便装，各穿各的衣服，那是什么感觉？就没有那种庄重的感觉。服装在一定意义上是一个人气质的服务者。服装可以让一个人的气质加倍增色，可以让人的气质有感染力。

“冠必正，纽必结”，当一个人平常对衣服讲求端庄到了极致的时候，会影响到他的生命仪式感。你看子路当年，听到有人叛乱，他明明知道回去起不了什么大作用，但他还是回去了。回去就“中枪”了，在他倒下的那一刻，做了一个动作，什么样的动作呢？他把他的帽子扶正后，躺在了血泊之中。这就是儒生，在生命的最后一刻，他做的一个动作，没有像有些人那样说“我的银子呀、我的太太呀”，他最后一个动作是扶正他的帽子。这就是说我们平常的穿衣戴帽，时间久了，会影响到我们的生命仪式感，这一点很重要。

接下来讲“袜与履，俱紧切”，就是说鞋带要穿好要系紧。我们刚才也讲过，除了保健的需要，更重要的是“紧切”感。一个人把袜与履穿得有“紧切”感的时候，这个人他就有力量感。大家看到大街上有一个人穿着拖鞋行走，可能马上对这个人就失去信心；如果一个领导穿着拖鞋在台上讲话，公信力肯定会大为降低。我们看到，有一些邋遢的人，他在鞋子问题上就把信任感丢失了。

我当年参加一万米长跑的时候，对鞋子有特别的感受，你会发现那个鞋子穿得对不对、鞋带系得紧不紧，在一定意义上决定了你拿不拿得到名次。跑三千米的时候穿的钉子鞋，那一刻你就感觉到鞋子太重要了！

主持语：

上一节，郭文斌先生从《弟子规》“谨”篇中的“冠必正，纽必结，袜与履，俱紧切”这几句训谕，让我们平素要做到衣冠楚楚、端庄优雅，并成为习惯。郭先生强调，古今中外凡成大事业者，无不具有良好的着装习惯。心理学家威廉·詹姆士说：“播下一个行动，收获一种习惯；播下一种习惯，收获一种性格；播下一种性格，收获一种命运。”习惯的好坏决定性格的优劣，而性格又决定命运。

接着，郭文斌先生联系习近平总书记的教导，并根据自己的亲身经历，告诉我们如何养成良好的习惯。郭先生认为习惯可以在有目的、有计划的训练中形成，首先要从“朝起早，夜眠迟”养成规律作息的习惯，从“晨必盥，兼漱口；便溺回，辄净手”养成自我保健的习惯，从“冠必正，纽必结；袜与履，俱紧切”养成自我端严的习惯。

“袜与履，俱紧切”，这一切都在强调我们生命的严谨性。接下来还是讲衣服，“置冠服，有定位；勿乱顿，致污秽”。平常冠要戴正，纽要结紧，袜与履都要做到合适。衣服脱下来应该怎么处理呢？“置冠服，有定位；勿乱顿，致污秽”，就是说我们平常放衣服的时候是有讲究的。特别是这点，在这里有特别的话要给观众朋友们分享，因为它对一个小孩子来讲，对成人来讲，都是生命力构建的重要部分。这一堂课就讲到这里，下一节课我们接着分享。

第 27 集

秩序也是生产力

主持语：

在上一堂课里，郭文斌先生通过对《弟子规》“谨”篇中的“朝起早，夜眠迟；老易至，惜此时。晨必盥，兼漱口；便溺回，辄净手。冠必正，纽必结；袜与履，俱紧切”这几句训谕，以独特的解读方式规劝我们要养成良好的生活习惯。

那么“谨”篇接下来讲到的“置冠服，有定位；勿乱顿，致污秽”所强调的又是什么呢？郭先生认为现代社会生活节奏太快，生存压力太大。学生也同样，学习、择校、就业压力很大，这就迫使人们想方设法提高学习、生活、工作效率，人们也为此花了太多的精力，付出了太多代价。但是不少人却忽略了一个问题，那就是效率恰恰体现在秩序之中。

要想提高效率，首先就要培养秩序感。如果说前三句话强调的是对时间的珍惜，对身体的珍重，对衣物的珍爱，那么“置冠服，有定位；勿乱顿，致污秽”这一句则侧重于培养我们的秩序感。那么，如何有效地培养我们的秩序感？

大家好！我继续给大家分享《弟子规》第三部分“谨”。上一节课我跟大家分享了“谨”的前两部分，“朝起早，夜眠迟；老易至，惜此时。晨必盥，兼漱口；便溺回，辄净手。冠必正，纽必结；袜与履，俱紧切”。接下来讲到“置冠服，有定位；勿乱顿，致污秽”，这句话它强调的是什么呢？

如果说前面的三句话强调的是对时间的珍惜、对身体的珍惜珍爱、对我们的衣物的珍重珍爱，那么这句话侧重于讲秩序感。现代社会许许多多的家长都特别注意提高孩子的效率，在孩子的效率上花了太多的精力和代价，但是忽略了一个问题。什么问题？就是效率恰恰在秩序里面。所以要想提高孩子的效率，首先就要培养孩子的秩序感。而培养孩子的秩序感，在“谨”这一部分得到了强调。我们在“入则孝”和“出则悌”部分也讲到了，但是“谨”这一部分它进行了着重强调，尤其这一句“置冠服，有定位；勿乱顿，致污秽”。

我太太原来有一个问题，这也可能是因为我岳父岳母当年没有时间完成对她的养成教育，就是我太太突然间她的手机找不见了，过一会儿钥匙又找不见了。嫁到我们家之后，我们两个人就这个问题每每会搞得不愉快。我说怎么会找不到呢？我怎么没找过钥匙？我怎么没找过手机？但她总是丢三落四。后来我就不责怪她了，除了忙的原因，我发现她的养成教育没完成，她就是随意放东西。后来我们就共同克服，怎么克服呢？从“置冠服”做起。就是说外套脱下来以后，就放在一个固定的地方；进家门以后，包就放在一个固定的地方；钥匙放在包里面的一个固定的地方，养成固定的习惯。

后来我就给岳父岳母平反，我说：“我有点儿以偏概全，你看我太太她们姊妹有八个,人家怎么做得那么好?可见,也是个人问题。”经过一段时间的努力改正,现在基本矫正过来了,偶尔也会发生把钥匙落在家里进不了门的情况,但是比以前好多了。

现在我们也面临着教育孩子的问题,我就特别注重这方面的教育。晚上睡觉前把衣服脱下来,叠好放在固定的位置;袜子脱下来,放在鞋窝里面,把鞋就放在固定的位置;不然的话不让他睡觉。他提出来要看电视,看动画片,好,可以,把玩具收拾好,放在固定的位置。以后我就发现,他想对我说“爸爸,我要看电视”的时候,他会主动把玩具收好,放在固定的位置,这对于他来讲是莫大的福利,从节省生命力来讲是一个福利。

比如说,我们在许许多多偶发事件的现场,有秩序感的人幸存的可能性就大。为啥呢?他在任何时候都知道那个最妥当的做法。“置冠服,有定位”,大家请注意,在这里面它强调了两个字,一个是“定”,一个是“位”,就是找到最合适的位置,然后长期把它放在那个地方。

我们在前面反复强调,任何事物都由三要素构成:信息系统、能量系统、物质系统,对于人来讲更是如此。如果我们反复地修改程序,一会儿放在这个地方,一会放在那个地方,我们的身体里面的反应系统,它就无从响应。

我们在生活中会发现,简单的旋律容易让人入定,容易让人安详;复杂的旋律很容易让人烦躁。妈妈哄孩子入睡的时候,她会哼一首很简单柔和的旋律,比如摇篮曲,孩子很快就睡着了;如果给孩子放摇滚乐,让他睡觉试试?

这里面就有一个生命的秘密,就是说一个不断修改程序的人,往往他的生命力就降低了。就像我们的电脑一样,过一会儿装一个系统,过一会儿修改一个程序,它的执行力就会降低,就无从响应,不知道听谁的了。

由此联想到国家和民族，中华民族五千年，王朝在更替，皇帝在换，大臣在换，但是基本的信息系统没有换，就是我们的文明和文化。有什么好处？老百姓会迅速地适应、响应、接受，清朝就是这么做的。元朝就没有清朝做得好，它想改变程序，受损失的是它自己。清人入关以后马上接受了中原大地的这一套信息系统程序，就是说我用你的旧程序。民族是这样，家庭也是这样。我们看那些几百年、上千年保持生命力的家族，它的家规、家训是极其稳定的。

《记住乡愁》在拍白鹭村时，片子里有一个王太夫人，她去世的时候留下了一个遗言，就是他们家每年要积存一千石义粮，当年要把它发放完。第二年再积存，再发放。她的遗嘱被执行了两百年，可以想象执行王太夫人的遗嘱执行了两百年的这个家族有多厉害。两百年不改变一个先人的遗嘱，可谓“不忘初心，方得始终”啊！

我们总结那些长寿老人的秘诀，他们都有很规律的生活方式。所谓的规律就是“置冠服，有定位”的延伸。我们讲《弟子规》，学《弟子规》的精神，在这里它是以冠服为例在讲，“置冠服，有定位”“置书本，有定位”，就是一切东西都有对应的位置，我们都要让它有一个“定”。

主持语：

通过郭文斌先生前面几堂课的生动解读，我们可以明显地感受到《弟子规》“谨”篇的主旨，是借由生活中的一些代表性细节，规劝我们养成良好的生活习惯；“朝起早，夜眠迟”教导我们要养成规律作息；“晨必盥，兼漱口；便溺回，辄净手”是教导我们要讲究卫生；“冠必正，纽必结；袜与履，俱紧切”教导我们要端庄仪容；而“置冠服，有定位；勿乱顿，致污秽”则是借衣物的收纳养成秩序。

郭文斌先生告诉我们，秩序既是生活的健康态，也是生命的健康态。《大学》讲："物有本末，事有终始。知所先后，则近道矣。"秩序感好的孩子，知道什么是本、什么是末；什么是先、什么是后，学习、生活很有规律性，自理能力强。他们既能和环境保持和谐，又具有一定的独立精神。秩序感欠缺的孩子，则东一榔头西一棒槌，学习生活无规律，自理能力弱，对父母特别依赖。秩序感好的孩子长大后，能轻松规划自己的生活，日子过得既充实又快乐，既自信又自律；秩序感欠缺的孩子则相反。

在前面的课程里面，我们讲到"定、静、安、虑、得"，它强调的、训练的还是一个人的定力，就是人要有定位。"置冠服，有定位；勿乱顿，致污秽"，这句话讲的是什么呢？反乱，意思是不要乱。乱了之后呢？让衣服污秽了我们的心灵，我们的人格也就被污染了。下一句它仍然是从洁净上讲的。这句话让我们由衣服联想到我们的品格，要珍重，不能"勿乱顿，致污秽"，联想到我们的人格，联想到我们的声誉，也是如此。总之，它是借助于衣服这样的一个代表，来强调我们对生命的标准、要素、构成，都要有一种秩序感，都不能乱，都要有一种珍重感、珍爱感。

接着这句话，《弟子规》仍然在讲衣服，它说："衣贵洁，不贵华；上循分，下称家。"如果说前面它讲的是秩序感，那么这句话在讲什么呢？讲的是俭。老子讲："吾有三宝：一曰慈，二曰俭，三曰不敢为天下先。"这是老子讲的三个宝。在这里，《弟子规》借助衣服讲"衣贵洁，不贵华"，就是说衣服洗干净、穿整洁就行了，不在于华丽与否，不在于名牌与否，要朴素，但是首要的是要洗干净，给人洁净之感。"衣贵洁，不贵华；上循分，下称家”，就是要跟自己的身份相符，也要跟自己的家道相符。

如今我们在生活中会发现有一些孩子为了满足虚荣，不惜对自己的爸爸妈妈大打出手。我们看到许多真实的视频，爸爸妈妈本来没有那个条件，但孩子逼爸爸妈妈拿出超出家庭收入的财物来满足他的消费。曾经有一则新闻讲，有一个孩子向爸爸妈妈索要钱，爸爸妈妈不给，他居然把他爸爸的筋挑断了。这样的孩子当然是少数，但也让我们很心酸。为啥？没学《弟子规》，没践行《弟子规》，没受到《弟子规》的教育。

如果一个孩子从小受到的是“上循分，下称家”这样的教育，就不至于做出惨绝人寰的事情。《弟子规》强调的反浪费、反奢华，也就是老子讲的“吾有三宝：一曰慈，二曰俭，三曰不敢为天下先”。去奢、去骄、去泰，就是去奢华。为什么要这样做呢？只有中华民族集体做到了反奢华，我们的集体能量才能够增多，我们才能实现中国梦，才能实现中华民族复兴，跟治家是一模一样的。“成由勤俭败由奢”，这是中华民族的集体意识。所以“衣贵洁，不贵华”，它在这里强调反华丽、反奢华。

“上循分，下称家”，一定要量力而行。前些年我一直不理解，我参加一些会议，听来听去听了一个意思，就是鼓励人们消费，鼓励人们过度消费。这些年终于看到国家开始整治，一下子扭转过来了，由西方的一种经济观念，转向了中华民族的经济观念。什么观念呢？“生之者众，食之者寡；为之者疾，用之者舒”，这是《大学》里面讲的，也是我们的原始经济学。中华民族之所以能够到现在还屹立于世界民族之林，保持它的生命力，跟我们的原始经济学是有关系的。我们的经济学就是《大学》经济学“德者本也，财者末也”；就是“生之者众，食之者寡;为之者疾,用之者舒”; 就是“衣贵洁,不贵华;上循分,下称家”。你有什么样的家底,你有什么样的开支,绝对不能透支,要量力而行。这是《弟子规》“衣贵洁,不贵华;上循分,下称家”里面包含的经济学逻辑。

当一个人明白了这一点, 对提升他的生命力非常重要。我这些年,就在力所能及地践行着这句话所传达出来的精神。比如出差,我常带着两个盆,宾馆里的水是不收我钱的,但是洗脸的水、洗衣服的水,盛在盆里冲马桶用,能省一点儿就省一点儿,能节约一点儿就节约一点儿。因为我知道一个人的生命力是有限的,过早地用完了,你的五福就结束了。省下的全是自己的,省下来就是自己的长寿、富贵、康宁、好德、善终,省下来就是自己讲课的能量,做公益的能量。

讲课是需要能量的,弘扬传统文化也是要能量的。没有能量就没有人提供这个平台,没有这个缘分,缘分也是能量。怎么办呢?平常就要省着用福气。我认为曾国藩肯定是看到了这一点,所以少坐轿子,多走路。别人抬着你,看上去很舒服,消耗的是你的能量,用的是你的福气。

当年我看亚历山大找到哲学家第欧根尼之后, 第欧根尼光着身子在海滩上晒太阳,他们的一个对话,对我触动很大。第欧根尼他是个极简主义者,不要房子不要田产,连衣服他都觉得是多余的,半裸体躺在沙滩上,睡在一个木桶里面,平常以乞讨为生。

有一天他看到小孩子喝水不用杯子,他把他的杯子也扔掉了,彻底地成了一个无产者。就这么一个人,极简主义者,他的家产就一根手杖、一个斗篷,幕天席地,就这么一个人。亚历山大呢,他是一个妄想拥有世界的人,因为第欧根尼名气太大了,他想见见第欧根尼。他找到第欧根尼的时候,第欧根尼在沙滩晒太阳。亚历山大就问:“第欧根尼，请问我能为你做些什么？你看我什么都有啊，你什么都没有。”第欧根尼怎么讲呢？给他一匹马骑骑？给他一辆车开开？给他十两黄金或者是百两黄金？或者给他一个官做？都没有提。他就说了一句话：“请你让开一点点，不要把我的阳光挡住了！”就提这么一个要求。

我们可以想象亚历山大当时内心的震撼，当时他就讲：“下辈子我不做亚历山大，我要做第欧根尼。”我们在这里无意于对比亚历山大的好和第欧根尼的好，我们不做好坏的对比。我们只讲一件事，我常跟大家讲，我说我现在查资料，我会看他们的寿命，就是是否长寿。结果跟我们前面所讲的内容非常一致，亚历山大活了三十多岁，第欧根尼活了八十多岁。你看极简主义者，他的生活享受很低，但他的长寿这些指标就高得多。这印证了我这些年讲的一个观点：省下来的能量。你把物质能量节约下来，你就会拥有长寿、富贵、康宁、好德、善终。

主持语：

上一节，郭文斌先生依据《弟子规》“谨”篇中的“衣贵洁，不贵华；上循分，下称家”这句训谕，规劝我们要养成节俭的习惯。

节俭的习惯重要吗？郭文斌先生告诉我们，非常重要！他从习近平总书记的谆谆教导，讲到曾国藩的节俭作风，再讲到哲学家第欧根尼奉行的“极简主义”，目的就是告诉我们，节俭小则关乎个人命运，大则关乎国运。节俭其实与贫富并无多大关系，奢靡的生活方式好比“温水煮青蛙”，它会在不知不觉中消磨我们的意志，败坏我们的德行，消耗我们的生命力，其结果一定是给我们带来祸殃。

翻阅史书，我们可以清楚地看到，凡盛世，无不是推行勤俭之风的结果。反之，如果朝野奢靡成风，结果一定是走向衰亡。习近平总书记曾引用唐代诗人李商隐的两句诗:“历览前贤国与家，成由勤俭破由奢。”警示全党和全国人民，发出了在全国开展反对奢靡之风的号召。所以，从小养成节俭的生活习惯，不但有益自身，更能惠及家国。

第欧根尼的生活态度是极简主义，有人把它叫犬儒主义。就是他当年讲哲学常常在一个卖犬的地方，所以人们就把他叫犬儒主义者。用这样的一则案例，我想说的是，“衣贵洁，不贵华”，说到底还是生命力建设，是提高我们生命力的一个重要途径。它不单单是品格问题，更是生命力建设的问题。

好，这一堂课我们就讲到这里，下一节课我们接着给大家分享《弟子规》“谨”的其他部分。

第28集

幸福全在感受力

主持语：

在上一堂课里，郭文斌先生通过解读《弟子规》“谨”篇中的“衣贵洁，不贵华；上循分，下称家”这几句训谕，规劝我们要养成节俭的习惯，强调这既有益于良好品格的养成，更能助力生命力建设。老子讲“天道无亲，常与善人”，而节俭是大善。因为“天地与我并生，万物与我为一”，节俭本身就是对万物的珍爱。

郭文斌先生因此认为，我们节俭多少，生命力就能获得多少补偿，这是宇宙法则。明白了这个道理，理解下一句“对饮食，勿拣择；食适可，勿过则”就比较容易了。前一句讲的是对生命平等性的训练，后一句讲的是对生命适度性的训练。而平等和适度都是幸福的关键要素。

那么如何理解这两个要素和幸福的关系呢？

大家好！我继续给大家分享《弟子规》第三部分“谨”。上一节课，我给大家分享了“衣贵洁，不贵华；上循分，下称家”这个意象所承载的精神。我们讲它既是一个人品格的养成，也是生命力建设的重要方面。就是说我们要尽可能地节约生命资源。贾平凹先生讲，一个人一生吃多少大米、多少小麦是注定的。我们浪费掉了，就把我们的生命力浪费掉了。省下了，那就是我们自己的。

我们在前面的课程里讲到，在后面的课程里也会讲到，对于改变命运的人来讲，他们的大米和小麦随着他们的奉献还会增多，那就不是个定数了。《了凡四训》讲，对大善的人和大恶的人，算卦先生就算不出来了。算卦先生为什么能够算准普通的人呢？因为普通人他有一个固定的生命逻辑性，它是有规律可找的。但是大善的人和大恶的人，算卦先生的那一套就不灵验了。

《了凡四训》让我们认识到：第一，低等凡夫抗拒命运；第二，高等凡夫认命；第三，圣人改造命运。既然命运可以改造，就是说大米也不是固定的，小麦也不是固定的，你奉献得越多，它们会变得越多，也就是老子讲的“天道无亲，常与善人”。对于善人来讲，老天很可能一高兴就给他拨好多大米，所以我们在日常生活中就要尽可能地节约，省下的就是自己的生命力，就是自己的建设力，就是自己的战斗力。

我在前面的课程里讲，我个人明白这一点之后，再也不敢浪费了。即便像馍渣，掉在宾馆餐厅的地上，我也会捡起来吃掉，好像没办法下决心把它扔到垃圾箱里面。而且我现在吃自助早餐的时候，会有意识地坐到人们刚刚撤离的那个桌子上。为啥呢？客人盘子里会有许多剩饭，我会把我能吃掉的那一部分吃掉，比如说面包、油条、蔬菜、水果。所以我在盛菜和饭的时候，会少盛一些。我知道肯定有人会剩。也许有人说“多不卫生”，其实这才是真正的卫生，这叫保卫生命！我少打一份饭菜，把我的一份能量省下了；我帮他吃掉一部分剩饭，我还帮他减少了浪费，我也帮了他的忙，两全其美。

我的衣服也常常穿到不能再穿。你别看外面穿得很光鲜，这一次录节目是剧组把我武装了一下。内衣常常穿到不像个衣服的形状，背心不像背心了，短裤不像短裤了，还穿。为啥呢？舍不得扔，不忍心，但也明白一个道理：能多穿一天就是自己的能量。“衣贵洁，不贵华；上循分，下称家”，能省下来一分，这一分我们也可以捐给别人，为社会做一份贡献。

接着《弟子规》还是借助衣物讲下面的内容：“衣贵洁，不贵华；上循分，下称家。对饮食，勿拣择；食适可，勿过则。”如果说前一句讲的是我们要节约生命能量，那么这一句讲的就是生命的一种平等性训练。我们在前面的课程里面讲到霍金斯能量级，当一个人的基本心态是“都一样”的时候，这个人的生命力是普通人的1000万倍。这样的一种平等，对于这样一种“都一样”的生命姿态，从什么地方去训练？日常生活。而日常生活中最基本的莫过于吃和穿。

这里《弟子规》在“谨”这一部分接着讲道：“对饮食，勿拣择；食适可，勿过则。”前面是讲平等，后面是讲不要过度。因为一个人的烦恼、痛苦，恰恰是来自分别，来自拣择，来自我们的好恶。最明显的就体现在饮食上，我们现在百分之八十的人活在对饮食的一种欲望里。

为什么要挣钱？中国人有一句话讲得就非常明了：“千里路上做官，无非就是为了吃穿。”这句话对不对？这句话不一定是对的。千里路上做官，应该是全心全意为人民服务。这句话是民间的一句俚语，它折射出来一种什么样的心理？就是人们对饮食的一种欲望太强烈了。老子讲：“五味令人口爽，驰骋畋猎令人心发狂。”人为什么会驰骋畋猎？想吃美味，所以这个结果让人心发狂。而一个人假如说对于饮食没有拣择的话，它会实现一个什么样的人生目标呢？当一个人不拣择食物的时候，这个人的幸福感就提高了。

比如这几天录节目，大家觉得我每天录十几集的话，体能可能跟不上，所以剧组的朋友们就特别关心我，给我提供了许多方便，我特别感谢。但是在日常生活中，我的饮食是非常简单的，常常一个面包就一餐，一个红薯就一餐，而且很满足。

我在《〈弟子规〉到底说什么》这一本书里面讲到，当一个人在现场感中进食，把我们的味觉保护好的时候，喝白开水、吃大米或白面馒头，都会尝到别人在山珍海味中尝不到的美味。为啥呢？让我们享受的是我们的味觉，是我们的感受力，而不是享受的对象。我们常常有这样的体会，心情好吃什么都香。心情不好，让你吃什么你都觉得吃不出味道。所以让我们享受的是我们感受力的敏感度。我们感受力的敏感度怎么样才能提高呢？恰恰是要从日常生活中的厚味解放出来。

主持语：

刚才，郭文斌先生告诉我们：《弟子规》“谨”篇中“对饮食，勿拣择；食适可，勿过则”这句训谕表层的意思是规劝我们要养成不挑食、不过食的习惯，前者是为了保障我们营养摄取的平衡，后者是为了避免过度饮食而伤身；深层的意思则是训练我们的平等性和适度性，将其上升到哲学层面。郭文斌先生认为，人的烦恼和痛苦来自分别之心，表现在具体生活中最明显的就是偏食。从造成偏食的心理动因，我们可以由此及彼，举一反三地联想到对学习的偏科、对亲人的偏心、对人言的偏信、对是非的偏见、对错误的偏袒，乃至于治国理政过程中的亲疏偏用、礼法偏废等等。

郭文斌先生由此告诉我们：通过不偏食这件事可以看到不偏见这个心。而当一个人不偏见的时候，他的幸福感就提高了，公正心就升起来了。因此“对饮食，勿拣择”既让我们养成平等心，又让我们养成公正心。那么“食适可，勿过则”这句话又蕴含了什么深层的道理呢？

现在有一种零食，把一些孩子可害惨了。我常常会观察到在学校门口，这几年好一些，前几年学生一放学都奔向一个小卖铺或者一些小吃摊，买一种叫麻辣片的东西，哇，吃得可香了。大家可不要小看这个现象，因为商贩为了诱惑这些孩子就不断地增加添加剂。当一个孩子吃了这个东西之后，回去再吃妈妈做的饭就没味道了，都不愿意吃了。

五味令人口爽，而这个东西吃得时间长了之后，我们的味觉就被摧毁了，我们就要不断地增加麻辣的程度，才能体会到饮食带给我们的快感。这说明什么问题呢？没有践行《弟子规》里面讲的“对饮食，勿拣择”这一条，没有学，没人讲，没人教。从小他的味觉不断地被强化，强化到最后，这种人平常的日子就过不惯了，他就要过一种有刺激感的生活，那么动荡、不安宁的生活就随之而来。

心理学家俞智宏先生讲过一个很有意思的事情，他说一个小孩子一天玩十种玩具，跟一个小孩子把一个玩具玩十遍，决定了两种人生。如果一个小孩子把一个玩具玩十遍，他怎么玩呢？玩着玩着没兴趣了，他要换一个方向、换一个角度玩；玩着玩着没兴趣了，他要换一个角度玩，所以他会从一个物件上开发出无限的兴趣点。但是如果一个孩子手上有十个玩具可玩，玩着玩着没兴趣了，换一个，玩着玩着没兴趣了，换一个。长大之后他对待事物、对待幸福、对待家庭成员、对待工作，他的思维就是换一个的思维，不好了就换，不好了就换。

我们对比一下，我们看到古人对待他们的日常生活，那是一种修补逻辑、维修逻辑。我小的时候，记得碗破了都有修碗的人，锅破了有修锅的人，缸破了有修缸的人，现在人用完就扔。他不是一种再使用的思维，他的思维是换的思维，换句话说是变的思维。

在这里“对饮食，勿拣择”就是幸福学的秘密。当我们对任何对象都能够以平等的姿态面对的时候，我们的焦虑就降低了，烦恼就降低了，幸福感就提高了。按照霍金斯能量级来讲，我们的生命力也就提高了。

当一个人对一切外在对象都能够平等视之的时候，就像孔子讲的“吾道一以贯之”的时候，这个人的能量在 600 级，600 级的生命力水平、效率水平、幸福感是普通人的 1000 万倍。所以《弟子规》在这里藏着幸福的密码。

我们生活中的一些痛苦、焦虑都是由争夺来的，而争夺的原因是什么？因为我们有好和恶的分别。要好的，不要不好的，所以就有了争夺。世界上为什么有这么多的战争？就是由一个逻辑造成的。什么样的逻辑？占有逻辑。为什么要占有？因为认为那个东西好。我们有些学者批判老子，说老子是一种小国寡民的思想，其实是误解了老子。

老子的“鸡犬之声相闻，老死不相往来”，讲的是与“对饮食，勿拣择”相同的逻辑。什么意思？我这个村和那个村一样的，我对这种生活方式跟你那种生活方式，我用平等的概念视之。就是说在中国跟在其他国家生活是一样的，我就不用舍近求远，我就不用去占有，不用去掠夺。所以他是从一个人强大的生命本体的自信来讲的。所以我一直在讲，老子讲的是无为境界，是“道”的境界，甚至超过了“善”的境界，只有到那个层面我们才能理解他，但他说人大可不必那么辛苦。

这样的人一定是从小受过“对饮食，勿拣择”的训练，就像第欧根尼，躺在桶里跟住在高楼大厦一样，穿着斗篷跟穿着西装一样，吃着乞讨来的食物跟吃山珍海味一样，对他来讲这些都一样。他“勿拣择”，却享受着生命本质百分之百的圆满和自足。

接着“对饮食，勿拣择”，《弟子规》讲道“食适可，勿过则，”这里在强调“度”。《中庸》里面讲，“喜怒哀乐之未发，谓之中；发而皆中节，谓之和”。如果说“对饮食，勿拣择”对应的是“中”，那么“食适可，勿过则”对应的就是“和”。就是吃得刚刚好。这个“刚刚好”，我个人的体会是不好把握的，我在《〈弟子规〉到底说什么》这本书里讲到六个原则，我把它归到“一半原则”里面。就是说如果你不好把握的时候，你吃到一半的时候把筷子停下，对肠胃来讲是刚刚好，否则肯定会吃撑。这是“一半原则”。如果没办法中庸，没办法把握中庸之道的话，就用一半，用量来制约。

我现在吃饭的时候，就跟我爱人说，盛饭就一次到位，就盛在小碗里。如果盛在大碗里面，让我最后留下一半，第一不好处理，第二很可能忍不住我就吃完了。你会发现，特别是晚饭，吃到一半，刚刚好，睡得也香甜，胃也是很舒服，要是吃多了肯定睡不好。在这里它强调了一个度，对于饭量的把握，事实上不仅仅是吃饭适用。

我们讲，学《弟子规》是学《弟子规》的精神，在这里我们学到什么样的精神呢？任何时候我们都要做到妥善。就是刚刚好，话说得刚刚好，体力用得刚刚好，挣钱挣得刚刚好，享受享得刚刚好，一切都适中。古人认为，“错”和“过”是两个概念。说错过、错过，“错”就像这两个手错开了，没对上。“过”，才是真正的错，就是过了就错了。

"过",你看古人组词的时候,过失,过了就失掉了。我们再看这个"过",在正体字里面,"過"和"祸"看上去差不多,很接近。"过"是走过了,"祸",是过带来的后果,所以过了就是祸。

《周易》的"谦卦"为什么全吉?谦卦就是防"过"的。《了凡四训》里面著名的六想,就是防"过"的,"即命当荣显,常作落寞想;即时当顺利,常作拂逆想;即眼前足食,常做贫窭想;即人相爱敬,常做恐惧想;即家世望重,常作卑下想;即学问颇优,常作浅陋想",就是平衡你的"过",任何时候都要把我们的生命力保持在"中"的状态,只有"中"才有"和"。最好的一种状态就是待在"面缸"里不出去,那是"中"的状态,"喜怒哀乐之未发,谓之中;发而皆中节,谓之和"。我们不可能不喜怒哀乐,那么怎么办呢? 不要"过"。古人喝酒,酒杯上面有一个"止酒"。什么意思呢? 喝到一半的时候,这个"止酒"就顶到鼻梁这个位置。什么意思? 让你不会喝多。为啥呢? 你一扬杯就顶到鼻梁这个地方,提醒你喝一点点就行,不像我们现在喝酒说干杯,这就是"过"。

主持语:

上一节,郭文斌先生从《弟子规》"谨"篇中的"对饮食,勿拣择"讲到"食适可,勿过则"。他认为,前一句表层意思是规劝我们不挑食,保障营养均衡;深层的意思是训练我们的平等性。后一句表层的意思是规劝我们不过食,以免伤身;深层的意思是训练我们的适度性。《中庸》有云:"喜怒哀乐之未发,谓之中;发而皆中节,谓之和。"引申到饮食上,"勿拣择"对应的是"中","勿过则"对应的是"和",以此教导我们饮食要适中,千万别过量,过量则伤身,这就是适度性。适度性训练好了,不但能保护我们的身体,更能消弭我们的贪心。

郭文斌先生由此指出，当我们做到不偏食不过食的时候，舒适感和幸福感就提高了。当我们从小养成不贪心的习惯，长大了就不会因为贪心犯错误。“民以食为天”，饮食是我们维持生命必需的元素，但过分挑拣和过度饮食，则将走向反面。可见，饮食里面有乾坤，一粥一饭皆学问。

我们在开篇讲过，中华文化它的价值观里有和谐。而和谐怎么样来体现？怎么样能够维护和谐？就在防“过”里面。《弟子规》中“对饮食，勿拣择；食适可，勿过则”这一句话就无比重要。

这一堂课我们就讲到这里，对它的延伸意义，如何防“过”，如何保持“中道”？下一节课我们接着分享。

第 29 集

饮食之中藏大道

主持语：

在上一堂课里，郭文斌先生通过《弟子规》“谨”篇中的“对饮食，勿拣择；食适可，勿过则”这句训谕教导我们，如果能够做到不挑食、不过食，就能很好地训练我们的平等性和适度性。如果我们训练好了平等性和适度性，不但能从饮食中享受到食物带给我们的快乐，更能通过平等性和适度性的训练，去除我们的偏心、偏见和贪心，我们的幸福感因此会得到有力的提升。

郭文斌先生认为，“对饮食，勿拣择；食适可，勿过则”这句看似简单的训谕，却蕴含了“天地与我并生，万物与我为一”的宇宙整体观和“喜怒哀乐之未发，谓之中；发而皆中节，谓之和”的中庸之道等诸多深奥的人生哲理，包含了非常重要的幸福学原理。

在本堂课里，郭文斌先生将就“对饮食，勿拣择；食适可，勿过则”这句训谕进一步引申推广，揭示更多的人生哲理。

大家好！我继续给大家分享《弟子规》的第三部分“谨”。上一节课我给大家分享了“对饮食，勿拣择；食适可，勿过则”。我们讲，如果能够做到“对饮食，勿拣择”，我们的幸福感会大大地提高。因为人的痛苦来自取舍，想得到好的，想摒弃不好的，这种取舍和选择让人痛苦。

我在前面的课程里讲到，当一个人的基本心态是“都一样”的时候，这个人的焦虑就没有了，烦恼就没有了。比如说坐在这里，一眼看下去，下面的女生长得都一样，那么男孩子的焦虑就没有了。为啥呢？都一样嘛，大家先挑，挑完剩下最后一个也都一样。

共产主义能不能实现？一定能够实现。什么时候才能够实现呢？当每一个人的基本心态是“都一样”的时候就实现了。要让每一个人的素养，基本上达到一种“让”的境界，它就实现了。从这个意义上来讲，“食适可，勿过则”，特别是上一句“对饮食，勿拣择”，就尤为重要。

我们一直在讲，学《弟子规》要学《弟子规》的精神，上面这一句它不单单讲吃饭，而是说做任何事情都要刚刚好。甜食好，但吃过度了就变成伤害；快乐好，但快乐过度了就变成伤害；激情好，但激情过度了就变成伤害。甚至当爱过度了，也会变成伤害。我们在生活中会发现，恨最深一定是因为爱太深。陌生人我们不可能非常恨他，我们最恨的人往往是我们曾经最爱的人。

老子讲：“唯之与阿，善之与恶。”事实上老子在《道德经》里面就讲道：“有无相生，难易相成；长短相形，高下相倾；音声相和，前后相随。”可见在老子眼中，这个世界是辩证的。

在这里，《弟子规》讲“食适可，勿过则”。“适可”到什么程度呢？不伤我们的身体为好。我们对应到对物质世界的态度也是如此。我们要不要发财呢？要不要赚钱呢？要。赚到什么程度呢？刚刚好。刚刚好是个怎么样好呢？不好把握。这在古代社会就有一些硬性的规定。比如有些特殊的团队，它就要求把百分之二十的收入捐赠给社会，用一定的比例来强行地要求，因为一般的人掌握不好那个刚刚好。在《〈弟子规〉到底说什么》这本书里面我讲到，如果我们把握不好这个原则怎么办呢？就用“一半原则”。孔子当年怎么处理这个问题的呢？他用中道，用中庸之道来处理这样一个问题。他赞美大舜“执其两端，用其中于民”，大舜给我们做出了治理的典范。

我们在现实中会看到，有像我前面课程里面讲的第欧根尼这样的极简主义者，什么财产也不要，衣物也不要，像动物一样生活在大地上。他的同学就嘲笑他，你跟动物有什么区别？他的同学提倡过一种什么样的生活呢？“我想使用物质，但我不被物质奴役。”但是第欧根尼说，谁能做到享受物质还不被物质所奴役？所以曾国藩说怎么样才能够“戒傲”呢？曾国藩说“少坐轿子多走路”，但是轿子坐惯了就放不下了。

我有一个体会，比如说原来单位有公车的时候，出门有车接送。突然用车制度改了，没有车子坐了，要打的，一下子就会有失落感，那么这个过程需要适应。我的一个老上级给我讲了一件事情，他是一个正厅级的官员，退休以后单位把他的工资档案转到人社部门，填身份的时候，他说：“我填什么呢？”人家说填普通市民。他自己给我讲，他一下子就受不了了，他当时就感觉：怎么一下子就成了一个普通市民了呢？我平常是被多少人尊重的领导干部啊。这位老领导这些年跟我们一块儿学传统文化尚且都有这种感觉，如果不学传统文化，他的这种落差肯定是更强烈。所以极简主义者认为，物质一旦你用惯了，你想放下就很难了。就像名牌穿惯了，一下子换成一件普通的衣服，一般人做不到。山珍海味吃惯了,一下子要换成简餐也做不到。

在这里《弟子规》用“食适可,勿过则”讲了一个非常重要的幸福学原理。在养成教育里面,我们一开始就要把我们的欲望保持在一个恰好的状态。“食色性,人之欲也”,我们要完全把欲望像极简主义者那样拿掉那是不可能的。一般人要做第欧根尼,是做不来的。光着身子在大街上生活,用双手吃饭,过乞讨的生活,谁能做到?做不到。所以我们儒家、我们的祖先给我们留下来的一个方法论就是走中庸之道,既不需要去过穷兮兮的日子,也绝对不能被物质所奴役,就是走中道。

当然这句话里面有一个很重要的字叫过(過),大家看那个“過”字,它是一个走之旁,里面一个“咼”。那个“咼”,有四个读音,在“過”这个会意字里面它读 wei。什么意思呢?我们的鼻子是斜的,但它旨意是什么呢?就是说不正了,倾斜了。它跟走之旁结合呢?就表示我们做过头了。“错”是两个手错过了;“过”是两个手举过头了,就是越过了那个最好的点,这叫“过”。一个人怎样才能够把自己的生命力提高?怎样能够让我们的幸福感提高?怎样才能够有安全感?不要过(過)。

交通规则其实就是止过的。动车的速度之所以是传统火车速度的好多倍,除了动力系统不一样,还有一个重要原因,就是它的两个轨道很厉害。我们也知道卫星送到太空中的时候,它一定有一个轨道,那个轨道就是让它止过的。一个人要想获得幸福感、安全感,他就要止过,这个“止”就是《大学》里面讲的“知止而后有定,定而后能静,静而后能安,安而后能虑”的那个“止”。

孟子讲:“离娄之明,公输子之巧,不以规矩不能成方圆。”离娄他的眼神很好很有智慧。公输子技术很好,但是他们技术再好,如果不用圆规，不用曲尺，也画不出来最圆的圆。大画家也不会一下子把圆画得像圆规画的一样圆。在这个时候，规矩就显得很重要。“师旷之聪，不以六律，不能正五音”，讲的就是这个道理。

主持语：

中国古人很早就认识到依道而行，诸事顺意；悖道而为，祸咎相随。因为“道”是规律。郭文斌先生结合《道德经》《大学》等古籍告诉我们，《弟子规》“谨”篇中的“食适可，勿过则”是饮食之道。吃不饱会饿坏身体，吃得太饱会撑坏身体，吃得“刚刚好”就合乎饮食之道。这个“道”，就是“喜怒哀乐之未发，谓之中；发而皆中节，谓之和”的中庸之道。由饮食推广到财富的拥有和物质的享受，郭文斌先生认为都应该遵循“适可勿过”的中庸之道，这样就能达到能量平衡、阴阳相济，安享福寿绵长的幸福人生。

比尔·盖茨等富豪捐出自己大部分财富，就是典型的中庸实践，是“适可勿过”素养在生命更高层面上的诗性发挥。以此类推，倡导公益、奖励慈善、引导共享，包括个人所得税的征收，也是国家层面对中庸之道的应用。因此，“食适可，勿过则”旨在培养孩子“适可勿过”的中道品质和中庸人格。

《弟子规》以饮食为例，讲生活用度、欲望世界和精神世界的一种平衡性，这就是《中庸》里面讲的“喜怒哀乐之未发，谓之中；发而皆中节，谓之和”，这个“过”我们知道它是歪了斜了，那么它的反义词就是“正”。我们看到在《大学》里面讲道：“有所忿懥(fèn zhì)，则不得其正；有所恐惧，则不得其正；有所好乐，则不得其正；有所忧患，则不得其正。”就是说“忿懥、恐惧、忧患、好乐”都是让我们“过”的。

最好的一种生命状态是什么样的呢？快乐得刚刚好，悲伤得刚刚好。如果快乐得刚刚好，悲伤得刚刚好，忧思得刚刚好，就不会有青少年因为失恋得相思病。记得上大学的时候，班里面有三四个男生同时住院了。咋回事呢？都是一个女生惹的祸，让他们神经衰弱，这就是思过度了。《大学》里面就讲到，我们要把生命状态调整到一种“正”的状态。

“正”，大家看这个字怎么写呢？止于一叫“正”，上面一个“一”，下面一个“止”，就是止到一上就是“正”。“一”是个什么呢？有多种解释。老子对“一”的解释应该是比较高妙的，他说：“道生一，一生二，二生三，三生万物。”所以这个“一”就是整体性，就是“道”。老子讲：“天得一以清，地得一以宁；神得一以灵，谷得一以盈；万物得一以生，侯王得一以为天下正。”就是说这个“一”不管谁得到，都会获得巨大的生命力支撑力。相反，得不到这个“一”，那么任何事物它的生命力都无法得到保持。

在这里，《弟子规》虽然没有像《道德经》《中庸》讲得这么理论化，但它来自这种理论，那就是“食适可，勿过则”。对应到国家的治理、治国理政，前些年我们就有些“过”了。我们的发展，以环境的污染为代价，以人心的败坏为代价了，出现了许多社会问题和矛盾，为此党和国家迅速做出了调整。这几年我们看到治理方向逐渐地回到了一种“食适可，勿过则”的轨道上，回到中道上了。

精神和物质平衡发展，就是我们现在讲的五个总体布局、四个战略布局全面发展，我们不能以牺牲自然生态和心灵生态为代价去发展经济，否则将得不偿失。《弟子规》在这里借助“食适可，勿过则”给我们开出来的一个重要的药方。我们怎么样才能止这个过呢？

我在生活中有一个发现，一个人如果特别胖，有多种原因，但其中有一个原因是这个人一定是在不停地吃东西。一个人不断地吃东西的原因是什么？你细细去思考，这个人不断地吃东西，估计他的精神营养里面缺了一块，他是用不断地吃来补偿这种精神的缺失。

大家想想，如果你特别开心的时候，你一般不会特别饿。当你特别焦虑的时候、当对事情拿不定主意的时候，当你焦虑的时候，你就特别想吃东西，想吃巧克力，想吃甜食。为什么呢？这个时候，人一焦虑，内心就会产生一种巨大的坑洞，就诱使我们用食物来填充这一坑洞。

我们要怎么样才能从根本上解决“食适可，勿过则”的问题呢？要让人们内心获得安详。当一个人的内心特别安详的时候，他对外在的世界，对外在的食物，对外在的一切，兴趣就慢慢降下来了。前面的课程里面，我们讲过“精足不思欲，气足不思食，神足不思眠”，就是说当一个人的气很足的时候，他是想不起来吃东西的，因为吃的东西最终它要气化，从而变成我们的生命力。要从根本上解决“食适可，勿过则”的问题，就要让他找到安详，活在现场感里。

我曾经分享过一个吃饭的方法，可以用同样的享受而少吃饭，给肠胃减少负担。人吃饭，在一定意义上是满足舌头的欲望、咀嚼的欲望。既然是满足咀嚼的欲望，我们有一个方法，什么方法呢？平常我们把饭菜吃到嘴里，嚼，可能两三下就咽下去了，现在我嚼它二十下，你会发现咀嚼的时间延长了，吃饭的时间就延长了，但你给肠胃的负担不重。我把这个方法告诉给一些朋友，他们一用确实很好用，就在吃饭的过程中多咀嚼，一口馒头放在嘴里面嚼了又嚼，嚼到什么程度呢？古人的说法叫“吃粥喝饭”。什么意思呢？把粥当饭一样咀嚼，把饭嚼得像粥一样再往下咽。这样，我们的欲望得到满足了，也不至于进食太多。

大家都知道，蛋白质进食得太多，事实上对身体会造成负担，而不是补充，因为我们整个消化系统要把这些食物消化掉需要能量。打扫房间很辛苦，需要给打扫房间的人钱，而我们的肠胃，消化我们吃下去那些东西同样很辛苦。所以我们的舌头说“吃吃吃”，肠胃说“饶过我吧，饶过我吧”，只不过我们听不见罢了。

现在我们看到有些人年纪轻轻就得了肠癌、胃癌，消化系统出了问题，糖尿病也在年轻化。居然有一些初中生、高中生查出来糖尿病，这在过去是不可想象的。什么原因呢？大家看一看现在的孩子吃的食物就知道了。有一次，我路过一个学校门口，看到有不少孩子拿着烧鸡进学校，你想他的肠胃是多么娇嫩，那种油腻的东西，孩子的肠胃要把它清理完，需要多长时间，这个不需要我们多讲。你看油腻的碗筷清洗都很难，何况肠胃。在这里《弟子规》它既是卫生学，也是精神学，也是心理学。我们海口大讲堂录过柴××老师讲的《道德经》，大家可以看看，老子的一生，其实倡导的就是一种极简主义生活，也是一种健康的生活。我个人觉得非常好，大家有机会可以看看。

从这个意义上来讲，《弟子规》在“谨”这一部分讲的是幸福学原理和安全感原理。我们走中道，生命才是安全的。大家看“中”字怎么写？一个方框中间一条线，穿下去了。按有些人的解释，这个线就是贯通天地的一条线，这个线对应到人的身体里面就是人的中脉。

有一次，一个中医学的会议邀请我去发个言，我说我不是大夫，我没有权利去，没有资格发言。邀请者说：“你来吧，你的《寻找安详》这些年好多焦虑症患者看了以后都好了，你有发言权。”我就去了。因为是一个中医的研讨会，我要怎么讲中医呢？临上场之前来了灵感，一个观点出来了，结果一讲大家都认可。什么观点呢？我说“中”本身就是医啊，“中”是不上、不下、不左、不右、不前、不后、不内、不外，就是刚刚好，中医讲的我们的阴阳二气在“中”的这种状态，这个人的阴阳二气就是平衡的，人是不会生病的。一个人生病一定是阴阳失衡，阴阳失衡就不是“中”。所以一个人保持一种“中”的状态本身就有免疫力，就有健康力，就有建设力。

主持语：

上一节，郭文斌先生继续就《弟子规》“谨”篇中的“食适可，勿过则”进行深层解读。郭先生认为除了财富的积累和物质的拥有都应该遵循“适可勿过”的中庸之道外，情感抒发和情绪发泄也应如此，既不可缺，更不可过。

《大学》所言，“喜怒哀乐之未发，谓之中；发而皆中节，谓之和”，包括“有所忿懥则不得其正，有所恐惧则不得其正，有所好乐则不得其正，有所忧患则不得其正”，讲的就是感情世界必须遵循的“道”，就是“中庸之道”。郭文斌先生认为，从财富的拥有、物质的享受，乃至情感的抒发、情绪的发泄，足见一个人对欲望的把握水平。要想让我们的人生幸福快乐，就必须回到“食适可，勿过则”的轨道，遵循中庸之道，活在现场感中。

接下来《弟子规》中讲什么呢？它说“年方少，勿饮酒，饮酒醉，最为丑”，在“食适可，勿过则”后面，为什么要重点讲“年方少，勿饮酒，饮酒醉，最为丑”呢？因为饮酒对一个人的伤害太大了。大家可能都知道，当年李白喝醉酒，脚一伸，让高力士脱鞋子，把高力士得罪了，后来高力士就在他写杨贵妃的诗里面找茬，陷害他，让他吃了大亏。

饮酒对一个人的伤害太大了，这两天大家都在说，有一位著名主持人因为醉驾被刑拘。那么受欢迎的一个主持人，因为酒驾就影响、破坏了他的形象。我有一个好朋友喝醉酒之后，可让家人吃到了苦头。他喝到很晚了才回家,敲门,太太不开,因为很生气,生气他回来太晚了。他就咚咚咚拿脚踹,太太把门打开,他又不进门。他把门拉着又锁上,然后咚咚咚又敲;过一会儿太太开门,他还不进门,他又关上又敲。太太最后没有办法了,就只能报警。

古人对待酒跟我们今天不一样,酒在古代不是用来喝的。干吗的大家知道吗?你看酒的会意:三点水,一个酋长的酋。什么意思呢?只有酋长家里面才能放酒。这意味着酒是用来干吗的呢?酒是用来祭祀的,就是说在祭祀的时候人们才把酒拿出来。今天我们把酒的用途搞错了,为什么用途搞错了呢? 下一节课,我们接着分享。

第30集

酒过伤身又败德

主持语：

上一堂课的结尾部分，郭文斌先生由《弟子规》“谨”篇中的“食适可，勿过则”讲到了“年方少，勿饮酒”，从食礼过渡到酒礼。那么《弟子规》为什么要劝诫“年方少，勿饮酒”呢？答案是“饮酒醉，最为丑”。实际上，喝酒的弊端，远不是一个“丑”字就能概括得了的。郭先生认为，酒，不但青少年不能喝，成年人也应该少喝，最好不喝。

在本堂课里，郭文斌先生将通过古籍所载、医学所记以及古今因酒伤身殒命甚至亡国的案例，警示我们喝酒的危害，并以《弟子规》中“年方少，勿饮酒；饮酒醉，最为丑”这句训谕告诫我们，青少年更不可饮酒。

大家好！我接着给大家分享《弟子规》“谨”这一部分。上一堂课，我给大家讲到“年方少，勿饮酒；饮酒醉，最为丑”。酒，在古代它的用途和今天不一样。古代的酒,我们从它的会意里面可以看出来,它只能是存放在酋长家。酋长为什么能拥有酒呢？因为酋长要主持祭祀,酒是用来作祭品的。为什么要用酒做祭品呢？古人发现人一喝酒,死了,过一会儿又活过来了。古人认为酒可能通天。所以古人在祭祀的时候要用酒、酒樽,表达一种什么意思呢？通天、通地、通人。

但是我们现在把通天、通地的东西拿来干什么呢？通肠通胃了。而且每一次都要喝醉,不醉觉得不够友谊,这实际上犯了一个很大的过失。第一,我们把酒的用途搞错了。我们想象一下,它是多大的浪费,一瓶酒酿出来需要多少粮食呀。我们也很清楚,现在世界上还有多少人没饭吃,挣扎在饥饿线上。可是,我们却把那么宝贵的粮食酿成酒而供人们娱乐。酒喝多了就会造成酒精肝，我跟一些大夫交流过,如果全民能做到戒酒,肝癌、肝硬化这些疾病就会大大减少,车祸也会减少大半。酒这个东西,我们看到许多的民族都把它列为禁品,在他们的原始典章里面是禁止喝的。

我们现在看到,中央“八项规定”里面也禁酒。公务接待桌子上不能有酒的。这对于人的整体生命力的提高,对于一个民族生命力的提高,是不得了的事情。因为许许多多的悲剧,是在酒后发生的。

我到监狱里面去讲课,有一个熟悉的、知名度很高的人待在监狱里,咋回事呢？他醉酒后竟然把太太杀了。等他酒醒之后,后悔不后悔？《弟子规》在这里以“年方少,勿饮酒;饮酒醉,最为丑”为例说,没有展开讲。我反复讲,学《弟子规》要学《弟子规》的精神,这个丑是一方面,更多的是饮酒对我们的生命力造成了巨大的伤害。

2003 年那一年,我下决心把酒戒掉。当初觉得挺艰难的,但现在发现好处非常多,省去了太多的麻烦。原来喝酒的时候,晚上就别想安宁,今天你约,明天他约。现在知道了,你不喝酒,这一帮朋友就自动“裁员”，再不会约你了，真的清静了许多，而且由酒带来的一些身体上的不适也慢慢地消失了。现在有许多人身体上的问题其实都是喝酒造成的。所以“年方少，勿饮酒；饮酒醉，最为丑”。从这句话的背后，我们看到《弟子规》的期许，就是让人们活在一种清醒的状态。

因为酒是让人迷糊的，利令智昏，酒也令智昏。佛教五戒里面就有戒酒，非常严格。除非药用的时候用一点儿酒，平时是不能喝酒的。前面我们讲过，这既是对自己生命力的保护，也是对天地精华的一种珍重，因为粮食是老天让人们用来活命的，而不是用来娱乐的。《了凡四训》里面讲：“有百世之德者，定有百世子孙保之；有十世之德者，定有十世子孙保之；有三世二世之德者，定有三世二世子孙保之；其斩焉无后者，德至薄也。”

我们把这个道理搞清楚，就不要养成酗酒的习惯，一定要戒酒。据我所知，现在大学里面，酒已经成了一种日常饮品，因为我到大学里面讲课，常常看到一些垃圾箱里面有啤酒瓶之类。这就是一个问题，这样下去对国人的素质也会造成很大的伤害。因为饮酒，对细胞的杀伤力很强，能把意识抑制，这种危害就太严重了。好多人深有体会：醉酒一次，会出现失忆，就记不起当时的事情了。

我有一个老师就是喝完酒之后突发肝病，坐在车上还没回到家就去世了，这让我们很悲痛。那天参加他的葬礼，我心里特别难过，看着他的太太，看着他的儿子，我就在想，如果他不喝酒，也不至于离开我们。

有首歌唱道：古人喝酒诗很美，今人无度总干杯。酒后驾车害社会，又让多少人流泪。酒令智昏倒头睡，一开始喝就后悔。本来只想一小口，谁知后来不能推。酒后失态吐污秽，人见掩鼻直撇嘴。难道一定要喝醉，无法挽回才后悔？亲人关心惦记谁？谁让亲人流眼泪？推杯换盏累坏胃，最后全身都受罪。

主持语：

郭文斌先生由《弟子规》“谨”篇中的“年方少，勿饮酒；饮酒醉，最为丑”这句训谕指出酒的危害，历史上多少王朝更迭、多少人间悲剧，都与酒有着剪不断理还乱的关系。

事实上，在古代，酒最初不是用来喝的，而是用来祭祀的。《左传》记载：“酒以成礼，不继以淫，义也。以君成礼，弗纳于淫，仁也。”《尚书》讲得更加明白：“饮惟祀，德将无罪。”可见酒的用途就两个，一是用于祭祀，二是用来完成礼仪。

郭文斌先生借《弟子规》中“年方少，勿饮酒”这句训谕，告诫我们不但青少年切勿饮酒，成人也应该少喝，最好不喝。数据显示，全球每年因喝酒导致死亡的人数高达 280 万。其中喝酒致死的中国人的人数高达 70 万，占全球总数的四分之一。（国际权威医学杂志《柳叶刀》调查结论，《人民日报》下属《健康时报》在相关文章中转载和引用了该数据。）

郭文斌先生认为，不喝酒就能让我们时刻保持清醒状态，这也是对我们生命力的保护。不喝酒也是对亲人负责、对家庭负责、对社会负责、对国家负责。

《弟子规》是很有逻辑性的，接下来它讲什么呢？讲“步从容，立端正；揖深圆，拜恭敬”。喝了酒你就没办法“步从容”了，你就没办法“立端正”了，你只能摇摇晃晃。好多人喝醉了，大冬天的在雪地里面躺一夜，差点儿冻死。“步从容，立端正；揖深圆，拜恭敬”，肯定是在一种清醒的状态。在这里它用“步从容，立端正；揖深圆，拜恭敬”这四个形姿来讲“谨”这一生命力构建里面的重要性。

“步从容”，大家要特别注意“从容”这两个字，从容才能不迫，从容感其实就是一种安详感，就是一种获得感，就是一种幸福感，就是一种安全感。那些没有获得感、幸福感、安全感的人，他们是从容不了的。我们坐在这里，对面的同学们谁内心从容，能看得清清楚楚；谁心里面有心事，也能看得清清楚楚。为啥呢？从坐姿上就能看出来。内心安详的人，他坐在那里很舒服、很享受。如果有惦记着事情的人，你会发现他一会儿要看一下手机，一会儿要动一下。身体是内心的折射。所以，古人通过外部形象来体会心灵的从容，通过外部姿态的从容来体会内心的安详和喜悦。

我在前面讲过，生命的意义就是回到安详，回到喜悦。而“步从容”的人，大家看他的内心很淡定、很强大。我有一次受邀为我们宁夏党委宣传部理论学习中心组讲课，这堂课很不好讲。为啥呢？因为听课的大多是我的领导，我上台之前确实有些紧张。但是坐到台上之后，我发现这种气场让自己慢慢进入一种从容的状态。两个小时的课讲完之后，主持这次学习会的领导跟我聊天，说：“文斌，平常看着你绵绵善善的、单单薄薄的，但是一进入讲课的状态，发现你的内心真强大。”

一个人的内心，怎样才能变得安详、从容呢？我在前面讲过，当一个人活在一种无所求的状态里面，他就从容了。也就是我不向外在世界求取什么，活在一种内心的喜悦和安详里面的时候，那就从容了。就是说我不向外求的时候，我就从容了；我向内求的时候，我就从容了，在《弟子规》里特别借助行走来讲“从容”。

“步从容”的感觉是个怎么样的感觉呢？大家看电视新闻，你看党和国家领导人那个走法，就很从容。即便阅兵的时候、平常视察的时候，他的步伐跟普通人是不一样的。你去观察他的步伐，你细细观察，里面是有学问的，就是淡定、从容。你很难看到哪一个党和国家领导人上台的时候，像演员一样蹦着上去的，跳着上去的，还来一个飞吻这种动作，他肯定不会有的，他一定是一种从容态。“容”我们都知道，它是宇宙间能量的一种存在状态，而“从”是“两个人”相从，它是一种很和谐的状态。“从容”它既是饱满的状态，又是和谐的状态，有秩序感、力量感。

我们日常的行走过程最能体现一个人内心的从容感。我们看上去是腿在行走，其实是它在执行我们大脑的指令，所以“步从容”古人认为很关键。古人走路是有讲究的。怎么走呢？脚后跟先着地，每一步都要交代清楚，没交代清楚它是不能换步子的。什么意思呢？就是提起来、移动、落下去、触到地面，这四个过程要清清楚楚。就像写字一样，每一个笔画都要交代清楚，它叫提、移、落、触。当我们把这四个环节交代清楚，走路肯定是从容的。就是提起来的时候你要知道，挪动的时候你要知道，落到地面上你要知道。提、移、落、触四个环节交代清楚，那么这个人就从容了。

我们“寻找安详小课堂”，课间时有一个课间现场步：我给它起了一个名字叫现场步。就是让大家用十到二十分钟的时间，在现场走步。要走得很慢，慢到不能再慢，就是一只脚提起来，用一条腿支撑着地面，一条腿挪动，另一条腿放下去之后支撑着身体，另一条腿再挪动，甚至如果主持人一个指令“停”，你一条腿站在那里停下，另一条腿你不能动，身子不能晃。好多人在走这个现场步的过程中，都体会到了一种大大的安详感和喜悦感：明明白白地挪动步子，非常慢，慢得不能再慢，好像走又好像没走的那种感觉，一下子你会找到走背后的那一种生命主体。

大家如果打过形意拳，就知道形意拳就是这个原理：借助形体找到形体的主宰，找到形而上，用形而下的动作来寻找形而上的那个主宰，那个本体。所以“步从容”对人气质的塑造太重要了。

曾国藩当年观察人，望、闻、问、切，就像中医一样。他识人还有一个重要的方面，就是看你的坐姿。他面试的时候，一个人坐在他对面，从坐姿看，他就知道这个人能派什么任务，能不能用。所以“步从容”就显得很关键。由“步从容”我们可以读到什么样的《弟子规》精神呢，就是运动的、变化的、行走的、活动的，一定要从容不迫。孩子长大以后，在工作中、在生活中做任何事情都不能有跨越感，要从容，一步一个脚印。

老子讲“企者不立，跨者不行”，也是这个道理。就是说一个人踮着脚是站不长久的。老子讲“飘风不终朝，骤雨不终日”也是这个意思，就是说过于激烈的东西，不可能有长久的生命力。古人特别强调从容感对于一项事业的重要性，要稳稳地干，一步一个脚印地干；就是在任何时候，都不能失去从容态。国家治理是这样，家族管理是这样，企业经营是这样。现在有许多励志书是毒志书。为什么这样说呢？它教人们投机取巧，那是“反从容”的。想一步实现目标，那是不可能的。中国人讲十年磨一剑，这里面是有规律的。

《记住乡愁》有几期节目很感人。比方说有一个打铁的，他说他要给别人打刀，这个刀要打够多少锤，一定要打到，不管别人在场不在场，他都一定要打到，如果少了一锤，刀的质量就受影响了。注重质量，在质量上下功夫，这就叫工匠精神。

还有一期节目里面，拍到一个村子里一位做罗盘的，我们在海上航行用的罗盘，他说一天做够多少他就不做了，你给他再多的钱他也不做了，一天只做这么多。为啥呢？他要保证质量，因为那个特别精细。你想罗盘如果错了,在海上航行那是要出人命的,所以他绝对不会赚“非从容”带来的钱。

但是现在我们看到，有些人受利益驱使，在牛奶里面放三聚氰胺,在食品里加苏丹红,这就是”反从容”的人生,《弟子规》没学好。我们说学《弟子规》要学《弟子规》的精神,在这里由“步从容”我们延伸开去,《弟子规》它是对从容的人生态度的一种象征和强调,活要活得从容,死要死得从容。

前面我讲过我母亲,她离开人世的时候,还跟我开着玩笑,一点儿没有恐惧感。这是因为她活得从容,所以她离开世界也很从容,完成了一种从容的人生。孔子就很从容,困在陈蔡之地没饭吃了,弟子们都吓坏了,他还在那里抚琴,从容不迫。所以孔子能成为圣人是注定的,这就是我们讲的一种从容的人生。按照霍金斯的能量级,大家如果有兴趣可以看看《醒来》那本书,一个人在从容状态的时候,他的能量至少在多少级呢？ 500 级以上。前面讲过，一个人能量到 500 级,他的幸福感、效率是普通人的 75 万倍,可见从容非常重要。

主持语:

上一节,郭文斌先生由《弟子规》“年方少,勿饮酒;饮酒醉,最为丑”这句训谕,讲到“步从容,立端正;揖深圆,拜恭敬”,从生命节度讲到生命气度。郭先生认为,只有“从容”才能“不迫”,从容感其实就是一种安详感,就是一种获得感,就是一种幸福感,就是一种安全感。

当《弟子规》讲到“步从容”的时候就进入了人生的重要节点:成熟。步履从容一定意义上就是人生进入成熟阶段的一个标志,而“立端正”更是一个人德行修为的折射。在古代,有经验的人往往能从“步从容，立端正；揖深圆，拜恭敬”观察人的前途命运，而走姿、站姿和坐姿也是朝廷在选拔和提拔官员时需要考察的三个重要指标。正如《大学》所言，“诚于中，形于外”，一个人的生命境界，会从他的行、住、坐、卧自然显示出来。步履从容意味着稳重，稳重则可委以家庭重担、国家重任。由此可知“步从容，立端正；揖深圆，拜恭敬”之重要。

从容不迫，这是古人的修养。这一堂课我们就讲到这里。下一节课，我接着给大家分享“步从容，立端正；揖深圆，拜恭敬”所包含的生命力建设的奥秘。

第31集

安身立命敬为基

主持语：

在上一堂课的后半部分，郭文斌先生根据《弟子规》“谨”篇中的“步从容，立端正”这句训谕规劝我们要养成从容感和正直感。历史上，尧、舜、禹、汤以及老子、孔子、庄子这些圣贤圣人，都是因为内在的从容端正而展现出外在的正大光明。而内在的从容端正和外在的正大光明，要从日常的举手投足去建设，从一个个细节去建设。

郭文斌先生告诉我们，因为身心一元，所以心可身见，心怀天地自然大义凛然，利欲熏心自然局促龌龊。他还告诉我们，“步从容，立端正”是我们跟天地进行能量交换的最简单的方式，训练好了“步从容，立端正”，对于人的身心健康、事业成功、生活幸福都非常关键。

本堂课，郭文斌先生将继续以独特的视角，向我们揭示“步从容，立端正；揖深圆，拜恭敬”这几句训谕所包含的生命力建设的奥秘。

大家好！我继续给大家分享《弟子规》第三部分“谨”。上一节课我给大家分享了“步从容，立端正”的从容感。我在反复诵读《弟子规》的时候，发现这句话事实上如果悟透了，践行到位了，一个人也就成功了。为什么呢？它讲了一个人成功的四大要素：从容、端正、深圆、恭敬。它把传统文化的精华都囊括进去了。我一项一项给大家分析。前面我们讲了从容感，像老子、孔子、庄子，他们过的就是一种从容的人生。而从容的人生要从我们日常的举手投足去建设，从一个一个细节来建设从容的大厦、生命的大厦。

接下来讲什么呢？“立端正”。我们都知道，人作为直立行走的动物，立端正很重要。大家在生活中可以体会，我说现在请大家坐直，你会发现我们平常没坐直。我们平常是一种什么样的状态呢？胸是含着的，我们的胸为什么是含着的呢？因为中气不足。如果平常你的胸是含着的，那么你就要注意了，你的中气已经不足。如果中气特别足，你是含不住的，中气会让你身体伸直。大家如果去看打形意拳、太极拳的人，或站过桩的人，他们站在那里，跟我们是不一样的。为啥呢？他有过气息的训练，他一定是直的。“我是一根针，立于天地间。天气下降，地气上升。无人无我，一片光明。”这是古人站桩时候的一个口诀。就是说，我们跟天地进行能量交换的时候，身体就是畅通的。所以站端正对于一个人的健康很关键，对于一个人的成功很关键，对于一个人的幸福很关键。时间长了，如果你站不端正，脊椎就变形了，变形了以后不但会生病，而且我们的生命力也受影响。所以古人讲“站如松，坐如钟，卧如弓”，它是有道理的。

“立端正”在《弟子规》的精神层面是什么意思呢？身体是心灵的

折射，你看过去那些淑女，她们的坐姿是受过训练的。过去古人的座椅，男女是不一样的，男人是有扶手的，女人坐的椅子是没扶手的。为什么呢？淑女怎么坐才好看呢？双手叠在前面，一坐就有淑女相。男孩子可以扶着扶手，女孩子一扶着扶手，就不好看了，因为阴阳两种气质不一样。古人的座具也是很养生的，坐在上面，身体是端正的。现代的沙发，你坐上去什么感觉呢？脊椎是弯曲着的。沙发坐久了的人，你看他身体已经不那么直了，没办法坐端正，事实上把我们的生命力就大大地伤害了。儒家是怎么坐的呢？你们知道吗？是跪坐，就是跪在地上，屁股放在脚后跟上，席地而坐。古代的儒生，气宇轩昂，是坐出来的。我们都知道，一个容器是什么样的形状，水装在里面就是什么样的形状。那么，我们的身体是一个什么姿势，气在里面就是一个什么样的状态。所以身姿、坐姿很重要。你看军人军训的时候，最开始是什么样的训练呢？练习站军姿，先站好了，然后再说走，因为它关系到我们的气质、我们的生命力建设、我们的健康。

对于一个人的精神世界，“立端正”，身体的端正，会引导、投射、心理暗示，让我们的心端正。这样的一种投射，如果再扩展到一个团队、一个家庭，当一个团队、一个家庭的规范性很严格的时候，那么其成员的气质和生命力也就变了。对于一个民族和一个国家也一样，当它能够“立端正”的时候，比方说，把法律立端正，把规矩立端正，把榜样立端正，这个国家和民族就有希望，就兴旺发达。“步从容，立端正”，做得很好，上行下效，国风为之一变、官风为之一变、民风为之一变，中国人在世界上的形象也变了。我们为什么频频强调宪法精神？就是这个道理，所以端正很重要。

《弟子规》讲“步从容，立端正，揖深圆”，就是说作揖的时候要深圆。你看儒家作揖有深揖，深揖就算是大礼了，要深而圆。大家注意这两个字，一个“深”，一个“圆”。“深”代表着我们的能量的一种深度、广度和高度。“圆”呢？代表着能量的一种状态。老子讲“方而不割，廉而不刿，直而不肆，光而不耀”，也是这个意思，就是让我们的生命保持在一种圆的状态：有棱角而不会伤别人；很直率而不放肆；有光芒而不会伤害对方。我会很柔和地把我的光给对方，这就是圆。就是说你要有“深”的内涵，但你不能炫耀、不能放肆、不能骄傲，要用一种圆的状态奉献给社会，这就是我们讲的谦德。《周易》八八六十四卦，其他的六十三卦，有吉有凶，只有一卦全吉。哪一卦呢？谦卦，“天道亏盈而益谦，地道变盈而流谦，鬼神害盈而福谦，人道恶盈而好谦。是故谦之一卦，六爻皆吉”，这就是圆的状态。

大家看宇宙天体，有方的天体吗？果实是圆的，太阳是圆的，其他天体也是圆的，因为能量的形状是圆的。原子核、电子都是圆的。现在有人说世界的本质是一个正弦曲线，也是圆的。在这里它通过作揖的“深”和“圆”来折射出人的一种生命姿态。当一个人给别人行礼的时候能做到又深又圆，说明这个人有谦德，而且谦德深厚，说明这个人有诚实感、诚信感、诚敬感。一个人有谦德、有诚敬感，一定会受到大家的欢迎。

我们在生活中会看到这样的现象，那些现在还保持着鞠躬、行礼的一些民族，他们身上的气质和不行礼的民族是不一样的。成功学的秘密在哪里？大家有兴趣可以多看一看《了凡四训》。它在“谦德之效”部分讲到了成功学的秘密，其实就是四个字：“惟谦受福。”而“谦”在人的行仪上、行姿上，就是人有礼乐感。礼乐感表现在具体生活中，就是见了人能行礼。

我们可以想象，老师在讲台上，学生给老师行一个九十度的鞠躬礼，老师什么感觉？他要把课备好。现在的学生把这个环节简化了，这不是学生的问题，是整个社会风气的问题。把这个环节简化了，受损失的是学生。这就像我这些年在全国做志愿者，我体会太明显了。如果在台下，哪怕有一个人听得很入神，我累死在讲台上都觉得很快乐。如果下面听课的人敷衍了事、心不在焉，我就想赶快结束吧，快打铃吧。所以传承礼乐感太重要了。

主持语：

郭文斌先生告诉我们，“步从容，立端正”这句训谕是在规劝我们要养成从容感和正直感。而接下来的“揖深圆，拜恭敬”这句话又该如何解读呢？我们知道，“作揖”是古人最普遍以及最常见的礼仪，可是作揖为什么要做到“深圆”的程度？郭文斌先生从老子的“方而不割，廉而不刿，直而不肆，光而不耀”讲到《了凡四训》所言“天道亏盈而益谦，地道变盈而流谦；鬼神害盈而福谦，人道恶盈而好谦。是故谦之一卦，六爻皆吉”，最后告诉我们，如果把《周易》六十四卦看成六十四种生命状态，只有谦卦所示的生命状态全吉。而谦卦对应的德行体现在礼仪中，就是“揖深圆，拜恭敬”，这其实是“谦德”最基本的修养。谦德最大的好处，就是让我们明白宇宙、自然和人生的真相，从而启德明道。那么“拜恭敬”这句训谕，又蕴含什么深意呢？

“揖深圆”，一个人向别人“作揖”，从个人养生角度来讲也很重要。中医有一句话叫“筋长一寸，延寿十年”，就是一个人的筋，如果能够长一寸的话，他的寿命会增加十年。可见，把我们的筋保持在一种松软状态是关键。现在有一种养生方法，就是专门松筋。古人事实上把养生藏在礼节里面。你看人鞠躬的时候，整个是拔后面的筋。大家听完了以后可以去体会。你真的把九十度的躬鞠得很标准,你一天不要多鞠,鞠一百个躬,你的筋就会长一寸,长一寸你会多活十年,真赚大了!你做多少生意才能赚十年的寿命?所以,古人设计的这些礼节,也是养生。

石家庄有一个女企业家,有一次我到坝上草原去讲课,她做义工,被分在了礼宾组。礼宾组干吗的呢?就是每一位听众一进门,她就要给鞠一躬。来一位听众,她要鞠一躬。完了之后,她跟我分享,第一天就受不了,腰酸背痛。第二天感觉能适应了。到第三天发现,鞠躬挺享受的。然后她有一个直接效果,她讲给我,她发现这次做义工她的脾气没那么暴躁了,心变柔软了。你看,因为身体变柔软了,反复地鞠躬让她消除了傲气,傲气没有了,柔和之气就来了。所以她变了。她的先生感觉到她的变化,也来学习传统文化,现在她们一家人都来参加传统文化学习。她的女儿也感觉到妈妈没脾气了,爸爸没有脾气了,爸妈很和睦,女儿也学传统文化。你看,一家人都来参加传统文化学习。她女儿考上大学以后,其他哪一所大学都不想上,就要报宁夏的大学。为什么呢?她要到我们银川来常听我的课,常到“寻找安详小课堂”听课。后来她如愿以偿,被座落于银川的北方民族大学录取。现在一家人把原来的房子卖掉,在银川买房,就是为了跟这个团队在一起。

她是从哪里受益的呢?“揖深圆。”大家如果以后没有时间跑步锻炼身体,就在房子里鞠躬,向着虚空鞠躬。“筋长一寸,延寿十年。”大家记住这句话,这算不算成功学?这是不是经济学?延寿十年,你能干多少事呀,对吧?一个人能够“揖深圆”的时候,显示在气质上,显示在修养上,这个人就有谦德。你去体会,一个人对观众、对普通人能九十度地鞠躬,这个人就谦到了一定程度了。傲慢的人,弯腰是弯不下去的。

海南监狱，曾经关过一个县委书记，进了监狱后不服从改造；无论狱警怎么教育他，都不服从。海南监狱做得好，有一年清明节，就想做一个大胆的实验，选一些犯人放回家去探亲，然后让他们自己回来。这个县委书记就被选中了，没想到就是这一次探亲改变了这位县委书记。为啥呢？他一到家，到他家祖坟前一跪，一下子就把他的傲慢之冰给融化了。他觉得他让祖先蒙羞了。第二天早晨，他母亲起来打开窗子一看，他拿着扫帚在打扫院子。他母亲说他以前回来，屁股后面跟着提包的拎茶缸的，跟着几个人。从没看到他早晨起来扫院子。一阵风来，一阵风去了，妈妈的眼泪就下来了。然后他又帮母亲做早点，让母亲吃早点。吃完早点，他说监狱里让他们当天返回，妈妈我要返回去了，他这次回去要好好改造，让妈妈放心，他会早一点儿回来。再回到监狱，他像变了一个人，当年的傲慢之气一下子就没有了。

是什么让他的傲慢之气没有了？他在祖坟前一跪，就相当于《弟子规》里讲的“揖深圆”。你看，当他跪在祖先坟前的时候，他心里想的是，“我让祖先蒙羞了，我一个县委书记，居然锒铛入狱。”所以有时候一些礼节，它可以劝导我们，让我们的心变柔软。

比如夫妻两个正在吵架，一个说：“你有本事你就动手啊。”另一个说：“你以为我不敢。”突然一个人做了一个九十度的鞠躬，说：“我错了。”你想那是啥情景？对吧，很可能要动刀子的、动手的，这哈哈一笑就过去了，一个鞠躬就能解决问题。我这些年发现，你冷不防踩了别人一下，或者让别人生气了，你赶快一个鞠躬，或者说一句“我错了”，对方的怒火就降下去了，冲突就化解掉了。所以“揖深圆”很关键，虽然是一个动作，事实上呈现的是一个人的心灵状态，体现的是他的气质，体现的是他的修养。

“揖深圆，拜恭敬”，接下来讲到了“拜”，是更大的礼。古人作揖是一种礼，中度的礼，大礼就是三拜九叩了。一个人如果给别人行三拜九叩大礼，就是很大的礼了。过去家长带着孩子拜师，一定要给老师行三拜九叩的大礼。什么意思呢？“这是非常重要的事情，我把孩子交给你，你要给我负责好。”经此大礼，老师教起孩子来就格外地负责任。

“步从容，立端正；揖深圆，拜恭敬”包含了四个生命力建设的关键词，即从容、端正、深圆、恭敬，一个人能把这四个方面做到，这个人肯定就成功了。“拜恭敬”，我们拜祖先也好，给老师行礼也好，最关键的是什么呢？是恭敬。有一次，我到一个旅游景点去，看到许多人问：“磕头怎么磕，怎么做？”有一个导游说：“怎么做都行，只要你心中有恭敬就行。”这个导游讲的还是不错的。当然，还有一些方式和方法是必要的。但最关键的是心法，就是心中要有恭敬。孔子讲“祭如在”，祭神的时候就要感觉神在这里，恭敬心就起来了。

恭敬心怎样才能起来呢？这些年，我有一个体会，我反复地在讲，为把两个概念讲清楚。第一个概念就是每一个人有一个“永恒账户”。怎么样把这个“永恒账户”讲清楚呢？我用心理学的原理讲，每一个人的潜意识是永恒的，我在《醒来》里面有许多例证，在这里我就不展开讲了。当我们证明完每一个人的潜意识是永恒的之后，人的恭敬心就出来了。既然每个人的潜意识是永恒的，大家会问：“我们祖先的潜意识还在不在？”当然在。当你意识到祖先的潜意识还在，给祖先行礼的时候，一下子就恭敬了。我现在到大学里去讲课，我说一定要把次序搞清楚，先拜高堂，再入洞房。现在好多年轻人可能把次序搞反了。啥原因呢？就是没有把这个恭敬搞清楚，当他搞清楚的时候，肯定会先拜高堂再入洞房。

主持语：

郭文斌先生通过对“拜恭敬”这句话进行详细解读告诉我们：“拜恭敬”的训练就是在培养我们的恭敬心。为什么要突出“拜”呢？郭先生认为，这是对于恭敬程度上的升级。叩拜是古代极为高级的礼仪形式。在古代，对于常人的恭敬，一般都是行拱手礼或作揖礼，只有对天地君亲师才行叩拜礼，以示特别尊敬。

我们知道，在《弟子规》“出则悌”这部分中，也有诸如“路遇长，疾趋揖；长无言，退恭立”的训谕，它也是一种恭敬。但其中的“退恭立”比起“拜恭敬”来，一个“立”一个“拜”，程度就大为不同了。中国古典哲学讲究身心一元，即所谓“诚于中，形于外”。既然身心一元，那么，天长日久的“形于外”也会通过内投射促进“诚于中”。郭文斌先生认为，训练好了“步从容，立端正；揖深圆，拜恭敬”，也就能建设好我们生命力的从容、端正、深圆和恭敬。而这些，都是我们安身立命的基础。

在五千年的中华文明史中，“恭敬”两个字是核心的核心。这四句话，我们如果梳理一下它的逻辑关系的话，从“从容”开篇到“恭敬”结束，它的方法论是什么呢？是“端正”和“深圆”。“正”，是中国文化一个核心的方法论。你看皇帝办公的地方有块牌匾写着“正大光明”，光明代表着智慧。怎样才能有智慧呢？首先你要格局大，这就相当于“深圆”的“深”。怎样才能够“大”呢？只有“正”才能“大”。如果一个房子一开始建斜了，后面是建不高、建不大的。

我们把生命力建设，借助“谨”的四个方面，给大家介绍到这里。在下面的课程里，我们接着介绍它的延伸意义。这一堂课我们就讲到这里。

第32集

从容端正心作镜

主持语：

上一堂课的结尾部分，郭文斌先生教给我们通过“步从容，立端正；揖深圆，拜恭敬”这些行仪，让我们的生命借由从容、端正、深圆、恭敬而称意顺遂。接下来，郭文斌先生将在本期节目中继续带领我们学习《弟子规》“谨”篇中的“勿践阈，勿跛倚；勿箕踞，勿摇髀”。郭文斌先生告诉我们，这四句训谕旨在通过矫正我们最常见最容易养成的四个不良习惯，让我们形成生命警觉，养成生命自觉，恭敬一切人、一切事、一切存在，提高为人处事的和谐度和效率。

那么“勿践阈，勿跛倚；勿箕踞，勿摇髀”到底是什么意思呢？它跟我们规矩做人、谨慎做事，特别是开发心性，有什么关系呢？

大家好！我继续给大家分享《弟子规》第三部分“谨”。上节课我们给大家分享了“步从容，立端正；揖深圆，拜恭敬”。我们说从容、端正、深圆、恭敬是一个人生命力建设的四个重要方面，是成功学，也是幸福学。这四个方面我们要把它们展开讲，就太长了，我在前面的课程里，只是讲它们的精神性的要点内容。如果大家想详细地去了解，可以翻一翻《〈弟子规〉到底说什么》《醒来》《寻找安详》这几本书。

接下来《弟子规》讲什么呢？“勿践阈（yù），勿跛倚；勿箕踞，勿摇髀。”这仍然是四个身体的状态。“勿践阈”是什么意思呢？就是不要踩着门槛。你会发现有人有一个特点，哪个地方高，就愿意踩哪个地方。我观察过小孩子，他就喜欢踩门槛，这可能是人的潜意识的一个投射。《弟子规》强调“勿践阈”，就是不要踩门槛。

我记得小的时候如果一踩门槛，父亲的烟锅头就过来了。父亲跟我怎么讲呢？说门槛上面有神，你把门神踩着了。当然门槛上到底有没有神我看不见，但是父亲就这样教育我，从此以后再没踩过门槛。所以门槛在我们的心目中就很神圣，现在回想起来，父亲这样的教育也是有效果的，至少让我在公众场合不会踩门槛。我想，这是古人对物的一种恭敬，我们且不说踩门槛，一切物件我们都要珍惜它。

现在我到一些商场里面去，看到商场的台阶上贴着许多字，许多广告，我就不敢踩上去，为啥呢？因为从小接受的教育，字是不能踩的，要敬惜字纸。当年我们那个院子里或者是巷道里，如果有一张有字的纸片，老人看见是要捡起来的，等到过大年的时候把它烧掉，就是送门神，烧纸的时候把它烧掉。现在的人们对于这一块的教育都忽略了。有一次我到大学里讲课，那个学校的场所有限，所以就安排在一个餐厅里面讲，又没有凳子，大家怎么坐呢？我看一些同学屁股下面都有一个课本，当我讲到字是神圣的不能坐的时候，那些学生唰唰唰把课本都拽出来，席地而坐了。今天，这样的教育就缺失了。

我们《记住乡愁》拍了许多村子，村子里面有专门的焚纸楼，就是一个村子里它有一个楼，专门是干吗的呢？焚化字纸的。这些村子里确实出人才，考中进士的、甚至状元的，都很多。为啥呢？对文字恭敬，他怎么能不热爱学习呢？所以你看到那些村子里面有集中焚化字纸的地方。比如有些经书已经破旧了，怎么办呢？我们现在通常是把它扔给收垃圾的，当然可以回收。但有些人就把它扔在一些很污浊的地方，那是大不敬。这些村子他们怎么处理呢？把这些经书回收回来，每年选一个集中的时节集体焚烧。这表达的是对智慧、对知识、对先人、对祖先的一种恭敬。按照全息理论来讲，书有写书人的全部的信息。我们读《道德经》是跟老子进行量子纠缠，读《论语》是跟孔子进行量子纠缠，你说他的话、你读他的书就是在跟他纠缠，他的一本书不就是他的全息信息吗？在这里，“勿践阈”是让我们对外部世界要有一种珍重感、尊重感。

现在我已经养成习惯，比如说我要用一下毛笔，我会对毛笔说“谢谢你”；在使用任何物件之前，要表达一下对物件的感谢。大家说它没有生命，你感谢它有什么用呢？它没有生命，但你在说感谢的时候，你的内心起了一分恭敬，这个恭敬就是生命力。明白吗？就是你恭敬对象的时候，对象感没感受到暂且不说，你在起恭敬的念头的时候，你的能量提高了。你借助了一个“勿践阈”这么一个动作，你把你的能量提高了，跟门槛没关系。因为古人认为，人的所有意义就是这一生要把能量提高。

用霍金斯的说法，我们要从三维空间到几维空间去？四维。从四维再到五维。按霍金斯现在的发现，宇宙有多少维度呢？十一个维度。如果一个人提高一个维度意味着什么呢？我打一个比方，就是从能量的角度讲，意味着什么呢？蚂蚁是一种能量状态，蚂蚁跟我们人相比，大家就可以想象一下,区别有多大?我们把蚂蚁捉住,从这边放到那边,蚂蚁以为地震了,不知这个世界发生了什么了。我们以此推理,如果我们是蚂蚁,还有没有一个相对于我们这群蚂蚁而另外像人的一种生命状态呢?

你就可以想象:人生的所有意义不是为了赚多少钱,不是为了有多高的级别,不是为了有多么高的荣誉。人生的意义,稻盛和夫已经讲清楚了:希望我走的时候比我来的时候灵魂更高尚一点儿。换句话说,就是希望我的生命力、生命能量更高。就是把我们的生命自由度、能量自由度提高,从一维到二维到三维到四维逐渐提高,一直到最高的那一维,这就是生命的意义,就是孔子讲的"朝闻道,夕死可矣",就是回到"道"里面去。这也是我一直打的比方:回到面缸里面去,它是面条,它是点心,它是蛋糕,只是形状不同,但是回到面缸里都一样,那就是我们的故乡。"勿践阈"这样一个动作,它折射的是我们对待外在世界的一种恭敬感,不但不能踩门槛,一切外在的服务于我们的物件,我们都要恭敬。

我的一个学生讲过一个故事,我觉得很有道理。他原来关办公桌抽屉的时候,常常用脚把它踢一下就关上了。突然有一天他发现不对,他觉得这不恭敬。以后怎么关呢?弯下腰去用手轻轻关上,他内心的感受不一样了。为啥呢?受益了。恭敬感一起来,你的能量就补充了。不相信大家去体会。在这样的演播厅,你坐一天你不觉得累的,特别是你听过两三天之后,后几天就更加享受。但是到闹市你待一会儿就累得不行,为啥呢?在闹市人们是没恭敬感的,在这个地方你是有恭敬感的,恭敬感本身就是能量。

"勿践阈,勿跛倚。"这"践阈"如果延伸开来讲,可以联想到大自然保护、环保、卫生等一切崇高的、公益的事业,都可以把它们理解为

"勿践阈"精神，就是对待除我们自己之外的一切外在世界，都要怀着一种珍重感、爱惜感、尊重感。仁爱别人的结果就是"爱出者爱返"，因为按照力学的原理，你发射出去多少力，就有多少个接收器会加倍地返还多少力。你发射出去一份恭敬，宇宙会给你返还无数的恭敬，这就是生命力。

主持语：

郭文斌先生告诉我们，《弟子规》"谨"篇中的"勿践阈，勿跛倚；勿箕踞，勿摇髀"这几句训谕的中心意思还是离不开"恭敬"二字。他首先结合自己的童年经历和央视大型纪录片《记住乡愁》的相关内容，深入浅出地解读了"勿践阈"这句话和"恭敬"的关系。简单地说，"勿践阈"就是告诫我们进出房门时不要踩在门槛上。古人认为踩门槛不但不恭敬，而且不吉利，因为"槛""坎"同音，因此应该一脚跨过门槛，而不能"踩坎儿"。除了这种古老的心理学意义，在地理学上，"门槛"也有它的特殊象征意义，诸如防风、防虫、防暴；如果是院门门槛，它还是家庭与社会的交点，同时也是主人身份的象征。因此对门槛必须怀有恭敬之心，甚至敬畏之心。

在郭文斌先生看来，事实上中国古人对庭院、房舍、物件，甚至所有存在，都怀有敬畏之感，因此，"天地与我并生，万物与我为一"。

那么后面三句话又该如何理解呢？

"勿践阈"，对于一切服务于我们的事物，我们都要爱惜和珍重。接下来《弟子规》讲到"勿跛倚"，就是站在那里不要斜斜垮垮，现在有一种站姿居然还被一些职业训练，就是故意站斜，这与《弟子规》精神是相悖离的。站就站端，就是不能斜斜垮垮。因为你斜的时候，脊椎已经斜了。脊椎斜了，你的中气就已经斜了。中气斜了，你的能量就受损失了。在这里它要求我们要站得端正，不能给人斜斜垮垮的感觉。因为身体斜了，说明我们念头斜了，念头斜了就要犯错误。孔子讲："《诗》三百，一言以蔽之，曰：'思无邪'。"当念头斜了的时候，气就斜了；气斜了我们就生病，我们就有灾难。所以念头要保持正的状态，不能斜。

接下来，《弟子规》又讲"勿箕踞，勿摇髀"。"箕踞"是指什么状态？有些人坐在那里，俩腿伸得像个簸箕一样，坐姿不端正。古人对坐是有要求的，我原来用的一张照片，后来我践行传统文化之后出书再不敢用了，为啥呢？那个照片确实拍得很好，但是跷着二郎腿。后来走进传统文化团队，才知道第一件事情是要把二郎腿放下来。所以就练，练得很艰难，原来坐在书桌前，二郎腿就跷上去了。现在即便一个人坐在书房，也先把二郎腿放下来。我发现二郎腿放下来之后，我的脊椎也就直了，不相信的话大家现在就可以试。你二郎腿跷上去的时候腰是弯着的，把二郎腿放下来脚并拢，把膝盖放平端坐的时候，脊椎自然就直了，脊椎一直中气就上去了。所以《弟子规》里面这些都是有益健康的，是能够提高我们生命力的，这就是"勿跛倚"。你看有些人坐在那里，就像簸箕一样腿岔开，事实上这是一种能量的耗散状态，就是"直而不肆"的"肆"的状态，我们常说放肆就是这个意思，就是能量不在一种收摄的状态，而是一种耗散的状态。

接下来《弟子规》又讲"勿摇髀"。髀是大腿。现在有许多领导在台上讲话，讲得很好，但是不能往他下面看，为啥呢？他是一边讲话一边抖腿。我当年也这样，不自觉抖腿，发现这个问题之后我就矫正了。当你在现场的时候不抖了，不在现场的时候又开始抖了。我在《寻找安详》里面反复讲现场感，没有现场感，一个人不可能有优雅感，因为你在那里连抖腿都不知道。如果你在某一个时空段特别爱抖腿，那你的内心有焦虑了。内心从容的人，他的身体是安定的。

你去观察人群，有些人坐在那里会不停地撕嘴唇，嘴唇都撕烂了，他还要撕，说明这个人焦虑。要么他的童年缺少爱，要么爸爸妈妈正在闹离婚，要么在失恋的状态。人在焦虑的时候有几个特点，喝酒、吃得多、抖腿、撕嘴唇、把那个笔拿在手上把玩，从这些动作，我们能看出一个人内心的状态。一个人如果童年缺少爱，特别是在 3 岁之前爸爸妈妈如果缺席，这个人很容易形成好动症或者焦虑症。你看特别好动的孩子，其实是缺爱。大家如果在我们的团队里面看到有一个人特别好动，就要多关心他。他为什么要动呢？希望大家注意到他，借助大家的注意，他吸收一点点被爱的光芒。

《弟子规》讲“勿践阈，勿跛倚；勿箕踞，勿摇髀”里面，我们可以看到《弟子规》的作者是一个大心理学家。他把我们在焦虑状态时常犯的几个错误都讲出来了。古人用人的时候，不需要笔试、面试，看一看就知道了。曾国藩就有这个本领，一看你的动作，就知道你内心安详不安详，内心强大不强大，有没有心事，能不能容人，嫉妒不嫉妒。你说《弟子规》厉害不厉害？很厉害。

我记得小的时候，每当抖腿的时候，我爸“啪”地一烟锅打过来，说：“一点点福气都让你抖完了。”他这么教育我，有道理吗？有道理，一个人在抖动的时候说明焦虑，根据霍金斯能量级，一个人焦虑的时候，他的能量已经到了 200 级之下了。霍金斯认为，200 级是正能量和负能量的分界线，现在人类的平均能量是 207 级。一个人的能量如果低于 200 级，他认为这个人就到了负能量阶层，或者说获得了向下方向的能量。而一个人的能量到了 200 级之下，按照霍金斯的观点，这个人就生病了。所以，他建议人们不要到 200 级能量之下的场合去。哪些场合是 200 级之下的呢？大家对比一下霍金斯能量级就知道了。网吧要少去，卡拉 OK 的地方要少去，喝酒的地方要少去，焦虑人群多的地方要少去，欲望太重的人群那里要少去，志愿者多的地方要多去。大家以后就可以多做做志愿者，因为一个人能做志愿者，说明这个人动的是什么念头呢？"我给"的念头。"我给"的念头按照霍金斯的说法，它的能量在 500 级。500 级有多高呢？人类平均能量的 75 万倍，很高的。

你跟志愿者多待在一起，你的能量就是一个向上的补充的状态。跟欲望重的人待多了，那么你的能量就是向下的状态。大家以后多来这样的演播厅听课，因为在这里讲课的人一般都是"我给"的念头。多去做志愿者，多去养老院，多去孤儿院，多去献血，多去参加学雷锋活动，因为那些活动场合是正能量的。霍金斯特别强调要少去娱乐场所，它们吸你的能量，因为我们都知道量子共振就这个意思。大家看过那个视频没有？五个钟表拨乱，一大堆钟表拨乱，然后让它振动，到最后发现步伐越来越一致，越来越一致，最后还有一个没转身，没有一致，赶快加快步伐，一下子就赶上了，最后"哒哒哒"地同频了，这就是共振原理。

主持语：

上一节，郭文斌先生对"勿践阈"后面的三句话"勿跛倚，勿箕踞，勿摇髀"，逐字逐句进行了生动的解读。"勿跛倚"是告诫我们站有站相，不能歪倒斜靠在墙边，显得很不庄重。"勿箕踞"是告诫我们坐有坐相，不能像过去的簸箕一样两脚岔开，显得极不雅观。“勿摇髀”是告诫我们坐着的时候不要摇腿抖脚，显得心浮气躁、傲慢轻浮。

郭文斌先生认为，无论是“践阈”的不吉利，“跛倚”的不庄重，还是“箕踞”的不雅观，“摇髀”的傲慢轻浮，这些不良习惯，都是对人和对物的不恭敬，更是缺乏教养的四种行为，也是古人认为的四种“衰相”。因此做父母的要特别注意，若小孩儿有此问题，一定要从小予以纠正，不然等习惯养成再改就难了。

1665 年荷兰科学家赫金斯发现共振原理。那一年有两大发现，一个是共振原理，另一个是细胞的发现。赫金斯发现共振原理，对心理学具有重大的意义。我们讲，你读老子的书，你跟老子共振；读孔子的书，跟孔子共振。所以每天早晨，哪怕读十分钟《弟子规》，你的能量就能提高。为啥呢？《弟子规》来自《论语》：“弟子规，圣人训。首孝悌，次谨信。泛爱众，而亲仁。有余力，则学文。”你在家就来一下子，大家都跟着来一下子，你就共振了，你的能量就在 500 级左右。因为孔子能量就有五六百级，所以要学会应用共振原理。这是我给大家从“勿践阈，勿跛倚；勿箕踞，勿摇髀”讲出来的一段关于生命力建设的话题。

关于这一部分我们就先讲到这里，下一堂课接着给大家讲“谨”这一部分的其他内容。

第 33 集

幸福就在现场里

主持语：

上一堂课，郭文斌先生通过解读“勿践阈，勿跛倚；勿箕踞，勿摇髀”四句训谕告诉我们，通过我们的外在形姿来规范我们的心念，提升我们的心灵，最终提高我们的生命力。那么接下来《弟子规》“谨”篇中的“执虚器，如执盈；入虚室，如有人”这几句话又是什么意思呢？字面上很好理解，就是训练我们端着一个空杯就像端着一个满杯，进入没人的屋子就像到了大庭广众之下。

郭文斌先生告诉我们，这几句话无比重要，“执虚器，如执盈；入虚室，如有人”，其实就是他在前面的课程里反复提到的现场感。郭先生认为现场感在一个人的生命中极其重要，那么现场感到底有多重要？我们又该如何训练现场感？

大家好！我接着跟大家分享《弟子规》“谨”这一部分。上一节课我给大家分享了“勿践阈，勿跛倚；勿箕踞，勿摇髀”，我们说这是通过我们的外在行姿来规范我们的心，最终提高我们的生命力。

接下来《弟子规》讲什么呢？它讲“执虚器，如执盈；入虚室，如有人”。这句话什么意思呢？我们端着一个空杯就像端着一个满杯，到了一个没有人的屋子里面就像到了坐满了人的屋子里。这是讲我们自己的行走坐卧，讲到我们在手持一个物件的时候我们应该怎么做。这句话无比重要，因为它是对一个人的现场感修炼。我们在前面的课程里面讲过现场感在一个人的生命中的重要性，有多重要呢？找不到现场感，我们就找不到幸福感；找不到现场感，我们就找不到意义感；找不到现场感，我们就找不到存在感；找不到现场感，我们也就找不到力量感。现场感如此重要，我们怎么训练？《弟子规》的这句话，就是训练现场感，端了一个空杯就像端着一满杯水一样，我们的那种郑重感就出来了。

我曾经教一个同学练现场感，怎么练呢？拿着一个玻璃杯，反复地往铺有玻璃的桌子上放，在任何时候放到铺有玻璃的桌子上，没有声音我们就找到现场感了。如果这个杯子放在桌子上“咚”的一声，这个时候我们可以断定我们不在现场。“执虚器，如执盈”，它是训练现场感的，这和后面要讲到的“缓揭帘，勿有声；宽转弯，勿触棱”是一个道理。一个人把门关上，如果“咚”的一声，会让我们反感。如果轻轻地把门关上，你心中有一种舒服的感觉。

“缓揭帘，勿有声；宽转弯，勿触棱”，这是我们现场感训练得比较粗糙的层面。而“执虚器，如执盈”，是比较细致、精致的层面。“缓揭帘，勿有声”这样一个动作里面，它包含着我们内心的秩序，包含着我们的气质，包含着我们的心灵质量。在日常生活中我跟踪自己，有时候会很懊丧。比如说把一个盆放在地上的时候，“咚”的一声，我就感觉干失败了一件事，干了一件坏事。如果把盆放在地上，轻轻地就像一个很珍爱的物件放在地上，这个时候就有幸福感。

我曾经让“寻找安详小课堂”的同学们做过一个实验——倒水。比如说往杯子里倒水，如果你在把水倒满的过程中没有把水洒出来，那么这个过程基本在现场。洗脸的时候能够让脸盆里的水不溅到外面，那么基本在现场。洗衣服的时候让盆里的水不溅到地面上，基本在现场。训练那种把持力，我在《寻找安详》这本书里面描述过现场感的状态。比如说我们往暖瓶里倒开水的过程，那是准现场感。为啥？你一分神水就洒出来了，而烫水大家都知道它很危险，所以在那一刻我们注意力需特别集中，一定不要分神。

当一个人随时都在一种把持的过程中，那么把持物件、把持环境，事实上最后实现的是对我们心灵准确性的一种训练。当我们在任何一个生活细节中都能做得很准确、很从容、很稳妥的时候，我们在生命转换的时候就能够做得准确，做到无缝对接，换乘车的时候就不会错过。对生命来讲这意义至关重要。这样的心灵境界，是通过“缓揭帘，勿有声；宽转弯，勿触棱”来训练的。为什么要宽转弯呢？看上去是我们走过墙角的时候的一个行姿，事实上它折射出来的是一种人生态度，是处理事情的一种态度。

有些人处理事情会留有余地，有些人处理事情跟别人不会正面冲突，他一定会绕过去，给别人留有思考的余地，甚至让别人有发火的余地，发完就发完，过一两天我再跟你对接，这样就避免了矛盾，这就是宽转弯，学会转弯。在前面的课程里面我们讲过，要有一种深圆的功夫，但在这里它换了一个角度，讲我们要宽转弯。我们训练的是一种心灵的状态、心灵的功夫，就是“缓揭帘，勿有声；宽转弯，勿触棱”。

我们如果把“揭帘”看作走进一个屋子的开端，就要做到“慎终如始”，在任何时候都像刚开始时一样，我们就能做到有始有终。我们进入另一个空间的时候，要带着恭敬感、庄重感。怎么体现呢？缓缓地揭帘子。我们讲这是《弟子规》精神的一个代表性内容。由此我们可以依次类推，不但要“缓揭帘”，还要“缓敲门”“缓开门”，做任何事情的时候都应该有从容感。“宽转弯，勿触棱”就是要留有余地，要留有运转的余地，给对方余地，也给自己余地。

我们在生活中发现，有些人你提一个要求，他不立即答应，他说让我考虑考虑，或者说是稍后我们再商量，他不会轻易地随口就答应。当年卫献公逃亡回来找大臣宁（nìng）喜，并提出来要宁喜帮助他复国，当时宁喜在下棋，想都没想就把这件事情答应了。有人说复国这么大的事情，你怎么没有考虑就答应了？果然，等卫献公复国之后，就找了一个理由，把宁喜一家人杀掉了。可见宁喜当时答应得太草率了，没有留余地，没有思考。

主持语：

郭文斌先生通过解读“缓揭帘，勿有声；宽转弯，勿触棱。执虚器，如执盈；入虚室，如有人”这几句训喻告诉我们，这是《弟子规》借由这几个场景动作，训练我们的现场感。所谓现场感就是任何时候让身心灵全在场，类似于中国古人讲的活在当下，但比活在当下更有描述性，除了时间上的当下感，更有空间上的现场感。操作层面既要“身到”也要“心到”，更要“神到”，如此才能实现“缓揭帘，勿有声；宽转弯，勿触棱。执虚器，如执盈；入虚室，如有人”。

郭先生进一步指出，这两句话同时也是在训练我们的慎独力、庄重感和恭敬心。没有慎独力、庄重感和恭敬心的人是做不到“身到”“心到”“神到”三元一体的。古人通过“缓揭帘，勿有声；宽转弯，勿触棱”和“执虚器，如执盈；入虚室，如有人”等简单的日常生活细节，培养我们的现场感、慎独力、庄重感和恭敬心，充分体现了中国人的教育智慧。

郭文斌先生还认为，对于现场感训练，“缓揭帘，勿有声；宽转弯，勿触棱”侧重身体层面，“执虚器，如执盈；入虚室，如有人”侧重心灵层面。从功夫上来讲，后者比前者更细腻、更细致、更精致。他为什么这么认为？

《弟子规》在“缓揭帘，勿有声；宽转弯，勿触棱”之后讲到“执虚器，如执盈；入虚室，如有人”。就是从一个大动作过渡到更加细微的动作。一个是对于我们手持一个物件的细微，另一个是对待环境的细微。在坐满了人的屋子里做到庄严、端庄，一般人能做到；但是一个人如果待在一个空屋子里，还能够做到端庄，那么这个人的功夫就到家了，这是对一个人“慎独”功夫的强调。

当年皇帝派了个刺客杀赵盾，没想到刺客到了赵盾的书房，发现赵盾早早地已经穿好朝服，在书房里闭目养神，准备上朝，刺客看到他那严谨、端庄的样子，就下不了手。可是皇帝下令让他去刺杀，圣旨不可违，他又不想杀赵盾，怎么办呢？他自己就撞死在门前的树上。可见一个人他的姿态，给别人一种力量感，都让杀手不忍心下手，宁可自杀也不会刺杀他。可见“入虚室，如有人”的重要性。

我们说在《弟子规》中有着非常完备的现场感训练的内容，就是“缓揭帘，勿有声；宽转弯，勿触棱。执虚器，如执盈；入虚室，如有人”。东汉大臣杨震在到新的岗位上任的时候，路过他当年推荐过的一个叫王密的部下任上所在地，就去看望他。晚上王密提着黄金来感谢他。杨震说："你难道不了解我吗？你怎么能这样做？"王密说："没关系，现在没有任何人看见，你就收下吧。"杨震怎么讲呢？杨震说："怎么没有任何人看见呢？你知、我知、天知、地知。"王密一看这个架势就把礼物又收回去了。

古人在日常工作和生活中，把"慎独"作为一个人人格修炼的重要的平台，就是说有人监督，我要这样做；没有人监督，我更要这样做。为啥呢？他知道整个宇宙就是一个监视器，这也是我们常常讲的量子状态。古人虽然不懂量子状态，但他们有一种大的信任、信仰，就是"举头三尺有神明"。所谓的神明，我们在前面课程里面讲了，就是我们的潜意识。我们的潜意识是与宇宙共享的，我们动的每一个念头别人都知道。所以古人强调"慎独"，特别强调在独自一人的时候去修炼自己。

接下来，《弟子规》讲道："事勿忙，忙多错；勿畏难，勿轻略。"为什么要强调这一句？因为我们在匆忙的时候，往往容易草率，往往容易轻率做决定。有人整理贝多芬当年的一些音乐手稿时发现，手稿有些地方修改了一百多次，对于一些乐章的开端，他是反反复复地进行尝试。这让我们知道一个大音乐家是如何创作出来伟大作品的，因为他非常慎重。

《弟子规》将"慎独"的功夫作为一个重要的环节提了出来。落实到具体的对待事件的态度上，我们就要做到"事勿忙，忙多错；勿畏难，勿轻略"。第一，不能忙。第二，我们不能畏难，同时也不能轻率。做任何事情，把准备工作做足，做好所谓的"人一能之己百之，人十能之己千之"的准备。就是充分地准备来赢得成功，等待灵感。我现在给大家分享《弟子规》，大家说："郭老师，你讲《弟子规》，你怎么没讲稿？"

其实在讲课之前我要做许多功课，至少要把《弟子规》背下来，才能倡议大家背，让大家践行。我首先自己就要背下来，给大家做一个榜样。这就要花很大的工夫做准备工作。这样我在讲课的时候，台下的观众看到郭文斌能够背诵《弟子规》，那么他就产生信心。对于这样的一件事情，我不能畏难，不能轻略。

现在记忆力感觉跟当年大不一样了，一边背一边忘，一边忘一边背。我就学曾国藩他父亲考进士，考到老，考了几十次考不上，但是从不放弃。曾国藩跟太平军作战也是一样，打一仗失败了，打一仗失败了，有人就笑话曾国藩，说曾国藩是屡战屡败。曾国藩把这几个字调整了一下次序，他改成："我不是屡战屡败，我是屡败屡战。"你看这个次序调整了，感觉就变了，就是说我虽然败了，我还继续战斗，就是"勿畏难，勿轻略"。

我们儒家有着一套完整的功夫，例如"事前定"，在事前就要把功夫做足；"行前定"，甚至在起心动念的时候，就要做足功夫。就是一件事情我们做了规划之后，一定要把准备工作做充分。这是《弟子规》在"谨"这部分一个重要的环节，就是一定要做好充分的准备工作。面对困难我们要充满信心，因为我们有足够的准备来应对。

接着，《弟子规》从个人的行姿又进入一个新的空间，经过这样几个大的环节讲到了"斗闹场，绝勿近；邪僻事，绝勿问"。就是说我们一定要有选择地进行人生的一些重大安排，对于"斗闹场"我们一定要警惕。我们在前面的课程里讲过，霍金斯认为但凡娱乐场所它的能量都很低。我们到这些场合之后，跟它们产生量子纠缠，进行能量共振之后，我们的能量就降低了。

"斗闹场"一定要少去，"邪僻事"要少问。因为我们的行动是由潜意识支配的。而潜意识是由什么构成的？是由我们的阅读构成的。我们看的每一本书，听的每一句话，看的每一出节目，都是我们的潜意识构成的。而“邪僻事”我们听多了，看多了，会直接影响我们对这个世界的态度。反社会的书看多了，自然会跟反社会的情绪进行共振。所以，要尽可能地规避掉一些不健康的传媒。相反，一些高雅的高能量的节目，我们要常常看。为啥？它也是在构建我们的潜意识。

比如说我们海口大讲堂的这些节目，就是高能量的节目，我们每看一分钟，我们的潜意识就增加一份正能量。增加一套正能量的信息通信系统之后，正能量就随之进入我们的生命当中。时间长了，我们的潜意识“大厦”里面就没有负能量。没有负能量的话，就不会有负能量的行动发生，那么人生就是健康的。在这里，它用“斗闹场”和“邪僻事”作代指，让我们规避掉一切有可能降低我们生命能量的传媒。

主持语：

上一节，郭文斌先生在详细解读“执虚器，如执盈；入虚室，如有人”这两句训谕后认为，如果一个人手端空杯能够做到如履薄冰般谨慎，待在一个空房间里能够做到如见众人般端庄，那么这个人的功夫就修炼到家了。这种功夫就是前面提到的慎独力、庄重感和恭敬心，就是现场感。郭文斌先生认为，没有高超的慎独力、庄重感和恭敬心，是绝对做不到“执虚器，如执盈；入虚室，如有人”的。这也是他认为“执虚器，如执盈；入虚室，如有人”的现场感训练比“缓揭帘，勿有声 ；宽转弯，勿触棱”更细腻、更细致、更精致的原因。

拿中国传统表演艺术来说，舞台上如果演员现场感不够，稍微一个走神就会露出破绽。如果是功夫表演，如果演员现场感不到家，甚至都会有生命危险。郭文斌先生认为，现场感既强调生命内在和谐，也强调生命外在和谐。“举头三尺有神明”等民间俗语，就是在强调内在和谐与外在和谐的统一，它提醒我们做人做事必须要像“执虚器，如执盈；入虚室，如有人”一样，怀有高度的慎独力、庄重感和恭敬心。

古人对交友为什么这么慎重呢？因为交友它直接影响我们潜意识的构成，因为我们跟朋友在一块儿，你要吃、喝、说、交流，潜移默化地就会对我们构成影响。这些年我们看到国家大力治理网络，在我看来它是保护青少年心灵世界最重要的举措。如果一个人没有足够的粮食吃，只是挨饿；如果一个人的心灵被破坏了，就很难弥补。现在国家对网络的重视和治理，是值得我们称赞的！这一堂课就讲到这里，下一节课我们接着分享《弟子规》“谨”这一部分。

第 34 集

种子里面有春秋

主持语：

在上一堂课里，郭文斌先生通过解读《弟子规》"谨"篇中的"缓揭帘，勿有声；宽转弯，勿触棱。执虚器，如执盈；入虚室，如有人"这几句训谕告诉我们，如果慎独功夫到家，现场感水平高，不但可以增益我们的生命力，同时也可以保卫我们的生命，让我们的生活更加幸福。

在上一堂课的结尾部分，郭文斌先生也讲到了《弟子规》"谨"篇中的"斗闹场，绝勿近；邪僻事，绝勿问"这两句训谕，进一步指出"慎独"之于人生的重要性。

郭文斌先生认为，如果一个人要修炼"慎独"功夫，尤其要注意避免进入斗闹场，避免接触和传说邪僻之事。因为种子一旦进入土壤迟早要发芽，我们平时的所看、所听之于人格都是种子。因此，要想趋吉避凶，就必须增强自己的慎独力，远离斗闹场，莫理邪僻事。

大家好！我接着给大家分享《弟子规》第三部分“谨”。上一节我给大家分享了“缓揭帘，勿有声 ；宽转弯，勿触棱。执虚器，如执盈；入虚室，如有人。”如果说一个人的慎独功夫到家，现场感的水平高，它不单单可以变成自己的生命力，同时在一定意义上还可以保卫自己的生命。

晋灵公当年因为昏庸无道，赵盾就反复地进谏，晋灵公很烦，就派著名的刺客锄麑(chú ní)去刺杀赵盾。可是锄麑凌晨到了赵盾的房间，看到天还没有亮，赵盾已经穿上朝服，坐得端端正正地准备上朝。而且嘴里面还在预习如何向皇帝进谏。听得锄麑特别感动，这就让锄麑很犯难。杀了他？这么好的一个忠臣，天没亮起来，一个人居然能坐这么端庄，而且把朝服穿得这么整齐，一心一意为了国家。不杀他吧，皇帝的命令怎么办？就是说，杀掉赵盾，他就是一个不忠不义的人；而不杀赵盾，他就是一个不诚不信的人。真是太难了！在两难的情况下，锄麑一头撞在了赵盾家门前的槐树上，死了。由此可见，慎独功夫，它传递的是一种力量。

还有一个故事，就是卫献公回国之后想复国，他就找到很有威望的重臣宁喜，向宁喜提出了自己的想法，希望宁喜能帮到他。当时宁喜正在下棋，痛快地答应了。后来太书文子就给他讲，说：“复国这么重大的事情，你怎么能不加思索就答应对方？这岂不是有些草率吗？”宁喜又不乐意了。没想到卫献公复国之后掌握了大权，就找了一个理由，把宁喜一家都给杀了。

这个故事，讲了一个什么样的道理呢？就是说一个人假如不能做到对任何事情有一种“勿畏难，勿轻略”的功夫，会带来灾祸，甚至是杀身之祸。所以我们说每一句话，做每一件事，要遵循《弟子规》里面劝诫的那样，要“勿畏难”，同时要“勿轻略”，不要轻易去答应一些事情，在行动之前做好充分的准备。

接下来《弟子规》讲道：“斗闹场，绝勿近；邪僻事，绝勿问。”它更是在慎独功夫上的典型案例式的规劝，一个人如果要修炼慎独的功夫，尤其要注意避免进入斗闹场，避免去接触邪避之事，这就是传媒的重要性。

“斗闹场，绝勿近；邪僻事，绝勿问。”这两句话的背后，有着暗含的强调。但我们看到，如今社会上有些人恰恰在利用斗闹场和邪僻事来吸引人们的眼球。甚至有些人把它作为一种赚钱的途径。这对社会来讲是一个重大的损失。他们有了经济收益，但是受众付出的心灵代价太大了。不说别的，我们深知有一些平台在用“斗闹”和“邪僻”这两个关键词在赚钱。有一次我为了做一个深入调研就去了一家书店，用一两天的时间挨个儿地翻一些畅销书，翻一些流行的书。有些书它渲染斗闹和邪僻。这样的一些出版物，它让读者付出的心灵代价是不堪设想的。

对于一个学生来讲，先入为主的信息、概念、判断、情景，往往会形成他的潜意识。以后在他的人生中，遇到这样相关的情景时，他就会用类似的思维逻辑去思考。这些作家，他可能没有意识到这样的书流向社会意味着什么。有个词叫洪水猛兽。洪水泛滥我们可以治理，猛兽出笼我们也可以捕捉。但是这样的书一旦售出，就很难收回了。

我在中华书局出版精装七卷本文集的时候，这个过程让我反省了许多事情，因为有一半多的文字，我就不愿意收录了。我曾经有几本书卖得非常好，后来出版社想再版，给很高的版税，我也不愿意再版。当然我的书里面，还没有斗闹场这些情景，还没有邪僻事这些内容，但是我觉得格调不高，我也不愿意再出版了。由这一句话我们可以解读到《弟子规》的精神，就是我们的文化和教育要归位，要回到“思无邪”的传统上来。

中华民族五千年文明，为什么能够保持它的生命力？保持它基本的稳定？就是因为我们的文化是有秩序感的，是正大光明的，是有建设性的。我在《醒来》这本书的前言里面，用大量的篇幅在讲，一定要让文化和教育归位，归到对人的本性的维护上，归到要为历史存正气，为社会弘美德，要反低俗、反庸俗、反媚俗，要和亵渎祖先、亵渎祖国、亵渎人民、亵渎精神的这些现象做坚决的斗争。从一定意义上来讲，这是国家利器。因为文化的崩溃，对于一个民族的伤害太严重了。尼克松当年写过一本书，叫《不战而胜》。什么意思呢？他说当中国的青少年不再相信他们的传统文化的时候，那么中华民族就到了灭亡的时候。

主持语：

在前几堂课里，郭文斌先生多次提到了“慎独”。接着，他又从“缓揭帘，勿有声；宽转弯，勿触棱。执虚器，如执盈；入虚室，如有人”过渡到“斗闹场，绝勿近；邪僻事，绝勿问”，又一次强调了“慎独”的重要性。那么“慎独”到底什么意思呢？“慎独”是儒学的一个重要概念，《辞海》解释为在独处或无人注意时，自己的行为也要谨慎不苟。就是说，人们在独处或无人监督时，也能严于律己，谨慎心念，警惕放逸。“慎独”，既是学养，也是素养，还是教养，是“君子之风”的重要内涵。

我们在古装影视剧里经常看到，古代官员的书房或者公堂的墙壁上，往往挂有“慎独”二字的书法作品或题匾，就是官员们用此二字来勉励自己做一个有操守、有德行、有作为的清官、好官。晚清名臣曾国藩著名的"日课四条"——"慎独、主敬、求仁、习劳",即以"慎独"打头,他说"慎独"是根本,其他三条都是枝叶,由此可见"慎独"的重要。那么我们应该如何训练和培养自己的慎独力呢?

传统文化是什么?传统文化在我看来,它就是一种正大光明的文化,是提升我们人格境界的文化,是引人向内向善的文化。所以《弟子规》在这里讲"斗闹场,绝勿近;邪僻事,绝勿问"。

有一些平台的戏剧、影视剧、歌舞游戏历史,把历史虚无化、游戏化、矮化,只为吸引观众的眼球,让我们对历史产生了严重的误解;拿英雄人物开玩笑,让我们对英雄人物产生了严重的怀疑。历史虚无化、歪曲历史会造成一个什么样的后果呢?它直接会影响人们的现实姿态。因为当一个人认为历史是虚假的、游戏化的、斗闹化的,那么他在现实生活中就会显得游戏化,甚至玩世不恭。

《春秋》讲道:"乱臣贼子惧。"为什么呢?因为《春秋》是一面镜子。当一个人认识到历史是一面镜子的时候,认识到我们每一个人都要进入历史的时候,他自然会庄严起来,慎重起来,郑重起来。这一句话,可以让我们联想到文化观,联想到文明观。古人讲:"治世之音安以乐,乱世之音怨以怒,亡国之音哀以思。"对应到戏剧、影视剧、歌舞,同样的我们需要给它们注入正能量,我们要反斗闹化、反邪僻化、反刺激化。有些人跟我讨论,西方戏剧和东方戏剧的区别,我们的戏剧多是大团圆结局,而西方的戏剧多是悲剧。一部戏看完,它对于一个人有重要的心理暗示。当这个戏的结局是大团圆时,它给我们的心理暗示就是大团圆,它引导我们去经营生命能量,最后走向大团圆。我们的家族、我们的民族最后是一个大团圆的,五十六个民族一家人的大团圆。

前面课上讲的，江南第一家到了鼎盛时期三千多人一块儿吃饭不分家。如果我们的戏剧是分裂式的、悲剧式的，宣扬个人自由式的，不可能有这样的状态。也许有人会问，这样的大家族有什么好？我们看到，这样的大家族为国家输送了一百七十多位县级以上的官员，没有一个人贪赃枉法。

有人专门研究过自由主义文化和秩序主义的文化，那些奉行自由主义的大家族，往往会出现许多的反社会人物。原因在哪呢？他太强调自我。而中国文化恰恰是一个维护人类永久性生存的文化、维护人类群体性生活的文化、维护人类安全性生活的文化。只有整体安全，才有个体的安全。如果没有整体的安全，就没有个体的自由。一条船都翻掉了，你个体自由有什么用？

在这里，我们延伸出来了许多文化上的、文明上的、教育上的话题，就是说一定要“反斗闹，反邪僻”。“斗闹”和“邪僻”是一个代表，因为《弟子规》它有一个让我们举一反三的约束力，由此我们可以延伸出反低俗、反媚俗、反庸俗、反亵渎、反低能量化、反游戏化。把文化游戏化，一谈文化，就是游戏，就是广场舞，就是取笑逗乐，这是错误的。

文化是什么呢？文化是一个国家和民族的灵魂。它的特点是要有建设力、和谐力、生命力。《弟子规》在这个方面的内容，我们可以延伸出这么多话题。我们还可以在更深层面上对它进行推理。

接下来《弟子规》讲什么？它讲“将入门，问孰存；将上堂，声必扬”。就是说一个人从外面回来，进家门要去见自己的长辈的时候，要遵守一些什么样的规则。“将入门，问孰存；将上堂，声必扬”，这就跟前面的“出必告，反必面”呼应上了。我们进屋子要说：“爸爸妈妈，我回来了。”打个招呼，这是礼节。同时也是我们进入一个新的环境，进入一个新的场态应该做的，让长辈知道自己回来了。特别是在过去的那些大家族，如果晚辈没有这样的一种修养和训练，往往会有一些尴尬的事情发生。

古人有一个习惯，进卫生间，要先敲敲门。明明知道里面没有人，他也要敲一敲，显示对空间的一种尊重。当我们对空间有一种新的感受之后，我们对空间的尊重感油然而生。我现在住宾馆的时候，拿房卡打开房门进去，会先给这个房间行一个礼。离开的时候，我会把房间整理干净，然后行一个礼，再带上房卡去退房。这样做内心感觉到很踏实，很充实。空间也是一个生命体，“将入门，问孰存；将上堂，声必扬”也是“谨”的主要内容。

“人问谁，对以名；吾与我，不分明。”就是当别人问我们的时候，说：“谁呀？”你说：“我是郭文斌。”而不能说“我”。人家知道你是谁啊？就是说一定要报上名字。你像过去那些大家族，特别是在没有计划生育的年代，一对夫妇可能有好多孩子，到底谁来了？一定要报上自己的姓名。这样做有什么好处呢？时刻对自己有一个身份确认，“人问谁，对以名；吾与我，不分明”。报上我们的姓名显得谦恭，同时，对我们的身份有一种自我确认。

接下来《弟子规》讲道：“用人物，须明求；倘不问，即为偷。”这里给我们讲了古人对偷这个概念的理解，什么叫“偷”呢？就是说你没有请示，别人没有给你指令，动用了别人的东西，就叫偷。古人把它叫作“不与取”，就是别人没有同意，你拿了人家的东西，这都算偷。这是生命严谨性训练重要的内容之一。偷有行为上的偷，有念头上的偷。如果我们拿“不与取”对偷做一个外延上的描述，那就太多了。比如说我们到大自然里面去，随手摘一个果子吃，这算不算偷呢？按照“不与取”，这也算偷。

为什么在古代社会，有一些路不拾遗、夜不闭户的现象？因为古人得到的训练是“不与取”。就是东西被扔在马路上，你碰上了，没有人你也不能捡。为啥呢？这个时候，如果我们把它捡过来也算是偷。

主持语：

上一节，郭文斌先生引经据典，结合实践，以独特的视角解读了“斗闹场，绝勿近；邪僻事，绝勿问”“将入门，问孰存；将上堂，声必扬”“人问谁，对以名；吾与我，不分明”和“用人物，须明求；倘不问，即为偷”等训谕，并启发我们，这些精辟的训谕正是训练和培养慎独能力的重要方法论。郭文斌先生认为，“慎独”是衡量一个人道德水准的试金石。一个人在公共场合，不做错事比较容易。而在独处时，也能不做违反道德准则的事，就需要有很高的人格修养。

郭文斌先生介绍，要做到“慎独”，有六步功夫需要练习。

一要“慎心”，在各种诱惑面前练习不动心，强化面对欲望大敌时，能够把持自己的强大心力。

二要“慎始”，开弓没有回头箭，做任何事从开头就要十分谨慎。

三要“慎终”，只有慎终才能追远。一个人只有时时想到终点，才能善待起点，一个人只有热爱生命，才能珍爱生活。

四要“防非”，“非礼勿视，非礼勿听，非礼勿言，非礼勿动”。

五要“防欺”，要想“举头三尺有神明”，要有东汉大臣杨震暮夜却金所讲的“天知、神知、我知、子知，何谓无知”那样的敬畏心。

六要“防妄”，“慎独”功夫最后要落在降伏妄念上。没有妄念，自然就没有妄动；没有妄动，自然就没有妄果。

总而言之，“慎独”就像一粒种子，我们播下什么种子，最后就会开出什么花，结出什么果。

《记住乡愁》在某一集中拍到了一个细节，在山西有一个村子，叫杨家堂村，有个商人做完生意，把一个包给落下了。有人捡到这个包发现里面有许多钱财，包括一些票据。这个人怎么做呢？又不知道谁落下的，于是就坐在捡到这个包裹的地方一直等，等啊等，等了很长时间，终于有人来了。他看着这人神色慌张，经过一番询问之后，认定包就是这个人的，他就把它如数交还。这位商人的感动，大家可想而知。他就收这位捡到包裹的人为徒弟，并且给他一笔钱让他做生意，后来这人就成了村子里最大的一个商户，这是第一节里面的一个内容。我们看到古人的这种品质，值得我们今天好好效仿。这一堂课就讲到这里，下一节课我们接着分享《弟子规》。

第35集

慎独风成中华兴

主持语：

在上一堂课里，郭文斌先生通过解读“斗闹场，绝勿近；邪僻事，绝勿问”等《弟子规》“谨”篇中的相关内容告诉我们训练和培养“慎独”功夫的重要性，并结合古代典籍告诉我们，训练和培养慎独力的方法论。同时，郭先生也从一个侧面提到了“反斗闹”“反邪僻”等社会层面慎独力建设的重要性。

在本堂课里，郭先生将以“反斗闹”“反邪僻”为切入点，通过《弟子规》“谨”篇中的后续内容，将“慎独”延伸到社会层面进行深入解读，指出“反斗闹”“反邪僻”是一种重要的慎独文化，特别指出“传媒慎独”的极端重要性，因为传媒对人的潜意识影响巨大。

郭文斌先生认为，国家近年来从多个层面着手矫正文化的方向、出版的方向、传媒的方向、网络的方向，这是扶正祛邪的过程，是重新唤回创作和传播良知的工程，更是社会层面慎独力建设的伟大工程。

大家好！我接着分享《弟子规》中的第三部分“谨”。上一堂课我给大家分享了“斗闹场，绝勿近；邪僻事，绝勿问。将入门，问孰存；将上堂，声必扬。人问谁，对以名；吾与我，不分明”。在这里面讲了“反斗闹”“反邪僻”的重要性。就是说如果我们把它作为一种文化的旨意，我们会看到古人对“邪僻”和“斗闹”的警惕。

我们村有两个小伙子当年闯世界，其中一位被判了八年徒刑，他在监狱里我就跟他通信，我说：“你小的时候，挺善良的，挺可爱的，怎么就犯下这么大的错误呢？”他给我回信讲，因为模仿一些影视剧逞能就进去了。这个回答让我很震惊。这个影视剧的编剧导演在这个小伙子这八年徒刑里面该承担什么责任呢？他这八年还不算长的话，有些人因为模仿还杀人了呢！

那另一个小伙子呢？运气就比较好，他有一年冬天在一座城市路过一个书摊，顺手牵羊偷了人家一本书，把他命运改变了。偷了哪一本书呢？我每次讲到这儿的时候，我就让大家猜一猜，许多人就说是《寻找安详》或者是《农历》。我说既不是《寻找安详》也不是《农历》，它是路遥先生的《平凡的世界》。当他读到其中一段话的时候，一下子就觉悟了。哪一句话呢？他说：“一个人命运的改变是由他的觉醒的早晚决定的。”他流着泪把这本书看完了，突然觉得自己不能这样活下去了。

他带着一种感动，去给书摊老板还书钱，老板当然也很感动。这个世界上还有这么好的人，偷了书还能给钱。他就讲了他的经历，然后这个老板说：“那好，我有一本很好的书送给你。”这本书叫什么名字呢？它就是我在前面的课堂里反复引用过的《了凡四训》。这位青年按照这一本书的指引开始了他新的人生历程，娶妻生子，勤劳致富，孝敬老人，后来还被评为宁夏的"道德模范"。由两个青年的不同命运，我们就可以看出来"邪僻"和"斗闹"对一个人的影响。相反，"反邪僻""反斗闹"，比如《平凡的世界》《了凡四训》这些书籍，对于一个人的正面建设力能起到积极的作用。

有一次，《中国日报》的记者来采访我，我说："别采访我，我给你介绍两位青年去采访。"他们一听这个故事，特别有兴趣，发了一个整版，还是英文版。当在监狱里的这位青年回到村子里的时候，那一位浪子回头金盆洗手的青年，人家的孩子已经6岁了。我们可以看到，文化，特别是对人格和人的潜意识有重大影响。

近年来，国家从多个层面来矫正出版的方向、传媒的方向、网络的方向，包括召开文艺座谈会。对于一个民族来讲，这可以说是扶正驱邪的工程，是重新唤回创作良知的工程。讴歌祖国，讴歌党，讴歌人民，讴歌英雄，也许在有些评论家心目中觉得，这是不是太主旋律化，但是当我们明白了潜意识的构成，明白了心理暗示的作用之后，我们就要明白批判社会是需要的，但是如果操作不好，恰恰就会给人们带来负面的心理暗示。

大舜、孔子这些人，应用教育的一个重要原理是隐恶扬善，就是说有一件好事，我们要不惜一切代价宣扬。为什么宣扬？因为它都是正能量暗示。但对于一些黑暗的事情、邪恶的事情，我们在曝光传播的时候，既要警惕又要警觉，如果引导不好也可能会引起模仿。我们看到大舜，他治国运用的方法是隐恶扬善，把恶隐掉，把善扩大。换句话说，他应用的原理就是"反斗闹""反邪僻"。

接下来《弟子规》讲道："将入门，问孰存；将上堂，声必扬。"就是说，我们进入一个房间、一个空间要有身份感，要报上自己的姓名。由此我们也可以想到文化，在古代有一些书是没有作者名字的，特别像小说一类的。为啥呢？我认为里面的内容在当时社会中，他不好意思署名，你看诗有名字，散文有名字，赋有名字，但是许多的小说没有名字。

作者不敢署名，为啥呢？我认为署名的话就连他的子孙后代都会嘲笑他、指责他。所以，常常是匿名或者用一个化名。在这里，“将上门，问孰存；将上堂，声必扬。人问谁，对以名；吾与我，不分明”这几句就是让自我身份得到确认。就是任何时候，我们都可以堂堂正正地讲我是谁，它对应的是人的一种担当意识和责任感。

接下来《弟子规》讲道：“用人物，须明求；倘不问，即为偷。”这跟前面的逻辑一样。当一个人有了身份感，那他对自己的举手投足，应该是一种负责任的态度。能做到“不与取”，就不会让自己的生命中有偷的现象发生。中国的汉字很有意思，“偷”跟“输”字很相近，一个人偷的时候，他是一种能量的流失状态。我们说治疗的时候，用痊愈的那个“愈”，跟“偷”非常地接近。那么，当我们把偷堵上了，把能量的盗贼防住，能量就保护住了，所以动一个偷的念头能量会流失。

我常常分享，我们的念头跟生理反应之间的关系。当我们动了一个偷的念头或者是动了一个侥幸的念头的时候，在生理上是有反应的，它对应的是恐惧。据说，小偷的肾脏和心脏都受损了。为啥呢？恐伤肾，东西是偷到了，但是肾脏和心脏受伤了，得不偿失。从“不与取”的角度我们可以看到，无论是个人的修身还是“齐家、治国、平天下”，都无比重要。

主持语：

郭文斌先生讲述了两个年轻人的故事。一个因为受到不良影视剧和书籍影响而违法犯罪；另一个在《平凡的世界》和《了凡四训》这样充满正能量的书籍启发下通过个人奋斗、勤劳致富过上了幸福美好的生活。用真实的案例证明了社会性慎独和传媒慎独的积极作用。实际上，斗闹场就是大染缸，邪僻事就是是非门。接近斗闹场就等于跳进大染缸，白的被染黑，好的被染坏，纯洁的被染成肮脏的。传问邪僻事也等于推开了是非门，清平世界变成是非之地，朗朗乾坤变成诡(guǐ)谲(jué)舞台，和谐社会变成纷争战场。

历史上诸如“孟母三迁”的故事就很好地证明了远离“斗闹场”、莫理“邪僻事”的教育意义。个人教育如此，国家治理同样。近年来，国家从多个层面矫正出版的方向、传媒的方向、网络的方向，中华民族的文化自信得到了显著提高，凝聚力显著增强，社会风气显著好转。

郭文斌先生接着由《弟子规》“斗闹场，绝勿近；邪僻事，绝勿问”解读到“将入门，问孰存；将上堂，声必扬。人问谁，对以名；吾与我，不分明”，由社会性慎独过渡到自我身份认定的慎独。那么接下来的“用人物，须明求；倘不问，即为偷”又是什么性质的慎独呢？

用偷的逻辑来发家致富，这是一种短视的行为、短暂的行为，得不偿失。老子在《道德经》里面反复讲：“甚爱必大费，多藏必厚亡。”老子反复在讲：“生而不有，为而不恃，长而不宰。”就是说，我们要用给予的逻辑、让的逻辑，而不能用索取的逻辑、偷的逻辑。我们都知道，偷有文质彬彬的“偷”，当然是加引号的，有巧取豪夺，有掠夺，还有用各种花样的一种索取。就是说如果它的大前提是主人没有同意，那么一切获得都是偷。从这个意义上来讲,我们对古人的“慎独”就有了更深的理解。古人认为,我们动了一个占别人便宜的念头就已经完成了偷,仅念头一动,相当于行为已经发生了。

用今天的量子力学观点解释，念头一动对应的粒子世界已经形成了,只不过有一个时间差没显像而已。所以古人更注意在念头上防止偷的行为发生,一切规则我们看到都是在防微杜渐,里面都有一个重要的内容，那就是防止偷的念头产生。坐在自己家里面想别人家人,如果是非分之想,也是偷。古人认为,这已经是折损能量的了。

我当年读茅盾的小说,书里提到有一本书叫《太上感应篇》。后来因为要备课就找过来看,《太上感应篇》里面就是讲这些念头的。我才知道人活在这个世界上,犯的错误都是因为动了不该动的念头。我们一看《太上感应篇》,就知道古人是怎么样来跟踪和管理念头的,那比《弟子规》更细了,那是更深一层的功夫了。

我曾看到一则媒体报道有一个人被公安机关收管，我们马上动一个念头说:哇,好哇。动这么一个念头,在《太上感应篇》里面就认为这就已经犯了大过。为啥呢?我们动了一个幸灾乐祸的念头。应该动什么样的念头呢?同情心,这就是善念。但是不少人动的是不妥当的念头。就这个念头,按理说我们都不应该动。

许许多多的家训，它们是从念头进行家庭家风家道建设。你看《朱子治家格言》讲:“黎明即起,洒扫庭除,要内外整洁。既昏便息,关锁门户,必亲自检点。一粥一饭,当思来之不易。半丝半缕,恒念物力维艰。宜未雨而绸缪,毋临渴而掘井。自奉必须简约,宴客切勿流连。器具质而洁,瓦缶胜金玉。饮食约而精,园蔬愈珍馐。勿营华屋,勿谋良田。三姑六婆,实淫盗之媒。婢美妾娇,非闺房之福。童仆勿用俊美,妻妾切忌艳妆。祖宗虽远,祭祀不可不诚。子孙虽愚,经书不可不读。”

等等，整个《朱子治家格言》全在念头上做文章。“见人之得，如己之得。见人之失，如己之失”“人有喜庆，不可生嫉妒心”“人有祸患，不可生喜幸心”“善欲人见，不是真善。恶恐人知，便是大恶”等等，也全在念头上做文章。

一个在念头上就能够防微杜渐的民族，它怎么能够不保持生命力呢？四大文明古国，为什么其他的三大文明古国或者已经消失或者已经断流，唯有中华民族能够保持五千年的强大生命力呢？因为我们在防微杜渐，在念头上就把能量保护住了。这是我们由“用人物，须明求；倘不问，即为偷”讲出来的。

前段时间，我去了一趟敦煌，是《人民日报》组织的“一带一路”的活动。在敦煌洞窟里面我非常感慨，我们有那么多宝贝，如今都在别的国家的博物馆里面。那一种偷盗的行为让你感觉到羞耻。就像斯坦因这些人，明目张胆地、堂而皇之地从一个国家拿走这个国家的宝贝，而我们无可奈何，真的让人想到很多。但是从另一个方面来讲，从《弟子规》的角度来讲，我们自己也要找其中的原因。如果说我们的能量足够多、足够充足，那么偷盗的现象不会在我们大地上发生。一定是我们自己也有人偷了我们祖先的能量，让我们的能量降低了，所以列强才如此猖獗。怎么办呢？老子讲：“自知者明，自胜者强。”我们就要自我强大，我们要实现中国梦，要实现中华民族伟大复兴，只有如此我们才能够让和平一代代延续，敦煌的这种羞辱才能够免于发生。作为后人，我们没有守得住祖先的宝贝，这是耻辱，就是“用人物，须明求；倘不问，即为偷”“借人物，及时还；后有急，借不难”。我当年在书柜上贴了个纸条，本人藏书概不外借，免开尊口。为什么呢？有许多人把书借出去就不还了。当然我自己也犯过一些错误，借了别人的书也有没有还的。现在想起来很懊悔。因为啥呢？当年没学《弟子规》。

后来，我的一个好朋友因病去世，我的手上有他的几本书，我就找他的哥哥，我说："我还有你弟弟的一些书，我怎么还给你？"他哥哥就给我说："这样吧，我给你一个口令，这几本书就归你，由你保存吧。"这样我才把这几本书藏下来。

这些年，我也想方设法还掉了不少朋友的书和物件，感觉心里很踏实。就是说"用人物，须明求；倘不问，即为偷。借人物，及时还；后有急，借不难"，所以"借人物"这个事情要慎重。

主持语：

上一节，郭文斌先生结合《道德经》等古籍所叙和他多年来的心性研究告诉我们，《弟子规》"谨"篇由"将入门，问孰存；将上堂，声必扬。人问谁，对以名；吾与我，不分明"到"用人物，须明求；倘不问，即为偷"，实际上是由自我身份认知的"慎独"过渡到心念的"慎独"。

"用人物，须明求；倘不问，即为偷。"这两句话的意思相当直白，但郭文斌先生认为《弟子规》通过这两句话教导我们的，除了字面上的意思外，起码还蕴含了另外两层意思。一是为人处事要多给予少索取，要多创造少挥霍。第二点尤为重要，那就是不要起过分索取甚至偷盗的妄念。这就要求我们要做到心念慎独。别小看了心念，我们的很多行为都是由心念决定的。

所谓"一念成圣，一念成凡"正是这个道理。"慎独"追根溯源，其实就是心念层面的"革命"。要通过"灵魂深处闹革命"，去除私心杂念，留下利他正念，则人的正气自然就会提升。如果人人都能做到心念慎独，则社会慎独自然风成。一旦社会慎独风成，国家必将强盛，民族必将昌盛。

我记得小的时候，有一天我们村上来了一个回族小伙子，他讲了一件事情，让我非常震惊，让我知道了什么叫作“借人物，及时还”，欲知故事详情，下一节课我们接着分享。

第 36 集

放下心机见天机

主持语：

上一堂课，郭文斌先生通过解读《弟子规》“谨”篇中“用人物，须明求；倘不问，即为偷。借人物，及时还；后有急，借不难”这几句训谕告诉我们，要多给予少索取，多创造少挥霍，更要不起妄念，做到心念慎独。郭文斌先生认为这是“谨”篇中极其重要的一个章节，更是“谨”篇的总结和收尾，一个人只有做到不偷，最好做到借必还，才是成功的，他的能量会处于一种保持状态。而一旦偷盗，人的生命能量将会以极快的速度漏失，哪怕只是动了“偷”的念头，能量也会很快漏失掉。

郭文斌先生为什么这么认为呢？作者又为什么把这几句话作为“谨”篇的结尾呢？在本堂课里，郭文斌先生将沿着“用人物，须明求 ；倘不问，即为偷。借人物，及时还；后有急，借不难”这几句训谕，结合我们生命能量的保持和安全感、获得感、幸福感的保卫，继续深解深挖《弟子规》中蕴含的“慎独”文化。

大家好！我接着分享《弟子规》第三部分“谨”。上一节课，我给大家分享了“用人物，须明求；倘不问，即为偷。借人物，及时还；后有急，借不难”，我们留下一个话题，就是说在我的童年时代，记忆中有这么一件事情非常让我震惊。

村上有一个回族的玩伴，我们一起玩大的，平常挺熟，有一天，他很庄严地到我们家来，拿着一块磨刀石找到我的父亲说：“郭伯伯，我爸爸临行前交代一定要把这块磨刀石还给你。”这块磨刀石是怎么回事呢？原来是他的爸爸当年在生产队里偷过我父亲的磨刀石。我父亲说：“哎呀，我都忘了，不就是一块磨刀石嘛，还这么兴师动众干吗？这么当回事干啥？”这个小伙子讲了一句话，我才知道我们平常很熟悉，但是文化上还是有区别的。他说：“我爸爸说了，如果这块磨刀石不还给你，他就进不了天堂。”这一句话对我的震动很大。他说一块磨刀石不还给人家，他爸爸就进不了天堂，因为他爸爸刚刚去世，小玩伴那一天讲得很严肃。

这让我对他的爸爸肃然起敬，他犯错误了，但是他在临终意识到自己错了。他没有时间，也没有机会来弥补这个错误，于是把这个任务交给了儿子，但是我觉着这样做更好。因为他既矫正了自己的错误，也教育了他的儿子，同时也教育了我。我才知道他们还有这么一个说法：如果偷了别人的东西不还给人家，就进不了天堂。我们且不说天堂，但这种教育很重要。

我们可以想象这一位长辈，他交代的不只这一件，他的这个儿子要一件一件地打理。我们就可以想，既然临终要儿子做这些事，为什么当初自己不做好呢？现在幸亏还来得及，有机会很从容地把后事交代了。如果是横祸没有机会交代这些事情呢？怎么办呢？按照我这个玩伴的说法，如果没完成就进不了天堂，那不是把生命大事耽误了吗？所以，《弟子规》在这里讲“借人物”要“及时还”。最好别借，如果非要借不可，那要记着还。我现在对偷和借的概念有了更深的理解。

曾经有一个名气很大的文化人到银川，我去机场接他，离银时也是我送他去机场。他看了我在刊物上发的一篇文章很感兴趣，内容是我跟一个教授的对话。他说：“你这个文章写得太好了，我没有想到你会用这么现代化的方式讲传统文化。你要好好讲，我支持你。”

接着，他说：“等我回去我给你寄一套我的文集过来。”他的太太说：“好好好，我也记着这个事，你把你的地址给我。”我就把地址给她，后来我就满怀着期待等他的文集，因为他的书我也买了很多，可是左等右等也没有等到。有一年，过春节，我给一些朋友寄宁夏枸杞的时候，我还给他寄了一份，把地址写得很详细，但是春节过了很长时间也还是没有等到他的签名文集。时间一长，我终于明白，他肯定是把这个事情给忘掉了。

从此以后，我多了一个教训，现在我不轻易答应给别人书。如果我说了“回去会把我的书寄给你”，我在说完这一句话之后就要马上发微信，给我的家人和同事，并把那人地址发过去。我担心我会忘掉。《弟子规》在“谨”这一部分讲“事勿忙，忙多错”，因此我们在生活中，轻易不要答应别人，“轻诺必寡信”，轻易不要许诺，如果许诺一定要做到一诺千金。这个在后面“信”的这一部分，我们还会从“信”的角度讲到。

《弟子规》在这里仅仅是拿“借”和“偷”说了我们怎么样才能维护我们的生命力。这是“谨”这一部分的一个重要章节。就是说，一个人只有做到不偷，最好做到不借，那么他才是成功的，他的能量才处于一种保持的状态。就是我常打的一个比方，面缸里的面粉才是满的。

因为偷就相当于把面缸打了一个洞，偷的一个念头一动，能量就走掉了。

为什么《弟子规》要在这两个环节上，把“谨”这一部分做总结呢？因为我们生命中，最损耗我们能量的就是偷的行为和借的行为。为什么要借呢？因为我们没有了才借。这意味着什么呢？一个人借的时候，说明自己面缸里的面粉已经用完了，自己的能量已经亏损了，它意味着我们已经透支生命。借是一个果，原因是什么呢？我们常常在偷，一切恶习都是偷，喝酒是偷，无谓的熬夜是偷，过度的饮食是偷，古人把这些描述为，但凡为贪心服务的一切行为，都是偷都是盗。侥幸的心理是偷，冒险的心理是偷，它们都是反“谨”的。

我们讲，如果“孝”是一棵生命树的根，“悌”就是这棵树的干，“谨”是这个枝干上的重要的一枝，它是怎么样通过对这个枝的维护，来让一棵树长成参天大树。“谨”这个字，我们在前面讲是“讠”和那个“堇”构成的，而那个“堇”是能够对伤口有修复作用的草，它在这里意味着我们要保卫生命，保卫我们的获得感，保卫我们的幸福感，保卫我们的安全感。

怎么样保卫？要特别警惕偷，警惕偷的行为、偷的念头。比如说我们定下早晨五点起床，闹铃已经响了，你说”让我再睡五分钟吧“，这就是偷，因为你已经修改程序了。长此以往，我们的生命就被透支了。那就需要借，而借了我们要还，恶性循环就形成了。

主持语：

郭文斌先生以两个发生在自己身边的真实故事，通俗易懂地解读了“用人物，须明求。倘不问，即为偷”“借人物，及时还；后有急，借不难”这几句训谕。郭文斌先生认为，一个人之所以动了“偷”和“借”的念头，是因为他在生活中缺失了某种他认为很需要的东西，一时没有能力拥有，只能用“偷”和“借”的方式来填补。殊不知“偷”和“借”的行为一旦发生就会漏失自己的能量，要想让自己的生命能量一直保持，就千万别去偷，最好连“借”都不要发生。需要什么通过自己的智慧和劳动去创造。

郭文斌先生进一步推演了一切恶习的养成都是“偷”的变种。因此要想去除恶习就要从避免偷心做起。他甚至认为一切不在现场的心都是偷心，一切向外求的心都是偷心。因此一个人如果把偷心的根挖掉，大自信就到来了。大自信到来，恐惧就没有了。恐惧没有了，安全感就到来了。安全感到来，幸福就到来了。这就要求我们，在做每一件事，说每一句话，甚至动每一个念头之前，一定要考量是否暗藏偷意，是否合乎“慎独”的标准。《弟子规》把这几句话作为“谨”篇的总结，旨在强调“慎独”对于生命的重要性。那么回顾和总结“谨”篇，我们还能受到什么启示呢？

对于《弟子规》的编排，我在诵读的过程中，越读我越感叹，它很科学、很智慧，一定是有过修证经历的人写的。所以，我不仅仅把李毓秀先生认为是一个秀才，我还认为他是一个教育家。当然他是在朱熹的基础上编写的，后来经过贾存仁先生修订的。由此可见，李毓秀他非常有功夫，有修证的功夫。

所以，我们要对《弟子规》带着温情，带着崇敬，带着恭敬去读、去践行、去应用。这样的话，我们就能做到真正的严谨，落实“谨”的精神。而“谨”就是“慎”。“慎”，我们看它是真正的心，真心为“慎”！我们通过“谨”，目的是要到达“慎”。而“慎”通“诚”，就是诚实的“诚”。在曾国藩看来，一个人到达诚的境界，那么这个人就可以跟天地交换能量了。曾国藩对“诚”的定义是：“一念不生谓之诚。”当一个人能做到不起心、不动念的时候，这个人就能达到“诚”的境界。

现在，我们对《弟子规》的第三部分“谨”做一个简单的回顾。它由“朝起早，夜眠迟；老易至，惜此时”讲起，这是一个人对时间的珍重，因为古人他早就看到生命是由时间构成的。所谓只争朝夕，因为生命如同白驹过隙一晃而过，所以我们要珍惜。所以，它从对时间的珍惜讲起。

接下来讲“晨必盥，兼漱口；便溺回，辄净手”，是讲我们这个身体要卫生。接着讲“冠必正，纽必结；袜与履，俱紧切”，我们一方面要保护我们的身体不受风寒，同时要给人一种威仪感、端庄感。接下来讲，我们对待为我们服务的衣物不能乱顿，“衣贵洁，不贵华；上循分，下称家”；又由穿衣讲到吃饭：“对饮食，勿拣择；食适可，勿过则。年方少，勿饮酒；饮酒醉，最为丑。”

对饮食，《弟子规》着重在讲要训练我们的平常心。一个人只有在平常心中，才不会贪求，不会偷也不会借。这个逻辑线很清晰。“衣贵洁，不贵华；上循分，下称家”，讲的是什么呢？我们的简朴精神。关于俭，老子讲“吾有三宝，一曰慈，二曰俭，三曰不敢为天下先”，老子把它总结为“三宝”，有了“三宝”我们就能够吉祥如意，所以它是从平常心、从简朴精神讲起。

接下来讲到“年方少，勿饮酒；饮酒醉，最为丑”，它把饮酒单独拿出来作为我们食饮的一部分来讲，因为饮酒对一个人的伤害太严重了。由饮酒一下子转到我们的身姿：“步从容，立端正；揖深圆，拜恭敬。勿践阈，勿跛倚；勿箕踞，勿摇髀。缓揭帘，勿有声；宽转弯，勿触棱。执虚器，如执盈；入虚室，如有人。”这是对我们行姿的一种规范。

举手投足、起心动念，由外在的行为上升到“慎独”境界，直接导入君子“慎独”。“入虚室，如有人。”一个人待在屋子里如临大敌，那是一种什么样的境界？我们也举了一些案例，说明一个人真的能做到“慎独”的时候，在一定意义上，不但可以让我们免于灾难，甚至能保卫我们的生命。

按照这个本分说，我们生命中的一切灾难，都是我们的课程。按照《零极限》的说法，都是我们的旧记忆。但是如果我们在前面的生命周期里面把这一课过了，那么在这一个生命周期就不会出现。但凡来到我们这个生命周期中的一切，命运安排的一切，我们都要高高兴兴地接受。它是我们的旧记忆，是我们需要上的课。不要抱怨，高高兴兴地接受，接受了之后，以“笑”面对就行了。

“斗闹场，绝勿近；邪辟事，绝勿问。”关于这句话我们讲得比较多，我们讲这是一种文化逻辑。如果我们对它做一个总结的话，就要“隐恶扬善，扶正祛邪”，就是把人们的心念带到正大光明上来，这才是真正的“谨”，真正的疗愈，真正的文化卫士。“将入门，问孰存；将上堂，声必扬。人问谁，对以名；吾与我，不分明”，表明我们由一个场进入另一个场的一种珍重感，也是一种身份转换。对场态的转换要珍重，因为一个场和一个场的频率不一样，从一个场进入另一个场的时候，当我们带着“珍重”进入，我们就不会受伤。

我们都知道，从一个低频场进入一个高频场，就要跟高频场产生共振，如果低频跟不上，那就被高频甩出去了。你看那个水的漩涡，你扔过去一个石子，就被它甩出去了。高速旋转的东西，一个外物进入的话，它是不容的。我们进入一个新场的时候，要带着慎重感、庄重感、尊敬感。如果从小有这方面训练的话，那么一个人进入一个新的环境，就不会给人一种不适应的感觉，或者是给别人不舒服的感觉，他就会学会如何融入一个新的场。这一句话很重要，身份感、进入感、适应感是对一个人的适应性的训练。

最后“谨”用什么来收尾和总结呢？用“用人物，须明求”。在这里强调了一个字，就是“明”，要正大光明，日月为明，就是过一种正大光明的人生，绝对不能动“偷”的念头。什么叫“偷”？别人不同意，我们拿的一切东西都算“偷”来的，包括我们向我们自己申请能量，也要用申请的方式，要有秩序。一个人频频地改变自己的作息时间，改变自己的一些良好习惯，都是向生命的一种透支，是“偷”的行为。

最后作者写到“借人物，及时还；后有急，借不难”，如果我们从象征性的角度来讲，这里也跟“入则孝”和“出则悌”的结尾一样，也上升到了逻辑哲学层面。为什么呢？我们的生命也是借来的。向谁借的呢？向爸爸妈妈借来的，向天地借的。

主持语：

上一节，郭文斌先生回顾了《弟子规》“谨”篇的所有内容，他再一次启发我们，细节决定成败，生活中的点点滴滴都有可能左右我们的命运。他告诉我们，“谨”是修身之本，在生活中要警惕言语行动，乃至起心动念。

“谨”篇所涉及的内容表面上看都是日常生活中的细节小事，小到行住坐卧、洒扫应对、洗漱便溺、穿衣吃饭等等，似乎无关做人的大道理。但《弟子规》正是从这些具体的小事入手，启发我们在日常行为和生活细节中培养严谨力，养成规矩。“无规矩不成方圆”，只有规矩做人才能培养我们的恭敬心、敬畏心和感恩心，才能有益于我们的人格成长。

郭文斌先生还告诉我们，“谨”包含“慎独”。如果每个人都能做到“慎独”，整个社会将风清气正，我们才能最大限度地拥有安全感、获得感和幸福感，最终回到第一故乡。郭先生认为这才是《弟子规》“谨”篇的根本用意所在。

怎么借的，就要怎么还给人家，而且要毫发无损地还给人家。有可能的话，还要带一些利息还给人家。这就是稻盛和夫讲的：“希望我走的时候比我来的时候灵魂更高尚一点儿。”这就是完璧归赵，我们就把我们的生命还到本体里面去。最好的就是把面包还成面粉，把面条还成面粉，把蛋糕还成面粉。这样的人生，才是真正的“谨”的人生。这一堂课我们就讲到这里，下一节课接着分享《弟子规》。

第 37 集

信作舟时海浪平

主持语：

《弟子规》就像一棵参天大树，如果说“孝”是它的根，那么“悌”就是它的干，“谨”和“信”就是它的枝，“泛爱众”和“亲仁”则是开花结果，而“行有余力，则以学文”就是这棵大树给世人营造的一片荫凉。

上一堂课郭文斌先生从《弟子规》“谨”篇中“斗闹场，绝勿近；邪僻事，绝勿问”一直讲到“用人物，须明求；倘不问，即为偷”。结合前面几堂课的内容，这部分将“慎独”由个人现场感过渡到“社会性慎独”和”传媒慎独”，再过渡到“自我身份认定的慎独”，最后过渡到“心念慎独”，为《弟子规》“谨”篇的解读完美收官。

本堂课，郭文斌先生将由“借人物，及时还；后有急，借不难”和“凡出言，信为先；诈与妄，奚可焉”这几句训谕将《弟子规》“谨”篇的解读过渡到“信”篇的解读。“信”是“谨”的姊妹篇，和“谨”互相呼应，是人品最为直接的体现，对于每一个人都十分重要。一个人如果失“信”，轻则事业受损，重则在社会上无立锥之地。

大家好！我接着给大家分享《弟子规》的第四部分，第四部分是“信”。我在前面讲过，如果把《弟子规》看作一棵参天大树的话，那么“孝”是它的根，“悌”是它的干，“谨”和“信”是它的枝，到“泛爱众”和“亲仁”就要开花结果了。然后把这一棵参天大树展示给后人，让后人乘凉，就是第七部分“行有余力，则以学文”。

在“信”这一部分，《弟子规》有许多分项进行论证，它和“谨”是互相呼应的。“信”这一部分，我们可以看到，它是“谨”的姊妹篇。“信”这个字的会意，它是人说的话，就是“信”。可见在古人的心目中，但凡是人说话，他有一个属性，有一个特点，就是可信度高，就是可以相信；相反的来讲，假如说没有可信度，假如没有诚信，那么就不是人说的话。“信”在这里，我们拆开来看，那就是作为人，有一个最起码的标准，就是要具有信的品格。

那“信”这一章从什么讲起呢？如果说“谨”是从对时间的珍爱讲起的话，那么“信”它从什么来讲呢？我们看“凡出言，信为先”，这就从说话开始讲起，就是说一个人的“信”，它首先体现在这个人的语言上。“凡出言，信为先；诈与妄，奚可焉”就是“信为先”，如果是“诈”和“妄”的话，那么这个人就没什么可说的了。“奚可焉”，因为作者用了一个语气助词“焉”，那还有什么可说的呢？如果一个人说话都不算数，没有信誉度，那这个人就没什么可说的了。所以说：“凡出言，信为先；诈与妄，奚可焉！”

《道德经》里面讲：“有德司契，无德司彻。”我们知道西方的文化，它强调契约精神。现在人们做任何事情都要签一个合同，签一个契约。但是在我国古代,人们不这样做,为什么呢?假如说一个人要用契约,大家都觉着是互相的一种伤害。但是在现代社会,人们觉着没有契约恰恰没有现代精神。可见这是古今的区别。

我们在《记住乡愁》里面拍到了一个片子。当年有一个人手上拿着许多借据,就是别人借他的粮食、财物、银两的借据。但是后来这个人看到对方实在还不起,他就当着对方的面,把这些借据都烧掉了。什么意思呢？我把借据烧掉了,意味着我不要你欠账了,我的子孙后代呢,再也不会拿着这些借据向你的子孙后代讨账。你看古人这心肠多热。

老子讲:“有德司契,无德司彻。”那什么是真正的契约呢?有“德”就是契约。所以古人打交道,不看你到底有没有给他打借据,有没有契约,他首先看你这个人有没有“德”,他认为有“德”的人不需要契约,那才是真正的契约。没有“德”的人,即便是签署了契约,他也不会遵守,那么这个契约就没有什么意义。

由“信”我们会想到历史上有许多由“信”取“信”的例子。比如说,“商鞅立木”这是妇孺皆知的一个典故。商鞅当年变法,为了在全国赢得百姓的信任,他怎么取“信”呢？把一个木头放在南门,他贴了一则告示,有谁如果能把这块木头从南门搬到北门,就给他奖励十金。没有人相信,心想这未免太简单了吧？把一块木头从南门搬到北门,这么简单的事情,怎么国家会给你奖十金呢?所以没有人相信。商鞅一再地加大赏金,一直加大到五十金。终于有一个勇士、一个壮士把这个木头从南门搬到了北门,商鞅果然给他奖励了五十金。由此商鞅的信任度大大地提高,这就是著名的“商鞅立木”,为他的变法赢得了信任度。

老子有一句话非常著名,他说:“信不足焉,有不信焉。”人们为什么没有信仰？人们为什么没有行动力？人们为什么不信你的话呢？因为你给人的感觉是不可信的。就是说一个人给人的感觉没有信任度，那别人就不会追随，那么诚信度建立不起来，公信力建立不起来，执行力当然就丧失了，号召力当然就丧失了。衡量一个人的合法性的一个重要标准，就是“信”，诚信的“信”。《弟子规》从“凡出言，信为先”讲起，讲到我们说每一句话，要么不说，要说就要一诺千金。老子说“信言不美，美言不信”，他最担心的是一个人讲得很好，但做不到。

这些年，我在全国传统文化战线进行义讲的时候，我发现有一大批传统文化的讲师就被考下去了，被什么考下去了呢？被信誉度考下去了。就是说他嘴上讲得很好，但是行动跟他讲的、跟他说的是两回事。时间一长，那义工志愿者眼睛是很明亮的，渐渐地这些讲师就慢慢地被淘汰掉了。比如说他讲奉献，但他的行动有索取的迹象，这个战线是容不得虚伪的人的，天长日久，这就是一个大浪淘沙的过程。在今天我还能够被大家信任，能够留在这条战线，我感觉到无比幸运，同时也有些后怕，如果自己的意志不坚定，那就会被考下去了。言行一致是至为重要的。

“信”的反面是“诈”或“妄”，由这一句话，我们来推演《弟子规》的精神，就是这一句话背后，它可以推出来什么样的跟当下社会所对应的精神呢？我们看看在现在的社会，许许多多的商业广告，事实上都是“诈”和“妄”。不少商业广告，包括一些课程的设置，像教育培训、补习班、培训班课程的设置，当人们交了钱，报了名，进去一听一学，发现上当了。“诈”与“妄”，即言过其实，许许多多的商业欺诈，广告里面的水分，宣传、营销里面的水分，都是《弟子规》不提倡的，就是“诈与妄，奚可焉。”

主持语：

郭文斌先生从《弟子规》“信”篇的“凡出言，信为先；诈与妄，奚可焉”讲起，告诉我们“信”是什么：“信”从“人”从“言”，本义是诚实、不欺骗，也即我们经常说的诚信。而诚信首先体现在“言而有信”上，信守承诺，一诺千金，不忘初心，方得始终。而一个人要真正做到诚信不欺，就要深层次认识“法”的概念。

从人伦来讲，人不触犯刑法则不会受到追究。但从宇宙法则来讲，动了违法的念头就算犯法，所谓“法网恢恢，疏而不漏”。因此《道德经》讲：“有德司契，无德司彻。”在老子看来，诚信本身就是价值，起心动念本身就是价值，因为“天道无亲，常与善人”。在有德之人心中，他有一个大自信，那就是天道，天道才是真正的“契约”。因此“圣人执左契，而不责于人”，因为一切都有天道在平衡。如此我们还有必要欺人吗？另一方面，还有必要把非诚信者诉诸公堂吗？为此教人明理就成为大德，才是真正的“契约精神”。

接着郭文斌先生借用《记住乡愁》中“好汉济人窘困烧借据”和“商鞅兑现承诺促变法”两个故事阐述了诚信和成功的关系，告诉我们诚信是君子人格的重要内涵。所谓“君子一言，驷马难追”，就是引导我们要做言而有信的真君子。那么“诈与妄，奚可焉”又是什么意思呢？

对于一个人来讲，如果没有“信”，只有“诈”和“妄”，他就没有立足之地。孔子讲：“大车无輗，小车无軏，其何以行之哉？”孔子把“信”讲到这个程度，说“人而无信”不可言了。人如果没有“信”，那么他在这个社会就没有立足之地。“大车无輗，小车无軏”，就是说古代车子最关键的两个部位没有了,人如果没有信用,这个车子就瘫痪了。在古代社会,一个家庭,如果信誉度丧失了,儿子娶不上媳妇,女儿嫁不出去。在古代社会,人们找儿媳,谈婚论嫁,首先看的是家风。家风塑造的重中之重就是诚信度。而对于一个社会来讲,没有诚信,那么这个社会就没有安全感、幸福感。

《记住乡愁》拍了一期节目,广西的罗凤村有一个无人售菜市场,买菜的人把菜拿上,把钱放在钱袋里面,如果需要找零就自己找零,然后把菜拿走。什么意思呢?就是卖菜的人和买菜的人互相不见面,一百多年来,没有发生过谁多拿了菜,谁少给了钱的。这个片子第一次拍上来,我有些看不明白,我就给编导提了一个问题,我说:“这个村子为什么一百年会有这么高的信誉度呢?它的教育是怎么完成的呢?”编导回去补拍了一下,在补拍上来的素材里面,我才看到这个村子,他从孩子小时候就开始进行诚信的熏染。比如说大人抱着孩子去买菜,把菜拿上,把钱投进去,让孩子从小就接受一种信誉的教育。有些稍大一些的孩子就问父母:“我们为什么要这样做呢?”父母就给孩子讲“信”在一个人一生中的重要性,讲孔子的观点“民无信无立”,就是说你没有“信”,你在这个人间是立不起来的,你的生命是立不起来的,这个社会没有容你之处。所以《弟子规》在“谨”之后讲“信”,讲“信”的时候,它从“诈”和“妄”两个相反方面去论述,说千万不能有“诈”,千万不能有“妄”!“诈与妄,奚可焉!”

接下来,《弟子规》讲道:“话说多,不如少;惟其是,勿佞巧。”为什么在“凡出言,信为先;诈与妄,奚可焉”的后面要接着讲“话说多,不如少;惟其是,勿佞巧”呢?因为一个人话说多了,很可能就会说夸夸其谈的话、说承诺的话,就会说一些后来可能无法兑现的话。这样给人的感觉,就把信誉度丧失了。我在前面的课程里面讲过,一位影响很大的名家答应赠我一套书，但后来我没有收到，我对他的好感就没有了，原来我的书架上摆着他很多书，但是从此以后，我把这些书就下架了。因为我对这个人的好感已经没有了，敬畏感已经没有了，恭敬心已经没有了，这对我教育很大。

我在《〈弟子规〉到底说什么》这本书里面，引用过一对信义兄弟的故事：当年有一个包工头带着村上的人搞建筑，快过大年的时候出了车祸，本来在年前准备要给大家发工资，可是在年前他出了车祸，他弟弟就一边准备办丧事，一边筹集资金给这些农民工，把工资抢在大年三十前发出去。因为他弟弟在收拾车祸现场的时候，发现他哥哥车的后备厢里面放着几十万块钱。然后他就在过大年前，贴了一个告示。他哥哥已经去世了，也没有留下证据，那么村人就自己来报数字，"你报多少，我哥哥欠你多少工资，我就发你多少工资"。最后他的妈妈把她存的钱都拿出来，这一家人赶在大年前，给农民工把工资如数发放，就是按照农民工自己报的数字发出去了。他说："我要让我哥哥在九泉之下感觉到安慰，我要让大家知道哥哥是个讲诚信的人。"这就是"信"。

在《〈弟子规〉到底说什么》里面，我还引用过广东卖体彩的一个姑娘，别人出差之前委托她打一张彩票，没想到就是这张彩票，一下子中了三十多万块钱。按道理这个姑娘完全可以去领这个奖金。但是她没这样做，她打电话告诉了委托的人。当委托人接到电话的时候，他都不相信，以为是开玩笑呢！但是后来的事实是，这位姑娘果然把这张中奖彩票给了他，因为在这位姑娘的心目中，信誉比三十多万块钱更重要。我们在《记住乡愁》栏目里面多次看到类似的故事，就是说中华大地上处处都有这样的故事，处处都发生着这样的故事，这样的故事给了人们很多的信心，给人们带来了许多的温暖。这样的信誉故事，它体现在一个人的言行中，这样的人，他往往说话很少，但是只要话一出口，他就要兑现。“凡出言，信为先；诈与妄，奚可焉！”“话说多，不如少；惟其是，勿佞巧。”不要巧言令色，老子特别反对巧言令色，他说“信言不美，美言不信”，华而不实。

主持语：

郭文斌先生指出，“凡出言，信为先”就是告诉我们要言而有信；“诈与妄，奚可焉”就是警示我们不可信口开河、撒谎骗人、胡说八道，撒谎和胡说总是与言而无信相伴相生。在“曾子杀猪”的历史典故中，曾参的妻子对儿子说要杀猪吃肉，其实是连哄带骗、信口开河。但是曾子为了兑现承诺，真的把猪杀了，成为千古流传的守信佳话。曾子以此告诫妻子：诚信面前无小事，孩子人小心不小，承诺之前要三思。

因此“凡出言，信为先；诈与妄，奚可焉”与后面一句“话说多，不如少；惟其是，勿佞巧”形成呼应，旨在警示我们不但要诚信，而且要慎言。所谓言多必失，“一言既出，驷马难追”。因此《论语》告诉我们，要“三思而后行”。历史上，无论个人、团体还是国家因诚信带来吉顺，因失信而招致灾祸的故事不胜枚举。故诚信既是个人的立身之本，也是一个民族、一个国家的生存之基。只有诚信，家庭才会和睦，社会才能和谐，国家才能强盛。

“信”这一章，它从一个人的言语开始。为什么呢？因为在人的五官里面，在人的表达器官里面，嘴巴是最容易失“信”的。这堂课，我们就讲到这里。那么接下来《弟子规》讲什么呢，我们下一堂课接着跟大家分享。

第38集

心念诚时人已成

主持语：

上一堂课，郭文斌先生通过解读《弟子规》“信”篇的“凡出言，信为先；话说多，不如少”等训谕，启发我们要言而有信，三思而言。“信”为什么这么重要呢？老子说：“人法地，地法天，天法道，道法自然。”中国古人认为，整个宇宙和大自然所呈现的运行规律就是“信”。庄子所讲的“天地与我并生，万物与我为一”对应在人间的伦常上就是诚信。要想提高生命能量，就要跟宇宙能量保持共振；要与宇宙能量同频共振，就要保持自己的诚信度，一定意义上诚信度就是同频度。

本堂课，郭文斌先生继续沿着《弟子规》“信”篇的后续内容深度解读，告诉我们如何通过诚信做人达到天人合一的境界。

大家好！上节课，我给大家分享了“信”的开篇：“凡出言，信为先；诈与妄，奚可焉！话说多，不如少；惟其是，勿佞巧。”这是一个人合法性的重要标准。孔子讲,“民无信不立”,就像大车无輗,小车无軏一样。

信为什么这么重要?我们看一下宇宙就知道,整个宇宙大自然给我们展现的就是一个信。老子说:“人法地,地法天,天法道,道法自然。”那么,整个大自然给我们怎么样表现“信”的呢?太阳每天从东边出来,到西边落下,这样的一个规律多少年没有变过。“春来草自青”这样的一种规律,多少年来没有变过。这是大自然向我们表演的“信”。如果哪天早晨起来,我们找不到太阳了,哪一天农历十五的夜晚我们找不到月亮了,我们会感觉很恐怖。整个大自然、整个宇宙给我们表演的就是一个“信”。

农民如果春天把种子撒种到土里,经过夏天,到了秋天没有收获,农民就对土地没信任了。农民之所以春天播种,是因为他对土地的信任,他知道,只要播种,就会有收获。整个自然界给我们演绎的一套秩序就是诚信。大自然的这种诚信,对应在人间的伦常上,就要跟宇宙保持一种相应性、能量的共振性,就要保持自己的诚信度。反之,我们跟宇宙的频率就不一致了。如果不一致的话,我们得到的能量补给就受到影响。

中国文化是一种投影文化,是宇宙逻辑在人间的投影。就是古人讲的“上观天文,下观地理”,然后变成人文。我们所遵循的美德和品德其实是天文在人文上的投影。只有这样,我们才能做到天人合一,才能获得整体性给我们提供的一份能量上的支持。因此,我认为作为人能够有“信”,这是人在整个大自然里面获得合法性别无选择的道路。所以,《弟子规》在“信”篇讲:“凡出言,信为先;诈与妄,奚可焉!话说多,不如少;惟其是,勿佞巧。”我们没有听到过太阳每天在宣言,没有听到过月亮每天在宣言,没有听到过大气层在宣言,但是大气层给每一个人提供氧气。我们也没有听到过土地在宣言,但是土地一年复一年地给人们提供庄稼和滋养，让人们保持生命的延续。这就是说大地无言，万物生长；日月无言，四季增辉。我们过春节的时候，有一幅对联："天增岁月人增寿，春满乾坤福满门。"这充盈在整个天地间的是一种诚信，能量的无偿供给让我们感动。

接着，《弟子规》从"话说多，不如少"讲到"奸巧语，秽污词；市井气，切戒之"。一个人为什么要把"奸巧语，秽污词"戒掉呢？当我们在讲"奸巧语，秽污词"的时候，我们的心灵世界已经被这样的念头污染掉了。对于人来讲，每一个念头都是一个量子传播。如果每一个念头都是正的，那么对方得到的是正的投射；念头是邪的，对方得到的是邪的投射；而对方得到邪的投射，他又把邪返还给我们。因为整个宇宙能量是一个螺旋的状态。所以说"诈与妄"要警惕；"奸巧语，秽污词"要警惕；"市井气，切戒之"，"市井气"就是商气、欺骗的这种习性，也要把它戒除掉。

在日常生活中，在交友的过程中，我们会发现一些人特别能言善辩，就要警惕了。我们从一个人的语言里面，如果感到有奸气、有商气、有心机，这个人我们就要警惕了。为啥？他有了奸巧，这个人是无信的。无信的人，他一定会在有利可图的时候，用他的不诚信换取利润，以牺牲他的诚信为代价换取利润。

我们现在的一些报刊、书籍、网络传媒等等，里面有相当多的奸巧之语和秽污之气，污染我们的眼睛，污染我们的心灵。所以，我有一本诗集，名字叫《我被我的眼睛带坏了》，并不是说我的诗写得有多么好，而是我想借这一本诗集的名字提醒人们，人们的心灵保卫要从保卫眼睛开始，从保护我们的视线开始。看到的画面，如果想把它从心里抹掉不太容易。

有一次，在一个传统文化的平台上，有一个小姑娘分享了一件事情，让我震惊。她说有一次班里同学约她去看录像，说是什么什么电影特别好看，结果一进去就出不来了，原来是非常低级趣味的三级片。从此以后，这个女孩子就做噩梦，又不敢跟大人讲，不敢给老师讲，也不敢给同学讲，时间长了就抑郁了。直到这一次到小课堂上，老师帮她找原因，给她进行旧记忆的清理，女孩子才有勇气把这些事情讲出来。你想，像这样的一个事件，该由谁来负责任呢？现在文化市场的管理有效果，上网用实名制，这多多少少让一些青少年得到了保护。仍然有一些网站，有一些手机平台，在推送奸巧、秽污的内容。

“信”这一部分，如果我们展开来讲，故事太多了。“奸巧语，秽污词；市井气，切戒之。”作者在这里用了一个词“切”，就是一定要把它戒掉。否则，按照古人的说法，每一次奸巧都是对我们生命的欠账。放到大的角度来讲，一个人如果奸巧、秽污的话，久而久之就会被社会淘汰。

主持语：

郭文斌先生以农民和土地的关系为例，通俗地阐明了真诚和信任之间的关系。农民基于对土地的信任，才敢播种，才有收获。郭文斌先生认为，农民如果要确保对土地的信任，就要真诚地对待土地，就要真诚地耕犁沃肥、引渠灌水、拔草除稗(bài)等等，这样才能与土地念愿同在，能量同频。

同理，如果要保持和自然、宇宙的和谐关系，人就必须信任自然、信任宇宙。要确保这种信任，就必须真诚地对待自然、对待宇宙，只有如此才能形成同频力。只有形成同频力，才能实现庄子所言“天地与我并生，万物与我一体”的“天人合一”境界。

人和人之间的关系更是如此。郭文斌先生认为，人与人和谐相处的基础是“信任”，而前提是“真诚”。正如农民对土地偷奸耍滑，土地会以贫瘠和歉收报复。“人欺地一时，地欺人一年”的谚语，讲的正是这个道理。如果人类对自然不恭，对宇宙不敬，那么自然和宇宙也迟早会报复人类。如果人和人之间玩心机、斗心眼儿，纷争就无可避免。

因此《弟子规》讲：“凡出言，信为先；诈与妄，奚可焉。话说多，不如少；惟其是，勿佞巧。奸巧语，秽污词；市井气，切戒之。”但是，面对人心叵测、社会复杂的客观现实，我们应该信什么，怎么信？

《弟子规》接下来讲到“见未真，勿轻言；知未的，勿轻传”，就是说你看见的如果不准确，千万不能讲；你知道的如果不准确，千万不能讲。它要求我们所言一定要准确，是真理我们就讲；如果不准确，千万不能以讹传讹。因为信息的传播具有导向性，很容易给社会造成混乱和恐慌。

为什么现在人的安全感差，因为现在的传媒有些问题。所以孔子也好，大舜也好，都在强调一个文化传播的原则，那就是“隐恶扬善”。对于喜庆的事情、吉祥的事情我们要反复传播，因为给人们正能量的心理暗示。对于恐怖的事情，我们要尽可能地少传播，给人减少负能量的心理暗示。有人做过实验，如果去看恐怖片，看恐怖的电影，给他的腋下塞上棉花，收集他的汗液，居然发现这些汗液是有毒的。让人们看喜剧片，发现汗液是无毒的。看恐怖片，汗液很难闻、很刺鼻；看喜剧片，汗液则不然。可见人在恐惧的时候，连分泌出来的汗液都是有毒的，都是有臭味的。

按照《弟子规》的精神，从传播学上来讲，我们一定多传播正能量的事件，少传播负能量的事件。因为负能量的事件能给人心理暗示。从量子力学的观点来讲，一个人看到了什么，在他的世界里就发生了什么。比如说我看到电视上地震了，按照量子力学的观点，我这个人已经经历了一次地震。因为在量子的世界里，念头是物质也是能量，动了念头了，对应的能量世界就形成了，对应的物质世界就形成了。

古代心理学有一个说法，就是报喜不报忧，多讲喜事，少讲忧事。为什么呢？因为当年没有量子力学，没有非线性物理学，但是人们知道这背后的秘密。孔子曰："《诗》三百，一言以蔽之，曰：'思无邪'。"古人早就发现："治世之音安以乐，乱世之音怨以怒，亡国之音哀以思。"

"见未真，勿轻言；知未的，勿轻传"这句话体现了重要的传播学原理，就是我们在进行信息传播的时候要慎之又慎。即便是真实的，如果它的能量值不高，我们也要尽可能少讲。

接下来，作者讲到"事非宜，勿轻诺；苟轻诺，进退错"，就是说，这件事情如果你感觉不妥当，那么你不要轻易地去承诺。如果你轻易地承诺，将来就进退失当，不知道怎么办了。这句话，我在前面讲"勿畏难，勿轻略"时已经做过解读。在这里我们从"信"的角度再做一下说明，就是说我们每讲一句话，每答应一件事情，都一定要警惕："事非宜，勿轻诺。"

我在前面的课程里面讲到过，卫献公央求宁喜帮助他复国，后者当时正在下棋就把这件事情答应了。没想到卫献公掌了权之后，就借机会把宁喜杀了。宁喜当时答应这件事的时候，没有认真考虑一下卫献公这个人人品怎么样，答应得过于草率。

"事非宜，勿轻诺。"我们都知道中国是一个人情社会，动不动就有人求情。我们可以想象被纪检委"双规"的一些官员，有一部分是因为品德问题，还有一部分有可能就是“事非宜，而轻诺”了。这件事情，太太讲了，小舅子讲了，自家兄弟讲了，老同学讲了，求情啦，办不办呢？说不办吧，人情过不去。办了吧，触犯国法。中国是一个人情社会，人情给人温暖感、安全感，但是也往往有问题。为什么呢？人们乱提要求。就我这么一个手中没有权力的人，可以说每个月都会接到亲朋好友所托的一些事情，孩子要考公务员了，要报考某个学校了，要举办什么展览等等。你答应不答应？你不答应吧，有些老乡或老同学会说，你这个人没有人情味。答应了吧，这个事情真要办，有可能就违反了社会的公平。为什么呢？你给某人一讲情，很可能把别人的名额给占了，把应该在那个位置上的人挤下去了。有时候，我们感觉在帮助别人，事实上我们是在作恶。为啥呢？你把一个本应该在那个位置上的人给挤出去了。从人伦上来讲，从人情上来讲，好像做了一件好事，这个人还有人情味，还帮了个忙，但是从公平和正义上来讲，我们有了过失。

主持语：

上一节，郭文斌先生紧接“奸巧语，秽污词；市井气，切戒之”，讲到“见未真，勿轻言；知未的，勿轻传”，告诉我们，要创建和谐社会必先构建诚信社会，而欲构建诚信社会就必须从我做起。把《弟子规》“信”篇中“凡出言，信为先；诈与妄，奚可焉”等训谕落细、落小、落实，不但要言而有信，诚实做人，也要不轻信无根据之事，不轻传无实证之言。即《弟子规》“信”篇所讲的“见未真，勿轻言；知未的，勿轻传”。

不但我们自己要诚实守信，媒体更要带头自律，不能传播谣言和不实之事，更不能为了吸引眼球而过分渲染不诚信的个案和社会的阴暗面，还要借鉴古人的隐恶扬善，高唱诚信主旋律，高扬诚信正能量，用诚信典型和榜样引导社会风气。

郭文斌先生强调指出，诚信与否取决于我们的心念。孔子讲“《诗》三百，一言以蔽之，曰：‘思无邪’”，就是教导我们心念要正，心念要诚。要把《弟子规》“信”篇中的训谕落细、落小、落实到我们的心念。“心念诚则信念诚，信念诚则出言真，出言真则做人实，做人实则众人信，众人信则和谐生。”

“事非宜，勿轻诺；苟轻诺，进退错。”有些人托你办事，你答应了，可是后来事情办不了，那怎么办？《弟子规》里面充满着让人感动的关怀，那么这种关怀，我们在后面的篇章里还可以看到很多。这一堂课就讲到这里，下一节课我们接着分享。

第39集

沉默深处是真金

主持语：

上一堂课里，郭文斌先生解读《弟子规》“信”篇里的“话说多，不如少；惟其是，勿佞巧”“奸巧语，秽污词；市井气，切戒之”和“见未真，勿轻言；知未的，勿轻传”等相关内容，告诉我们：人和自然，人和宇宙，尤其是人与人之间要构建“信”的关系；要构建“信”的关系，先要诚心正意；要诚心正意，就要找到诚之根、正之源；要找到诚之根、正之源就要向回走，就要践行老子讲的“反者，道之动”，就要和夺取性惯性做斗争。就要消灭争念。而争念的根又是什么呢？是“自我”。如此，要想真正做到诚心正意就要把“自我”消灭，经由“大我”归于“无我”，“无我”之时诚信自动产生。

如何才能消灭“自我”？郭文斌先生告诉我们，把“我要”变成“我给”，把利益的方向由“我”变为“他”。时间久了，“我”就淡了。如此我们的一言一行，就要多为他人着想。而当一个人时时处处为他人着想，就自然能做到“奸巧语，秽污词；市井气，切戒之”，做到“见未真，勿轻言；知未的，勿轻传”，做到“凡出言，信为先”。

本堂课，郭文斌先生将结合“事非宜，勿轻诺；苟轻诺，进退错”和“彼说长，此说短；不关己，莫闲管”等内容告诉我们，哪些生活细节将会导致我们诚信失分，哪些生活细节能帮助我们提高诚信度、同频力。

大家好！我接着给大家分享《弟子规》第四部分“信”。在前面的课程里，我们讲了“凡出言，信为先；诈与妄，奚可焉！话说多，不如少；惟其是，勿佞巧。奸巧语，秽污词；市井气，切戒之。”接着《弟子规》讲道：“见未真，勿轻言；知未的，勿轻传。事非宜，勿轻诺；苟轻诺，进退错。”就是说，我们说一句话也好，制定一项政策也好，我们都要想到进退。如果一个政策的制定最终让我们进退失据，那么，这个政策就是有问题的。如果我们的一句话讲出来，最后让人觉得很难堪，很为难，那么这句话就是有问题的，所以古人讲“三思而后行”。

当然，也有三思而后言。我为什么在《寻找安详》这本书里用几乎三分之一的篇幅讲现场感呢？因为一个人有了现场感的训练，他起心动念的时候，就有一个对念头的跟踪者来为我们把关。古人把这种能力叫作反省力，这是一种观照的功夫。就像我们在这里做事，有一个更高的我在头顶俯瞰着我们，提醒我们哪件事该做，哪件事不该做。

就像现在流行一个动画片叫《中华弟子规》，这里面有一个人格化的小宠哥。就在主人公的头顶监督他，好好做作业了没？书本收拾整齐了没？你会发现，一个人在他的生命构成里面也是有这么一个小宠哥在监督着他，让我们说的每一句话都具有可行性，就是能“落地”。

我们在生活中会发现这样的情况，那些答应特别爽快的人，往往容易“犯后火”（不守信）。那些轻易不给你答复的人，往往最后能兑现。这就是辩证法。所以，轻诺必寡信。因为懂得承诺的人，他一定会知道每一句话对于他的形象，对他的信誉度，对他的品格来讲，意味着什么。每一句话都是对生命力的构建，就像盖房子一样，说出的每一句话都是修建他的人格大厦。孔子为什么讲“人而无信，不知其可也”？为什么讲“大车无輗，小车无軏，其何以行之哉”？（輗：音 ní，古代大车车辕前面横木上的木销子。大车指的是牛车。軏：音 yuè，古代小车车辕前面横木上的木销子。）没有輗和軏，车就不能走。孔子说，一个人不讲信用，是根本不可以的。就好像大车没有輗、小车没有軏一样，它靠什么行走呢？就是说没办法走了。

古人维护信誉比生命还重要。如果没有了信誉，在古人看来，这样的生命是没有价值的。历史上讲诚信有一个非常典型的例子“尾生抱柱”。尾生，当年跟一个姑娘相约，在一个大桥下面相会。尾生到了，姑娘还没有来。结果天下起大雨，然后洪水来了，尾生仍然站在那个柱子下，最后洪水把尾生都淹没了，姑娘还没有来。但是，这个小伙子并没有离开约会的地方，最后被洪水冲走了。这就是著名的“尾生抱柱”的故事。可见在古人看来，守信比生命更重要。

接着是“事非宜，勿轻诺；苟轻诺，进退错”，《弟子规》讲道：“凡道字，重且舒；勿急疾，勿模糊。”为什么呢？古人早就发现，当我们说话特别快的时候，很容易轻易表态。当一个人说话从容惯了，谨慎惯了，说话有一个特点：他道字发音重，而且舒。就是说他说的每一个字，你听上去有重量感，很舒服，还有舒缓的感觉。那就是“凡道字，重且舒；勿急疾，勿模糊。”按照古人的心灵学建构来讲，当一个人说话特别急的时候，折射出这个人的内心缺乏从容和淡定，守不住神。

《黄帝内经》讲:“恬淡虚无,真气从之。精神内守,病安从来。”强调一个人在说话的时候要从容。我们在生活中可以发现,如果说话特别急,很容易口渴,因为急是火。“勿急疾,勿模糊”。“勿模糊”就是要准确,“勿急疾”就是要从容。它的原理,我们在前面的“步从容,立端正”这些部分讲了,就是说我们的语言折射出来的是我们的心灵世界。我们的心灵是否从容、是否舒缓、是否庄重,在我们的语言上,一听就清清楚楚,因为言为心声。

事实上,从我们上升到现场感的训练来讲,说话本身也是现场感训练的重要途径。因为你每一句话说出口的时候,你都知道,你都能把控。就像我们讲的倒水一样,你能做到把水倒在盆子里,那个水不溢出来,那么你就在现场。在现场的人,“神”是在现场的。神在现场,那么我们的能量就在现场,我们的生命力就没有损失。用形象的比喻就是面缸里面的面粉没有被撒掉,面粉没有被撒掉,那我们做长寿的面条、做富贵的面包、做康宁的点心就有原料。

一个人说话是耗气的。像我们这种讲课的人没办法,但是讲课也要尽可能地保持“勿急疾,勿模糊”。这样的话,我们的精气神基本上不会耗失太多。当然,传统文化的平台上我们讲的是正念,正念生正气,还有一部分养分在里面。如果我们是“斗闹场”,说的是一些“邪僻事”,那么说的每一句话都是能量的散失。

《弟子规》在这里特别强调“凡道字,重且舒;勿急疾,勿模糊”,对应到它的精神,我们在文学创作的时候,在文化制作的时候,在传媒平台上,我们也要应用“勿急疾,勿模糊”。要应用“凡道字,重且舒”。就是说我们的文艺作品,一定要给大众一种从容感、端庄感,不要有粗糙感。用现在的话来讲就是思想深邃、制作精良、技术精湛、精益求精。

“凡道字,重且舒;勿急疾,勿模糊”,它是个体生命力建设的一个重要的方法。对应到一个团队、一个国家、一个民族，它是我们文化传输的一个原则，就是要稳、要端庄、要持重。因为只要稳，只要持重，对人民大众的心理暗示就是持重的。

我们看到，但凡历史上有一些大的变动，一定当时有一个过度激进的文化在诱导，因为它的思维方式是反庄重的。就是它没有经过“凡道字，重且舒；勿急疾，勿模糊”的训练。到了社会它往往对别人产生激进的一种心理暗示。有时候，弄不好就会成为一种反社会倾向，甚至给人们带来灾难。“凡道字，重且舒；勿急疾，勿模糊。”我们可以联想到许许多多的社会传播现象。

主持语：

在告诉我们“凡出言，信为先”，以及要诚心正意地构建人和自然、人和宇宙、人和人之间“信”的关系后，郭文斌先生又借由“尾生抱柱”的故事再一次提醒我们，守信比生命更重要。接着，郭先生随着《弟子规》“信”篇的内容流动，用“事非宜，勿轻诺；苟轻诺，进退错”这句话教导我们，不要随便地轻易地拍胸许诺，以免让自己陷入进退失据的窘困境地。另外，告知我们规避的重要方法之一就是“凡道字，重且舒；勿急疾，勿模糊”。也就是说，我们讲话吐字要清楚有力，缓缓道来。要讲得很舒畅，很放松，切不可太急。每个字都要吐得清清楚楚，不模糊，听的人也就能听得很清楚、很舒服，就不会造成误会。

在生活中，因为讲话太快，听话不清而产生的误会和矛盾乃至灾祸不胜枚举。因此，才有了俗话说的“病从口入，祸从口出”。所以孔子在《论语》中讲的“君子欲讷于言而敏于行”，告诫我们，说话要慢慢说，要给三思而言留出“思”的时间，不要口无遮拦，信口开河。不然言多必失，语快必谬，从而导致祸从口出误了大事。

郭文斌先生由我们说话的快慢，推广至新闻传播、文学创作、文化产品的制作等等，都应遵循“凡道字，重且舒；勿急疾，勿模糊”的精神，以从容感和端庄感打造思想深邃、制作精良、艺术精湛、精益求精的先进文化产品，助力团队、国家和民族建设稳重、庄重、持重的形象。那么，郭文斌先生接下来通过“彼说长，此说短；不关己，莫闲管”这句话告诉我们什么道理呢？

接下来，《弟子规》讲道：“彼说长，此说短；不关己，莫闲管。”就是说这些事情大家都在讨论，如果跟你没关系，你最好不要管。原来我讲《弟子规》讲到这里的时候，有些人就递条子，说：“郭老师，你这不是老好人主义吗？这样不就没有社会责任感吗？跟你没关系，你就不理了吗？”古人不这么看，这件事情如果跟你没有关系，你过度地参与会造成混乱，给社会造成巨大的困扰。

《零极限》这本书已经给我们讲得很清楚，如果发生了意外，你不要在这个事情上找原因，不要在屏幕上找原因，而是找底片。底片是什么呢？底片是我自己内心有一个相关的量子纠缠。最好的方法是这个时候说一句“我错了”。一个人要这样去看待我和世界的关系，即所谓的“行有不得，反求诸己”，也就是一个人要为他生命中发生的一切负百分之百的责任。这是《零极限》给我们总结出来的原理。那你还不赶快清理自己。当我们的底片改了，投影就改变了。《弟子规》在这里讲道：“彼说长，此说短；不关己，莫闲管。”跟自己没有关系，不要管。怎么办呢？好好地提高自己的能量。

我们讲整个人类是一个整体，当我提高了，整个人类的能量也提高了；当我堕落了，整个人类的能量也堕落了。霍金斯讲过，一个人的能量如果达到 600 级，他的生命力是普通人的 1000 万倍。如果我的能量提高到 600 级，我可以影响很多人。这个贡献大不大？这才是做功夫的地方，而不在于品头论足。当然必要的监督、善意的提醒是有用的。但是古人认为都不需要。为什么呢？老子讲过："我无为而民自化，我好静而民自正，我无事而民自富，我无欲而民自朴。"老子早就看到了这一点。

古人给我们开出的药单是什么呢？遇到病先找根。根是什么呢？在底片上，而不要在"头疼医头，脚疼医脚"上面过度做文章，要找到这个病的根本。

接着，《弟子规》笔锋一转讲道："见人善，即思齐；纵去远，以渐跻。"就是看到别人身上的闪光点，看到别人行善，看到一个善行善事，就像把脚踮起来向往的样子。"见人恶，即内省"，看到别人身上的缺点，马上反省自己有没有。这才是正确的态度，而不要人云亦云，议论纷纷。正确的态度是，"见人善，即思齐；见人恶，即内省，"也就是当大家"彼说长，此说短"的时候，我要看有没有值得我们学习的地方，有没有值得借鉴的地方。就像唐代李世民讲的："以铜为鉴，可以正衣冠。以史为鉴，可以知兴替。以人为鉴，可以明得失。"

看到一个人在我们的面前出现的时候，我们一定要吸取他的优点，规避他的缺点，把他功能化、公用化。我一定要借助对面这个人，把他作为一堂课要学到的东西。这就是"见人善，即思齐；纵去远，以渐跻。见人恶，即内省；有则改，无加警"，这句话很形象，一个善人走远了，一个人踮着脚在那里眺望，依依不舍的样子，很思慕的样子。看到一个人有错误，马上反省，我有没有这样的错误？如果有，赶快改。如果没有，以后不能犯类似的错误。

记得上初中的时候,有一个同班同学和一个孩子打架,把那孩子捅了一刀子。然后,他的父亲就被叫到学校里,当着全体同学做检讨。那时我才是初中生,但我的内心受到的伤害很大。我不知道那个孩子做何感想,当他看到自己的父亲可怜地站在那里,因为他被学校开除了,他的父亲还要当着大家做一番检讨。

这位父亲是我们那一带很有名的知识分子。他在发言的时候就讲了一个成语,给我的印象太深刻了。他说:“我儿子没有管教好,犯了这么大的错误,给学校丢了人,给老师丢了人,给同学造成了伤害,希望我儿子这样的事情以后在学校里再也不要发生。”接着他就讲了这句话:“有则改之,无则加勉。”我印象里我是第一次听到这个成语“有则改之,无则加勉”。那一天我对那个同学犯的那个错误,有了一种非同寻常的感受,因为他父亲以那么可怜的表情给我们讲“有则改之,无则加勉”。

主持语:

上一节,郭文斌先生教导我们,规避言多语快、轻易许诺、祸从口出并陷入进退失据困境的重要方法之二,就是两个字:沉默。沉默并不是装聋作哑,并不是不让说话,而是“彼说长,此说短;不关己,莫闲管”。不是“禁口”而是“净口”。这就告诫我们做人做事都要实事求是。没有确定的事不要乱讲,没有根据的事不要瞎传,与自己无关的事不要说长道短,没有把握的事不要随便发表议论,要学会沉默。

有这样一个故事:一个客人送给原主人一个礼盒,客人从礼盒中拿出三个小金人放在桌上,用一根稻草做实验。当稻草穿过第一个小金人左耳朵的时候,稻草从右耳朵出来了。客人又用稻草穿进第二个小金人左耳朵，稻草立即从小金人嘴里吐出来。当客人再次用稻草穿进第三个小金人左耳朵时，却被第三个小金人吞进了肚子里，再也出不来了。

这个故事其实告诉我们三种做人的道理：

第一个小金人代表了一类对所有的一切左耳朵进右耳朵出，不经大脑、消极混日子的人。

第二个小金人代表一类为显示自己的博闻，喜欢到处打听，然后不负责任乱说的人。

而第三个小金人代表一类善于沉默的人。我们经常处在特定的环境或特定的时期，这个时候沉默是最好的为人处事的方法。因为有很多客观和主观的因素，影响着事态发展。对很多未经证实的言论最好不要评说，放在肚子里，让不好的传闻止于你的沉默。对别人负责，也是对自己的尊重。这就是古人十分推崇的“沉默是金”。

《弟子规》里面充满着让我们感动的、温情的关怀。这种关怀在后面的篇章里面还有更加生动形象和精要的描述。这一堂课就讲到这里，下一节课我们接着分享。

第40集

内足之人不外求

主持语：

在上堂课的结尾部分，郭文斌先生由《弟子规》的“信”篇中的“见人善，即思齐；纵去远，以渐跻”“见人恶，即内省；有则改，无加警”等训谕告诉我们，身边的每一个人都是我们的“老师”。看到善良优秀的人要虚心向他学习，看到丑恶猥琐的人要以他为镜。要把生活中出现的每一个人、每一件事变成自己的一堂课，吸取我们所需要的，规避我们不需要的，警惕危险的事情。

本堂课，郭文斌先生将沿着《弟子规》“信”篇的“唯德学，唯才艺；不如人，当自砺”和“若衣服，若饮食；不如人，勿生戚”等训谕继续精彩解读。《弟子规》教导我们，当我们的德行和学问不如人时要警觉、要奋起直追。而当衣服和饮食不如人时，则不必自卑、不必攀比。

在这里，《弟子规》讲了一个生命的原理，那就是“德艺为先，享受为后”。那么，《弟子规》为什么要在“见人善，即思齐；纵去远，以渐跻”后面讲这句话呢？这跟“信”又有什么关系呢？

大家好！上一堂课，我给大家分享了“见人善，即思齐；纵去远，以渐跻。见人恶，即内省；有则改，无加警”。我们讲要把生活中出现的每一个人、每一件事变成自己的一堂课，吸取我们所需要的，规避我们不需要的，还要警惕危险的事情。

接下来《弟子规》讲什么呢？“唯德学，唯才艺；不如人，当自励。若衣服，若饮食；不如人，勿生戚。”只要我们的德行和学问不如人，我们马上要警觉，要奋起直追。如果我们的衣服、饮食不如人，也不能自卑，不能攀比。在这里有一个道理，就是“德为先，享受为后”；“德者本也，财者末也”。

从这层意义上来讲，《弟子规》在这里为什么要强调“德为先，享受为后”，为什么要在“见人善，即思齐；纵去远，以渐跻”后面讲这一句话呢？意味深长。我在读《弟子规》的时候，就想好像这一段讲的跟“信”没关系。为什么一会儿是“见人善，即思齐”，一会儿是“唯德学，唯才艺；不如人，当自砺”，这跟“信”有什么关系呢？

后来有一天读诵的过程中，突然就明白了，为什么呢？人为什么会不信呢？为什么会诈与妄呢？为什么会欺客呢？因为不自信。为什么不自信就会欺客呢？因为不相信我们生命中什么都不缺。按古人的说法，一个人如果回到本质地带，那么它是一个无条件的喜悦，无条件的圆满，无条件的永恒，无条件的坚定，无条件的心想事成。你回到面缸里面，你既是面包又是面条，还是点心。

哪一些人会欺骗别人呢？不自信的人。“信不足焉，有不信焉。”为什么会有不诚信的人存在呢？因为这些人不自信，这就是老子讲的

“信不足焉，有不信焉”。他不自信，所以不诚信，就欺骗别人，用欺骗的手段获取非法利润。如果一个人特别自信，没必要欺骗别人。不要说别人，就是说我自己，这些年，我就体会到了没必要欺骗别人。为什么要欺骗别人呢？不缺吃不缺穿，我没有别的妄求，没有非分之想，为什么要欺骗别人？如果偶尔骗一下人，也是为做公益创造条件。

比如说，我在这里要录节目，还要出席一次论坛，如果领导安排了别的一些不重要的事，我会找一个借口婉拒。如果有人约我去喝酒、游玩儿，我也会找个借口拒绝。但是在一些重要事情上，完全没有必要欺骗别人。为什么呢？因为你已经无所求。你吃不了多少，喝不了多少，用不了多少。当一个人不再为欲望活着的时候，而为公益活着的时候，他为什么要撒谎呢？没必要了。何况我们现在知道，每一个谎言一出来都是对我们自性的污染。当一个人有自性的概念，有本性的概念，有本质的概念，这个人轻易不会撒谎。因为他知道，谎言一出，自性就会被污染了。

成语讲“自欺欺人”。欺人说到底是自欺。我们在动这个欺人的念头的时候，首先接收的一份负能量是我们自己。《弟子规》非常有逻辑性，它也有智慧，它在“信”的后半部分笔锋一转：“见人善，即思齐；纵去远，以渐跻。见人恶，即内省；有则改，无加警。”当一个人时时刻刻见善思齐的时候，这个人他不可能不“信”，因为他的人生目标已经是为了实现诚信。“诚者，天之道也；思诚者，人之道也。”古人认为，一个人的人生意义就是到达诚信的境界。为什么呢？只有到达诚信的境界，我们才能回到第一故乡，因为第一故乡里面没有欺骗。

在“信”这部分，又讲道：“唯德学，唯才艺；不如人，当自砺。若衣服，若饮食；不如人，勿生戚。”人为什么要骗人呢？无非是想让自己穿得好一些，过得好一些，体面一些。如果一个人不为衣物，不为欲望，为什么还要骗人呢？如果一个人把德学作为人生的第一目标，像颜回那样，还有必要骗人吗？颜回为什么不迁怒，不贰过？因为颜回“一箪食，一瓢饮，在陋巷，人不堪其忧，回也不改其乐”。连一个像样的喝水的碗都没有，住着危房，如果换了别人，早就愁眉不展、忧愁不堪了！但是颜回一点儿都没有不快乐的样子。颜回以德行为他的资粮、以德行为他的喜悦、以德行为他的人生目标，所以到这里我才明白为什么在“信”这一部分要讲“唯德学；唯才艺，不如人，当自砺。若衣服，若饮食；不如人，勿生戚。”一个人只有以德学为人生的目标，以提高生命能量为人生的目标，这个人才能做到大诚大信。

主持语：

郭文斌先生通过解读《弟子规》“信”篇中的“唯德学，唯才艺；不如人，当自砺。若衣服，若饮食；不如人，勿生戚”这段训谕告诉我们，要引起我们重视的应当是自己的品德、学问和才能技艺。如果感觉到这些方面不如人，应当自我警惕，更应奋发图强。如若是外貌和吃穿不如他人，则不必放在心上，更没有必要自卑忧虑。这其实是一句大实话，但生活中许多人却认为这句话是空洞的“大道理”，而把它当成耳旁风了。

郭文斌先生启发我们：第一，决定我们命运的是品德学问和才能技艺，而不是外貌和衣服；第二，决定我们人生意义的是立德、立功、立言，而不是感官享受；第三，决定我们幸福的是内心的充实，而不是物欲的满足。

在《弟子规》这段话中，“唯德学，唯才艺”是精神生活层面。“若衣服，若饮食”是物质生活层面。如果我们只停留在物质层面，就会和“孔颜之乐”那样的大快乐错过。欲望是没有止境的，以满足欲望为乐的人，幸福是平面的，那就是拼命赚钱，满足不断膨胀的欲望。每天就像活在战场一样，与人竞争，与人抢夺，与人拼杀；甚至巧取豪夺，甚至权力寻租，直至身陷囹圄。如此，何谈快乐？又何谈幸福？活在精神层面的人，以利他思想指导自己的人生航向，用道德、知识和艺术充实自己的内心，依道而行，幸福就是向上的，越向上生命越轻盈、越自在、越喜悦。

郭文斌先生反复告诉我们，幸福是能量变的，不是对象给的。追求物质享受的人，要不断更换对象，累。追求精神生活的人，只需不断提高能量，而能量藏在心量里。显然，扩展心量比更换对象要轻松得多，容易得多，可谓真幸福、低成本。因此古人说，“君子忧道不忧贫”“奢者富而不足，何如俭者贫而有余”，说的就是这个道理。真正的贵族是精神层面的充实，而绝非物质和欲望层面的富足。“在陋巷，一箪食，一瓢饮，人不堪其忧，回也不改其乐”的孔子的得意门生颜回就是精神贵族的榜样。

接下来，《弟子规》讲道：“闻过怒，闻誉乐，损友来，益友却。闻誉恐，闻过欣；直谅士，渐相亲。”意思是，一个人，听到别人说他的过失就生气，说他的好话他就高兴、兴高采烈。那么这样的结果是什么呢？“损友来，益友却。”那些佞友啊，也就是不好的朋友就到来，真正的益友就远离我们而去。而一个人，“闻誉恐，闻过欣”，听到别人表扬他就很紧张，战战兢兢；听到别人批评他就很高兴。时间久了益友渐渐就到来了，“直谅士”就找上门来了。对于一个人来讲，这是莫大的福利。

“贞观之治”为什么会发生？与唐太宗能够任用魏征这些直言谏

议的谏官有关系，他能听得进去劝。我们都知道《群书治要》就是在这个时代诞生的。这就是“见人善，即思齐”在国家层面的一种应用。历史上治理国家的所有贤良之策，被魏征这些人组织编写成一套书即《群书治要》，唐太宗常常翻阅学习，由此开创了中华历史上著名的盛世。这就是“见人善，即思齐”在治国理政方面的结果。

我们现在看到，党的十九大报告里面写道，我们既要继承和弘扬中华优秀传统文化，又要继承和弘扬革命文化，引领社会主义先进文化。这事实上也是一种“见人善，即思齐”的思维逻辑。五千年中华优秀传统文化里面一定有值得我们学习的地方。如果我们把五千年的中华文化割裂，那就是抛弃传统，忘掉根本，就相当于割断了我们自己的精神命脉。道理就是这样。

所以，“见人善，即思齐；纵去远，以渐跻”。我们已有五千年的中华文明，我们要带着仰望的姿态来创造性转化，创新性发展。我们不能忘本，因为“本立而道生”“君子务本”这两句与“闻过怒，闻誉乐；损友来，益友却。闻誉恐，闻过欣；直谅士，渐相亲”相呼应。我们要闻过则喜，对待我们的过失要横下一条心去改过。那么在这方面，交友自然会是一种良性循环。有人给我提意见，第一次被采纳了，会提第二次，第二次被采纳了，他会提第三次。如果第一次提我们就不高兴，那就再没有人愿意讲了。如果没有人给我们提意见，我们是危险的。

这些年讲课，我深有体会。每一堂课下来，大家都是一片赞美之声，掌声和鲜花。时间长了，就飘飘然了。一到家里面，太太的话不是赞美，没有了掌声和鲜花，我会有失落感。有时候，太太看我讲课的视频批评几句，我就不高兴了，但静下心来思考却特别感动，这个世界上除了自己的爱人，还有谁能这么尖锐地指出我的毛病呢？父母都不说了，一则父母不知道，不知从何说起；二则爸爸妈妈也惜情仰面，儿子大了，上了年纪了，也不忍心去多说了。能够讲几句自己毛病的唯有太太。

这个时候，静下来想想，我剩下的只有感动。我们说，少时夫妻老来伴。虽然我们父母还在，我们也不敢说老，但是这时候就感觉到什么叫作贤内助，什么叫恩爱夫妻。只有她能够提醒你，再没有其他人跟你讲了。

在我们的日常生活中，如果我们做得足够好，按照《弟子规》所规劝的去做，再加上几个朋友给你提醒一下，自己又乐于听取他人意见，我们就能交到良师益友。如果我们听惯了好听的，对于一些逆耳之言，我们采取了一种厌烦的态度，时间长了，我们就被孤立起来了。而一个人被孤立起来，这是很可怕的。所以每一次的民主生活会我都是认真听的，而且我剖析我的毛病也是很认真的，你会发现大家确实会给你提出一些非常中肯的意见。这就是《弟子规》在这里给我们强调的"闻过怒，闻誉乐；损友来，益友却。闻誉恐，闻过欣；直谅士，渐相亲"的益处。中国历史的传统其实就是这两句话。

为什么我们要学习历史呢？就是从中借鉴古人的得失。中华民族是一个非常重视历史的民族，你看，但凡有单位都会写单位志，一个城市有城市志，一个县有县志。为什么呢？记录下来一些历史的经验，以免后人再犯类似的过失。孔子表扬颜回有两大品质，第一不迁怒，第二不贰过，同样的过错不犯两次。我们从历史整体性来看，中华民族五千年历史，你会看到历史有惊人的周期性。

你说《弟子规》看似简单，实则不简单，它太深奥，值得我们好好地去玩味去践行。如果你不践行，《弟子规》可是会读不懂的，虽然看上去很简单。事实上民主集中制原则，用《弟子规》里面的话来讲就是这两句话："闻过怒，闻誉乐；损友来，益友却。闻誉恐，闻过欣；直谅士，渐相亲。”这两句话在个人的建设、在家庭的建设、在国家和民族的建设方面至为重要，它是一个人能够保持生命力、创新力、创造力的一个密码。

这两句话跟“信”有什么关系呢？当一个人真的能够做到“闻誉恐，闻过欣”的时候，这个人自然就是一个有诚信感的人。一个人最大的虚伪就是不承认错误，就是文过饰非，这是一个人的大忌。

主持语：

上一节，郭文斌先生通过解读《弟子规》“信”篇中的“闻过怒，闻誉乐；损友来，益友却。闻誉恐，闻过欣；直谅士，渐相亲”这几句训谕告诉我们，如果我们一听到别人指出自己的过失就生气发怒，只会招来那些喜欢阿谀奉承、溜须拍马的损友，而把真心帮助自己的益友挡在门外；而听到别人夸赞自己就惊惧惶恐，听到别人指责自己就高兴自省的人，会赢得越来越多的益友。这几句话不但是我们普通人交友做事的金玉良言，更是给手握权力的领导干部的人生忠告。

可惜这世上有太多人喜欢听奉承之言，而拒听逆耳之语，也有不少领导干部喜欢别人夸赞自己，而忌讳别人批评自己，其结局注定是充满无尽的懊悔，最后只能像戏里演的那样长叹一声“这厮误我”。

郭文斌先生告诉我们，古人特别注意交友。《论语·季氏篇》中就记录了孔子对于交友的损益原则。孔子说：“益者三友，损者三友。友直，友谅，友多闻，益矣。友便辟，友善柔，友便佞，损矣。”孔子告诉我们益友有三种，第一种是正直、坦荡、刚正不阿的人，第二种是宽容朋友过错的人，第三种是知识渊博、有才学的人。损友也有三种，第一种是专门谄媚逢迎、溜须拍马的人，第二种是善于玩“两面派”的人，第三种是夸夸其谈耍嘴皮子的人。

郭文斌先生特别指出，那些修为不够、诚信不足、内心脆弱的人往往喜欢损友；而只有品德高洁、诚信为人，内心足够强大的人，才能聚拢天下益友良才。

“闻过怒，闻誉乐；损友来，益友却。闻誉恐，闻过欣；直谅士，渐相亲。”这两句话讲的是对我们诚信品质的维护。它是诚信的卫士，是保卫诚信的，特别是它是可以保护我们的动机纯正。

《弟子规》接下来的一句话就是“信”这一部分的哲学性的高潮了。它讲什么呢？这一堂课就讲到这里，下一节课我们接着分享。

第 41 集

人生无非扫心地

主持语：

在上一堂课里，郭文斌先生通过解读“唯德学，唯才艺；不如人，当自砺。若衣服，若饮食；不如人，勿生戚。”和“闻过怒，闻誉乐；损友来，益友却。闻誉恐，闻过欣；直谅士，渐相亲”这两段训谕告诫我们：要重视自己的品德、学问和才能技艺，才能充实和强大自己的内心。有“闻过则喜”的胸襟，才能聚拢益友良才。

本堂课，郭文斌先生将解读《弟子规》“信”篇的“无心非，名为错；有心非，名为恶。过能改，归于无；倘掩饰，增一辜”这几句训谕，为“信”篇收官。

郭文斌先生指出，几乎所有人都是在不断犯错误，又一次次被人原谅中长大的。然而人不能永远犯错误，也不能永远获得别人原谅。尤其是当我们长大成人之后，就要为自己所犯的错误承担责任。“信”篇结尾这几句话告诉我们：一个人如果是因为不懂得规则和不懂得标准犯了错误，那叫“错误”；如果是明知故犯就变成“恶”了。所以，古人认为“错”和“恶”的区别就在于动机，因此，“无心非，名为错；有心非，名为恶。过能改，归于无；倘掩饰，增一辜”这几句训谕把“信”篇的内容推向一个哲学高度。

大家好！我继续给大家分享《弟子规》的第四章“信”。上节课我给大家汇报了《弟子规》“信”篇后面的部分，留下了“无心非，名为错；有心非，名为恶。过能改，归于无；倘掩饰，增一辜”这两句话。这两句话把我们这篇推向了一个哲学的高度。“借人物，及时还；后有急，借不难，”我们认为它是一种人生的本体层面。

在“信”这一部分，作者为什么用“无心非，名为错；有心非，名为恶。过能改，归于无；倘掩饰，增一辜”来结束呢？这里面有很深的含义：一个人如果因为不懂得规则、不懂得标准犯了错误，那叫“错误”。如果明知故犯就变成“恶”了。古人对“错”和“恶”的区分，就看动机。小孩子肯定是在犯错误中长大的，他不懂得规则、不懂得标准，那么在犯错误的时候、做错事的时候，爸爸妈妈不断地给他进行矫正。但是成人都知道标准了，都懂得法律了，还冒天下之大不韪，那么这就变成了恶。古人讲“错”和“恶”是从动机、从我们起心动念的出发点来讲的。

我们在前面的课程里讲过，“错”是两个人相行没对上，跟标准没对上。“过”是走过头了。而“恶”是一个人他的心已经坏了。我们看我们法律的制定，以及对犯人量刑和执行的时候，主要看他的动机，看他犯这个错误是有意还是无意，然后再做出裁决。

接着《弟子规》讲道：“过能改，归于无；倘掩饰，增一辜。”就是一个错误犯了,我们改掉那就变成零。如果一个错误犯了,我们还掩饰它,这就变成两个错误。犯错误是一个错误,掩饰错误是更大的错误。我们在前面的课程里面讲到,孔子表扬颜回有两个指标。鲁哀公曾问孔子学生里面谁最优秀?孔子说:“有颜回者好学,不迁怒,不贰过。”特别强调了“不贰过”,就是同样的错误不犯两次。可以想象,颜回在他的生命中、在他的生活中、在他的生存中一定是能够随时矫正自己错误的。

我经常会懊悔,为什么同样的错误犯两次。不说别的,就拿晚饭为例,常常会吃多,吃多了晚上的睡眠质量就不高。然后在床上辗转的时候就立下宏大志愿:明天一定要少吃。但是第二天仍然吃多,就很懊丧,同样的一件事情就改不掉。后来我就把一个纸条压在书桌下面,压在餐桌下面,上面有一句话“享受一会儿,痛苦一晚上”来提醒自己。但是饭菜来了,禁不住太太劝:“吃吧吃吧,你看看你面黄肌瘦的样子,还不吃,怎么出去讲课呀?怎么给大家做个好榜样呀?坐在讲台上谁相信你呀?”禁不住诱惑,又吃了。吃了呢,晚上躺下了,不舒服。就像曾国藩在日记里面写的他改晏起的毛病一样,二十天里面十几次起晚了。他想把睡懒觉的毛病改掉,但是往往就睡过头了。我就觉着对于每一个人来讲,可能都有他的一个弱项。像睡懒觉的问题,我改起来好像容易。但是要把晚饭少吃,就像《〈弟子规〉到底说什么》里面我讲到的,好多年前就总结出来的,吃到中途把筷子停下来很难。

“过能改,归于无;倘掩饰,增一辜”这一句话不得了。我们在前面讲过:“欺骗别人,伤害的是对方。欺骗了自己,伤害的是我们的自性。”我们一定要警惕,一个人常常修改程序,时间久了,我们生命的自动化运转系统就不灵敏了。本来昨天晚上已经编了一个程序,明天的晚饭要吃一半,但第二天你没做到,你的程序已经被修改了。这个程序反复地被修改，灵敏性就降低了；灵敏性一降低，我们能量的交换速度、质量就降低了。古人为什么常常用生命来维护信誉呢？因为他不允许在自性的运转系统里面频繁地修改程序。

“信”篇到“无心非，名为错；有心非，名为恶。过能改，归于无；倘掩饰，增一辜”就到达了一个哲学的高度。它是从卫生、卫性、卫心的层面去讲的，保卫生命，保卫我们的本性不受污染，保卫我们的生命质量。人为什么要讲诚信呢？因为我们的本性不容许被污染。比如说，一盆水污染了，你要把它重新变清，那是很难的。一滴墨水已经滴进去了，你要把它清除出来，那几乎是没有可能的。我们为什么要讲诚信呢？孟子一直在讲，诚是天道，思诚就是人的道。人的轨道就是“诚信”。如果一个人不讲诚信，他已经离开了轨道。离开了轨道，当然没有安全感可言，没有幸福感可言，没有获得感可言。所以“谨”和“信”这两部分是对前面的“孝”和“悌”这两个大的人生轨道的维护。我们说“孝”是一棵大树的“根”，“悌”是它的“干”，那么这个“谨”和“信”就像这棵树的树枝一样。它是提供维护性的，它是保护性的。

主持语：

郭文斌先生通过解读《弟子规》“信”篇的收尾句“无心非，名为错；有心非，名为恶。过能改，归于无；倘掩饰，增一辜”告诉我们：只要是人都会犯错误，无心之过名为错，明知故犯便是恶。知错能改勇者为，死不认错是懦夫。“无心、有心”是关键，二词直接见动机，动机背面是心机。

郭文斌先生讲，古圣先贤对于过失之人，往往持理解和宽容的态度，因为“人非圣贤，孰能无过。过而能改，善莫大焉”。就像心上落了灰尘，扫掉就好。怕的是不扫尘，更可怕的是见不到自己心上的尘。因此孔子说:“过而不改,是谓过矣。”在郭先生看来,古人主要是让人养成一个改过的态度。态度是一种人生方向,改过的态度走向光明,拒改的态度走向黑暗。因此,不管有心无心、有过有错都不怕,改了就好。怕就怕明知有过,却不愿意改,不想改、拒绝改,甚至还巧言狡辩百般掩饰,那就是过上加过、恶上更恶,其后果将伤害自己的身心,乃至招来灾祸。

问题来了,同样面对过错,为什么有的人勇于认错并知错能改?而有的人却死不认错,还要狡辩掩饰呢?郭先生认为,一些人是因为不愿意失去既得利益,一些人是因为面皮关过不了,觉得丢不起人,特别是看重荣誉感的人,更在乎在公众面前的正面形象。为了维护这个形象,就一错再错,错上加错。郭先生认为,这显然是一种向外看的生命状态,其认知为,公众不见,恶便“无果”。而向内看的人心中有一个意象:“天”,人不见天可见,如此“隐恶不改”,虽然人不见,但天见仍然有果。因为错误本身是一果,不改错误的态度又是一果,还是大果。因此向内看的人,跟天结算人格收获。向外看的人,跟人结算人格收获;向内看,走向君子。向外看,走向伪君子。向内看的人,心存敬畏,有羞耻心,够勇猛,能知错、认错、改错,“仰不愧于天,俯不怍于人”。

郭先生进一步告诉我们:最好的改过就是后不再造,后不再犯。就是把生命的列车从错误开向正确。车头掉了,老路上的那些错误就再也不会成为生命负累了。如此我们就会明白《弟子规》为什么要用“无心非,名为错;有心非,名为恶。过能改,归于无;倘掩饰,增一辜”这句话作为“信”篇的收尾。

我们再回顾一下“信”这一部分，它有一条非常严密的逻辑线，它从“凡出言，信为先；诈与妄，奚可焉”讲起。我们知道曾国藩的八门功课里面把做人以“不妄语”为主列为其中一条。就是说一个人做人能做到不说违心的话，不说不诚信的话。《弟子规》从说话开始讲诚信，然后讲到“话说多，不如少；惟其是，勿佞巧。奸巧语，秽污词；市井气，切戒之”，就是劝我们说话一定要反奸诈、要诚信、要正大光明。接下来讲到“见未真，勿轻言；知未的，勿轻传。事非宜，勿轻诺；苟轻诺，进退错”，就是说我们内心没有彻底把握的时候，我们的表达就要谨慎。这是讲到了传媒和文化的准确性。

《弟子规》讲道：“凡道字，重且舒；勿急疾，勿模糊。”就是说我们对我们的语速的把握，对我们这个传声器的把握，一定要持重。“急疾”说明我们的内心从容度不够。这是从生命力建设上来讲的。

“彼说长，此说短；不关己，莫闲管”，从我们的品德方面做了一个论述：“唯德学，唯才艺；不如人，当自砺。若衣服，若饮食；不如人，勿生戚。见人善，即思齐；纵去远，以渐跻。见人恶，即内省；有则改，无加警。闻过怒，闻誉乐；损友来，益友却。闻誉恐，闻过欣；直谅士，渐相亲。”

为什么要在“信”的部分接着讲这些内容呢？我们在前面讲了，一个人之所以不诚信是因为自己不自信，他不知道自己本身就是一个百分之百的宝藏，而到远方用欺骗的方式去获得。《弟子规》在“信”的这一部分告诉我们，一个人如果没有自信，可能会去欺诈，因为他想获得安全感、幸福感。当一个人知道“我自己就是百分之百的幸福之源，就是百分之百的安全之源”，就没有必要去欺诈了，这是一条逻辑线。

由此，“信”这一部分推到我们的起心动念，推到微观世界，推到我们的念头对于诚信的重要性。一个人假如是明知而故犯，那这个人不仅是诚信的问题，而且是品质问题了，变成恶了。但同时《弟子规》又非常包容，它用一句很包容的话收尾，即“过能改，归于无；倘掩饰，增一辜”，给人们留下改过的空间和可能性，说的是有错误不怕，我马上改了，我们的生命力就保住了。

“信”这一部分，我们看这个逻辑链条，即从说话讲起，再到我们的品质的构建，最后到我们的心灵构建，它是一个递进的过程，是一个由形而下到形而上的过程。最后，它给我们开出的方法论是随时随地改正错误。这就是古人讲的“扫心地”，时时刻刻拿着改过这一把扫帚把我们的心打扫干净，动一个错误的念头就扫掉。

在今天按照量子力学的观点，其实我们的祖先早就发现了，念头一动，事实上我们已经把我们的心灵伤害了。古人认为心想事成，“境”由心造。当念头一动的时候，一个对应的世界已经形成了。换句话说，一个悲剧已经形成了。这是《弟子规》的第四部分“信”，它是在“谨”之后，是“谨”的另一个方面，它和“谨”互为补充。事实上“谨”和“信”是对我们生命的一个维护性的系统。关于“信”的这一部分，我们就讲到这里。

现在我们全社会都在竭尽全力地恢复诚信系统。而要想恢复诚信系统，我们就要让人们知道一个人讲诚信获得的利润。诚信有什么利润呢？我们常常处在一种诚信的状态，我们的能量交换就是畅通的。跟宇宙的能量畅通交换，我们的人生就是吉祥如意的。反诚信的人生，事实上受伤害的是自己。把这个道理搞清楚，那么老百姓自然会选择讲诚信。

接着我给大家分享《弟子规》的第五部分“泛爱众”。“泛爱众”是《弟子规》这棵生命树的花朵。也是为“入则孝，出则悌，谨而信”这个原则服务的。一个人说穿了，他品质的核心无非就一个“爱”字。“孝”

是爱我们的老人,“悌”是爱我们的兄弟姐妹,“谨”和“信”是爱我们本身。到了“泛爱众”这里,我们在“入则孝,出则悌,谨而信”里面养成的品质就要放到社会上去用。这棵生命树长成参天大树之后,就要让人乘凉了,这就是“泛爱众”。就是说一个人在家里面爱父母习惯了,爱兄弟姐妹习惯了,爱自己习惯了,到社会上去,他一定会爱跟自己没有血缘关系的人,这就是“泛爱众”。“泛爱众”开篇讲“凡是人,皆须爱”,这个逻辑就跟我们古老的大同逻辑接上了,跟习近平总书记提出来的“人类命运共同体”的现实接上了。所以《弟子规》完全可以承上启下,它的逻辑也体现了五千年中华文明的逻辑。“凡是人,皆须爱;天同覆,地同载”,它的宇宙秩序和依据就是“天地精神”。所以“泛爱众”它是一种大同理想,它是一种整体性思维。

主持语:

上一节,郭文斌先生带领我们将《弟子规》“信”篇的所有内容从头到尾做了回顾和梳理。

“凡出言,信为先;诈与妄,奚可焉”教导我们做人要讲信用。诚信首先要从说话做起,谎话骗人、胡言乱语断不可行。

“话说多,不如少;惟其是,勿佞巧”就是告诉我们不要有太多话,警惕言多必失,警惕“病从口入,祸从口出”。

“奸巧语,秽污词;市井气,切戒之”警告我们流言误人,恶语伤人,奸巧语害人,必须戒除。

“见未真,勿轻言;知未的,勿轻传”教导我们,在没有弄清楚事实真相之前,不要轻信传言,更不要传播谣言。

“事非宜,勿轻诺;苟轻诺,进退错”教导我们,一诺千金,不要轻易许诺。

“凡道字，重且舒；勿急疾，勿模糊”教导我们，说话要慢、要清楚，自己说明白，也要让人听明白。

“彼说长，此说短；不关己，莫闲管”警示我们，不要说人长道人短，不要多管闲事，不要搬弄是非。

“见人善，即思齐；纵去远，以渐跻”教导我们，看到别人的善行和优点，要善于学习。

“见人恶，即内省；有则改，无加警”告诉我们，看到别人的丑恶要内省，引以为戒。

“唯德学，唯才艺；不如人，当自励”教导我们，要重视和提升自己的品德、才华和技能。

“若衣服，若饮食；不如人，勿生戚”劝诫我们，不必羡慕别人优越的吃穿享受。

“闻过怒，闻誉乐；损友来，益友却”警示我们，喜欢别人恭维和奉承的人，只会招来损友而失去益友。

“闻誉恐，闻过欣；直谅士，渐相亲”告诉我们，闻誉则恐、闻过则喜的人能聚拢益友良才。

最后一句“无心非，名为错；有心非，名为恶。过能改，归于无；倘掩饰，增一辜”告诉我们，无心之过称为错，明知故犯就是恶，并教导我们知错能改，善莫大焉。

整个“信”篇的内容，旨在教导我们要养成诚信的品格，做到“仰不愧于天，俯不怍于地”，这样的人生才有意义。

对于这种大同理想，对于这种整体性思维，我们怎么去理解，怎么去解读？关于“泛爱众”的理想，关于“凡是人，皆须爱”的理想，《弟子规》在第五部分如何展开论述？下一节课我们接着分享。

第42集

心地净时万归一

主持语：

上堂课的结尾部分，郭文斌先生在结束了《弟子规》“信”篇的解读之后，又由“凡是人，皆须爱；天同覆，地同载”这几句话引出了《弟子规》“泛爱众”篇章的内容。为什么要“凡是人，皆须爱”呢？因为“天地与我并生，而万物与我为一”。用唯物论的观点来说，就是宇宙万物是相互联系、相互影响、相互作用的。要想与宇宙万物和平共处，和谐共生，就必须心怀仁爱，爱世界万物，爱自然万物，爱宇宙万物。而爱天地宇宙万事万物，首先应该从爱人做起。如果做到了“凡是人，皆须爱”，也就是做到了天人合一，就能跟宇宙能量同频共振，就能够像天地一样天长地久。

本堂课，郭文斌先生将由“凡是人，皆须爱；天同覆，地同载。行高者，名自高；人所重，非貌高”等训谕，开启《弟子规》“泛爱众”篇的精彩解读。

大家好！我继续为大家分享“泛爱众”部分。

“泛爱众”开篇讲道：“凡是人，皆须爱；天同覆，地同载。”为什么“凡是人，皆须爱”呢？天地万物皆使然。老天对每一个人都是公平的。下雨的时候，它没有说厅级干部多下一些，处级干部就少下一些。下雪的时候，也是如此。阳光也没有说，厅级干部我就多照耀一会儿，处级干部就少照耀一会儿，它对每一个人都是公平的。大地也是用一种平等心在承载、生长，谁勤奋，我就成全谁；谁用心耕耘，我就成全谁。它没有说黄皮肤的人，我就多给他生长，其他皮肤的人，我就不给他生长。我们看到，天地对它所服务的对象是公平的。老子讲的“天地视万物为刍狗”就是一样的，它没分别。正因为天地没有分别，所以天地能够天长地久。这一种宇宙逻辑对应在人间，就是“凡是人，皆须爱”。对所有的人，我们都要爱他，这样的话，我们就做到了天人合一，就能够跟宇宙能量同频共振，我们就能够跟天地一样天长地久。

我们在前面的课程讲过，中国文化是整体性的，是强调“一”的文化，这个“一”有整体的意思，也有平等的意思。孔子晚年给他的学生曾参讲“吾道一以贯之”，讲完之后，他就从教室里出去了，别的同学就把曾参围住，问曾参说：“师兄啊！刚才老师给你吃什么偏饭了？讲什么秘密了？”曾参讲了一句话说：“夫子之道，忠恕而已。”

当年读到这里，我就在想：曾参为什么把夫子的话不复讲给大家，而要换一个说法呢？现在我才明白，曾参只能这么讲。为什么呢？他直接讲夫子的话，他的师兄师弟听不懂。他把夫子话中的奥秘分解为两个字，哪两个字呢？“忠”和“恕”。什么是“忠”呢？忠，我们看它的会意，由那个本体的心、没污染的心，与有一些像《中庸》里面讲的“喜怒哀乐之未发”的那个中组成。就是面缸里的面粉，还没有变成面包，还没有变成面条。什么是“恕”呢?“如”“心”,就像你的心,通俗地讲就是将心比心。《弟子规》的“入则孝”部分讲到“冬则温,夏则凊;晨则省,昏则定”,讲的就是“恕”道,就是将心比心,就是感受力。

我们可以看出,孔子一生的学说的核心是在一种心的状态。有人说,他一生在讲一个字——“仁”。“仁”是什么意思呢?两个人,两个人是什么意思呢? 我心中要有别人,将心比心。这个“仁”的单立人在古文字里面有一种写法,是一竖,意味着什么呢?一竖代表着一个卦象。右边的两横代表着一个卦象,竖和横是一种阴阳关系。所以,孔子一生所讲的也不外乎一件事情,就是让我们的心具有同情心、怜悯心、慈悲心、爱心,然后将心比心。联合国把孔子的“己所不欲,勿施于人”刻在了联合国大厦上,联合国认为这是孔子思想的精华之一。

如果从天地精神来讲,孔子就在讲天地精神在人间的一种投射。就是说天地的无私性、平等性,没有分别的这种状态,在人间应该表现为一种生命状态,他把这种状态叫作“吾道一以贯之”。我们这样解释就是平等、平常。我们看到,孔子开创了有教无类的教育。就是富人也收他为徒弟,穷人也收他为徒弟,年少的我教他,年长的我也教他,他做到了平常、平等。所以,后人把他称为“大成至圣先师”,成为老师的偶像,成为老师的典型、典范。

我认为我们目前的治国理政的方向,事实上就是《弟子规》里面的这两句话“凡是人,皆须爱”。打造“人类命运共同体”也好,“一带一路”也好,都是这种古老逻辑的现代化,就是让全球来共享中国发展的红利,共享中国文化的红利,为人类的和平、安全做出中华民族的贡献。“凡是人,皆须爱;天同覆,地同载”,前面讲的是人间伦理,后面讲的是它的逻辑依据,讲的是天地精神,把人间精神跟天地精神做了一个对接,让我们知道“凡是人,皆须爱”是老天爷的意思,那么它就有了一个大前提:“凡是人,皆须爱;天同覆,地同载。”

接着讲什么呢?“行高者,名自高;人所重,非貌高。”“泛爱众”为什么在总论之后要讲这么一句话呢?下面讲的是“泛爱众”的方式,为什么要讲这句话呢?事实上“行高者,名自高;人所重,非貌高”讲的是本质和现象的关系,讲的是形和神的关系。换句话说,一个人怎样才能真正地“泛爱众”呢?是靠外在呢?还是靠本质呢?当然靠本质。

老子为什么受人尊敬?孔子为什么受人尊敬?因为他们披褐怀玉,因为他们生而不有、长而不宰、为而不恃,他们心中没有自己,只有大众。孔子每天考虑的事是“德之不修,学之不讲,闻义不能徙,不善不能改,是吾忧也”。也就是说,他每天想的是自己的道德进步了没有、自己的品格进步了没有、自己的学生进步了没有、仁义在大地上推广了没有、人们的不善改掉了没有。他思考的是这些事情,所以他受人们尊重。“学而不厌,诲人不倦,不知老之将至”,这就是孔子。所以他成为万世师表,受人尊敬!去世之后,他的学生为他守墓三年,子贡甚至为他守墓六年。有一年,他的后人孔德成先生到美国去访问,从机场出来时候,安检的工作人员一看他是孔子的后人,就把他请进去,等孔德成先生再次从机场里出来的时候,红地毯已经铺上了。我们今天一说到谁谁谁是孔子的多少世后人,大家都会肃然起敬,连他的后人都备受尊敬,何况孔子!

在“泛爱众”的第一个要素里面,作者强调了品德的重要性、内容的重要性、本质的重要性,“行高者,名自高;人所重,非貌高”,今天我们讲颜值,在这里我们看到,按照《弟子规》价值观,真正有颜值的是个人的内涵,一个人有没有“泛爱众”的这一份心,就表明这个人是不是真正的有颜值。老子也讲过“有德司契,无德司彻”,也是这个道理,真正的契约就是一个人的品德。

主持语：

郭文斌先生通过解读《弟子规》“泛爱众”篇开始句“凡是人，皆须爱；天同覆，地同载”告诉我们，人与人之间要相互关爱，要和睦相处。为什么呢？因为大家都生活在同一片蓝天下，同一块土地上。儒家认为“天人合一”，释家认为“众生一体”，道家更指出“天地与我并生，而万物与我为一”。郭先生在前面也说过，我们和宇宙是一个整体，我们和大自然也是一个整体，我们人类更是密不可分的“人类命运共同体”。既然是“共同体”，那就“一损俱损，一荣俱荣”。

郭文斌先生认为，相对于自然宇宙，人类太过渺小，人类只有通过爱宇宙、爱天地、爱自然，与宇宙天地、自然同频共振，才能实现与自然宇宙的和平共处、和谐共生。而对于我们人类自身来说，更需要互助互爱。如果人与人之间互不关心、互不关爱，甚至相互仇恨、相互倾轧，那么就是在和宇宙整体性对抗，永难实现和平、和睦、和谐。因此“凡是人”不分国度、族群、人种，“皆须爱”，才能保证这个共生共荣的命运共同体永续存在，才能实现人类的和平、和睦、和谐。

郭文斌先生指出，一个人不可能孤立地生活在这个世界上，衣食住行各个方面，都离不开人的辛勤劳动，作为社会的一分子，每一个人都应该心存感恩，心怀敬意，深切关注社会，随时伸出援助之手，“出入相友，守望相助，疾病相扶持”。如此，人生才有意义、有价值。其实关爱别人就是关爱自己。从事上讲，只有你平时关爱别人，在你需要帮助的时候，别人才能回报你；从理上讲，大家本身一体，爱别人，就像左手爱右手；情上讲，得到他人的关爱是一种幸福，关爱他人更是一种幸福。

郭先生在长篇小说《农历》中，通过主人公五月和六月描述过这种幸福。明白了“凡是人，皆须爱”的道理，那么又该如何爱呢？

接下来《弟子规》又讲道：“行高者，名自高；人所重，非貌高。才大者，望自大；人所服，非言大。”讲到了“言”和“才”的关系，就是一个人的实际功夫、实际本领和他包装的关系、宣传的关系、推介的关系。历史上但凡留下来的文化、文明作品，一定是有含金量的，一定是能体现天地精神的，一定是“泛爱众”的。那些夸夸其谈讲得再好，如果没有真实内容，历史也会将其淘汰。我们看到，在“泛爱众”方面，《弟子规》强调的是人的本质力，强调的是人的内涵，强调的是人的生命力，而不是外在。因为人们很容易滑向外在，所谓华而不实就是这个意思。

我在散文集《永远的乡愁》里面收入了一篇散文，是写我的中学老师的。这篇散文感动过无数的老师、听众、观众、读者。不是我写得有多好，是这位老师的故事很感人。2007 年我的短篇小说《吉祥如意》忝列“鲁迅文学奖”。“鲁迅文学奖”大家都知道，它是中国文学的最高奖之一，它和茅盾文学奖并列为“中国文学的两个最有影响力的奖项”。《吉祥如意》获得了这样一个荣誉，我就在鲁迅先生的故乡去受奖，给我颁奖的是鲁迅先生的儿子周海婴。当我从周先生的手中接过获奖证书的时候，我的眼前出现了一串身影，有父母、兄妹、一些老领导等等。但是后来，留下来的最清晰的一个身影就是我的初中老师，他名叫刘富荣。当时我就动了一个念头：领奖回去，我要把这个喜讯亲口告诉老师，我要去看一看老师。

回去之后，当我出现在老师面前的时候，老师感觉有些意外，说了一会儿话后，就没什么可说了。这时候老师就把抽屉拉开，说："文斌啊，你看你写给我的信，我都存着呢。"我一下子就激动了，看到不同的时期，我从上固原师范开始写给老师的信，老师都整整齐齐地码在那里。我也有老师的许多信，搬了多少次家，都不知道放在哪里了。但是老师把我的信，居然放在他的抽屉里，码得很整齐，当然还有别的同学的一些贺卡、信。在那一刻，透过泪水，老师当年的情景在眼前闪现。

在我的印象中，老师带了我们那么长时间，一直穿着一件蓝卡其布做的衫子，洗了补补，洗都洗白了，从来没换过。当时我们看到别的老师不时地换一换衣服，但是刘老师没换过。他星期六星期天也不回家，就在学校里住。我看到，如果是冬天，他会把这件衫子洗了换掉，穿着棉袄在校园里行走，到了星期一又把那件衫子套上去。有一天班长给我们说："同学们，大家今天自习，老师回老家去了，干吗去了呢？做新郎官去了。昨天下午回去的，今天早晨我们就自习。"他的那个乡离我们那个乡，如果行走的话，至少是六七个小时的路程。可是就在上课铃响了时间不长的时候，老师就进教室里来了，然后给我们上课。大家就议论说："这老师肯定不爱师母，否则的话怎么会这样呢？"

毕业时，每位同学交了两毛钱，给每位老师买了一个洋瓷盆，上面写的是"将台中学初三二班全体同学留念"。别的老师都收了，但这位刘老师坚决不收礼物，不开他的宿舍门。要搞毕业典礼了，刘老师才出来，我们在教室门前已经站好了列队。刘老师说："同学们，你们等一等，我很快就回来。"跑步出去，跑步回来，手上拿着两沓崭新的两毛钱，他说要给我们每一位同学发两毛钱。他说："你们的礼物我收下，但这两毛钱，你们也要收下。"当时我们感觉老师有一些过分，好像没有人情味。现在回想，老师是给我们上最后一课。

后来，老师的儿子考上了大学。我就打电话说："老师，您就让他到银川，我送他出发。"他真的就来了，给我带来许多特产，临行我和我太太给他准备了一个红包，没想到怎么都送不到他手上。那个拒绝的样子，跟当年老师拒绝我们礼物的样子一模一样，也让人觉得不近人情。多少年之后，在他儿子的这个动作中、表情中，我看到了老师当年做这件事情的意义。

老师送走我们之后，因为我们那一届考得很好，他就被选调到县城中学，给教师进修学校的老师上课。让我们吃惊的是，两年后，他强烈要求调回乡下，回到我师母所在的那个平峰乡中学任教，为什么呢？因为我师母没有工作，那一刻我们就知道，老师是爱师母的。当年为什么那么着急回来给我们上课呢？因为那一年我们初三，他为了不耽误我们上课，在新婚之夜就启程往学校里赶。当时他没有解释，但是多少年之后，他用行动向我们做了解释，说明他是爱师母的。

主持语：

上一节，郭文斌先生通过解读《弟子规》"泛爱众"篇的"行高者，名自高；人所重，非貌高。才大者，望自大；人所服，非言大"这几句训谕，结合自己的亲身经历告诉我们，有德行的人自有名望，人们敬重的是内德，而不是外势；有才能的人自有威望，人们真正佩服的是能干，而不是能言。那么这段话究竟与"泛爱众"有什么关系呢？郭文斌先生告诉我们，关系重大。他通过内涵与表象的对比，把人们的目光从外引导到内，告诉我们应该"爱"什么人，就是要爱有德、有才、有内涵的人，而不是爱那些徒有其表的人。有人或许要困惑了，不是"泛爱众"

吗,怎么还要区分什么人该爱、什么人不该爱呢?

郭文斌先生其实通过前面的解读和故事已经告诉我们"泛爱"绝不是"乱爱","泛爱"是博爱,博爱无界,但有立场、有态度,这个立场就是重德才,尤其是德,而不是金钱地位,这是中华文化的重要特性,只有内圣才能外王。圣而王,百姓享福;非圣而王,百姓就可能遭殃。"修齐治平"的前提是"格致诚正"。于此,我们就明白了孔子的一生为什么要推崇尧舜禹汤;至此,"行高者,名自高;人所重,非貌高。才大者,望自大;人所服,非言大"和上一章的"唯德学,唯才艺;不如人,当自励"做了完美呼应。

我在教育局做过两年秘书，我知道有许多老师为了进县城把教育局局长的门槛都快踏断了,但是这位老师已经调到了县城,还要求调回乡下。他带的学生考了我们那个地区的第一名,学校要给他一个奖励,他不拿奖励。他说:"我带学生考第一是我的本分,我已经拿到了国家的工资,我为什么还要拿另外的一份呢?"现在他已经退休了,又被返聘回学校任教。他给学校讲:"我不要一分钱的工资,我就做志愿者就行了。"已经好几年,他不拿一分钱课时费。这就是我的老师,"行高者,名自高,人所重,非貌高。才大者,望自大,人所服,非言大"在他身上有形象的、生动的、感人的体现。这一课就讲到这里,下一课我们接着分享。

第 43 集

心底无私天地宽

主持语:

上一堂课,郭文斌先生通过解读“泛爱众”篇的开始句“凡是人,皆须爱;天同覆,地同载”和“行高者,名自高;人所重,非貌高。才大者,望自大;人所服,非言大”教导我们,人和人之间要互相关爱,要和睦相处。一个人,要想有名望,要想获得他人的尊重、信服与爱戴,不能靠外在的权势、金钱、地位和夸夸其谈,而要靠德行和才干,要爱戴有德有才的人。那么,还有什么人值得我们尊敬和爱戴呢?或者说,要想赢得别人的尊重与爱戴,除了德艺双馨外,还应该如何做呢?

本堂课,郭文斌先生将沿着《弟子规》“泛爱众”篇里的“己有能,勿自私;人所能,勿轻訾”等后续内容继续精彩解读。郭先生告诉我们,简单地说,“己有能,勿自私;人所能,勿轻訾”就是告诫我们,如果自己有本领,不要自私,要奉献出来帮助别人;别人有本领不要不服气,更不要说人家的坏话。

那么，这句话与“泛爱众”又有什么关系呢？为什么在“泛爱众”篇的第二个环节讲这句话呢？

大家好！上节课，我和大家分享了“凡是人，皆须爱；天同覆，地同载”，分享了“行高者，名自高；人所重，非貌高。才大者，望自大；人所服，非言大”。那么《弟子规》接下来讲什么呢？“己有能，勿自私；人所能，勿轻訾。”什么意思呢？就是说你有一身本领，千万不能藏着，我们有一身本领一定要无所保留地奉献给社会。

为什么在“泛爱众”的第二个环节讲这一句话呢？因为一个人如果有藏的心不可能“泛爱众”，有藏的心不可能有天地精神。老子讲：“圣人不积，既以为人己愈有，既以与人己愈多。”圣人不会积累财富，他有财富一定是分享给社会。高者抑之，下者举之；有余者损之，不足者补之。天之道，损有余而补不足。这是天道。天道是“损有余而补不足”，人道呢？是“损不足”而“奉有余”，锦上添花。

老子讲：“天长地久，天地所以能长且久者，以其不自生，故能长生。”就是说，天地它不有自有，“生而不有，为而不恃，长而不宰，是谓玄德。”就是说他认识到，整个天地就是在做无私的奉献。我们在前面讲过，当一个人的心态是无私的，不求回报地爱别人的时候，他的生命能量在500级，500级是普通人幸福感的75万倍。所以，圣人以无私成就了他的私。真正的私就是大公无私，这就是辩证法。所以“己有能，勿自私”。

但是我们在社会中看到，有些人发明获得了专利，没有好处是不会奉献给社会的。我们看到，中国文化它有一个特点，叫“免费流通”，它欢迎翻录，欢迎流通。这些年我的书，也是秉持这个态度，我的书在市面上有很多盗版，我没有打过官司。我常常半开玩笑地讲，欢迎别人盗版我的书，但是要做到不要有错别字。当然我这样说，无意于让大家不维护版权，不维护合法权益。我想说的是“已有能，勿自私”。

我们在拍摄《记住乡愁》的时候，看到有许许多多的古人，无偿地把他们的发明奉献给后人，那种精神值得我们现代人去学习。如果老子当年留下话，不交钱不能读他的书，《道德经》也传播不到这样的一个程度。“圣人不积，既以为人已愈有，既以与人已愈多。”圣人他懂得天地间有一个秘密，就是无私奉献，就是真正的天地精神。现在我们国家正在搞精准扶贫，有些人很自愿地去扶贫，我看到有些同志呢，欢欢喜喜地去，这种心态就是《弟子规》“泛爱众”的精神。但是，我也看到在社会上有一些人，一边捐款一边骂骂咧咧，什么意思呢？他不愿意，显然没有好好学过《弟子规》。就是在自己的生存基本需要有保证的时候，捐一些款，做一些公益，这对于我们自己是一个大的福利，对于我们的子孙后代也是福利。

习近平总书记在福建任上，多次到宁夏扶贫点，留下了很多感人的瞬间。我们现在开辟了“一带一路”，又让全世界人民共享中华民族的这种博大爱心，这里面都是“泛爱众”的精神。但是我也听到有一部分人说：“我们的人都在小康线之下，拿这么多钱给别的国家？”事实上，这些人是不懂得《弟子规》的精神的。《弟子规》的精神是“泛爱众”，“泛爱众”的精神事实上它恰恰是给我们整体的中华民族积累能量。为啥呢？天地精神是“既以为人已愈有，既以与人已愈多”。天地精神是“甚爱必大费，多藏必厚亡”。一个人把天地间的财富藏在自己家里，事实上是把自己的能量压在那里了。当我们把这些财富捐出去，财富没有了，但它变成了我们的生命力，变成了我们的“长寿、富贵、康宁、好德、善终”。

接下来《弟子规》讲到“人所能，勿轻訾”，别人做这些好事的时候,你千万不能讽刺人家。古人讲,别人做好事,你动一个赞叹的念头、欣赏的念头,你跟他积累的能量一样多。现在呢?不少人有一种心理,就是嫉妒心,看到有人做好事,自己做不了,还讽刺。特别是这些年,我们在传统文化战线听到很多。他不学传统文化,不推广传统文化,别人在推广,在做志愿者,他还讽刺挖苦。这些人,其实是最耗费自己能量的。霍金斯能量级大家一看就清楚了。一个人嫉妒的时候、抱怨的时候,能量已经低于200级,是125级左右,很低了。按照霍金斯的说法,一个人对应能量低于200级,这个人要生病了。"人所能,勿轻訾。"千万不能讽刺,不能挖苦,不能害红眼病。要多多地鼓励、支持人们去做公益,做善事。

特别在今天,弘扬传统文化的过程中,更需要人们给以推动性的力量。这种心态对于一个人的获得感、幸福感、安全感很重要。用古人的传统讲,这是一种积累福报的心态。用今天的话来讲,是一个提高生命能量的心态。在今天社会,尤其需要保持一个点赞的心。看到有人地位比我们高,有人钱比我们多,有人名气比我们大,有人比我们有才华,我们要有一种见贤思齐的心。

主持语:

郭文斌先生通过解读《弟子规》"泛爱众"篇里的"己有能,勿自私;人所能,勿轻訾"这句话告诉我们,自己有本领要利益他人,别人有本领不要妒忌,更不能诽谤。郭先生随后引经据典,并结合生活中的案例教导我们,用自己的才能利益他人,造福社会的人,是值得尊重和爱戴的。相反,嫉贤妒能的人是可耻的,是遭人唾弃的。

郭文斌先生指出,《弟子规》以此寥寥数语,道出了中华文化人格的主色调，这种文化人格从“修齐治平”开始，一直到明清的“经世致用”，如同文化大地上的长江黄河，从未断流，明清之际达到高潮。在倡导“知行合一”，注重“事上练”的王阳明之后，王夫之、黄宗羲、顾炎武等思想家提出“经世致用”的观点，强调学问要有益于国事，要以救世为急务，反对不切实际的空虚之学，对后人影响极大。尤其是从晚清到民国初年的近百年间，在中华民族面对内忧外患的危急关头，“经世致用”思潮激励和感召了无数仁人志士投身改良社会、御敌救亡，争取民族独立的滚滚洪流之中，涌现出陶澍、魏源、林则徐、曾国藩、孙中山、毛泽东、周恩来等一大批社会改良实践家和革命家。《弟子规》中的“己有能，勿自私”正是这种济世情怀的通俗表达。

郭文斌先生认为，事业有大小，理想见高低。一个人要报效国家，既需要才能，更需要机会，但是“天下兴亡，匹夫有责”的情怀，关键看有没有一颗“勿自私”“勿轻訾”的心。

《弟子规》讲：“勿谄富，勿骄贫；勿厌故，勿喜新。”这句话当然也来自《论语》。当年子贡问孔子：“一个人假如能做到‘贫而无谄，富而无骄，何如？’”孔子讲：“可也，未若贫而乐，富而好礼者也。”子贡当年讲了他的一个学习心得，什么呢？假如说一个人贫穷，但没有谄媚；一个人富贵，没有骄傲，那么这个人的修行怎么样呢？孔子认为很好！但还不如那些贫穷但是快乐的人、富贵但是彬彬有礼的人。你看，孔子讲的境界跟子贡不一样。子贡认为他修炼到什么程度了呢？“贫而无谄，富而无骄”，他就觉得不错了。但是孔子认为，这只是被动性，还没有达到主动性。主动性应该是一个什么样的状态呢？贫穷，但是快乐，就像我在前面讲的第欧根尼一样。富贵，还能做到对人有礼，这才是一种真修养。在这里,《弟子规》把这句话就变成"勿谄富,勿骄贫;勿厌故,勿喜新"。

我记得当年读《朱子治家格言》的时候,里面讲到"遇贫穷而作骄态者,贱莫甚",就是有一些人看到穷人就有一种骄横之相。《弟子规》在"泛爱众"的部分,在讲到自己有才华不能自私,别人有才华不能嫉妒之后,接着讲了这一句话,它也是一个内在的逻辑性。因为人非常容易犯的一个错误,就是嫌贫爱富,就是喜新厌旧。那么,一个嫌贫爱富的人,一个喜新厌旧的人,怎么能够做到"泛爱众"? 泛爱众就是平等地爱一切人。大地可没有说只能富人走,穷人不能走,穷人走,要收钱,没有!一个人,当他有嫌贫爱富的心的时候,他已经离开了天地精神,离开了"泛爱众"的精神。所以说"勿谄富,勿骄贫"。见到富人,我们不能有谄媚相;见到穷人,我们不能作骄慢相,要一视同仁。

"勿谄富,勿骄贫;勿厌故,勿喜新",是"泛爱众"精神在我们生活中的一个重要指标。但是我们在生活中发现, 人们往往容易厌故喜新。最典型的就是,看不上自己的太太了。我在前面课程里讲过,要用换念头的方法,把自己的太太永远想成谈恋爱时候那样。所以,怎么样的一种状态,才能给我们带来幸福感呢? 平常心! 就是当你的心平了,当你的生命力提高了,当你心中觉得都一样的时候,你看任何事情都是美的。

在"勿谄富,勿骄贫;勿厌故,勿喜新"之后,《弟子规》讲:"人不闲,勿事搅;人不安,勿话扰。"从一个人对待别人最简单的、最朴素的言行,我们就可以看出来这个人有没有孔子讲的"一以贯之"的精神,有没有曾参转述的"忠恕"精神,我们就看他对待别人的态度。看他能不能感受到别人这会儿正有事情,不愿意受人打扰,就知道他有没有爱心,这是非常生活化的体现。我们在生活中会看到有一些人,他们明明知道你忙着,可就是打搅你。明明知道你在备课，他们就是打扰你。明明知道你正在论坛上发言，但就是一个接一个地打电话。

现在这些年，我们在传统文化的战线，有一批义工做得很好，他们一般给你打电话之前，要发个短信或微信说："老师，方便接电话吗？不打扰你吧？"或者约一个时间再给你打电话，这就是训练有素。这就是"人不闲，勿事搅；人不安，勿话扰"。换句话说，要凝心聚力，大家心往一处想，劲儿往一处使，共襄盛举。就是要给人增力，不能添乱。但是我们看到，也有一些人想标新立异，想表达自己的不同观点，制造纷乱。

我们都知道，统一思想、统一战略思维是需要能量的。我认为中国文化是一个修复性文化，中国文化是整体性文化，中国文化是点赞的文化，是求同尊异的文化，它不是矛盾的文化、对抗的文化。它一定是将心比心的文化、知冷知热的文化。忠恕之道就是这个。我在《农历》里面也写到，《永远的乡愁》里面也写到，民间的优良传统：谁家有了红事、有了白事，举全村之力去服务，种庄稼的人把庄稼之事停下；如果谁家有人去世了或者谁家娶妻生子，全村的人都去服务；如果人家有灾难，全村的人、全社的人都去分忧。它的逻辑就是"人不闲，勿事搅；人不安，勿话扰"。

接下来《弟子规》讲到我们非常容易犯的错误："人有短，切莫揭；人有私，切莫说。"就是一个人有短处千万别讲。但是我们在现实生活中看到，有一些人专讲别人的是非。其实人们是一种新闻心态，有一些人是关心国家大事，关心社会现象。相当多的人看新闻的心态是好奇的，跟民间讲的是非的心有着一致性。古人强调隐恶扬善，放到现在就是传媒本身就讲正面的事情，不讲反面的事情；讲阳光的事情，不讲黑暗的事情，就是不给人们提供负能量的传播源，因为古人知道信息具有暗示性，而暗示就是能量。

我们在生活中看到，因为传别人的隐私，讲别人的短处，造成的悲剧太多了。我有一个同事，有一段时间，我感觉怎么着都不对劲，恨我，到处在讲我的坏话，我说我也没得罪他呀！对他也挺好的呀！而且处处维护他呀！后来一个很偶然的机会知道，另一个同事在他面前挑拨是非了。那件事情对我伤害很大，从那以后，我更加体会到"传别人的隐私、讲别人的短处"的危害性。由这一件事情，我也引以为戒，不会说别人的是非，不会讲别人的短处。如果别人讲得特别有兴致，那么你就沉默，不要接着讲，或者转一个角度，讲那个人的优点。就是说，我们要尽可能地去讲一个人的优点，就是在别人讲他是非的时候，想到这个人还有长处。当我们看别人长处的时候，想讲短处的那个心可能就下去了。

主持语：

上一节，郭文斌先生仍然以经典所载所议，结合现实生活，紧接"己有能，勿自私；人所能，勿轻訾"后面的内容生动解读。郭先生指出，"勿谄富，勿骄贫；勿厌故，勿喜新"讲的是平等心、仁爱心，劝导我们不要谄富骄贫，不要喜新厌旧，在权贵富人面前保持气节，在底层穷人面前要有爱心，对故旧要念惜，对新鲜莫贪攀。事上讲，嫌贫爱富让人唾弃；理上讲，嫌贫爱富之心让我们的人格天平倾斜，让我们的生命力水土流失。

"人不闲，勿事搅；人不安，勿话扰"讲的是体贴心、换位心，劝导我们不要轻易打扰别人。事上讲，如果我们总以自我为中心，不能替对方着想，对方就会对我们敬而远之。理上讲，任何时候都能为他人着想，我们的慈悲之心才能养成，人格境界才能提升。

“人有短，切莫揭；人有私，切莫说”讲的是包容心、清净心，劝告我们断不可揭短说私。事上讲，揭短说私招祸。理上讲，揭他人短，说他人私，本身就是揭自己短，说自己私，因为我们是一体。心动揭短念，心已在短；心动说私念，心已在私。正如给他人心池投墨，我心必先有盛墨之具。心有盛墨之具，心已着墨了。因此，对人之短之私，要像对己之短之私一样看待。换一个角度讲，喜欢揭短说私是心不清净的表现，当一个人彻底消灭了是非心，心地一片清净时，就不会揭短说私了。而这六个心，目的都是为了让我们一层一层醒来，一级一级提高生命层次，一步一步回到根本故乡。

“人有短，切莫揭；人有私，切莫说。”古人用两个“切”强调。那么从心理学上来讲，一个人讲别人短处的时候，其实受伤害的是自己。因为讲短处的时候，你动了一个“揭短”的念头，按照“信息、能量、物质”三位一体的原理，我们的能量就降低了。换句话说，你站在阳光下面，你获得的是阳光的照耀，获益的也是自己；你站在黑暗里面，你被黑暗包裹，所以受伤的是自己。如果我们对《零极限》这本书有很好的理解，我们就更不会讲别人的缺点了。我们看到了别人的一个缺点，意味着我们心中还有对等的缺点，否则我们看不到。这就是儒家讲的“行有不得，反求诸己”，从自己身上找原因。

更重要的是，如果我们讲别人的短，讲别人的私，会有严重的后果。什么后果呢？“道人善，即是善；人知之，愈思勉。扬人恶，即是恶；疾之甚，祸且作。”你看《弟子规》把后果讲出来了。那么，这两句话我们怎么去理解呢？下一节课我们接着分享。

第 44 集

隐恶扬善世事宁

主持语：

郭文斌先生在解读了“己有能，勿自私；人所能，勿轻訾。勿谗富，勿骄贫；勿厌故，勿喜新。人不闲，勿事搅；人不安，勿话扰。人有短，切莫揭；人有私，切莫说”等训谕之后，在上一堂课的结尾部分，引出了“道人善，即是善；人知之，愈思勉。扬人恶，即是恶；疾之甚，祸且作”。

郭文斌先生告诉我们，《弟子规》的内容包罗万象，且环环相扣、层层递进，逻辑性非常强，称其为生命的导航绝非虚言。就如“道人善，即是善；扬人恶，即是恶”这几句话，如果没有前面的内容做铺垫，单看这句话就会显得很突兀，也可能让我们对“隐恶扬善”产生误会。然而当我们跟着《弟子规》的内容，循着逻辑和条理流动到这里，我们也就明白了古人为什么要教导我们“隐恶扬善”。

本堂课，郭文斌先生将以独特的视角向我们揭示“隐恶扬善”包含的意义。

大家好！上一节课我给大家分享了“勿谄富，勿骄贫；勿厌故，勿喜新。人不闲，勿事搅；人不安，勿话扰。人有短，切莫揭；人有私，切莫说”，我们讲，这是“泛爱众”精神的几个具体方面。为什么在这里讲到“人有短，切莫揭；人有私，切莫说”？我们讲了它的原理。如果我们要从中引申出《弟子规》的精神来，那它对我们的文化传播就具有重要的指导意义。就是说文化传播、传媒，应该怎么做呢？要尽可能地隐恶扬善。作为一个作家，在写作的过程中要尽可能地传扬社会的光明面，少去揭露阴暗面。为什么呢？当我们的作品发行量很大的时候，被众多的读者阅读的时候，它会形成群体意识。我认为群体意识如果是阳光的，这个民族就是阳光的；群体意识如果是阴暗的，这个民族就是阴暗的。所以，这句话不单单讲的是个人修为，它的里面包含着太多的奥义。这就像孔子当年表扬子贡能够举一反三一样。我们读《弟子规》，践行《弟子规》，一定要读懂它背后的精神。这几句话，对我们的文化传播、文化建设、新闻宣传都有重大的启示意义，就是说尽可能地隐恶扬善，尽可能地少揭露社会的阴暗面。

大家也许会说，我不揭露阴暗面那谁来监督社会？这个社会怎么进步？事实上，鼓励的力量、表扬的力量，要远远大于揭露和批判的力量。一个小孩子你多鼓励他，他就能够把一些错误改掉。所以，鼓励的力量，要比批判的力量大得多。我认为我们中华文化就是一个表扬的文化、点赞的文化、鼓励的文化、隐恶扬善的文化。它知道“人之初，性本善”，它知道“性相近，习相远”。坏习气是一个人的外在，而人的本质，所有的人都是好的。所以，我们文化出于这样的一个基本判断，去唤醒人的良知。

王阳明龙场悟道，悟到了什么呢？致良知。自己找到自己的良知，同时唤醒别人的良知。良知一唤醒，就没有人愿意做坏事，没有人愿意走向黑暗，这就是良知在文化建设上的意义，在精神文明建设中的意义。从后果这个角度，《弟子规》讲道："道人善，即是善；人知之，愈思勉。扬人恶，即是恶；疾之甚，祸且作。"就是说一个人讲别人的善，本身就是善。《了凡四训》里面讲得很清楚，但凡看到有人有不可敬，都要想方设法地奖掖他、鼓励他，让他继续进步，即"道人善"本身就是善。人听到耳里面了，他就会更加努力。这些年我有意识地应用这一准则，比方说在张三面前讲李四的好话，讲李四的进步。李四从张三那里听到，比我亲口讲，能让他更有积极性。人有一个习惯，那就是愿意借助于第三者的话去表扬第二者。我们看到在古代社会，家长和老师就是这么干的。家长在孩子面前树立老师的威信，老师在孩子面前树立家长的威信，这样就有了一种"道人善，即是善；人知之，愈思勉"的作用，同时给受教育者以信心。

这几年讲传统文化，我自己也在调整，原来一上来就骂西方，好像骂得越过瘾，越显出自己爱国、忠国。但现在慢慢地搞清楚了，其实真正的爱国，就是为这个国家的建设、发展贡献自己的一份力所能及的力量，而不是在口头上。像我们这些天录 52 集《弟子规》，在我的心中，我可以把所有事情放下，感觉这个事做完了，就是为国家做了一份微薄的贡献。而越是这样你心态会越平和。我现在也学会适应穿着西装讲中华优秀传统文化。我们心量要大。中华优秀传统文化一定要传播到全球去。如果说这个文化我们觉着好，我们只是留给自己用，那就是"己有能，而自私"了，而不是"己有能，勿自私"。

我认为中华文化谁学谁受益，谁践行谁受益，我们要有一种大的心量，这也是"道人善，即是善；人知之，愈思勉"。我们尽可能对其他文化持有一种赞美的态度、肯定的态度，但我们的心中要有一个主心骨，就是洋为中用、古为今用。“道人善，即是善；人知之，愈思勉。”比方说，我们讲外国人的好话，那外国人看到我们这个片子呢，他至少不会拒绝；他不拒绝，看进去了，就受益了，我们就为人类提供了一份和谐力；他接受了和平思想，我们不就多了一份和平力吗？

“扬人恶，即是恶；疾之甚，祸且作”，讲别人的缺点本身就是恶，有什么后果呢？“疾之甚”，灾祸马上就到来了。这对我们的生命伤害太重了，所以是“疾之甚，祸且作”。生活中有相当多的矛盾就是讲别人的短处造成的。有些人找上门去说：“你说我什么了？你为什么这样说？你为什么讲我坏话？”搞不好就打起来了。

“道人善，即是善”“扬人恶，即是恶”，这两句话我是多遍地念叨，也会在生活中常常提起，我一旦想讲别人缺点的时候，马上把这句话拿出来提醒自己。特别是在家庭内部，父母要有意识地在孩子面前讲对方的优点：爸爸要讲妈妈的优点，妈妈要讲爸爸的优点，我们晚辈要讲祖辈的优点，让孩子对祖辈升起敬畏感，对爸爸妈妈升起敬畏感，那么，对孩子的教育的效率就提高了。团队里面、班子成员里面，尤其需要“道人善”，尤其需要讲对方的优点，多赞美对方。这是《弟子规》在“道人善”和“扬人恶”之间给我们讲的一个后果，就是说，如果做不好，会带来灾难。

主持语：

随着课程的推进，郭文斌先生将解读引向“泛爱众”篇的“人有短，切莫揭；人有私，切莫说。道人善，即是善；人知之，愈思勉。扬人恶，即是恶；疾之甚，祸且作”这几句颇具争议性的训谕。问题来了，有人认为“人有短，切莫揭；人有私，切莫说”

和“扬人恶，即是恶”这几句话，有包庇他人过错、姑息坏人罪恶的嫌疑。郭文斌先生通过细节解读告诉我们，这种观点完全误解了《弟子规》原文的原意。《弟子规》全文用字是很讲究的，可谓句句金玉、字字珠玑，在这里“揭”“说”“扬”三字所指向的，不是人的短处、私事和过恶，而是对传播的态度。

《弟子规》通过“事虽小，勿擅为；苟擅为，子道亏。物虽小，勿私藏；苟私藏，亲心伤。用人物，须明求；倘不问，即为偷。过能改，归于无；倘掩饰，增一辜”等训谕，已经清晰地表明了态度。他认为，古今中外大凡进步的时代，都奉行“隐恶扬善”。

为什么要“隐恶扬善”？按量子力学的观点，任何信息的发布，都是向宇宙投放共振源，扬善发布的是正能量共振源，传恶发布的是负能量共振源。从心理学的角度，任何信息都是心理暗示，而心理暗示与人的动机、获得感、幸福感相关，特别是安全感。郭文斌先生结合做志愿者时的经历告诉我们，那些过多接受恐惧教育、阴暗面教育的孩子，往往会安全感不足，悲观、忧伤。从伦理学的角度，“扬人善”集聚善缘，“扬人恶”集聚恶缘，善缘路宽，恶缘路窄。那么对于别人的善行和过恶，我们除了要坚持“隐恶扬善”，还需要怎么做呢？

接下来《弟子规》在“泛爱众”部分讲：“善相劝，德皆建；过不规，道两亏。”这是一个逻辑上的递进。就是说如果我们劝别人行善做善事，那么他完成了自身的人格升级，我们也尽了一份德。“善相劝，德皆建”我们双赢。“过不规，道两亏。”如果对方有缺点，我们没有去规劝，我们没有妥善地、妥当地、富有智慧地帮助他改过，他亏道了，我们也亏道了。《弟子规》讲得很智慧，它都是从双方讲的。别人尽了一份德，我也尽了一份德；别人增加了一份能量，我也增加了一份能量；别人损失了一份能量，我也损失了一份能量。所以，它是相互的，这从力学原理上也能讲得通。力学的原理就是，作用力和反作用力是对等的。

“善相劝，德皆建；过不规，道两亏。”古人在编写这样的家规的时候，是怀着古道热肠以及规过之心的。好朋友之所以是好朋友，就是他跟你在一块能帮助你改过，这是好朋友的一个重要标准，就是他能劝你改过。我在生活中，也有这样的好朋友，我遇到一些重大事情，我就问问他，我说：“你看这样做行不行啊？”他会如实地、真实地给我提出来他的想法。但是也有一些人，他敷衍了事，言不由衷。这个在经过几次实践检验之后，我就有一个基本的判断。最后留在我身边的好朋友，一定是能给我提供忠言的。“善相劝，德皆建；过不规，道两亏。”我们由此联想到我们的文化建设，尤其需要秉持这两个原则，就是说我们写作、我们创作、我们发行，一定要怀着一种劝善的动机。

事实上，几千年的文明史，我们看到的就是一部劝善的历史。我们在前面的课程里面讲过，中国文化有两个层面：一个层面是“道人”境界；另一个层面是“善人”境界。“道人”境界里面，当然是王阳明讲的“无善无恶心之体”的境界。而这个社会，需要我们建立一种“善人”境界。因为更多的人，他是活在善恶之中，而活在一种“道人”境界的人，早已位于金字塔顶端。

在今天，我们特别需要讲解《弟子规》，因为它讲的是“规”啊！像《道德经》这些经典、《中庸》这些经典，更多的是在讲“道人”。对于一个渴望到达本质地带的人，这些经典有用，但是对于更多的芸芸众生来讲，我们需要建立一套社会秩序来满足大家安全感、幸福感、获得感的需要，就需要像《弟子规》这样基础性的读本的讲解，还需要一些基础性的约定俗成的规矩让大家遵守，这就是“善相劝，德皆建；过不规，道两亏”。《弟子规》在这里，作者也用到了“规”，规劝。而从整个宇宙看，它存在的秩序，其实也是这两句话，它是一切正能量的存在，让一切负能量淘汰，也存在一个劝善去恶的过程。

“善相劝，德皆建；过不规，道两亏。”这一句话之后，《弟子规》接着讲什么呢？它在“泛爱众”的精神下讲，“凡取与，贵分晓；与宜多，取宜少”，讲到了取舍。因为人们在善之后，在生活中最需要解决的一个问题，就是建立合适的取舍观。一般人都存在贪，贪心支配一个人想占有财物。

这些年我们“寻找安详小课堂”，在三个欲方面做功课。哪三个欲呢？占有欲、控制欲、表现欲。你会发现一个人如果能把自己的占有欲压下去，把控制欲压下去，把表现欲压下去，慢慢地就接近安详、走近本质，也就快醒来了。生活中让我们痛苦、让我们烦恼的、让我们焦虑、让我们纠结的，无非就这三个欲，这是我这些年总结出来的。

占有欲，遇到好东西就想占有，看到一个事物就想占有。占有欲可能让我们寝食不安，甚至想占有这个身体，想长生不老。拿到世界范围内来讲、拿到人类史上来讲，殖民主义者就是占有欲太强烈了，给人类带来了灾难。

控制欲跟占有欲一样，也是一个病毒。我有一次到北京讲课，讲完课，餐桌上大家一人提一个问题。有一个女士就提了一个问题，她说：“我看见我家先生就生气、就来气，常常有冲动，想诅咒他。”她说：“我不知道啥原因，控制不住自己。”我说：“你有没有想过，为什么会生气呢？你之所以生气，是因为你心中有抱怨；你有没有想过你为什么有抱怨呢？因为你家先生没有按照你的标准去做；你为什么就有这么多的标准呢？因为你有过多的控制欲；你为什么有这么多的控制欲呢？因为你当年接受过许多被控制的信号。”她一下子就在那儿哭了。她说：“你怎么知道我的身世的？”我说：“你是什么身世啊？”她就讲了她的经历。她三岁的时候她的妈妈去世了，她的姨姨就嫁过来抚养她，她是被她的姨姨抚养成人的。而她的姨姨在她小的时候给了她太多的控制，控制一次她恨一次，控制一次她受伤一次，控制一次她产生一个报复念头。现在呢，她一方面恨自己的姨姨，同时对所有的人都惯性地想控制。

当我把这一点讲清楚之后，她一下子释然了。然后我到机场，她追到机场，她说：“那怎么办呢？我对我家先生不怨了、不恨了，我对我的姨姨还恨，那怎么办呢？”我说：“你如果真的爱你的妈妈，你就不能恨你的姨姨；如果你恨你的姨姨，你妈妈也受伤。因为你把你的能量降低了。”那一天我看到她流下了泪水，我感觉到她的心化掉了。

主持语：

上一节课郭文斌先生通过解读“善相劝，德皆建；过不规，道两亏”这句训谕告诉我们，朋友之间要懂得互相规过劝善，共同建立良好的品德修养。如果有错不能互相规劝，那么两个人的品德都会有亏损。这句训谕也同时回应了认为“人有短，切莫揭；人有私，切莫说。扬人恶，即是恶”是包庇人的过错、姑息坏人罪恶的错误观点。“人非圣贤，孰能无过？”当我们有“过”的时候，首先要能内省、改过，过而能改，善莫大焉。当然，在这个过程中，一定会有热心的诤友规劝我们，帮我们从错误的道路走到正确的道路。如果他人有“过”，一定要规劝，帮他人改过，这样彼此都能建立良好的德行。

需要注意的是，指出别人的过错，也要有方式方法，就是

"善相劝"。这里的"善"有两层意思:一为善心,就是要有仁爱之心,存心要好;二为技巧,要用恰当的方式,找合适的时机,在合适的地点进行规劝,最好是单独交流,切莫在大庭广众之下宣扬或背后乱说,否则就成了"揭人短""扬人恶"了。

当然,最好的"劝"和"规",是自己做出榜样,让大家看。接着,郭先生通过解读"凡取与,贵分晓;与宜多,取宜少"这句训谕告诉我们,对财物的取得和给予,一定要予多取少。如此,我们的低频能量才能转化为高频能量。用古人的话说,给予积福,获取消福。孔子说:"君子喻于义,小人喻于利。"孔子又说:"不义而富且贵,于我如浮云。"给予近义,获取近利。可以想象,如果人人"与宜多,取宜少",整个社会重义轻利之风就会盛行,和谐世界就将出现在我们面前。

我们从生活中怎么样去除我们的占有欲和控制欲，这是我们在"泛爱众"这一门课程里面要攻克的内容。这一课我还有"表现欲"没有讲,这也是害苦我们的一个病毒。这一堂课就讲到这里,下一节课我们接着分享。

第45集

己所不欲勿施于人

主持语：

上一堂课里，郭文斌先生通过解读《弟子规》“泛爱众”篇里的“道人善，即是善；扬人恶，即是恶”教导我们要“隐恶扬善”。而通过解读“凡取与，贵分晓；与宜多，取宜少”，再一次强调了“德本财末”的古训，而“有舍就有得，不舍不得，小舍小得，大舍大得”，其实就是“与宜多，取宜少”这个道理的民间化表达。

本堂课，郭文斌先生将给我们解读《弟子规》“泛爱众”篇的“将加人，先问己；己不欲，即速已。恩欲报，怨欲忘；抱怨短，报恩长”等训谕。郭文斌先生告诫我们，在漫长的人生路途中，我们一定注意，不要总是以自我为中心，要时刻考虑到他人的感受，设身处地为他人着想，这样做人、做事才能容易获得成功。在《弟子规》里，无论是前面学习过的“人不闲，勿事搅；人不安，勿话扰”还是“将加人，先问己；己不欲，即速已”，反复强调的就是这个道理。

大家好！上一堂课我给大家分享了“凡取与，贵分晓”，讲到一个人的取舍观决定了这个人的幸福指数，决定了他的安全感、获得感、幸福感的获得。怎么样来把握这个取舍呢？古人给了我们许多答案。我把给我们的生命造成伤害的这些病毒，挑了三个主要的拿出来我们攻克。一个就是占有欲，一个就是控制欲，一个就是表现欲。我们在前面讲过，占有欲是人的习气，是人的惯性，见到一个好东西就想自己占有，恨不得天下都归自己所有。亚历山大跟第欧根尼相比，亚历山大要比第欧根尼占有欲强烈。亚历山大成功了，但是他的幸福感不高，他占有了那么多财富，相反他也占有了痛苦。什么痛苦呢？担心失去。第欧根尼躺在大街上就能睡觉，躺在沙滩上就能睡觉；亚历山大要把警卫布置好，把警戒安排好，还不一定能睡着；他出门远去，任何时候他都要担心一件事情：有人窃他的国、有人窃他的妻、有人窃他的财等等。

世界上任何事情都有两面性，过度地占有往往会给我们带来伤害。占有得越多，能量积压得越多；能量积压得越多，“长寿、富贵、康宁、好德、善终”的水平也降低了。水平一降低，人的恐惧感就来了，焦虑就来了，抑郁就来了。一个人要想提高生命力，第一个下功夫的地方就是消灭占有欲。而第二个下功夫的地方，就是消灭控制欲。控制欲是继占有欲之后人的又一大欲望：想控制别人，想控制别人的感情，想控制别人的财富，想控制别人的体力，想控制别人的理想等等。一个人控制欲过于强烈，这个人痛苦必然会增多。因为你控制不成，痛苦就来了。

老子讲：“圣人不知，故无不施。”你不拿起来，你就不存在放下的问题。一个人不过度地控制，那么来自控制欲的焦虑就没有了，但是控制欲是人的一个潜意识。比如说，丈夫对妻子的控制，就很典型。妻子对丈夫的控制，也很典型。他（她）是我的，她（他）一旦跟别的男人（女人）说话，自己就受不了。对孩子的控制，现在相当多的父母到了伤害孩子的程度。

有一次，一个妈妈来找我，她说："郭老师，我想不通，这家伙是我生的、我养的，怎么现在不听我的？"我说："你没有发现，你这句话里面有控制欲吗？你生的、你养的，就一定要完全听你的吗？这里面有控制欲，你越动这个念头孩子越叛逆。应该怎么做呢？我尽管爱你，尽管照顾你，尽管教育你，但我不存在控制。将来你对我好不好，我不想。用一种放松的心态对待孩子，就是福利。"

老子讲得很清楚："法令滋彰，盗贼多有。"为什么盗贼这么多呢？因为法令过多了。我们看到许多亲民的社会，它是简化法律，提高道德。当然法律是必要的，老子讲的境界是很高级的境界了。我们在制定法律的时候，动了一个控制欲，就像小孩子，你不让他拿那个东西，他特别想要拿，他是一种冒险心理、叛逆心理。

老子又讲："民之难治，以其上之有为，是以民之难治。"老百姓为什么难管理呢？因为统治者太想管理他们了。我们看到一些盛世，统治者管理的念头少，反而教化的念头、教育的念头多。我到监狱去讲课，监狱长给我讲："郭老师，我发现了一个奇怪的现象。"我问："什么现象呢？"他说："现在的一些人，服刑期满出去，过一段时间又进来，最后老死在监狱。"我说："对啊，老子讲过，'民不畏死，奈何以死惧之'。"如果人人都畏死的话，那一次就足够让他警戒了。为什么他一而再、再而三地触犯法律呢？因为他已经不怕死了，不怕死的人，那能怎么办？他说："郭老师，那你说咋办啊？"我说："你就让他知道，死后面还有内容。就是说，现在不是一死百了的，你要把这个问题给他们讲清楚。”

怎么讲清楚呢？这些年我在做努力，就是要给人们建立一个概念，什么概念啊？生命的永恒性。所以，我在讲“永恒账户”。当一个人知道，他有一个“永恒账户”的时候，那么它就会为后面长长的生命链条负责任，他就不会因为这一个生命周期的快乐、刺激，而进入长长的痛苦的过程；他就不会图一时之快，他就会看得远、看得久。在控制欲里面，如果我们讲开，内容太多了。就是说一个控制欲过于强烈的人，我们去观察他的家庭，子女往往也会有控制欲。老子讲的“无为”很多人理解不了，“无为则无不为。”就是说你不要控制就是最好的控制。太阳没有向任何人发布强行命令，但万物靠它生长。当自己变成太阳之后，也就是“泛爱众”前面讲的“行高者，名自高；人所重，非貌高。才大者，望自大；人所服，非言大”，当我们有了个人魅力，有了人格魅力，就是最好的教化，就是最好的管理，而恰恰一些强制性的管理会带来叛逆者。

我们说，讲《弟子规》要讲到《弟子规》的精神。《弟子规》是让人们自觉不用这个规，就是我们先用规则，然后让人们做到不用规则就能够进入一种自在的、自由的世界，这才是《弟子规》的目的。就是制定的法律不是为了管理人民，而是让人民通过法律到达一种道德的高层，它是手段，不是目的。

第三个欲望是表现欲，表现欲也是人的一种欲望。一个人之所以有表现欲，是因为他不自信。老子讲：“信不足焉，有不信焉。”一个人不自信，他会借助于表现来赢得别人的认可。我们发现，生活中表现欲过强的人，往往痛苦比别人多。为什么呢？因为你想表现，你就要把面缸里的面粉做成各种各样好看的面包、点心，而做成了面包和点心，我们的能量就用完了。用得越多，表现得越多，能量就消耗得越多。

表现欲的反面是谦虚，前面我们讲得很清楚了，《了凡四训》里讲"惟谦受福"，表现欲是耗散能量最快的。

《了凡四训》里面有一句重要的话："世之享盛名而实不副者，多有奇祸。"就是说，一个人名气很大，但实际并没有那么好，这个人往往有大灾难。"人之无过咎而横被恶名者，子孙往往骤发。"就是说一个人本来没有错误，但是被别人横加指责、被别人诬陷，这样的人他的子孙往往会发达。为什么呢？诬陷就是反你的表现欲，批评、打击你的表现欲。就是说一个人被诬陷，那就是这个人他受到的是跟表现相反的一种能量。这样，他受到委屈了，但是他的子孙后代会发达。"世之享盛名而实不副者，多有奇祸。人之无过咎而横被恶名者，子孙往往骤发。"古人非常注重对孩子的教育，尤其教育其千万不能有表现欲。

为什么说"惟谦受福"呢？就是害怕人们有表现欲。因为整个宇宙，我们看到，它是反表现欲的。老子讲真正的宝藏是藏的，"吾有三宝：一曰慈，二曰俭，三曰不敢为天下先"，不敢为天下先，是反表现欲。藏，韬光养晦，和光同尘，也代表不能有表现欲。"方而不割，廉而不刿，直而不肆，光而不耀"，也代表反表现欲。子贡讲的"贫而无谄，富而无骄"，已经把表现欲克制得差不多了，但是孔子觉得还不到家。孔子说："未若贫而乐，富而好礼者也。"所以，控制欲、占有欲和表现欲，是我们"泛爱众"精神的三个大敌，我们要用心去克服。

主持语：

郭文斌先生由《弟子规》"泛爱众"篇的"凡取与，贵分晓；与宜多，取宜少"这两句训谕讲到了取舍观，而影响我们正确取舍的是占有欲、控制欲和表现欲。

接着郭文斌先生从多个维度详细阐述了占有欲、控制欲和表现欲给生命带来的危害。

首先,过分的占有欲,只会产生痛苦。占有越多,害怕失去的东西就越多,痛苦也就越多。《红楼梦》里的《好了歌》唱道:“世人都晓神仙好,只有金银忘不了。终朝只恨聚无多,及到多时眼闭了。”清代巨贪和珅,贪了一辈子,占了一辈子,富可敌国,到头来终究是“和珅跌倒,嘉庆吃饱”,贪的财全都充了国库。

其次,过分的控制欲,只会产生怨恨。控制的人越多,反抗的人越多;控制的强度越大,反抗的力量也越大,最后必定失去苦苦控制的一切。

再次,过分的表现欲只会招致厌恶。表现得越多,憎恶的人越多。因为“天道亏盈而益谦,人道恶盈而好谦”。

郭先生告诉我们,无论是控制欲、表现欲还是占有欲,都是自信不足造成的。要想让我们的生命充满获得感、幸福感、安全感,就要攻克潜藏在心里的占有欲、控制欲和表现欲。而要攻克此三欲,就要懂得“凡取与,贵分晓;与宜多,取宜少”,“让利于人,让名于人,让势于人,与多取少”。而要控制三欲,予多取少,最好的方法就是心存于道。“君子忧道不忧贫,谋道不谋食”,说的就是这个道理。

《弟子规》接下来讲什么呢?在取舍观里面讲了之后,它讲什么呢?“凡取与,贵分晓;与宜多,取宜少”,就是多多地给别人,少少地索取。这样的话,生命力就在一种充盈状态,就都是一种进项。如果索取得过多,能量就压在里面了。我们看到,我们的治国理政理念、我们的外交,是多给别人友谊,多给别人和平。我认为中华五千年文化奉行的原则,就是“凡取与,贵分晓;与宜多,取宜少”。

接下来《弟子规》讲道："将加人，先问己；己不欲，即速已。"做事的时候，先问自己，如果自己不愿意，就千万不要向别人推行。这些年讲传统文化，越讲越明白了，当年自己没做到，就要求别人按《弟子规》113 件事情做，搞得鸡飞狗跳，让别人很不愉快，反传统文化。现在我就降下来了，降到什么程度呢？自己如果做不到的，就不要求别人，包括我的一些亲属都是这个观点。就是说："将加人，先问己；己不欲，即速已。"

原来我倡导低碳生活，见人就宣传低碳生活好处多。如今我心态调整了，我做我的就行。你如果有兴趣，你问我，我尽心地回答你，告诉你低碳生活既有益于环保，又为子孙后代多留了一份资源。就是说"将加人，先问己"，自己做不好的事情，不要向别人推广、推行。

当全人类每一个民族，都能够把这一句话作为治国理政的理念，这个世界就一定是和平的。"将加人，先问己。"当我们知道，我们的子孙后代不愿意处在战乱中、不愿意处在硝烟中，我们就不会轻易发动战争。同样，制定一项政策，出台一条法律条文，也要考虑到这一条。我如果面对这一条，会是什么感受？对我来讲，这一条过于苛责，我就不作为条文。所以，老子讲"圣人无常心，以百姓心为心"，就是这个意思。

"将加人，先问己；己不欲，即速已。"这句话被刻在联合国的大厦上，"己所不欲，勿施于人"是孔子学说的精华。对应在我们的身体上也一样，我们身体的某一处受伤了，觉得不好受，就会想到我们对别的生命刀枪相加，他是什么感受？这就是"将加人，先问己"，先问自己。这样的话，就可以生活在一种理解的世界、同情的世界、怜悯的世界、慈善的世界、公益的世界。

接下来《弟子规》讲道："恩欲报，怨欲忘；报怨短，报恩长。"这一句话可不得了，讲出了《弟子规》的作者的心量。事实上，这句话在一定意义上是对孔子思想的发展。孔子讲"以直报怨"，这里，《弟子规》讲"恩欲报，怨欲忘；报怨短，报恩长"，事实上，已经讲到了以德报怨，就是老子讲的"大小多少，报怨以德"。以德报怨的境界，已经到了一种无为境界。对于别人的恩情，我们要永远记着；对于别人对我们的伤害，要把它早早地忘掉。

这些年，我半开玩笑地讲，我说我现在的朋友圈基本上是些忘年交，是一些道友和一些退休的老干部。人家在台上的时候，在位的时候，我一般不去麻烦人家。人家退下来之后，我会遇到节令去看望他们，用善巧方便，动员他们学传统文化。现在我们的"寻找安详小课堂"，就有许多是我当年的老领导，我们一块儿学得津津有味。其中一位说："文斌啊，你早几年把这个小课堂介绍给我，我可以在位置上推广到全省啊！"我说："早几年，第一，我不愿意打扰你；第二，我害怕你觉得我有非分之想。现在你退到二线，退休了，你看，我们这样做多好啊！里面没有交换，没有求取心，我又回报了你当年对我的栽培。"我现在的朋友圈大部分都是这样的朋友，也其乐融融。就是说别人有恩于我们，我们要时时刻刻记着。

主持语：

郭文斌先生由《弟子规》"泛爱众"篇里的"将加人，先问己；己不欲，即速已"这句话为我们演绎了《论语》当中极为重要并广为流传的一句话"己所不欲，勿施于人"。"己所不欲，勿施于人"是待人之道、处事之道，是世界上所有文明，乃至联合国，都认同的一句话，被称为"黄金法则"。自己不愿接受的，就不要给他人；希望别人如何对待自己，就要如何对待别人。

郭文斌先生告诉我们，通过“将加人，先问己；己不欲，即速已”的训练，可以让我们体会生命本质。“加人”是向外，“问己”是向内；“加人”时“问己”，内外就是通的；“不欲”是同理心发出的信号，同理心来自本质。如此，通过“速已”“不欲”，我们一次次捍卫了本质，保护了心灵，这就是王阳明先生讲的“事上练”。练什么？致良知。当我们能设身处地为他人着想的时候，曾参讲的忠恕之心就复苏了；忠恕之心一复苏，感恩心就复苏了；感恩心一复苏，敬畏心就复苏了；敬畏心一复苏，全爱心就复苏了；全爱心一复苏，我们就不会仇恨任何人了。如此，自然会“恩欲报，怨欲忘；报怨短，报恩长”了。而当一个人心里没有怨，只有恩，人间就是天堂了。

郭文斌先生告诉我们，衡量一个人是否找到良知，抵达本质，就看他是否还抱怨人，因为光明之中无黑暗。换个角度来讲，当一个人心里还有恨、有怨，说明他的小我、大我共振还没有完成；小我、大我共振没有完成，宇宙同频力就不能完全供给，彻底圆满地获得感、幸福感、安全感就无法实现。正如发射参数有一点点偏差，导弹就无法进入预定轨道一样。

记得当年，我考到固原师范，我们村上一位姓康的，我叫姨夫的老人，给了我一块钱的路费，我到现在还常常梦见。那时候，从我们老家将台堡到固原城，是一块五毛钱的车费，这位老人给我一块钱啊，让我终生难忘。别人有恩于你，要念念不忘；别人如果陷害了你，赶快把它忘掉。为啥呢？忘掉就快乐。记恩是充电，记怨是耗电。这一堂课就讲到这里，下一节课我们接着分享《弟子规》。

第 46 集

理为心时凡作圣

主持语：

上一堂课，郭文斌先生通过详解“凡取与，贵分晓；与宜多，取宜少”和克服占有欲、控制欲、表现欲的关系，告诉我们如何增益安全感、获得感，提升我们的幸福指数；又由“将加人，先问己；己不欲，即速已”这句话告诉我们“己所不欲，勿施于人”的社会学、人类学意义；再由“恩欲报，怨欲忘；报怨短，报恩长”这句话告诉我们心灵学、生命学意义。

本堂课，郭文斌先生将围绕《弟子规》“泛爱众”篇的“待婢仆，身贵端；虽贵端，慈而宽。势服人，心不然；理服人，方无言”等训谕继续精彩解读，告诉我们，如何是身端、如何是慈宽、如何是依理，并就理和道做出对应。所谓“有理走遍天下”，为什么？因为“理”字里面包含的就是“道”，天道、地道、世道、人道。“道”就是规律，依理就是循道，就是遵循宇宙、自然、天地和人伦的规律。

大家好！上一堂课，我讲到“恩欲报，怨欲忘；报怨短，报恩长”，我们讲这是“泛爱众”这一部分的一个高潮。为什么要“恩欲报，怨欲忘；报怨短，报恩长”？因为一个人只有报恩的时候，心中有恩情的时候，他才能够跟根部的能量进行交换。一个人来到这个世界上，受着重重大恩。现在有一些青年往往不懂这一点，给父母留下一封信，说他一辈子没做过主，今天做一回主，他往往会采取一些极端的方式对待生命。这些青年，他们不知道一个人来到这个世界上，自己是做不了主的。如果说，一个人的生命是一个有限股份的组合的话，我们可以看到，没有天地，就没有我们；没有父母，就没有我们；没有空气，就没有我们；没有水，就没有我们；没有粮食，就没有我们。一个人，在他的股份里面，自己可能才占着十分之一。我们不能说凭着自己的感受，就对我们的生命采取一些极端的方式。

从这样的一个描述，我们也知道，一个人的身上有多少恩情：祖恩、国恩、父母恩、老师恩、朋友恩，特别是天地滋养恩。我编了一个顺口溜，饭前念叨完才吃饭：“感恩天地，感恩祖先，感恩国家，感恩父母，感恩老师，感恩农民，感恩社会，感恩食物，感恩做饭的人。”念叨这么一段，再吃饭就感觉不一样了。就是怀着感恩心度过每一天，怀着感恩心吃每一口饭菜，怀着感恩心喝水，怀着感恩心上班。

我们都知道，一个人是一个弱信号，如果没有平台给我们提供的强信号，我们将一事无成。讲传统文化水平比我高的人多的是，之所以这些年，我还能够受到大家的认可和欢迎，在全国弘扬传统文化，大概和我这个人还常常念恩有关。因为当一个人念恩的时候，我们跟我们的根部能量就进行了量子纠缠。根部能量给我们提供一些支持的时候，我们做事情就顺利，所以有没有平台，跟我们心中是否有恩情有关。

我有特别明显的感觉，当我真的认识到敬畏和感恩的重要性的时候,真的懂得敬畏和感恩的时候,我发现做事情就顺利了。自己以前认为个人奋斗决定成功的时候,怎么奋斗都不怎么成功,快要成功的时候，突然一场大病；快要进行一些自己认为的伟大的项目的时候,突然一场灾难。真的当自己调整完心态之后,带着感恩心、敬畏心去工作的时候，确实可以用一帆风顺来形容。就像我们这两天录节目,出来的时候我没有把握,到底各种缘分能否让我录这个节目？能否录完这个节目？但是,我的内心有一个大的信心,我说,如果这一期节目对观众有益,那么我想,缘分会做一个很好的安排。结果呢,昨天就得到通知,有一个不能请假的会议,必须要去参加,就是明天我一定要返回银川,而明天早晨呢,我们的节目刚好录完,就是这么一种安排。这些年,我常常用一个词来形容我的人生:“被安排”。就是说当你真的带着敬畏和感恩去工作的时候,你会发现,你所做的一切公益事业,真的有一种力量在安排。所以,我们说“恩欲报,怨欲忘”太重要了。

一个人怀着感恩心、怀着敬畏心去工作、生活的时候,可以用一句话来形容自己的心态,那就是“只问耕耘,不问收获;但行好事,莫问前程”。结果不用考虑,不必纠结,你只需要尽管为人类的光明的事业、公益的事业、崇高的事业去服务,其他的事情你自己不用去安排,不用去担心。按照古人的说法,我们有重重恩情,比如说父母的生恩、养恩,老师的教恩,天地万物的滋养恩,包括这个国家给我们提供的安全的恩、安宁的恩等等。

《了凡四训》里面讲:“远思扬祖宗之德,近思盖父母之愆;上思报国之恩,下思造家之福;外思济人之急,内思闲己之邪。”这就是著名的六思。其中有重要的一条就是报国之恩。大家说,为什么要有报国之恩呢？我们可以想象一下，在一个兵荒马乱的年代，我们还能这样录节目吗？还能这样推进传统文化吗？国家是一个人获得感、幸福感、安全感的重大保障，是我们的大后方。我们看五千年中华文明史，它特别强调精忠报国，特别强调忠孝传家。从小我们受到的教育是国泰民安的教育，这就是报恩。“恩欲报，怨欲忘；报怨短，报恩长。”把怨忘掉，把恩记住，我们的能量就提高了。

主持语：

本堂课由“恩欲报，怨欲忘；报怨短，报恩长”这句话展开解读。《弟子规》为什么教导我们要“恩欲报，怨欲忘；报怨短，报恩长”呢？郭文斌先生认为只有懂得感恩、报恩，才能与我们的“根”进行能量交换，也才能增益我们的生命能量。

那么这个“根”又是什么呢？是生命的保障性能量体系，是父母亲人、社会国家、天地宇宙等等。父母生养之恩、天地滋养之恩、国家护养之恩、老师教养之恩、社会奉养之恩、食物营养之恩，缺一不可。当一个人存有报恩心时，就和这些能量体系进行能量交换。更为重要的是，报恩心是生机频率，报恩心会跟生命产生生机共振。

为什么要忘怨呢？因为怨心对应杀机频率，怨心一出现，我们自身体内的万亿细胞首先被杀机污染。因此，对那些伤害过我们的人，不但不能怨，还要报以德。对于宇宙正能量来说，恩心连，怨心断；从人类整体利益来讲，正如庄子所说“天地与我并生，而万物与我为一”。如果冤冤相报，这个世界就充满了无限仇恨和无尽伤害，何谈幸福感、安全感、获得感？如果人人忘却怨恨，甚至以德报怨，这个世界就是天堂。

那么“恩欲报，怨欲忘；报怨短，报恩长”和接下来的“待婢仆，身贵端；虽贵端，慈而宽”这句话又有什么关联呢？

接下来《弟子规》讲道：“待婢仆，身贵端；虽贵端，慈而宽。”在这里，作者是借婢仆讲了弱势群体，就是说我们对于身边的弱势群体，要用一种慈而宽的态度。一个人对于弱势群体有这样的一种姿态，那么这个人的心会越来越柔软。换句话说，他的能量就高。

对于一个人是这样，对于一个家庭是这样，对于一个国家仍然是这样。我们看到，创造了著名的“贞观之治”的李世民，上任以后，经济、政治、文化、民族政策和《弟子规》里讲的“待婢仆，慈而宽”的精神是一脉相承、非常一致的。我们看到，在政治上李世民吸取隋亡的教训，从谏如流，选贤任能。他认识到“水能载舟，亦能覆舟”，所以采取的政策是一种贤君、明君的政策。在经济上，他采用的是“休养生息，还富于民”的政策，“轻徭薄赋，让利于民”。在军事上，他采取的是“军民合一”的政策，类似于我们现在的民兵，春、夏、秋劳作，冬天集中起来训练。文化上呢，他崇儒尊孔，兴科举，从民间选拔人才。民族政策上，他采用的是华夷平等的政策、羁縻府州的政策，尊重少数民族的习惯，用平等的理念对待少数民族，赢得了王朝的和平、和谐。

他的这五个方面，我们可以看到“待婢仆，身贵端；虽贵端，慈而宽”的影子。他既保持了他的威严感，同时他又施以恩惠，用怀柔政策。我们看到，在贞观时代，整个中华大地上充满着一种祥和的、繁荣的、欣欣向荣的景象，也为以后开元盛世的文化发展奠定了重要基础。所以我们说《弟子规》不仅仅是一个训蒙养正读本，如果我们把它背后的精神读到了，它也有《群书治要》这样的治国理政的智慧藏在里面，“待婢仆，身贵端；虽贵端，慈而宽”。

接下来《弟子规》讲道“势服人，心不然；理服人，方无言”，用“泛爱众”这句话结束这一部分。我们看“泛爱众”的开篇“凡是人，皆须爱；天同覆，地同载”，从这一句讲起；用“势服人，心不然；理服人，方无言”做结束，它们两个是一种非常巧妙的呼应。我们要爱人，爱人有主动的，有被动的。在一个家庭里面是这样，一个国家是这样，对于一个民族来讲也是如此。我们做任何事情，如果能做到让人心服口服，那么就能够推之久远。

我们都知道，文化跟文明不一样，一个文明的形成它很难改变，文化事实上是人的生活方式。而一个政权要推行新的生活方式，就要得到老百姓的欢迎。比如现在我们国家倡导移风易俗，倡导公民道德、职业道德、家庭美德、个人品德，而一些措施要推进，我们看到既需要传统的根性的力量做保障，又需要这个时代的适应性做保障。就是说，天时、地利、人和都具备，一项政策才能推行下去。

同样的，我们现在一些热心人，想把传统文化里面的一些古老的形式恢复，事实上，这不符合《弟子规》里面这句话所体现的精神。“势服人，心不然；理服人，方无言。”因为时代在不断向前发展，在新时代，我们如何弘扬传统文化？习近平总书记讲要创造性转化，创新性发展。把传统文化的大米或面，做出适合时代的饭团或蛋糕。我们说大米的精神、面粉的精神，我们不能变，但是形式一定要与时俱进。在新时代，要弘扬《弟子规》，弘扬传统文化，我们要注意它的形式，要与时俱进。

“势服人，心不然；理服人，方无言”，这是我们“泛爱众”到最后要遵循的。到这里，“泛爱众”这部分，我们就讲完了。我们现在简要地回顾一下“泛爱众”这一部分的逻辑线索。它由“凡是人，皆须爱”讲起，依据是“天同覆，地同载”。接着讲道：“行高者，名自高；人所重，非貌高。才大者，望自大，人所服，非言大。”接着讲道：“己有能，勿自私，人所能，勿轻訾。勿谄富，勿骄贫；勿厌故，勿喜新。”由我们对待自己的本质力和形式感，由我们对待自己的才华和对待别人的才华，由我们对待别人的财富和自己的生存状况讲起，讲道：“人不闲，勿事搅；人不安，勿话扰。人有短，切莫揭；人有私，切莫说。道人善，即是善；人知之，愈思勉。扬人恶，即是恶；疾之甚，祸且作。善相劝，德皆建；过不规，道两亏。”接着讲道：“凡取与，贵分晓；与宜多，取宜少。将加人，先问己；己不欲，即速已。恩欲报，怨欲忘；报怨短，报恩长。”讲如何去除我们的占有欲、控制欲、表现欲。

接下来讲“待婢仆，身贵端；虽贵端，慈而宽。势服人，心不然；理服人，方无言”。就是说，我们到最后对待某一群体，特别是弱势群体，要用一种慈而宽的态度，要用一种“势服人，心不然；理服人，方无言”的心态。我们不能用强权去推行我们自己认为合法的、文明的文化形式和文明形式，一定要站在忠恕之道的立场上，将心比心。就是“将加人，先问己”，用一种将心比心的方法，去推进我们认为有善意的文化、文明的文化。这样的话，就会给受众带来福祉，而不会带来暴力感。当然，这个暴力感里面，包括冷暴力，也还包括热暴力，还包括善意的暴力。比如说，夫妻之间，有一些从主观上出发的对妻子或丈夫的关心，往往给对方造成一种暴力感，一种温柔的暴力，他明明不需要这一项服务，她就是提供；明明丈夫不需要滋补，但妻子天天熬鸡汤。“泛爱众”篇，教育我们要进行有分寸感、妥善感的教育，进行有度的教育。

主持语：

上一节，郭文斌先生通过《弟子规》“泛爱众”篇的收尾句“待婢仆，身贵端；虽贵端，慈而宽。势服人，心不然；理服人，方无言”这些话告诉我们，身处高位的人，更要处处尊重、关心、体恤下属和弱势群体。因为养尊处优习惯了，往往容易忽略底层情感，甚至态度简单粗暴，而底层就是生命的底座，稍有松动，就会影响生命大厦的安宁。更为重要的是，从对待底层的态度，最能检验我们是否拥有平等心，而平等心就是圣者心，这样“内圣外王”的生命目标才有实现的可能。因此，“理服人”是“内圣心”的自然状态，“方无言”是“外王”的自然状态。

郭文斌先生指出，这些话和前面所讲的“己所不欲，勿施于人”以及“恩欲报，怨欲忘；报怨短，报恩长”，既是递进关系，也是前后呼应关系。只有懂得了“己所不欲，勿施于人”和“报怨短，报恩长”，才能做到“慈而宽，理服人”。

郭文斌先生接着从家庭、职场和国家三个层面解读了“待婢仆，身贵端；虽贵端，慈而宽。势服人，心不然；理服人，方无言”的重要性。家长们都知道，父母越是简单粗暴地教育孩子，孩子越是叛逆；企业家都知道，管理者越是压制员工，员工越是反弹。历史告诉我们，一味地施行严刑峻法，很难实现社会的长治久安；只有礼法并重，才能开创太平盛世。孔子说：“导之以政，齐之以刑，民免而无耻。导之以德，齐之以礼，有耻且格。”

但总而言之，阳光照在我们身上，我们感觉到刚刚好。空气为我们提供氧气，我们甚至感觉不到空气的存在。这一种爱才是妥当的爱、最合适的爱、最有中庸精神的爱。这一堂课就讲到这里，下一节课我们接着分享《弟子规》。

第47集

无限风光在亲仁

主持语：

上一堂课，郭文斌先生通过对“恩欲报，怨欲忘；报怨短，报恩长”这句话的展开解读告诉我们，知恩图报和以德报怨，是增强我们安全感、获得感和幸福感的重要途径之一。而通过对“待婢仆，身贵端；虽贵端，慈而宽。势服人，心不然；理服人，方无言”这些话的重点解读，郭文斌先生又告诉我们：无论是家庭教育，还是企业管理，乃至治国理政，“以德服人、以理服人”是最好的方式。至此，《弟子规》“泛爱众”篇完美收官了。

本堂课，郭文斌先生将沿着《弟子规》“同是人，类不齐；流俗众，仁者希。果仁者，人多畏；言不讳，色不媚”开启“亲仁”篇的解读。“亲仁”，就是亲近有仁德的人。《论语·学而》有文曰：“泛爱众，而亲仁，行有余力，则以学文。”那么，古人为什么要求我们一定要亲近有仁德的人呢？郭文斌先生告诉我们，当然有“近朱者赤”之意，但古人要求我们“亲仁”的大义还远不止如此。至于如何亲仁、怎样亲仁、那就更有玄机了。

大家好！上几节课我们分享了《弟子规》的第五部分“泛爱众”，这是《弟子规》的高潮。如果把“入则孝”看作是《弟子规》这棵生命树的根，“出则悌”就是它的干，而“谨”和“信”就相当于它的枝叶和它的树皮，它们是这棵生命树的根部和干部的维护者。到了“泛爱众”，它就要开花了，就要盛开了。而接下来的第六部分，就是它的果实了，所以叫“亲仁”。

我们都知道，古人把种子，比如说杏仁、桃仁，认为是最有生命力的，带有传递性的、传承性的，能够传宗接代的。这个“仁”就相当于《弟子规》的果实了。而“仁”在古文字专家的眼中，有多种多样的解释。有人说，“仁”等于一竖加两横。什么意思呢？“道生一，一生二。”还有人说，“仁”是两个人。就是我的心中要有别人。还有人解释说，“仁”右边的两横，在古代有上的意思，就是说，一个向上的人就是“仁”。而孔子对“仁”的解释很简单，就是“仁者爱人”，爱人的人就是“仁”。我们今天讲的“讲仁爱，重民本；守诚信，崇正义；尚和合，求大同”，这里面的“仁”就是爱人的意思。

《弟子规》在“亲仁”的这一部分怎么讲的呢？它第一句讲到“同是人，类不齐”，就是大家都是人，只不过我们是不同类型的人，有圣人、有贤人、有君子、有凡人。古人是从人格上区分的，在今天我们可以把它按霍金斯能量级从能量上区分：圣人的能量在 600 级左右，贤人的能量在 500 级左右，而君子他的能量应该在 300 级到 400 级左右，普通人他的能量在 200 级上下。我在《醒来》这一本书里，有过较多的分析，在这里我们就点一下。就是说“仁”这个境界，爱人的境界，按照霍金斯能量级，它应该在多少级？至少在 500 级！500 级意味着什么呢？它是普通人的获得感、幸福感、安全感的75万倍！这就是“仁”这一类人的能量级。

“同是人，类不齐”，这是个大前提，这一句话跟《三字经》里面讲的“人之初，性本善；性相近，习相远”是一个意思。因为每一个人的能量级不一样，所以分成不同的类。或者说，因为每一类人的频率不一样。古人讲“同声相应，同气相求”，同一个频率的人，他就是一类人。比如说打麻将的喜欢跟喜欢打麻将的在一块儿；喝酒的喜欢跟喜欢喝酒的在一块儿；弘扬传统文化的喜欢跟弘扬传统文化的在一块儿，这就是“同气相求”。物以类聚，人以群分，就是这个意思。

《弟子规》讲：“同是人，类不齐；流俗众，仁者希。”因为流俗，“仁”这个能量级的人就越来越少了。什么是流俗呢？就是人的惯性和欲望，让人们从“仁”这个境界掉落下来。我在《〈弟子规〉到底说什么》这一本书里面写过一个比喻，人在刚“出厂”的时候都一模一样，我们跟孔子、老子、庄子都是一模一样的。随着我们“流浪”，在“流浪”过程中，我们刚“出厂”的这个模子，就被污染了，污染得越深，我们就跟我们的本来面目差得越远。所以，《弟子规》在这里讲“流俗众，仁者希”。

老子在《道德经》里面讲到“绝学无忧”，这句话有多种解释。我的理解是什么呢？人学习的过程。如果弄不好，学习有可能是对一个人本性的遮蔽过程。比如说小孩子，老子讲道：“含德之厚，比于赤子，毒虫不螫，猛兽不据，攫鸟不搏，骨弱筋柔而握固。”老子讲了这一段话，描述了一个什么样的婴儿状态呢？就是这个孩子在婴儿状态，毒虫都不咬他，猛禽都不会伤他。他骨弱筋柔，但是他的小拳头要是握住的话，有时候，你掰都掰不开，很有力量。什么意思呢？能量很充足。按现在科学家的说法，婴儿的生命磁场是成人的40倍。所以你看，有许多老爷爷老太太带孙子，老人本来有病，孩子带着带着自己就健康了。为什么呢？他们跟孙子进行了能量交换，有一个量子纠缠进行能量共振。所以累是累，但是睡一觉第二天仍然精神。

小孩子为什么生命力这么充沛呢？因为小孩子相对于成人来讲没有被污染。我们看我们是怎样污染孩子的？孩子长得大一点儿了，懂得吃饭了，一个馍渣掉在地上了，孩子本来要捡起来吃掉的时候，妈妈说"脏"！这一个字，看上去是我们对孩子的教育，从心灵学这个角度来讲，其实是我们把孩子污染了。怎么污染了呢？这孩子从此就有一个概念，即这个世界是由两部分构成的：一部分是净的，另一部分是脏的。那么他对于脏的这一部分世界，他就有一种拒绝感，而拒绝感一产生，能量的交换就中断了。就像我们认为那个人是讨厌的人，我们就再也不跟他打交道了。那么关于这个人的资源，我们就再也使用不上了。

孩子长大了，能出门了，出门的时候，奶奶又开始教育了，说："宝贝，你可要小心啊！现在大街上全是坏人。"看上去是对孙子的关怀，其实是对孩子的莫大伤害。为什么呢？孩子走在大街上给别人贴上了标签：这个是好人，那个是坏人。对他认为是坏人的那个人他就有提防、有恐惧，一恐惧他的霍金斯能量级跌到了 100 级。

如果说 200 级是正能量和负能量分水岭的话，那么 100 级就是负 100 级，在孩子的心目中就投下了一个恐惧感，最后这个孩子的心灵宝珠上面就裹上了一层严严实实的包裹物，像岩石一样。老子认为，这一层东西对人就是种遮蔽、是种伤害。

老子讲："为学日益，为道日损，损之又损，以至于无为。"就是说做学问你就不断地把这一层加厚吧。但是如果你要悟道，就像孔子讲的"朝闻道，夕死可矣"。你要"闻"到这个道，你要怎么办呢？就要把这一层包裹物一层一层地剥掉，这就是"为学日增，为道日损"。联系这一句话，我们就可以判断老子讲的“绝学无忧”也是这个意思。就是说，一个人心中如果没有概念、没有判断，这个人就没有烦恼。那么小孩子为什么这么有生命力？大家看一看小孩子睡着了的时候，那个睡容，我想做过爸爸妈妈的都有体会，那是世界上最美的风景、最美的图画、最美的诗、最美的散文、最美的小说、最美的音乐，怎么看都看不够。

我可能也是上了年纪的原因，因为老父亲在，也不敢说老。但是现在我看着我家那个小家伙，常常晚上他睡着了，我一个人躺在他身边，会端详他半个小时、一个小时，享受得不得了。为什么他的睡容那么好看？因为他的心中没有“概念”，没有被污染。当一个孩子心中有了太多的概念之后，你会发现那一种睡容没有了，那一种让你心灵震颤的美丽的图景就看不到了。换句话说，当一个孩子有了心计，有了功利心之后这种美好就没有了。他有了“这是我的，这是他的”和“这是好的，这是坏的”的概念，从那一天开始，这个孩子的那种可爱就没有了。《弟子规》在这里面讲的是很重要的心理学，“流俗众，仁者希”，这个流俗啊，《弟子规》在这里用了一个词“众”，因为流俗的众，所以仁者就越来越稀少了。最后，我们被信息流、被概念流、被判断流包裹了。

主持语：

郭文斌先生由《弟子规》“亲仁”篇的开始句“同是人，类不齐；流俗众，仁者希”告诉我们，芸芸众生，千差万别，平庸者多，仁爱者少。仁爱者之所以少，是因为流俗的力量过于强大。从能量的角度来讲，流俗向下，仁爱向上；流俗向外，仁爱向内。向上、向内艰难，向下、向外容易。

郭文斌先生结合霍金斯能量级的原理指出，当人向下、向外寻找幸福的时候，就会进入不断满足欲望，又不断被新的欲望支配的恶性循环。随之而来的占有欲、控制欲、表现欲，和由此而生的爱恨、贪婪、愤怒，就会像狂风和洪流一般裹挟着人们，让人无法自持，当不了家，做不了主，易随波逐流，这就是流俗的可怕之处。正如老子所言："众生所以不得真道者，为有妄心。既有妄心，即惊其神。既惊其神，即著万物。既著万物，即生贪求。既生贪求，即是烦恼。烦恼妄想，忧苦身心，便遭浊辱，流浪生死，常沉苦海。"而要脱离苦海，就要上船。那些茫茫大海中的灯塔，就是仁者，这是从人本生的离苦得乐的角度讲。从人格的提升意义上讲，也需要亲近仁者，因为只有亲近仁者才能渐渐摆脱生命惯性，进入精神轨道，去探求生命真谛、宇宙奥妙。

郭文斌先生非常形象地告诉我们，所谓仁者，是点亮了心灯的人、从梦中醒来的人、了解了生命真相的人，活明白了的人，就是孔子所言"朝闻道，夕死可矣"的那种人。只有亲近他们，才能点亮自己的心灯，才能活得真真切切、明明白白，我们的人生才具有非凡的意义。那么，怎样才能亲近仁者呢？

我们在前面讲过，人为什么会抱怨呢？因为他有一个概念，别人如果不按照他的概念去做，他就抱怨了。如果他认为吃亏是祸，那吃亏就会烦恼；如果他认为吃亏是福，那吃亏就被认为是福气。同样是吃亏，概念不一样，喜悦和烦恼就不一样。就是说，让我们痛苦的是我们的判断、概念、是非观。在讲传统文化的时候，我反复地在讲有两个境界：一个是道人境界，另一个是善人境界。道人境界是无是非的，但它适合少数人。善人境界是适合大多数人的，所以在开始的时候，要多讲善人境界。当人们的能量积累到一定的程度的时候，一迈过善和道之间的这道门槛，他就打通了。王阳明说："无善无恶心之体，有善有恶意之动。知善知恶是良知，为善去恶是格物。""圣人之道，吾性自足。"就是说每一个人在他的本质层面，跟圣人都是一样的，只不过我们被污染了而已，这叫"流俗众，仁者希"。

由这句话，我们就要对人有一种宽容的、谅解的、理解的姿态。为什么呢？每一个人都是圣人，只不过是被流俗污染了的圣人，每一个人都是仁者。我们要对教育有信心，就要建立一个信心，相信所有的人都能教育好，这样我们就不会失望，我们就不会放弃，一旦有机会，我们就妥善地、智慧地跟进，帮助被流俗污染了的人，让他回到一种仁者境界。

接下来《弟子规》讲道："果仁者，人多畏；言不讳，色不媚。"一个仁者，如果他是一个真正的仁者的话，他有一些什么表现呢？"言不讳，色不媚"，就是说他不会谄媚，不会文过饰非，他的脸上没有媚俗，没有谄媚，他显得很自然、很和善、很端庄。"果仁者，人多畏"，一个人真的是仁者，自然会得到人们的尊重。像孔子、老子一样，两三千年之后，人们还这么尊重他们。他们没有讨好人们，但是人们无比地热爱他们。

接下来《弟子规》讲道："能亲仁，无限好；德日进，过日少。不亲仁，无限害；小人进，百事坏。"就是说一个人，他能亲仁的时候，有无限的好。有什么好呢？"德日进，过日少。"因为仁者他就像太阳一样，他自然地给我们补给能量，能驱走我们心灵中的黑暗。"不亲仁，无限害；小人进，百事坏。"我就想到了自己。从 2012 年，我被一位老师到银川去动员，踏上传统文化这个舞台、广泛地弘扬传统文化的舞台之后，特别受教育。我在前面课程里面讲过，我被义工的那种奉献精神感染了，也比过去能放下了，放下自己的身段，放下自己的财富，甚至放下荣誉。有利于人们身心健康的事情，自己会不遗余力地去做。如果没有这五年的这种经历，我很可能还在一种自私自利里面，虽然很早就对传统文化感兴趣，但不会像这五年这么彻底改过。我太太也对我做了一种肯定，她说这五年我确实变了一个人。原来对传统文化的热爱，只是一种热爱，没有变成行动力。所以，“能亲仁，无限好；德日进，过日少。”

我在海南参加了好几次论坛活动，看到有全国各地的义工都过来这里服务。这些义工放下工作，一次又一次地参加这些大论坛。他们知道“能亲仁，无限好；德日进，过日少。不亲仁，无限害；小人进，百事坏”。甚至我认为，在当今社会，一个人是不可以离开团队单独学习传统文化的。为啥呢？因为人的习气太重了。我现在常常建议人们弘扬传统文化，要落实习近平总书记讲的落小、落细、落实。怎么样落小、落细、落实呢？我把它概括为让传统文化可用、愿用、常用、广用。

主持语：

上一节，郭文斌先生通过解读《弟子规》“亲仁”篇中的“果仁者，人多畏；言不讳，色不媚”告诉了我们“亲仁”的方法。若是真正的仁者，人们自然敬畏他，不需要言讳、色媚。在《论语》中，子夏形容孔子：“望之俨然，即之也温，听其言也厉。”夫子远望威严，近观温和，说话很有力量，正是“言不讳，色不媚”的写照。当一个人不为自己盘算，活在无求境界的时候，自然会“言不讳，色不媚”。孟子之所以能“诐（bí）辞知其所蔽，淫辞知其所陷，邪辞知其所离，遁辞知其所穷”，正是因为他善养浩然之气。当一个人处在浩然之气中,就再也不需要"言讳色媚"了。反过来讲,当一个人修炼到"偏颇的言论,知道它不全面的地方。过激的言论,知道它陷入错误的地方。邪曲的言论,知道它背离正道的地方。躲闪的言论,知道它理屈词穷的地方",也就是仁者了。

接下来一句"能亲仁,无限好;德日进,过日少",先讲亲仁的价值,那就是"无限好"。一个"无限",为我们打开向内、向上、向善人生的无比广阔的想象空间,为什么会"无限好"?因为"德日进,过日少",因为亲仁能让我们的正能量越来越多、负能量越来越少。而生命的所有美好都是能量的变现。

在《醒来》一书中,我用了大量的篇幅讲四个念头,告诉读者,能量是由念头所承载的。我用四章写"都一样"这个念头对应的能量是600 级,"我爱你"这个念头对应的能量是 500 级,"我错了"这个念头对应的能量是 350 级,"这一刻" 这个念头对应的能量在 600 到 700 级之间。把能量简化到起心动念,那么传统文化就变简单了。谁都会起心动念,谁都会管理念头,这样的话我们就把传统文化变得可用了。这一堂课就讲到这里,下一节课我们接着分享《弟子规》。

第 48 集

凡圣就在一念间

主持语：

上一节课里，郭文斌先生通过解读《弟子规》“亲仁”篇中的“同是人，类不齐；流俗众，仁者希”告诉我们流俗的可怕和仁者的珍稀。通过“果仁者，人多畏；言不讳，色不媚”描述了仁者的威仪和美好。通过“能亲仁，无限好；德日进，过日少”展示了亲仁的价值和意义。简单地讲，我们之所以要“亲仁”，就是要通过“过日少，德日进”提高生命能量，最终实现“明明德”的目标，然后去“亲民”；通过“亲民”“止于至善”，让生命趋于完美。

那么，如何才能“过日少，德日进”呢？如何才能提高我们的生命能量呢？郭文斌先生在上一堂课的结尾部分，为我们推荐了可以在日常生活中实践的方法，那就是把中华优秀传统文化落细、落小、落实，甚至小到跟踪每一个念头。郭文斌先生甚至认为，中华优秀传统文化可以简化成四个极具代表性的念头，那就是“都一样”“我爱你”“我错了”“这一刻”。

本堂课，郭文斌先生将为我们分享这四个念头的精辟内涵。

大家好！上节课我们讲在今天这个社会，我们可能很难独立地去学习和实践传统文化，我们需要一种气氛，需要一个团队，需要一套教程，特别需要把中华优秀传统文化落小、落细、落实。按照习近平总书记讲的，要进行两创转化：创新性发展、创造性转化。我把它概括为四个用：可用、愿用、常用、广用。

在“可用”这一部分，我们说，“一定要把传统文化，由复杂变为简单”，让人们可操作。为什么这些年我由讲《论语》，讲孔子，讲来讲去，讲到《弟子规》呢？因为我发现《弟子规》很好操作，它是一个很完整的、可操作的系统。如果每一个人都能按照这个操作系统去做，他的生命力肯定会提高，他的获得感、幸福感和安全感肯定会提高。它是一个能够落地的读本，适合大多数人用。而且它三字一句、两句一韵，适合小孩子诵读、背诵，这是落小。我在《醒来》这本书里面，把中华优秀传统文化简化成四个有代表性的念头，那就是“都一样”“我爱你”“我错了”和“这一刻”。从四个不同的方面，给大家介绍了不同的能量层级和适应的人群。有些人用完，感觉到它很好用、很方便。所以，《醒来》这本书出来不到两年的时间就三次重印，大家感觉比较受益。

接下来，我给大家汇报一下，如何让人们愿意用。愿意用无非两个方面：第一个方面，把道理讲清楚，做证明题。第二个方面，把榜样做出来，让人们有信心。这些年，我讲传统文化，不管在哪一个场合，都会想办法把四个基本概念讲给大家。因为这四个概念，如果我讲不透，人们很难彻底地、有效地学习传统文化，并且获益。

哪四个概念呢？第一个概念，一定要讲清楚，我们每个人有一个“永恒账户”，这在前面的课程里我们介绍了。当一个人知道自己有一个“永恒账户”之后，那么，他就会自觉地管理自己的生命，他就会认同一句话“命由我作，福自己求”。这是《了凡四训》的著名语句，意思是一个人的命运由自己掌握，他就会从被动性人生、宿命论的人生里面走出来，过一种积极向上的人生，就像王阳明、曾国藩一样。因为这些圣贤，他们都受到了《了凡四训》的影响，特别是曾国藩。

第二个概念，就是“能量总库”的概念。我们把“能量总库”的概念给大家讲清楚之后，自然就会对祖先、对父母产生敬畏，对国家产生感恩心，对民族产生感恩心。而感恩和敬畏本身就是能量，所以“能量总库”的概念非常重要。它也可以消除我们生活中一些人的误解，比如说：“这个人做善事怎么命运没改变？那个人做恶事，怎么还活得好好的？”当他知道“能量总库”的概念之后，知道人家的原始能量很多，所以现在作恶还过好日子。为啥呢？能量还没用完。那么，我们为什么做善事，命运还没有改变呢？因为我们的原始能量库里面欠账太多，但是当我们现在努力还账，还清了之后，终有一天命运就会改变。这样，就会很好地解释一些人的误解。

第三个概念是“能量坐标轴”。横坐标是心量，这对于现代人教育孩子特别有用。横坐标是心量，心量越大能量越高。老天按照一个人的心量配给你能量，那我们教育孩子就变简单了，紧紧地抓住心量教育，就是扩展心量。早晨出门的时候，妈妈们会给孩子准备一份早点，一个妈妈说：“路上就把它吃掉。”另一个妈妈说：“拿到班里跟同学们分享。”这两个孩子的人生已经是两种结局。在路上就要吃掉的那个孩子，肯定不会有多大出息；拿到班里跟同学们分享的那个孩子，他一定会成功。为什么呢？他的心量大。

第四个原理，就是一定要给人们讲清楚“成功学的公式”。因为现在的家长对成功非常感兴趣。人们都希望自己的孩子能够成功，怎么样才能让孩子成功呢？我们就要把成功学的公式，给孩子讲清楚、给家长讲清楚。卡耐基被称为成功学之父，卡耐基认为，“成功=才华×热情”。他说一个人的才华如果是九十分，但是他的热情，如果只有二十分，一共一千八百分。如果他的才华不高，只有五十分，但是他的热情有九十分，一共四千五百分！可见，决定一个人成功的不仅仅是才华，还有热情。可是呢，日本的著名企业家稻盛和夫，创造了两个世界五百强的企业，是一个经营学的大家，他发现卡耐基的公式是有问题的，问题在哪里呢？他说，这个小偷有没有才华？很有才华，他能做到的事情我们一般人做不到。小偷有没有热情呢？很有热情，晚上我们睡觉他还加班。可是小偷成功了吗？小偷没有成功。小偷的问题出在哪里了呢？价值观错了。稻盛和夫发现，价值观才是最重要的，价值观比才华和热情更重要。我们的古典教育是五大板块构成的，这五大板块是心性教育、道德教育、生存教育、审美教育、知识教育。现在我们侧重了知识教育，而把其他教育忽略了。

这些年，国家在想方设法强化这两项教育。就是说，把价值观的教育作为人生的第一教育。《弟子规》讲得很清楚，“入则孝，出则悌；谨而信，泛爱众；而亲仁，行有余力，则以学文”。在心性教育和道德教育取得成果之后，再进行知识教育和技能教育，这就是成功学的公式。

《弟子规》《三字经》《百家姓》《千字文》这些养成教育读本，就是在培养一个孩子的习惯，习惯一旦养成就很难改掉了，习惯最后要变成功夫。现在有许多人一身的本领，但是到实践中没有战斗力。原因在哪里呢？没有功夫。由此我们再回头看《弟子规》前面为什么讲“居有常，业无变”这个道理，因为常常地变换工作，很难形成功夫。术业有专攻，“大家”就是在某一个领域打深井。这是我在“让人们愿用”这一部分讲到的四个基本概念，把这四个概念如果给大家讲清楚，人们对传统文化的热情就会大大增加、大大提高。

主持语：

郭文斌先生由上一堂课分享《弟子规》“亲仁”篇中“能亲仁，无限好；德日进，过日少”展开，启发我们要使自己“德日进，过日少”，就是要把中华优秀传统文化落细、落小、落实，小到跟踪每一个念头，尤其是四个极具代表性的念头：“都一样”“我爱你”“我错了”和“这一刻”。那么，在日常生活中具体怎么做呢？郭先生结合自己多年的实践经验告诉我们，要坚持“可用、愿用、常用和广用”四个原则。

“可用”指合法性、适用性、可实践性，有两层意思。一是形式上方便人们用，如《弟子规》，三字一句、两句一韵，讲的都是百姓日常，不但适合吟诵，而且好对照践行。二是既有存在的合法性又有实践性。王阳明讲：“知是行的主意，行是知的功夫；知是行之始，行是知之成；只说一个知，已自有行在；只说一个行，已自有知在。”他强调知行是一个功夫的两个重要方面：知中有行，行中有知，二者不能分离，也没有先后。与行分离的知不是真知，而是妄想；与知分离的行，不是笃行，而是冥行。

“愿用”指利润性、建设性、可操作性。郭文斌先生认为，现代人是利润思维，要让大家做好人，就要让大家知道做好人有什么利润。一方面，先行者要做出示范，让人们看到这种利润，生起向往之心；另一方面，要有体验性课程，让受众当场就“尝到”效果。同时，要告诉受众，利润生成需要时间，需要耐心。郭文斌先生接着从“永恒账户”“能量总库”“能量坐标轴”和“成功学的公式”等方面，结合“都一样”“我爱你”“我错了”“这一刻”四个念头，阐述了“可用”“愿用”的内涵。那么明白了“可用”和“愿用”的道理，又如何“常用”和“广用”呢？

第三个是“常用”。中华优秀传统文化要让人们常用，该怎么办呢？我们首先要开发教程，一个没有教程的教育机构是没有生命力的。怎样开发教程呢？我们“寻找安详小课堂”应用的教材就是《弟子规》和《了凡四训》。每周六的八点钟，我们在小课堂集体学习《弟子规》，我们讲《弟子规》已经讲了七轮了。这一周之内，听课的同学每天晚上都要给辅导员写一篇反省日记。用这种方式让人们虽然离开了课堂，但是永远没下课。学员把每天学习的心得、改过的心得，报告给辅导员。辅导员会给他一个鼓励，对这一个学员来讲，就是莫大的学习动机。然后借助春节、中秋节和“五一”“十一”等长假，我们办五天的封闭班，就是在周六和平常学习《弟子规》的基础上，集中学习《了凡四训》。这样的话，同学们学习就有一种递进感。因为《了凡四训》已经做到了把儒释道三家文化融合，已有了一套完善的教程。所以，让人们要“常用”，我们就要开发出来课程，形成一套体制，有让他天天用、年年用、月月用、学不够、有无限的提升层次的一套系统，这就是“常用”。

怎么样才能让人们“广用”呢？当然我们这个典型要开发好，要树立好，要改进好，可以向全国复制。为什么把这个课堂起名叫小课堂呢？因为小课堂更适合推广。大论坛好是好，但是办一次大论坛经费很多，很难推广，一般的地方没有能力，一个大会议室很难找，再一个还出于安全的考虑。小课堂在一般的社区、村镇都可以开展，这就是能让人们广用。我的几本书《寻找安详》《〈弟子规〉到底说什么》和《醒来》现在已经被一些平台作为教程用。比如说现在有一些微信学习平台，有一些人把这三本书，在听书 APP 上朗读分享，就能产生能量的传递和共振，效果很好。

比如唐山有一个企业家潇潇，坚持读《寻找安详》，现在转发、收听的人数已经超过 10 万，这就方便人们长期用。“寻找安详小课堂”的同学，每天早晨转发一章，一年就这样滚动转发。现在七岁的郭盛阳读《农历》《醒来》《永远的乡愁》，已经在全国许多平台（包括微信平台）被转发。这就是一个可以广用、常用的方式。在一个场合我曾经讲过，听书时代正在到来。你看现在大家都很忙碌，哪里有时间看书，但是他开车的时候、堵车的时候，打开手机他就可以听《寻找安详》，听《醒来》，听《农历》。

在今天，我们弘扬传统文化，要让人们广用、常用，必须结合这个时代的特点，适应这个时代的要求，让人们感觉方便。听书时代正在到来，比如说我们海口台拍的《余莉开讲》，睡觉前，打开一集听一听；候会的时候打开听一听。这样方便人们使用，这就能够让人们常用、广用。我们海口电视台录制这样的节目，将来录制同样的节目，这是功德无量、利国利民的崇高事业。所以要向我们节目组致敬！这是我给大家汇报的“能亲仁，无限好；德日进，过日少。不亲仁，无限害；小人进，百事坏”。

你看我们“寻找安详小课堂”，现在大家体会到一个什么感觉呢？如果某一周不去，还想得不行。现在大家已经成了一个学习型的团队，也成了一个道友的团队，谁家有红白喜事，全体出动帮忙。有些人家里缺劳力，五六十个同学，全部去给他帮忙。在我们这个课堂里面，包放在那里，不用担心别人会掏你钱包。谁有病、谁有灾，大家伸出援手，集体凑钱让他渡过难关。这是一个大同社会的小模型。

如果说我们在这个商业社会体会到一种人情冷漠的话，那么在小课堂大家会感受到一种温暖,时间长了大家就不愿意离开了。我们在家里,或者在别的团队、工作单位,可能会跟一些同事有纠纷,上下级之间有纠纷,在小课堂没有,大家感受到的是被别人无比的尊重,获得一种尊重感,时间长了,我们也离不开了。在别的地方我们买一本书要花钱,小课堂赠书;在别的地方学习要学费,在小课堂一分钱都不收;在别的地方我还要花钱吃饭,到小课堂去有免费的饭吃。这种感觉让人对人间都会产生一种美好感。这就是我们在“亲仁”这一部分“能亲仁,无限好;德日进,过日少。不亲仁,无限害;小人进,百事坏”延伸讲出来的一个话题,就是在今天“亲仁”莫过于学习中华优秀传统文化,莫过于走进中华优秀传统文化学习和实践的团队,这才是我们真正获得获得感、幸福感和安全感的途径。

主持语:

上一节,郭文斌先生接着“可用”“愿用”的话题,给我们介绍了“常用”“广用”的内涵。“常用”指必须性、永久性、可深入性,也即不过时。一种文化体系不能让人们常用,很快就过时,说明它不是传统,至少不是优秀的传统,就没必要传承。因此,传承者就要从浩如烟海的中华文化中提取可以让人们常用的部分。同时,只有常用,才能让文化落地。孔子倡导“学以致用”就是这个意思。宋朝的黄庭坚也说:“三日不读书,便觉语言无味,面目可憎。”

“广用”指应用性、普遍性、可推广性,即不狭隘。一种文化体系不能让人们广用,不能让大多数人受益,也说明它不是传统,至少不是优秀的传统,也没必要传承。另一方面,文化只有被人们广用才能实现其价值。

而这“四用”需要历史实践来检验。郭文斌先生从自己和同道的经历启发我们，传播和弘扬中华优秀传统文化，不是某一个人或者某一类人的担当，而是全社会的责任。

“能亲仁，无限好”这一部分讲得很短，为什么呢？它开花了、结果了。在前面播种的阶段、耕耘的阶段、维护的阶段、修剪的阶段，讲得比较多。所以“入则孝”“出则悌”“谨而信”“泛爱众”部分讲得比较多，到“亲仁”很简短地就结束了。因为它是一个结果的阶段。这一堂课就讲到这里，下一节课我们接着分享《弟子规》。

第 49 集

余力学文旨何在

主持语：

郭文斌先生在前面的课程里解读了“能亲仁，无限好；德日进，过日少。不亲仁，无限害；小人进，百事坏”这几句训谕。郭文斌先生以念头为切入点，向我们分享了“可用”“愿用”“常用”和“广用”中华优秀传统文化的重要性，至此，《郭文斌解读〈弟子规〉》“亲仁”部分收官。

在本堂课，郭文斌先生将开始《弟子规》最后一章“余力学文”篇的解读。前面的课程里提到，如果我们把《弟子规》比作一棵参天大树，“入则孝”是根，“出则悌”是干，“谨”和“信”是它的枝，是它的维护性的部分，到了“泛爱众”和“亲仁”，它就开花结果了，那么“余力学文”就是这棵参天大树留给后人的一片荫凉，荫庇后人，就是把《弟子规》所彰显的道德价值观转化为文字、语言和行动去感化人。

所谓“文化”就是“以文化人之意”。任何一种价值观，任何一种文明形式，都需要通过某种媒介“化”到人们的内心。而“文”就是这种效果最佳、功效最明显、时间最持久的媒介，这就是“余力学文”的重要性。那么“文”为什么能化人呢？我们又该如何学文呢？如何教化人呢？

大家好！我在前面的课程里面，讲《弟子规》是一棵生命树，“入则孝”是根，“出则悌”是干，“谨”和“信”是它的枝，是它的维护性的部分，那么到了“泛爱众”和“亲仁”，就是它的花和果了。我们说那个“仁”，成仁的“仁”，我们常常讲杏仁、桃仁，它就是一个果实，它具有传递性、传承性，能够传宗接代。“仁”它是一种持久生命力的象征，是一个人的能量到达圆满的一个象征，也是一个人的人格到达巅峰的一个象征。

接下来《弟子规》讲什么呢？这一棵大树长成了做什么呢？就要让后人乘凉，能够庇荫后人。怎么样让后人乘凉呢？就是把这种德行化成一种文字，化成一种语言，化成一种动作，化成一种形式，来感化人，这就是“文”。

我们看《弟子规》的第七部分“余力学文”。这个“文”，在古文字里面，考古学家、训诂学家认为它就是人身上的花纹，就是来自“纹”身的那个意思。那么，古人为什么要“纹”身呢？有人说：“他是为了适应大自然，是为了避免动物的侵害。”就是保护的意思，是和光同尘的意思，也是适应大自然的意思。还有些人考证这个“文”就是错综的一种纹路。还有些人认为甲骨拿火一烤，它显示出来的那个纹路，这就是“文”。什么意思呢？“文”是大自然的规律。这就是我们中国人讲的：“上观天文，下察地理，以化成人文。”“文”就是宇宙规律、宇宙秩序在人间的一种投影，它是最科学的、最合法的、最妥当的。这一种外在的形式,我们把它叫“文”。“文”这个意义,里面显然包含着教化的意思。

《弟子规》为什么把这一部分放在最后?因为《弟子规》的编者认为,如果没有“入则孝”的根,“出则悌”的干、“谨而信”的枝、“泛爱众”和“亲仁”的花和果实,我们是没有什么东西来“化”人的。所以它是一个自然的次第。那么《弟子规》的第七部分,它是以什么样的逻辑线展开的呢?

我们来看,它说:“不力行,但学文;长浮华,成何人。”这一句话讲得很重,就是说一个人,假如对前面讲的六部分“德行”没有践行,只是背一些经典,只是学一些华文,那么这个人恰恰可能是受伤害了。为什么呢?他比不学习、不背诵显得更骄傲了,而“骄慢致祸”。一个人不学习,他还不至于骄傲。如果学习了,但没有按照古圣先贤的教导做到“知行合一”,那么这个人的学习很可能是对他的一种伤害。他会变骄傲。就像一个人读了几天书就看不起爸爸妈妈了,回去对爸爸妈妈指手画脚,说他们这个不对,那个不对。夫妻两个日子过得好好的,丈夫或妻子出去学习了几天,进修了一段时间,回来就看不上妻子了或者看不上丈夫了,说:“你怎么这么土?”恰恰是他(她)变骄傲了。

王阳明为什么受到大家的推崇?他的学说里面,有很重要的一项就是“知行合一”。就是说,一个人的知行不能相应,知行不能合一,那么这个人很可能就被浮华害了。这一句事实上是讲的《弟子规》的教学法,是讲《弟子规》学习的方法论。它是让《弟子规》变成我们生命力的一个环节,一个绕不开的环节,一定要“知行合一”。“不力行”,大家注意这里面有个词“力行”。读一句“落地”一句,这就是“力行”。这一句里面的语气,我们细细品味,很有意思。“不力行,但学文;长浮华,成何人。”你看“成何人”,用这么重的语气来反问,就是说如果一个人他不做,他只是在那里说,那这个人在《弟子规》作者来看,这个人很难说是一个完美的人、及格的人，就是成不了“人”。我们看看今天的青少年，在这一句话上一对照，可能一大半就被照出原形了。在今天，教育机构已经把《弟子规》列为教材，这对于今天的青少年是一大福利。但是进入教材怎么办呢？还要促使其落实，怎么落实？在这一章里面，在这一部分里面，《弟子规》有着非常智慧的方法论。我这些年讲课，之所以大家还比较认可、接受，可能是大家看到我还有一点点“知行合一”的精神吧。

我在前面的课程里面讲到，自己讲的自己如果做不到，那么就不要要求别人去做。所以我也逼自己一定要践行。当年我把《弟子规》作为一个研究对象，读不出来多少味道，的确没有《论语》好，没有《中庸》和《大学》读起来过瘾。但是你真的做的时候，你就会发现：“哇！《弟子规》这么有温度！”所以，《弟子规》是供人们做的。你做一句，你就能体味到里面的温情、里面的关怀、里面的呵护和里面的慈悲。明清的时候，特别是清末的时候，我们的知识分子、读经典的人没有做到“知行合一”，会被人说：“不力行，但学文；长浮华，成何人。”一个正常的人、一个自然人，如果不力行，很可能会变成一个罪人。一个资源我们没有开发，它还在原地放着。如果开发了，把它做夹生了，那就麻烦了。面粉你不做面包，它还在面缸里放着。如果你做夹生了，它既还原不了，又不能食用，这个过失就很重。

主持语：

郭文斌先生通过生动阐述《弟子规》“孝”“悌”“谨”“信”“泛爱众”“亲仁”“余力学文”几部分的关系后告诉我们，《弟子规》所展示的内容是祖先数千年的经验结晶，是博大精深的中华优秀传统文化中最优秀、最核心、最接地气的部分，是习近平总书记倡导的，既有当代价值又有世界意义的文化标志和精髓。这些宝中之宝要通过学“文”,“化”入中华儿女的心中，成为中华文化的基因。这是一个民族的文化传承工程,也是每个家庭的教育课题。

《增广贤文》讲:“至乐莫如读书,至要莫如教子。”《弟子规》通过日常生活细节启发父母,如何学文教子,做好孩子的启蒙老师;如何让孩子树立正确的“三观”;如何将孩子培养成栋梁之才。

那么,如何学文呢?郭文斌先生通过解读“余力学文”篇的开始句“不力行,但学文;长浮华,成何人”告诉我们,生命成长的次第和先后。既然是“余力学文”,“主力”就是“非学文”,那是什么呢?郭文斌先生告诉我们,是提高生存力、生活力、生命力。如何提高?心存天道、力行人道、出孝入悌、敦伦尽分。但同时如果不明理,人们又很难妥善地完成“主力”课。

常识告诉我们,人不明理很难把路走对,就像如今出行没有导航。可见,“力行”和“学文”二者不可偏废。《弟子规》在这里特别强调“余力学文”,意在警醒人们,人生何为先、何为后，何为主、何为次。“知所先后,则近道矣。”一些父母逼孩子学各种文化课,却忽略了孩子的人生第一课就是打开孝心。父母都糊涂,何况孩子?

那么“学文”之后又该如何做呢?

这些年,我在全国的传统文化战线有机会就讲:“做一个志愿者，做一个传统文化的践行者,肩上的担子千斤重。”为什么呢?我们要给大家做榜样。我走进这个让人感动的团队,就是因为我看到有许多志愿者，他做得好，他上台讲不了课，但在台下做得非常好。我亲眼看到，他们跪在卫生间，不戴手套，就那样洗马桶，不嫌脏，没有嫌弃的感觉；我亲眼看到，他们吃学员吃剩的饭菜，喝学员喝剩的饮料、矿泉水；我亲眼看见，他们在马路上捡垃圾。这一些让人感动的行为，恰恰感染了我。所以从第一次被一位老师动员出去讲了一次三千人的论坛，我就停不下了。为啥呢？我渴望进入那样一个崇高的、高尚的、激情燃烧的团队，这就是“力行”的意义。

我有一个老师，他把鞋能穿到什么程度呢？有一天，我看到他读经典的时候，他的脚上绑着两个塑料袋。我说：“这是咋回事啊？穿着棉鞋又绑着塑料袋，你是怕冷，还是咋回事呢？”后来才知道，老师穿的那个鞋子鞋底掉了，他不忍心换。就这一个细节，让我对他产生了信任感，这就是“力行”。在前面的课程里，我也讲过我的老师刘富荣、王国壁他们，他们之所以在我的心中那么高大、那么感人，就是因为他们“力行”做得好。他们在课堂上也没有打我们，也没有骂我们，但是他们非常有庄严感，不怒自威。

“不力行，但学文；长浮华，成何人。”由这一句话，我们会引申出什么样的《弟子规》的精神呢？如果往治国理政这方面去应用，那就是“其身正，不令而行；其身不正，虽令不从”。就是说当老百姓看到，官员亲自在那里干，给我们做榜样的时候，不用号令，大家就会做。所以，官德是社会风气的核心部分。就是说，我们在社会风气的建设方面，官德是至关重要的。那么在学校里，校长是至为重要的，校长做得好，老师就会效仿；老师做得好，学生就会效仿。所以真正的教育其实就是一个字，哪一个字呢？表演的“演”。古人讲，“为人演说”，“演”在前，“说”在后面。最好的“说”就是“演”，就是把爱演给大家，把高尚演给大家，把公正演给大家，把爱国、诚信、敬业演给大家。就是说“演”

是最好的“说”。这是《弟子规》教给我们最好的方法论。

如果我们不孝敬老人，我们是教不好孩子的。为啥呢？你没有表演出来，孩子从哪里学习呢？所以赡养老人本身是育儿。我们没有给爸爸妈妈洗过脚，我们没有给爸爸妈妈端过饭，我们没有给爸爸妈妈捶过背，我们没有“亲有疾，药先尝”，我们的孩子就没有这个概念。所谓“熏习熏习”，所以“不力行，但学文；长浮华，成何人”。如果一个孩子在德行方面没有一个榜样，那么他对这些德行很难产生信心。所以我们讲，《弟子规》是给家长学的。现在好多家长说，郭老师讲得好，赶快把孩子送到课堂来。我说：“错了，你应该先来。”因为你做不出来，孩子看到的你的影子是斜的，他把《弟子规》也读斜了。

教育者要先受教育。这些年，我在全国讲课，讲着讲着最后我就把范围缩小了，几乎致力于在学校进行宣讲。我想如果把老师的问题解决了，把校长的问题解决了，那学生就受益了。解决一个什么样的问题呢？矫正一个观念，就是教育者要先受教育，教育者先要把榜样做出来，教育者要先力行。苏州有个老板，每天早晨来到公司，第一个去打扫卫生间，做给大家看。时间久了，他的那些员工一个一个都争着去打扫卫生间。他不说他们主动就去做。

《弟子规》它是用辩证法在讲的，它绝对不一边倒。接下来怎么讲呢？它说：“但力行，不学文；任己见，昧理真。”你看，它又讲回来，讲圆。就是说一个人，如果只有力行的功夫，但是如果不学习，那么很可能就会“昧理真”。

这个世界上，孔子认为有三种获得智慧的方式：生而知之，学而知之，困而知之。生而知之的人少之又少，就是很少的几个人，就是他没有被污染，他跟刚“出厂”的时候能保持一致，他从面缸里出来变成面包，他能还原回去，有这个本领。但对于更多的人需要“学而知之”，需要“困而知之”。可能我们悟上一辈子,我们不如听别人一句话,所以证悟是比较艰难的。在一定意义上,更多的人需要解悟,就是需要别人讲解。比如说我们从现在开始摸索着去耕作,那得多少时间?但是你向农民一请教,当下就豁然开朗。如果你靠摸索去发明火药、指南针、造纸术,那需要多长时间?但是你向别人一学习就知道了。所以有一些东西我们是需要学的,有一些东西我们是需要求证的。但对更多的人来讲是需要学习的,所以“但力行,不学文;任己见,昧理真”。这些年,在传统文化战线,我们发现有一批人非常执着,他们只认定他们那个好,或只认定某一个人好,他讲的是对的。那么从教学方法上这是有道理的,但是如果过于执着,他们就走不到社会中去。

主持语:

上一节，郭文斌先生通过自己和同道多年弘扬中华优秀传统文化的实践经验,结合“余力学文”篇的“但力行,不学文;任己见,昧理真”这句训谕告诉我们,“学文”的真正目的是实践和力行,终极目标是为了让人成为具有孝、悌、谨、信、爱、仁品质的人。郭文斌先生还把“不力行,但学文;长浮华,成何人”这句话引申到治国理政等方面,告诉我们“其身正,不令而行;其身不正,虽令不从”,进一步强调了身体力行的重要性;又从“但力行,不学文;任己见,昧理真”强调了“学文”的重要性,只学文不力行往往使人傲慢和浮华，只力行不学文往往让人狭隘和固执。

郭文斌先生强调,要在知中行、行中知,螺旋式提升自己的人生境界。要养成两个习惯，一是立即把所学转化为行动力,二是时时把行动和经典对照,正如刘勰在《文心雕龙》中讲

“道沿圣以垂文，圣因文而明道”。明道是目的，文化是手段，媒介是圣人。圣人之所以为圣人，就在于他既能“学文”又能“力行”，既能“垂文”又能“明道”，既是学习者又是继承者、弘扬者、表演者、展现者。如此我们就能理解刘勰所言“本乎道，师乎圣，体乎经”。道、圣、经三位一体，就会去浮华、去愚昧。

我们内心要对我们的老师，对我们学的这一套体系专一，但是策略上要圆融，不能看到对方没有跟我们穿着同样的衣服，没有佩戴着同样的符号，就一下子表情大变，这就是“昧理真”的一个方面。既然是学文的部分，《弟子规》肯定就要解决我们怎么学文的问题，所以接下来《弟子规》讲到学文的方法。如何才能学好文呢？下一堂课接着分享。

第 50 集

方此勿彼意味浓

主持语：

在上一堂课，郭文斌先生通过解读《弟子规》“余力学文”篇的开始句“不力行，但学文；长浮华，成何人。但力行，不学文；任己见，昧理真”，阐述了“学文”与“力行”的辨证关系，那就是“学文”是为了“力行”，“力行”需要学文指导，“学文”和“力行”是不可分割的重要方面，正如王阳明先生倡导的“知行合一”。

通过郭文斌先生的生动解读，我们也就明白了学文的宗旨和重要性。那么如何学好文呢？

本堂课，郭文斌先生通过继续解读“余力学文”篇的“读书法，有三到；心眼口，信皆要。方读此，勿慕彼；此未终，彼勿起”，教给我们“学文”的方法论。读书学文本身就是一门大学问，学习得法事半功倍，学不得法事倍功半。那么《弟子规》中提到的“三到”是哪“三到”？“方读此，勿慕彼；此未终，彼勿起”，这句话中的“方此勿彼”指的又是什么呢？此外，除了《弟子规》教给我们的读书学文方法，作为阅读行家的郭文斌先生又能给我们提供什么有益的读书经验呢？

大家好！我接着给大家分享《弟子规》的第七部分“余力学文”。

上节课，我跟大家分享了“不力行，但学文；长浮华，成何人！但力行，不学文；任己见，昧理真”。接下来《弟子规》讲到“读书法，有三到；心眼口，信皆要”。它讲到了如何读书。《弟子规》把读书放到最后一部分讲，把“父母呼，应勿缓；父母命，行勿懒。父母教，须敬听；父母责，须顺承。冬则温，夏则清；晨则省，昏则定”放到最前面讲，可以看到古人对教育的理解。接着讲到如何读书，“读书法，有三到；心眼口，信皆要”。这个“三到”是“心到、眼到、口到”。

我们对比今天的学校教育跟古代的私塾教育、书院教育和贡院教育，多少有些不同。首先，“三到”不一样，古人读书要做到心、眼、口同时到，特别强调心和口要到，所以古人读书常常用诵读的方法。而诵读，他们有两种读法，一种读法就是不解字意，不解文意，只是读。我们知道一个人当他读一部经典不求其意只是诵读的时候，我们可以想象，他基本上是不动用意识层面的，他用潜意识在读。这种读法，我们认为是用直觉去读。用直觉读，事实上借助直觉读书完成的是一种现场感训练，这对一个人来讲可能更重要。另一种读法就是解读，一边读一边想它的意思。

我们讲传统文化有两个层面，一个是道人层面，另一个是善人层面。道人层面的学习，一般是诵读，就是我尽管读，哪一天意思出来，我明白了就明白了，不明白我仍然读。为什么呢？古人认为我们的智慧在本质体系、本质地带什么都知道，是不需要老师教的。我读的过程只不过是跟古人进行共振，共振着共振着，古人就把我们那个智慧的开关就打开了，打开一个，知道一句。

我这些年用诵读，我觉着确实是如此。比如说《弟子规》，你读着读着，一句话就读明白了。又如《道德经》，读着读着，一句话你就明白了。诵读用的是直觉，直觉用的是潜意识。我们在前面讲过，潜意识处理信息的速度是意识的无数倍，意识每秒钟处理信息 40 比特，而潜意识每秒钟处理信息的速度能达到 10 亿比特。可见，潜意识跟意识，如果我们用计算机比喻，意识就是老 386（20 世纪 90 年代初那种计算机），而潜意识就相当于今天的量子计算机。古人懂得这个秘密。所以"四书"的内容不管你懂不懂，你先背，你先把它装进脑袋。一般同学更多的是在诵读，诵读的时候，他就不会起杂念，他就不会走神。所以古人读书时有一些摇头晃脑。诵读的时候，它更重要的是培养孩子的定力，培养孩子的直觉力，培养孩子的现场感。

我有一次到河北行唐一个民办小学讲课，那些孩子晚上背课文，在操场上背，没有灯，但你听到背课文的声音，像波浪一样，哗哗哗非常壮观。晚上没有灯，你就可以想象如果你背不下来，那你就没办法读。诵读有两种价值，其中一种价值就是训练我们的直觉，开发我们的直觉。一个人的直觉开发出来，就像老子讲的，就能做到"不出户，知天下；不窥牖，见天道"。什么意思呢？我不走到外面去，我连窗户都不打开，但我知道外面的世界。古人早就发现，我们的潜意识是全息的，是能够跟宇宙进行共享的，是能够进行共同的映照的，有一些量子的味道。

另一种读法就是解读，就是一边读一边知道意思。我们看到古代的私塾老师讲意义的少，他就是领着学生们读。他的这个教学跟我们今天有些不同，他几乎不讲段落大意和中心思想这些内容。他就是领着大家读，充其量训诂一下，就是把每个字的意思讲一讲。但是文句，他们基本上不解释，等到读得差不多了，有专门解经的老师去解经。私塾里的老师更多的就是领着孩子读，把文字读准读顺。所以，我们看到诵读有一个特点：记下来的内容一辈子不会忘记，因为它有韵律。古人读书是有韵律的，相当于我们今天的唱读，但是比唱读更有文气。

我有一个体会，当年抱着我家小家伙睡觉，我就找一个旋律给他背《弟子规》，背着背着就睡着了。后来不背内容，只是哼那个旋律，他也就睡着了，可见旋律也是诵读的一部分。《弟子规》在这里讲，"读书法，有三到；心眼口，信皆要"。就是心要到，眼要到，特别是口要到。当然心如果不到，就起杂念了，就没有现场感了；心如果不到，走神了，当然就不是直觉的读法了，不是诵读。

我现在有个体会，如果说你把《弟子规》整个读一遍，这是一种读法，那么，我今天早晨不读一遍，我只是把"入则孝"读十遍，哪个效果好呢？我的个人体会是后者好。你反复读这一个章节，心定，同时与简单的旋律形成共振，它就形成了一个特定的意识激光。而且事后你会发现，读上一百遍，你已经把这四句话记住了。我问了一些专家，过去的私塾里边就是这么教的，他不会整部整部地读，他是今天我们就背一段，背会了检查；大家都背会了，第二天就背另一段。

当然有些人会说："这不枯燥吗？"如果在直觉状态中诵读，我们不会感觉到枯燥。这就像我现在在讲课，我也有体会，如果你在直觉状态中讲，你沿着直觉讲，你不觉得特别累，你讲着讲着你发现嘴里还有甜甜的唾液产生。如果你是在思虑的状态，带着思考去讲，那么时间不长你就累了，而且你就想喝水。我今天讲什么，上台之前我不知道，我只不过是把《弟子规》背下来，然后就在这里等待直觉，来一句讲一句。这些年这么讲下来，我发现大家还是比较认可的，当然也有纰漏，但是不太多，这种讲课你会感觉很享受。

主持语：

郭文斌先生通过解读“余力学文”篇的“读书法，有三到；心眼口，信皆要”这句训谕告诉我们，读书的方法要注重三到，就是眼到、口到和心到，三者缺一不可，这样才能收到事半功倍的效果。口、眼、心三者是一组递进关系。

郭文斌先生结合自己研读《弟子规》《道德经》《论语》等经典的经验和心得，特别强调了“到”的含义，眼看不一定是“眼到”，口读不一定是“口到”，心想不一定是“心到”。这个“到”和《大学》开篇讲的“大学之道，在明明德，在亲民，在止于至善”的三个“在”有着同样的奥义。它一方面是对专注力的强调，同时也是对现场感的强调。只有做到这“三到”，才能产生“信”；反过来，只有内心有“信”，才能做到“三到”，这种“信”是认知方式同频、价值观同频、审美力同频。心的“信”、眼的“信”、口的“信”，都来自本体的充分到位。当本体充分到位，诵读就会自然流淌，成为享受，成为喜悦。所谓“乘物以游心”。

郭文斌先生结合他的著作《醒来》介绍，要实现“到”和“信”，最好用直觉诵读，就是说尽可能用潜意识阅读，因为潜意识处理信息的速度是意识的无数倍；直觉诵读时，口腔中会产生唾液，身心会非常舒畅，不但不累人、不伤人，还提振精神。那么，做到了“口到、眼到、心到”，我们读书就能一蹴而就了吗？

我已经讲了几轮《弟子规》了，我将来整理出来的字幕主持语都不一样。我在讲课之前，甚至不愿意看前一次讲课讲过的文稿，为啥呢？你看过了之后，你感觉你再讲，就没有这种享受的感觉了。就像一个面坛子里面已经装进去面了，再装别的面你就没兴趣了；就像一段路你已经走过，路上的风景你已经看过，你再走就没兴趣了。所以我现在讲课，我就带着空白感，坐在这里，我按照我今天的状态，按照今天的缘分去讲，很享受。好像在开辟一个新航道，这样每一轮讲出来都不一样。

我们“寻找安详小课堂”有十几位经常听课的同学，他们在渴望着、等待着我把录音发给他们，大家一对照，每一次都不一样。如果每次都一样，他肯定就不愿意整理了。一个人用直觉读书也一样，每读一遍有不一样的享受。因为你用直觉读书的时候，你用的是本质力。而本质力，老子讲“人能常清静，天地悉皆归”。整个天地有多少风景，整个天地有多少智慧，要我们下载。用直觉讲课自己就享受，听课的人也享受。如果我们提前准备好，好不好呢？也好，但是就没有这种感觉，我原来讲课用 PPT，用幻灯片，后来我不愿意用了。为什么呢？我发现用了幻灯片，既是对我的一种限制，也是对观众的一种打扰。观众看了幻灯片，他就离开你的音流了，离开你的共振了。共振如果没有了，他享受的感觉也就没有了。所以我在讲一些大课的时候，我常常有个开场白，我劝大家安静下来，尽可能把手机关掉。手机只要开着，现代人的思维已经习惯了，过一会儿就想看一下有没有微信。当你动一个想看手机的念头的时候，这个共振就断了。

在今天，学知识已经很容易，百度里面一搜什么都有了。可是我们在百度里面搜不出来安静力。就是你坐在课堂里跟讲课的人进行一次能量的交换和共振，这个在百度里面搜不出来，这种特定的场域搜不出来。我在前面讲过，一个人的智慧要打开，靠的是安静力而不是知识。《大学》里面讲“定、静、安、虑、得”就是这个次序。在今天我一直在讲，听的时代到来了，在今天人们可能更容易通过听的方式走进智慧系统，也就是听书。

为什么说听的时代到来了呢？因为人的几个感官里面听觉是最发达的。过去没条件，现在有传媒、有电视、有手机，所以听起来特别方便，而听觉在所有的感官里面它是最圆融的。比如说，我们眼睛只能看到前方，我们就看不到后方，而声音没有前后的区别。舌头只能尝到喂到嘴里的东西，你尝不到外面的东西，但是耳朵可以听到四面八方，听到天籁之音。借助声音学习，古人是特别重视的，《弟子规》在这里特别强调了在学习的时候，心、眼、口要同时到。

接下来，有一个更重要的字我们要注意，那就是“信皆要”中的“信”。就是说读书的时候，假如说一个人对读书没有信心，没有信任感，没有一种信仰的感觉，那么这个书读下来收获很小，因为没有渴望感。通过这几年在全国的讲课我发现，四五年下来，从 2012 年开始，我在一些大论坛上做志愿者，有成就的人对这一门课程特别渴望。我有一个学员把我讲过课的视频能找到的都找齐了，只要能找到的就看，到了这个程度。最后看他就先学出来了。一个人对于一本书，当他产生敬仰崇敬的时候再学习，感觉就不一样了。

你看古人在家里放经典著作怎么放，用一块红布或者黄布包起来。我们小的时候领到课本，也要包书皮。我们看到现在的青少年有这样做的，但是不多。当然书皮现在有现成的卖，但是把一部经典用黄布包起来，读的时候把手洗净，甚至像古人一样，焚香正坐，沐手而读，就不多了。一分诚敬得一分利益，十分诚敬得十分利益。诚敬心产生了学习的动力，诚敬心能打开智慧的开关，诚敬心让高维世界能感受到我们的一分共振，所以它很容易引起呼应。

在这里特别强调了“信”。老子讲“信不足焉，有不信焉”。就是说一个人如果对于一套智慧系统没有信心，没有一种敬仰感，那么这一套系统在他那里是很难落地的。那个信就像那个瀑布的落差一样，落差越大，那么势能越大，动能就越大。

我有一次到河北的一家企业讲课，那个教室很好，讲了两天怎么都找不到讲课的感觉。有一天突然发现，这个教室里面所有的配备都很好，但是没有讲台，我就给主办方说让他们试着做一个讲台，他们连夜就做了个讲台，第二天一坐上去感觉就来了。我才知道所有的教室里面为什么要有一个讲台，就这么一点点空间差，它就产生势能，所以“信皆要”，信特别关键。特别是像《弟子规》，我们为什么这样讲它的精神呢？如果大家不听明白这些精神，对《弟子规》没有一种高度上的认识、价值上的认识，学起来、用起来就没动力，所以动员很重要。

我们为什么要全民学习十九大的精神呢？这就是一次动员，思想动员，没有动员的思想是没有战斗力的、没有生产力的。所以动员是第一步。我们看到中华民族，它是一个讲求动员的民族。用什么来动员呢？首先讲这一本书的价值和意义，讲这一件事情的价值和意义，让你产生重视，这样你学起来才有动力。为什么有些人到国外去狂买东西呢？因为他知道就这一次机会，很可能一个国家我一辈子就去一次。就是当你重视了，你把它认为是生命中的唯一一次，你就一下子重视了。

现在我常常给我的一些朋友讲，我把每一天都当生命的最后一天过，这时候你发现一些无谓的事情你就放下了，赚钱的事情、谋利的事情、无谓的事情，包括一些身外的荣誉，这些都放下了。什么最重要呢？讲《弟子规》最重要。推行传统文化最重要。自己醒来最重要。

如果我现在存折上有一个亿，但是我在迷惑颠倒中离开这个人世,那一个亿对我来讲有什么意义呢?

主持语:

上一节,郭文斌先生通过重点解读“读书法,有三到;心眼口,信皆要”这句训谕中的“到”字和“信”字提醒我们,这两个字在读书的过程中有举足轻重的作用。通过郭先生的解读,我们知道,“信”这个字在这里有两层意思:第一层是能和书的作者同频共振,第二层是自己的本体和用体同频共振。老子说:“信不足焉,有不信焉。”因为不信任,所以信心不足。因为不信任,所以诚信不够。只有大信,我们才能与作者、与书文、与书中蕴含的道理,进行能量共振和能量交换,才能通过读书“明明德”。

这里出现一个问题:什么书是值得我们相信和信任的呢?郭文斌先生认为要分辨一本书值不值得我们信任，主要看它对我们的能量引导是否是向上、向内、向善的,看它是否符合天道,是否“隐恶扬善”。郭文斌先生尤其劝导我们,要多读圣贤书。子曰:“君子有三畏,畏天命,畏大人,畏圣人之言。”圣贤书是对宇宙和生命的究极认识,是对其根本规律的认识,这种规律是恒定不变的,尤其是对心性的研究,更是经历了千百年的时间检验,能给我们的“修齐治平”提供根本依凭。

所以林则徐讲:“子孙若如我,留钱做什么?贤而多财,则损其志;子孙不如我,留钱做什么?愚而多财,益增其过。”就是说,儿孙比我强,你留钱有什么用呢?他自己会挣钱,如果钱多了可能把他的志向就损掉了;如果儿孙们不如我,你留钱又做什么呢?他一夜之间就给挥霍完了,而且还增加他的过失;没钱他还犯不了大错,有钱了他犯的错误更大,有可能会吃喝嫖赌。所以信心很重要。

在这里,《弟子规》讲"读书法,有三到;心眼口,信皆要"。接下来讲到"宽为限,紧用功;工夫到,滞塞通"。这一句话又强调了什么呢?下一节课我们接着分享。

第51集

室清墙净心亦净

主持语：

上一堂课，郭文斌先生通过解读《弟子规》最后一章“余力学文”篇中的“读书法，有三到；心眼口，信皆要”这句训谕告诉我们，读书一定要口、眼、心同时到，特别强调了“到”和“信”这两个关键要素。因为“信”所以“到”，因为“到”所以“信”。就像一个人到了山顶，就会相信有山顶；就像一个人，信有山顶，才能到达山顶。也就是说，只有对所读之书抱有敬仰感、崇敬感，才能找到智慧的宝藏。

郭文斌先生引用《大学》里面讲的“知止而后有定，定而后能静，静而后能安，安而后能虑，虑而后能得”告诉我们“定、静、安、虑、得”也是读书的方法论。

本堂课，郭文斌先生将沿着“余力学文”篇继续解读“方读此，勿慕彼；此未终，彼勿起”等内容。郭先生根据古人的读书智慧，结合自己的读书经验，告诫我们读书习文、研究学问一定要“打深井”。尤其说明我们读书环境要清静，只有境静，才能心净；只有心净，才能心灵。

大家好！我接着给大家分享《弟子规》的第七部分“余力学文”。

上一节课我们讲到“读书法，有三到；心眼口，信皆要”。讲到在读书的过程中“口到”的重要性，当然“心到”“眼到”也很重要；讲到我们尽可能要用诵读的方法，因为诵读容易打开我们的智慧，容易让我们抵达一种现场感的状态；特别强调了信心的重要，就是说读一本书，要对一本书要有一种敬仰感、崇敬感。

接下来《弟子规》讲什么呢？“方读此，勿慕彼；此未终，彼勿起。”这句话很重要，决定了有一些人能够成功，有一些人不能成功。这讲的是什么呢？讲的是专注，讲的是“打深井”。我们都知道，一个人在大地上要打出一眼井，一定要铆着劲儿向着一个方向打下去，如果打一会儿换一个地方，那么永远打不出来水。为什么我们看到生活中有些人很博学，但是没有成就呢？因为他兴趣点太多。兴趣点多，从能量的角度来讲，他的能量是散射。能量不能变成激光，不能集束，不能制心一处的话，能量就散掉了。所以这句话在《弟子规》的教学法里面至为重要。

“方读此，勿慕彼。”古人学习，一本书不读完他是不会读第二本的。他不像我们今天的课程设置，第一节课上语文，第二节课上数学，第三节课上物理，我们用的是苏联的教育心理学，用的是间隔，说让脑细胞间隔兴奋。古人不这么认为，古人认为应盯住一门课把它学透。这样学的时候，我们的能量集中在一个点上，就像激光一样把钢板就击穿了，就像打井一样把水就打出来了。所以读书特别要注意“方读此，勿慕彼”。

人的意识的形成它需要一个过程，特别是文化和文明，我们在前面讲过，是有区别的，文明一旦形成就改变不了了。“方读此，勿慕彼。”这一句话强调，我们在《弟子规》的学习中也好，在传统文化学习中也好，选定一本书就读，有些人甚至把一本书读一辈子。如果一本书你读一辈子，你就变成那本书的作者了。比如你把《老子》读一辈子你就变成老子了，把《论语》读一辈子你就变成孔子了，把《弟子规》读一辈子你就变成李毓秀了。因为你的信息系统，跟他的信息系统完全重合了。

如果我们一个电脑里装了好几套系统，这个电脑的秩序感就没有了、速度就没有了，还很容易卡机、死机！一个人也不可能同时用好几个导航系统。如果有好几个导航系统，那路线规划也就乱掉了。在这里，它特别强调了专一性。“方读此，勿慕彼；此未终，彼勿起。”农村有些老爷爷老太太，他们没读过书，但是他们嘴里念叨着一句话念叨一辈子，这句话最后也就变成能量了。关键时候，他念叨这一句话，也能调动他的本质生命力，这就是意识激光。一个人的读书如果变成了意识激光，他就成功了。赵普为什么讲“半部《论语》治天下”呢？半部《论语》如果读透了，其他经典也就通了。为啥呢？智慧是相通的。就像一眼井你打出来水，那么这一眼井出来的水跟整个地下水是连着的。

“方读此，勿慕彼。”现在我们许多家长、老师，读书量比孩子的还大，好不好呢？好。但有一点需要注意：必须有一本书是常读的书。这些年我们“寻找安详小课堂”推荐的是《弟子规》和《了凡四训》。还要注意，霍金斯讲，任何低于 200 级的信息都是负能量载体。如果我们的孩子一周读了七本书，这七本书我们有没有考虑过其能量是在 200 级之上还是 200 之下？如果它的价值观、它的念头是 200 级之下的，那么孩子读得越多，孩子的能量耗散得越多，是害了孩子而不是帮孩子忙。

我讲过一个观点：与其读一千本没有把握的书，不如把一部经典读一千遍。阅读是很危险的，阅读是需要我们警惕的。每一本书它的能量不一样。文字是全息的，一个心灵阴险的人，他的文字不可能光明。所以“方读此，勿慕彼”，在这里我可以解读出无限的意义，能够读到我们的教学法、我们的文化方法论，那就是专一。两个字用了五千年，哪两个字？“忠孝”传家。一个字“忠”，一个字“孝”，把我们的文化传下来了。还有两个词“孝亲”“尊师”。“孝亲”和“尊师”两个轨道把我们的文化维护了下来，让这个文化有持续力，有永恒性。我们讲《弟子规》特别强调了它的专一性。

接下来，《弟子规》讲什么呢？“宽为限，紧用功；工夫到，滞塞通。”比如我们学习《弟子规》，我们定一个十年目标。“宽为限，紧用功。”一有时间就读，一有时间就读。老子讲：“天下难事必作于易；天下大事必作于细。”“合抱之木，生于毫末；九层之台，起于累土；千里之行，始于足下。”就是说，我们把目标要定高，把视线要放宽，但是要从当下争分夺秒做起，就是“宽为限，紧用功；工夫到，滞塞通”。当工夫到了，自然一切疑惑就迎刃而解。所以它在这里强调了一个“宽”和“紧”，强调了一个“工夫”。就是说我们学习不能一曝十寒，不能一蹴而就，要一步一个脚印，扎扎实实地学习，这讲的是学习方法。

接下来《弟子规》讲到：“心有疑，随札记；就人问，求确义。”就是心里有疑问赶快记下来，遇到长者、贤者赶快去问，这是一种好学的态度。“心有疑，随札记”，就是有疑问就记下来，否则一会儿就忘掉了；遇到明师我们就要请教这个疑问，把这个疑问让明师帮忙解决，这是一种好学的精神、进取的精神。

主持语：

郭文斌先生通过解读《弟子规》“余力学文”篇的“方读此，勿慕彼；此未终，彼勿起”，告诉我们专注的重要性。同样是读书做事，为什么有人能成功，有人却一事无成？郭文斌先生认为区别就在于是否有持久力。郭先生告诉我们，这句话非常重要，它暗含着古典教育的方法论。古典教育认为，学习就像打井，最终是为打出水来；而要打出水来，就要持续朝一个方面掘进，这就是古人讲的因定开慧；而要得定，就要去除“慕心”，也就是现代人讲的“花心”、见异思迁之心。一定意义上，学习的意义就是培养“不动心”。一个人在学习时能做到见新见异保持不动心，那么他就会在今后的人生旅途中，做到见新见异保持不动心，就不会因为诱惑犯错误。

“此未终，彼勿起”意义同样深远。当一个人“此未终，彼就起”惯了，他就会在今后的人生旅途中常走半截路，常做半截事，当然最终一件事都做不完美，对应到生命成果，都是半成品；对应到生命周期，都是夹生饭。“宽为限，紧用功；工夫到，滞塞通”，讲的是读书既不能急功近利，也不能松松垮垮，而要宽紧辩证。在这里，特别强调了“功夫”的概念。郭先生在《醒来》一书中讲到：“教育就是方向+习惯+功夫。”

“宽为限”意味着大方向，“紧用功”意味着好习惯加生命密度，最后结果是“滞塞通”。“心有疑，随札记；就人问，求确义。”这句话告诉我们，习文求学，有疑问当随时做笔记，一有机会就向良师益友请教，务必确实明白它的真义。子曰：“敏而好学，不耻下问，是以谓之文也。”

郭文斌先生认为，传道授业解惑和求学问道明德是一对互动关系，只有互动起来，二者才能进行能量交流，才能有效提升我们的生命能量。那么“余力学文”篇后面的内容还将告诉我们什么道理？

接下来《弟子规》强调了学习环境，它怎么强调的呢？它说“房室清，墙壁净；几案洁，笔砚正”。就是读书的环境一定要整洁。环境对一个人的心灵有反投射作用，比如我们这么庄严的一个演播厅，你坐在这里你的讲课就显得很庄严；一个很随意的场合，比如沙龙，你讲话就很随意，你的坐姿也会很随意。环境对人有诱导性，你到跳迪斯科的地方你自己都不知道自己就动起来了。古人把这个叫作引导，所以环境很重要。“近朱者赤，近墨者黑。”古人特别强调学习环境的整洁：房室要清、墙壁要净、几案要洁、笔砚要正。

我们讲：“人能常清静，天地悉皆归。”而一个人的心灵要到达清净地，环境很重要。我们看到，一般情况下心灵有秩序感的人，他的办公室就很有秩序。我就很羡慕有些人把那个报纸折叠得就像尺子量过一样放得整整齐齐，那种感觉让人心里很舒服，所以环境的洁净在一定意义上是一个人心灵洁净的投射。对于读书的人来讲，洁净的环境有益于反方向地促使他保持恭敬心。

对应到整个国家和民族的文化环境，洁净很重要。我们现在大力进行网络治理、文化治理，对于读者这就是很大的福利，因为污染少了。而且一个洁净的环境很容易让人安详，躁动的环境很容易引发人的躁动。骚乱的地方，它的文化环境肯定有问题。由此我们就联想到出版物，联想到创作，从创作到出版要警惕，那个气场一定要给人一种清净之感。如果一本书读完，人没有获得清净，这个书是要警惕的。曾国藩在“八本”功夫里边特别强调，做文章以音调为主。当年读不懂，后来慢慢地体会到了。为什么文章以音调为主？就是那个旋律感、节奏感要清净。

古代音乐基本由音阶“宫、商、角(jué)、徵(zhǐ)、羽”五个全音组成。每一个音都能够疗救我们某一个脏器，它对应着“肝、心、脾、肺、肾”。肝如果有问题就常常听它对应的音乐，胆如果有问题就听它对应的音乐。环境对于一个学生来讲太重要了，就是房室要清、墙壁要净、几案要洁、笔砚要正。《弟子规》是这样，《朱子家训》也是这样，一开篇就讲“黎明即起，洒扫庭除”。我们看到古代私塾早晨第一件功课就是打扫教室、打扫书院。笔砚为什么要正呢？如果笔砚放不正，它就是我们心灵不正的一个投射。老师借助让孩子反复地把笔砚放正来折射，通过反方向让孩子把心灵不断调整到“正”上。

我们“寻找安详小课堂”让大家做了一个训练，就是这个笔一次性就放到位，刚刚好，不前、不后、不左、不右；这个书一次性就放正，不需要第二次再挪动。这训练他的准确性。按照古人的说法，有经典的地方就有圣人在，因为是全息的。所以有经典摆放的地方，尤其需要洁净，来保持我们对它的一份恭敬，这是它的另一层意思。对应到文化上，如果人们对文化有一种敬畏感，那么整个社会风气就变了，所以文化自信、文化自觉要从文化敬畏开始。

我这些年一直在讲文化敬畏，如果我们对祖先们留下来的智慧没有敬畏感，我们怎么谈自信？怎么谈自觉？所以文化敬畏非常重要。古人对文化的敬畏达到什么程度呢？达到敬畏字纸的程度，一个字纸扔在地上要捡起来，要在特定的焚纸炉里焚掉，要敬畏，所以古人读书他捧着书来读。像现在有些孩子躺在沙发上读、躺在床上读，在古代儒生那里是不可能的。

接下来《弟子规》讲到：“墨磨偏，心不端；字不敬，心先病。”古人写字要研墨,研墨的时候你偏着磨姿势不对,说明心就偏了;对字不恭敬,心就先病了。你看古人强调到这个程度。研墨的时候,研墨不仅仅是为了研出墨来写字,研墨的过程也是练定力、静心、调心的过程。古人写字的时候不像我们今天用做好的墨汁,他研墨的过程就是在调心,调得差不多了,提笔下笔如有神,就是一个养神的过程。而研出来的那个墨写的字呢?它浓淡有度,它浓淡相宜,有质量感。古人研墨跟写字一样重要,它是对一个人定力的训练,是养神的过程、养气的过程。所以“墨磨偏,心不端;字不敬,心先病”。如果对文字不恭敬,心就病了。古人认为文字是神造的,仓颉造字的时候鬼神为之哭泣。有多种解释,鬼神为什么哭泣呢?因为把它们的密码拿到了,也有人说是因为感动,等等。在这里,我们看到古人对待文化的一种态度、对待文化环境的一种态度。“墨磨偏”,我们的心就偏了;“字不敬”,我们的心就病了。

接下来《弟子规》讲到:“列典籍,有定处;读看毕,还原处。”就是放书的时候一定要有一个最合适的、最妥当的位置。而且我们对孩子的准确性训练,我们在前面讲过,一本书读完放到书柜的哪一个地方,下一次闭着眼睛都能抽出来,这就算对了,这就是“列典籍,有定处;读看毕,还原处”。我们家那个小家伙现在玩完玩具要看电视的时候,我让他先把玩具“还原处”,他就整理了;要他把书还原处,他就整理了。他现在把还原处加以创造性应用:他的铲、刀,他都会说“我要还原处、我要还原处”。如果看到公园里一个工人干完活儿,没有把铁锹放好,他就说:“我替你还原处。”这是对于一个孩子的秩序感的训练,就是“列典籍,有定处;读看毕,还原处”。

主持语：

上一节，郭文斌先生围绕“余力学文”篇的后续内容继续解读，他说，“房室清，墙壁净；几案洁，笔砚正”至少应该从以下四个层面理解。

一是美好的环境会调动人的学习心情，就像“花好月圆”容易引发人的诗情一样。

二是心境互补。古人讲，境由心造；反之，心也由境造。就是说，环境本身会投射心灵。在此，房室、墙壁、几案、笔砚这些意象是所有外在世界的代表，而清、净、洁、正则是内在世界的目标。时时保持外在世界的清、净、洁、正，会唤醒内在世界清、净、洁、正。

三是当一个人能把外在世界经营到清、净、洁、正，说明他的内在世界已经清、净、洁、正。由此可见，“房室清，墙壁净；几案洁，笔砚正”既是一种检阅，也是一种境界。

四是清、净、洁、正的功用。东汉时有一少年名叫陈蕃，自命不凡，一心只想干大事业。一天，与他父亲同城的薛勤来访，见他独居的院内龌龊不堪，便对他说：“孺子何不洒扫以待宾客？”他答道：“大丈夫处世当扫天下，安事一屋？”薛勤当即反问道：“一屋不扫，何以扫天下？”陈蕃无言以对。

同理，“墨磨偏，心不端；字不敬，心先病”和“列典籍，有定处；读看毕，还原处”也可以从以上四个方面理解为“物偏实是心偏，勘(kān)物实是勘心”。万物定时心亦定，还原本为终时用。当一个人养成事事还原、时时还原的习惯，他就能随时回到原点，最终回到第一故乡。

接着讲“虽有急，卷束齐；有缺坏，就补之”。虽然你有着急的事，你也要把书本放好，你不能仓皇之间把书本乱扔，这是古人对一个孩子严谨性的、处乱不惊的一种素养的训练。“虽有急，卷束齐；有缺坏，就补之。”一本书损坏了，我们得对它马上进行修复。因为古代书很稀缺，不像我们今天这样方便得到。今天你对书有一种珍重感，那么我们的恭敬心就提起来了；恭敬心提起来了，我们的能量就保持住了。

这一堂课我们就讲到这里，下一节课我接着跟大家分享“余力学文”的“非圣书，屏勿视；蔽聪明，坏心志”。

第52集

净到极处心灯明

主持语：

在上堂课的结尾部分，郭文斌先生通过解读“虽有急，卷束齐；有缺坏，就补之”这句训谕告诉我们，要爱惜书籍，书籍是智慧的承载者。对书籍怀有敬意，就是对生命怀有敬意。联系上堂课前面所讲的内容，郭文斌先生通过解读“余力学文”篇的相关训谕，为我们阐释了“心境互造”的多层含义。

本堂课，郭文斌先生将结合其长篇小说《农历》所写心灯故事，解读“非圣书，屏勿视；蔽聪明，坏心志”等内容。郭文斌先生认为，这是《弟子规》“余力学文”篇重要的内容之一，它告诉我们哪些书应该读，哪些书不该读，哪些书该重点读，以及各类书籍和生命成长的对应关系和意义。正如一位哲人所说：“一本好书就是一粒火种，它能点亮我们的心灯，照亮我们的世界！”

大家好！上一节课我们讲到，《弟子规》在学习环境、学习用具方面强调的内容，我们讲房室要清，墙壁要净，几案要洁，笔砚要正。“墨磨偏，心不端；字不敬，心先病。列典籍，有定处；读看毕，还原处。虽有急，卷束齐；有缺坏，就补之”，讲了我们对学习的态度和对环境的一种态度。

接下来《弟子规》讲道：“非圣书，屏勿视；蔽聪明，坏心志。”我认为这是《弟子规》“余力学文”篇里面重要的部分之一。“非圣书，屏勿视。”这是古人对文化的认识，意思是如果不是圣人写的书绝对不能看，按照这个标准来讲，今天的孩子不该看的书太多了。

为什么“非圣书，屏勿视”呢？我常常用以下几个理由给大家讲解。

第一，只有圣人写的书，它才是明白书。我们讲这是醒来人写的书，它能把我们叫醒，从十一层梦境中把我们带出来，这是生命的第一意义。

第二，只有圣人的书，它的能量在正能量的层面，而且在五六百级的层面。当一个人在不断地读圣人书的时候，事实上是在跟圣人进行能量交换，所以我们花时间读一千本普通的书，还不如把圣人的书读一千遍。我把圣人的书读一千遍，我跟圣人进行了一千次的量子纠缠，那我的能量就在圣人这个级，我的生命力就是普通人的1000万倍。

第三，如果不是圣人写的书，他的观点很有可能会误导读者。本来我们该向东去，他把我们指向西方，这就错了。我认为只有圣人，他是醒着的人，他是站在山顶的人，他给我们画的路线图是最准确的。

第四，圣人之所以是圣人，是经过历史检验的。《弟子规》为什么可以被我们信任呢？因为它来自《论语》，来自圣人训，这就跟《弟子规》开篇的这一句话“弟子规，圣人训”呼应上了。我们要警觉，“非圣书，屏勿视”。

这几年我们在传统文化战线也好，在一些学校也好，我们看到，小的时候读过经典的孩子在后来的学习过程中，一般的孩子就比不了了。这些孩子很小的时候就装载了一套圣人的智慧系统。如果我们读普通的书，不读圣贤书，会有什么样的后果呢？《弟子规》讲得很清楚：“蔽聪明，坏心志。”就是把我们的智慧给遮蔽了，把我们的心灵污染了，所以要警惕阅读。由此我们会引申出来什么样的《弟子规》的精神呢？我们看中华民族五千年的文化策略就是圣贤文化之路。王朝在更替，时代在变化，但是我们没有更换圣贤文化这个主系统，所以它让中华民族的生命力得以保持。

接下来《弟子规》讲道：“勿自暴，勿自弃；圣与贤，可驯致。”这句话我个人认为应该是《弟子规》的第八部分，它应该从“余力学文”里面分列出来，应该是《弟子规》的总结语，相当于《弟子规》的总叙。它在这里总结：“勿自暴，勿自弃；圣与贤，可驯致。”它给我们透露出来什么样的信号呢？人人皆可为尧舜，就是不要自卑。因为所有的人都是圣贤的种子。在“亲仁”这一篇里面讲得很详细：“同是人，类不齐；流俗众，仁者希。”我们都是圣贤，只因为我们被流俗污染了。这里它归到对读者的再动员，鼓励人们建立更大的信心，就是说“勿自暴，勿自弃；圣与贤，可驯致”。就是说只要你愿意，你按照《弟子规》的七个部分去做，我们人人皆可为尧舜。所以我说这句话应该是《弟子规》的第八部分，是总结语。

古人对每一个生命体都是充满着信心的，老子讲“善人者，不善人之师；不善人者，善人之资。不贵其师，不爱其资，虽智大迷”。《弟子规》在这里给我们发出来一个倡议，就是让人人都走在圣贤的路上。“勿自暴，勿自弃；圣与贤，可驯致。”我们可以看到作者在写这一句话里面的从容、自信、关怀、慈悲，让人人成为圣贤。

到这里，我们把“余力学文”就讲完了。我们回顾一下“余力学文”的逻辑线，它从“力行”讲起，强调了“力行”的重要性；讲到了学习方法，讲到了环境的重要性。在学习方法里面特别强调了专一，在环境里面特别强调了恭敬，强调了对恭敬心的培养。到最后《弟子规》把我们导入“非圣书，屏勿视”。它告诉我们《弟子规》的这一套智慧系统来自圣人。最后它用“勿自暴，勿自弃；圣与贤，可驯致”来结语，跟开篇的“弟子规，圣人训”呼应，这个圆就画圆了。就像我们讲了这一轮课，开始我穿的是中华装，然后穿西装在外面走了一圈儿，最后又穿中华装，以中为体，把这个圆画圆。由圆到开放，最后又变成圆，成为圆领、中国领。《弟子规》的这个谋篇也是一样的。

到这一节课，我们把《弟子规》匆匆忙忙地很粗浅地讲了一遍，这五十二集《弟子规》，我侧重于讲《弟子规》的精神，讲《弟子规》在一个人的获得感、幸福感和安全感中的重要性。我们把《弟子规》放到一种精神层面加以解读，而不是单单地望文生义，从字面上对它解读，也不是单单地对 113 件事解读，而是借助这 113 件事、这 113 个意象，对个人的生命力建设、对家庭的生命力建设、对国家和民族的生命力建设，以及对人类和平发展，讲解我们能够从《弟子规》里面得到什么样的智力的支撑和智慧的支援，这是我们这一轮讲《弟子规》的方法论。

我们在开篇讲，我们这一轮讲《弟子规》重在让中华优秀传统文化落小、落细、落实。我在讲的过程中特别注意，如何让当下人拿来就能用，让现在的年轻人听了之后对传统文化产生信心，让教育工作者听了之后能够用四两拨千斤的方式把受教育者引向正途，让社会管理者能够用简单的、轻松的方式对社会进行管理。我们这一次走的路是前面讲的四个“用”的道路，就是让中华优秀传统文化可用、愿用、常用、广用。

《弟子规》它来自圣人的智慧，而圣人是透彻地了解宇宙和人生真相的人，所以《弟子规》特别强调我们对它合法性的认识，就是《弟子规》开篇讲的“弟子规，圣人训”。那么结语又讲到“勿自暴，勿自弃；圣与贤，可驯致”。可见《弟子规》它是圣贤文化。既然是圣贤文化，那么它就是科学的、民族的、大众的，它就是能够与时俱进的，它就是在任何时候都不会过时的。就像唐朝的阳光跟今天的阳光一样，唐朝的空气跟今天的空气一样，唐朝的四季跟今天的四季一样，所以它们是至今亘古不变的。更简单地讲，它是一种常识文化，所以我们对《弟子规》要建立起一个信心。

主持语：

郭文斌先生通过解读《弟子规》“余力学文”篇里的“非圣书，屏勿视；蔽聪明，坏心志”这句话告诉我们，不是传述圣贤道理言行的书籍以及有害身心健康的不良书刊，都应该摒弃不看。因为书里面不正当的事例会蒙蔽我们的聪明智慧，会败坏我们纯正的志向，使我们的身心受到污染，心志变得不健康。

郭文斌先生指出，在这里“圣书”包括了古往今来的圣贤之言，同时扩展至一切充满正能量的尊重客观事实、客观规律和合乎人伦天道的书籍，以及网络上的音频、视频信息。郭先生根据自己的读书经验教导我们，只有“圣书”才是明白书，只有“圣书”的能量处在五六百级以上的正能量的层面。而如果不是“圣书”，其中观点很有可能会误导，甚至戕害读者。因此孔子说“非礼勿视，非礼勿听，非礼勿言，非礼勿动”，于古代而言是非常必要的，于今日来说也是非常科学的。

在解读《弟子规》"余力学文"篇的最后一句，也是《弟子规》全文的最后一句话"勿自暴，勿自弃；圣与贤，可驯致"时，郭先生结合自己的读书心得，鼓励我们在遇到困难或挫折时，不要自暴自弃，也不必愤世嫉俗，看什么都不顺眼，而应该发奋向上，努力学习，不怕挫折，把失败当作成功之母。任何美好的结局，都要经过艰辛的努力才能得到。圣贤的境界虽高，循序渐进也是可以达到的。孟子所说"舜何人也，予何人也，有为者亦若是"就是这个道理。

郭文斌先生在解读《弟子规》的过程中，不断提到像《弟子规》这样的优秀中华传统文化，不但要重在学，更要重在"践行"，而且要落细、落小、落实。当我们明白了《弟子规》的所有内容，领悟了《弟子规》的所有精神之后，我们又如何践行，如何落细、落小、落实呢？

怎样学习和践行《弟子规》呢？我在前面也部分地讲过，我在《〈弟子规〉到底说什么》这一本书里面讲了践行《弟子规》的五个原则，那就是超越原则、榜样原则、快乐原则、改过原则、一半原则。

第一，超越原则。超越原则讲什么呢？就是说我们学《弟子规》，我们要从《弟子规》的文字层面跳出来，去应用并发挥它的精神。

第二，榜样原则。榜样原则就是说我们通常一讲《弟子规》就认为这是让小孩子读的、让学生读的，不对！其实《弟子规》应该家长先学、老师先学、管理者先学。教育者要先于受教育者学，管理者要先于被管理者学。因为只有这样，我们才能让受众对我们产生信心。

第三，快乐原则。快乐原则就是说大家学了《弟子规》如果没变快乐，那肯定有问题了。一个文化如果人们学了，越学越死气沉沉，越学越愁容满面,越学越一蹶不振,那么肯定错了。为什么呢?《论语》讲“学而时习之,不亦说乎”,孔子在这里讲到这个“学”,它指两个意思,第一个意思是“觉悟”,第二个意思是“效仿”。孔子讲的这个“说”,是一种不需要条件做保障的快乐,就是我们前面讲现场感时提到的那个快乐。所以如果一个人学习了《弟子规》,他没有变快乐,这个学习系统肯定是有问题的,学习方法肯定是有问题的,我们要矫正。我们“寻找安详小课堂”,有些同学流失了,主持人就很着急。我说那你要好好想想,他们为什么流失?他们肯定是没有尝到快乐,当他们从《弟子规》里面,尝到了一种比以前不学《弟子规》更快乐的生活,他们就放不下《弟子规》了,所以快乐原则是一个标准。

第四,改过原则。如果我们学了《弟子规》,只是学了,我们不力行,等于白学。而力行方面,我的体会是首先从改过开始,一句一句地对照。这些年在传统文化战线,有些用功的同学把《弟子规》的 113 件事打在电脑上做一个表格,每天对照,看看自己某件事做到了吗。虽然是笨办法,但很有用。还有些人弄两个小罐,做到一件事往这个罐里放一粒黄豆,没做到一件事,就往那个罐里放一粒黑豆。然后结算,今天是赚了还是赔了?这就是从改过开始。

我们在前面也讲到,如果一个人能常说“我错了”而能改过的时候,这个人的能量在 350 级。这些年,我也常常给一些家长做心理疏导,我说一个孩子如果他的能量达不到 350 级,他改不了过的。不要逼孩子,首先要让他提高能量。怎么样提高能量呢?我们整部《弟子规》这五十二集就讲的是这件事,就是讲如何提高我们的能量。这五十二集,我们可以说每一集都反复地讲,如何提高我们的生命力能量。而改过要下狠心,因为有些习气是不知道多长时间形成的,就像从山上滚下来的一个石头,你现在要把它挡住,需要下决心的。学习传统文化，就是“逆水行舟，不进则退”，就是“从善如登，从恶如崩”。做善事就像爬山一样，做恶事就像从山上跑下来一样，所以要下决心。

第五，一半原则。就是说我们实在把握不住工作生活的度，我们就订一个一半原则，走“中道”。饭吃到一半应该是刚好的，钱挣到一半应该是刚好了，官做到一半应该是刚好了。大家说：“你胡说，你能做到官做到一半刚好吗？”给大家说实话，我现在真有这种心态。比如说每一次，有些机会到来的时候，我的心态就是交给老天爷，老天爷觉得该提拔了就提拔我一下，让我更好地弘扬传统文化。老天爷觉得还没到时间，我继续讲《弟子规》，所以我就活得快乐。一半原则，绝不去找人，绝不去求人。

一半原则，我把它用我的老师讲过的一句话转换一下，就是不求人，不要求人，这就是可供操作的一句话。如果一个人任何时候都不求人，他就快乐了，前面我们讲的占有欲、控制欲、表现欲就没有了。一半原则最后就落到了中华文化的核心智慧上，就是走“中道”，不左不右，不上不下，不前不后，不冷不热，不疾不徐，不急不躁，刚刚好，这就是妥善。

《弟子规》的学习和弘扬，最后也要走“中道”。像当年我疯狂地印《弟子规》，疯狂地送人，效果未必好，现在就要看准时机，最好是我讲了之后，我把我的书赠给对方，大家对我产生信任以后才会用。

最后，我们把《弟子规》如果用一个字来概括的话，就是中国的“中”。我们学习《弟子规》要学什么呢？要怎么用呢？它的价值观也是一个“中”，它的方法也是一个“中”。作为一个中国人应该感觉到骄傲，应该感觉到幸福。我们有以“中”为核心的文化，我们有以“中”为核心的方法论，我们当然有以“中”为实践方案的实践。愿我们一道共同努力来立身弘道，让中华优秀传统文化成为中国梦实现的力量，成为打造人类命运共同体的力量。

主持语：

上一节，郭文斌先生以他独特的视角将《弟子规》的解读推向了高潮和尾声。郭先生认为学习的过程是个人修行的“长征”，更是心灵涤荡的旅途，只有将“践行”和“学习”融会贯通，达到“知行合一”的境界，“长征”才能取得最后胜利，“旅途”才能迎来瑰丽的风景。

郭文斌先生结合他本人所撰写的《〈弟子规〉到底说什么》这本书告诉我们，学习和践行《弟子规》要掌握五个原则，即超越原则、榜样原则、快乐原则、改过原则、一半原则。

超越原则就是要跳出《弟子规》的文字，重在学它的精神。

榜样原则就是我们自己要先学先做，以显性“利润”并以自己的榜样行为感召他人学习践行。

快乐原则就是在乐中学，在学中乐，如果不乐说明学错了。

改过原则就是要在学习《弟子规》的过程中，同时对照力行。在力行中，针对自己在思想德行和方法方面存在的问题进行纠偏和改过。

一半原则就是把握工作和生活的度，就是郭先生反复提到的“刚刚好”，就是中国古人大智慧里的“中庸之道”。

只要我们遵循这五个原则，学以致用，知行合一，将《弟子规》精神落细、落小、落实，就一定能通过学习和践行《弟子规》，大大提升我们的安全感、获得感和幸福指数。

好！《弟子规》我就讲到这里，有不妥的地方请各位仁者批评指正。我们有缘再相会！

主持语：

“入则孝，出则悌，谨而信，泛爱众，而亲仁，行有余力，则以学文。”经过漫长的一年解读，郭文斌解读《弟子规》终于完美收官。自清康熙以来，《弟子规》以三字韵的形式，以自然流畅的文笔，以朴实无华的语言而影响深远，成为养成忠厚家风，启蒙养正，教育子弟远邪小、走正道的必读经典，至今仍然具有重要的文化价值和教育价值，并由此成为中华优秀传统文化大观园里的瑰丽奇葩。而郭文斌先生的解读，把《弟子规》推向了生命力建设的新维度。

在 2019 年 4 月 6 日，复旦大学召开的“郭文斌创作研讨会上”，国内知名学者和评论家纷纷表示，郭文斌先生的文学创作和经典解读都极为入世，对世界充满温暖、充满建设性；为国家着想，为民族复兴贡献了力量；具有强烈的家国情怀和担当意识，推动中华优秀传统文化创造性转化、创新性发展。随着弘扬优秀传统文化热潮的兴起，《弟子规》等优秀中华传统文化经典必将在今天的中华大地再放异彩！

附录

这套课程给了我第二次生命

银川兴泰商贸有限公司董事长,“寻找安详小课堂”班主任　张润娟

我叫张润娟,“寻找安详小课堂”班主任。

前二十多年,我苦苦追求幸福,却不知道什么是幸福。曾认为事业、物质是幸福,一切都得到后,自己却焦虑了、抑郁了、迷茫了,连睡一晚上好觉的本能都失去了。员工见了我像老鼠见了猫一样。孩子跟我们也没有亲。这让我反思,我在追求什么,幸福到底是什么。就是老师说的,物质富裕了,精神空虚了。

在这个时候呢,幸运地遇到了老师、遇到了课堂、遇到了课程。老师是我们人生的引领者。人生可以什么都没有,但不能没有人生的引领者。我非常幸运,非常有福气,遇到了郭老师,通过解读《弟子规》的课程唤醒了我。通过学习,首先我自己获益了,心打开了,从一个假人活成了真人。在真的过程中收获了很多,收获了安心、安宁、安详和喜悦,收获了别人的信任和尊重。可以说,这套课程给了我第二次生命。

这份力量促使我把课程办得更好,家人也特别支持我做这件事情。

到今天,我已经主持了差不多三十期老师的课程,也就是说,一字不落地听了三十遍,越听越喜欢。每一遍,对生命都有新发现,感觉眼前有无数的门,一次打开一扇,出现在眼前的天地,一次比一次广阔,一次比一次美好。

现在,我已经明确,赚钱不是我生命中最重要的事,最重要的是帮人。在这个过程中,看似在帮别人的孩子、帮别人的家庭,其实是在

帮自己,是在疗愈自己。因为,在生活中工作中,我们都会遇到很多问题,走着走着就迷茫了。能量不足的时候,就像灯泡蒙上灰尘,马上就灰暗了;就像灯,马上就灭了。这时候,就需要补充能量,赶快办班。最密集的时候,一个月连续办四期课程,一期四天,大半个月都在主持课程。确实很疲惫,但疲惫是身体上的,内心是非常喜悦的,好像有一种无形的力量在推动着我往前走。

几年下来,因为自己的真心,吸引了一批班委和志愿者,这都是真心助人的结果。老师说的“鞠躬尽瘁,死而后已”我可能做不到,但是“生命不息,奋斗不止”我想我还是可以做到的。未来自己的定位和方向就是继续把小课堂做好,因为在这里我收获了无条件的喜悦、无条件的安详,也收获了别人对我的信任和尊重,这是千金难买的。我也找到了我人生真正的价值,完成了我人生真正的转段。这是我真正的方向。

当了 45 年教师,我才找到教育的真谛

“寻找安详小课堂”吴忠分课堂发起人　马　涓

我叫马涓,是一名退休老师。今年,有幸和自己的儿媳妇一起走进小课堂,我的体会是做了 45 年的教师,才找到教育的真谛是什么。上课时,我一直在流泪,对照郭老师讲的,我这么多年的教书育人,都是错的,我不知道该如何把这些错误补回来。我孙子参加完小课堂,回到家,吃饭时,一粒米掉在地上,我看见他弯下腰,捡起来,毫不犹豫吃下去。我问他,“不嫌脏吗?”他说,“一粒米来到我们的生命里,是来完成它的使命的,如果我不把它吃掉,它就不能完成它的使命,我

就辜负了它。”好感动啊。这是郭老师课程里的话啊。那一刻，我就决定把吴忠市的分课堂开起来。一倡议，家人支持，赵总支持，朋友支持，社区支持，提供地方的提供地方，支持物资的支持物资，张润娟班主任、李伟书记、施晓军、席言、张晋班委，去给我们开了利通区富荣社区周六的课程。接下来，就要开四天的公益课。

当初，我动员儿媳马涵静来参加四天的课程，她还多少有些不情愿，但出于对我的尊敬，勉强来了。学习完，说幸好来了，不然就太后悔了。孙子也参加了学习。他今年 14 岁，学习后，变化很大。一天晚上，他到妈妈屋里，问要不要给妈妈关灯。他妈妈说，关吧。他就给妈妈深深地鞠了一躬，把灯关上，把门轻轻关上。我儿媳说，那一刻，她觉得比儿子门门功课考 100 分都高兴，发自内心的高兴。因此，她给我说，小课堂一定要在吴忠办好，她全力支持我。

礼敬过往　走进安详

“寻找安详小课堂”志愿者，原宁夏中房集团监事、
宁夏中房银川公司总经理助理　朱丽娥

2022 年 10 月，我正式办理了辞职手续，到“寻找安详小课堂”上班，成为“小课堂”的一名专职志愿者。好多人不理解，不少亲朋好友，让我慎重考虑，再做决定。我非常理解大家的不理解，也非常感谢大家对我的关心。在此，用写给我的两位人生导师的信和两篇随笔记录我的心路历程。

尊敬的方总：

想您繁忙，不便打扰。我想其实是没有勇气，用这种方式表达对

您的敬意和感恩。

时光一下子就回到二十多年前，您给予我的关照从2002年的那次演讲比赛就开始了。二十年的时光，将我从一个孩子带到今天。我在这里的二十年，完成了结婚、生子，这些最重要的人生转折。中房给予了我完整的职业生涯。二十年的光阴，已经长长地印刻了我全部的回忆。

我知道辞职这个选择对我意味着什么，我也知道我有多么不舍，一种撕心裂肺的疼痛。但是，我知道，我应该离开。当我们的企业发展至今，我想应该用现代企业的管理思想和管理模式去推动她的进步。我在这里哭，我在这里笑，我在这里竭尽全力付出身心和智慧。

当我真的要离开的时刻，最感激的一直是您。您一次次地呵护，细致入微地照顾着我长大。每一次，我都铭记在心。那些不能割舍的东西，一直撕扯着我的内心，心如刀绞。

我深深感恩您的一番心意。此生能够成为中房的一员，成为您的员工，受您感染，这是我一生的骄傲。虽然没能陪伴公司走完全程，但我一生都是“中房人”。

您说过，有一天，我如果觉得自己好了，可以有自己的选择。我想现在就是这个时点了。我不再纠结过去，不再焦虑未来，只有对中房的恋恋不舍。

我知道，我应该重新开始。我将要选择使我“安详”的道路。我会追随郭文斌老师的“寻找安详小课堂”做义工。没有收入，但我会获得快乐，因为这是一份纯粹为了帮助抑郁症、焦虑症患者康复而选择的道路。我曾深陷其中苦不堪言，曾在失眠服药中度过一年。如今，我在这个环境中重新找寻我的价值。

古代印度把人生分为几个阶段：0–20岁，属于守真期，学习长大;20-40岁,属于居家期,养家糊口,履行家庭责任;40-60岁,是行脚期,寻师访道,解决生命超越性的问题。我在郭老师的治愈下慢慢安静了下来,已经康复。我希望我的生命即将进入纯粹地为别人服务的阶段,为了别人的喜悦,自己就能喜悦。我知道这是很理想化的选择,您知道,我一直希望能有自己的作品集。为了后半生精神世界的丰盈,我愿意开始全新的生活。凡是有过抑郁经历的人都是一部小说,都值得去关爱,需要去疗愈,我愿意付出我的时间我的爱,尽我所能点亮他们的心灯。这真的是一份伟大又崇高的事业。听说,有的孩子小小年纪,就抑郁,有的甚至有了轻生的想法。7月底,一位才十二岁的小女孩,却跳楼身亡了。我非常痛心。在物质充盈的今天,还有那么多人因为各种各样的原因,被抑郁和焦虑所折磨,未曾有过体验的人无法理解。我希望我的后半生能够借助"寻找安详小课堂"的平台,帮助到他们。哪怕为他们做一点点力所能及的事情,也好。

尊敬的方总,您和中房对我有着非比寻常的意义。我纵然有万般不舍,但我相信,您能理解我的选择。我对自己的精神世界有着很高的要求,当我看到,我帮助的孩子重返校园,她有了笑容时,我觉得这是我最大的价值。我的选择会充盈我的人生和我的作品。

您签给我的书里写着"送朱丽娥小朋友"。我猜想有几个层面的寓意:一是希望我一直如孩子般快乐、喜悦;二是在您眼中,我还是当年那个懵懂的孩子;三是盼望我始终如一做个单纯的小朋友。其实这些年,我在公司长大,受您和各级领导庇佑,从未真正进入社会,没有受到社会污染,心理单纯的确实还是个小朋友。今后,我将进入一个更加单纯而正能量的环境,没有功利,只有爱。所以,我会一直是个小朋友,我会做一个喜悦的小朋友。

时光也许会冲淡记忆,但永远不能忘却那些刻骨铭心的青春。虽然未来多有不确定，但我愿意怀揣理想，仰望星空，追寻星辰大海。

此时此刻，感激之情无以言表。我服从公司任何安排，希望圆满走完我的职业生涯。

深深鞠躬，感恩您！

永远祝福您和中房！

小朋友于 2022 年 8 月 13 日

尊敬的郭老师：

当您看到这封信时，我已辞职。我同时给方陆董事长和您各写了一封信，就算作完成我人生导师的正式交接。

对您的尊敬和仰望，让我觉得应该迫不及待地追随您的思想和脚步，开启我后半生平和安详的行程。

上次您送我宁夏大学出的期刊，其中，您和方总的文章前后排序，我恍然间觉得这是天意的安排。我在中房度过了人生最美好的二十年，从一个懵懂无知的孩子成长至今。承蒙方总和中房厚爱，让我深受熏陶，受益终生。二十年，中房对我有着非比寻常的知遇之恩。想起离开，我时时心如刀绞，无法割舍。但我终究下定了决心，这终将是我一生最重要的决定。我放弃无数人梦寐以求的高薪平台，放弃无数人一生都难以到达的理想企业，放弃了方陆董事长引领的奋斗职场。

我也在自问，是什么让我义无反顾地放弃，我想最深处的还是本心。我渴望体验全新的生命活力，渴望生命意义的升华，渴望进入没有功利的理想国度。去年 7 月，我第一次在红军寨听课，就仿佛碰触到了我的灵魂，就神奇地感到您和“小课堂”就是我的归心之地。今年 4 月，推荐朋友家的孩子进入“小课堂”，后来看到孩子有了明显的变化和灿烂的笑容，就坚定了我的想法。真正理解了李伟、张晋等学长，他们义无反顾的选择。等到水到渠成的时候，我做出了这个最重要的决定。

2022年8月，我圆满走完职场二十一年。当年二十一岁，走入职场，两个二十一年，凝聚我的人生转折。我的幸运，就是我的新生。古印度把人生分为几个阶段，我觉得特别准确，等到四十岁以后，生命开启寻师问道的阶段，就应该追寻别样的价值。从此以后，希望我能进入只有奉献的日子，为了他人的喜悦而喜悦。这是最高级的喜悦，也是我能喜悦的根本。

尊敬的郭老师，知您繁忙，不能搅扰，就此表达敬意。只希望我完成全部交接之后，一心一意向您学习，向“小课堂”的学长们学习，心无旁骛，清零认知，重新启幕。

未来的安详之路，渴望您的引领，让我回归本心，修炼本心，升华境界，享受美好。

深深鞠躬，致敬您——我的老师！

丽娥于2022年8月23日

十多年的失语人因何重新说话

河南省夏邑县孔子祖籍老年大学　张金环

我是河南省夏邑县孔子祖籍老年大学的一位学员，今年76岁了，退休于夏邑县第二人民医院。老伴郇德安，是夏邑县卫生局退休干部。

2009年8月初，老伴因车祸头部受重伤做了脑部大手术。经过三年的康复治疗和家人的精心照料，从最初简直像个植物人，恢复到生活基本能自理实属不易。遗憾的是落下了一个医学上叫“命名性失语”的后遗症，叫不上人名、地名、菜名，连自己的名字也叫不出来，对以前的事全部失忆。从此，他把自己视为残疾人，不和任何人交往，甚至想寻死，每天关在屋里三件事：吃饭、睡觉、看电视。

为了丰富退休生活，我和老伴儿从 2018 年参加孔子祖籍老年大学，学习优秀传统文化；每周集体学习一次，内容以《弟子规》为主。

因天气寒冷，商丘的孙子那里有暖气，春节期间，我俩在那里住了四个月。2020 年 2 月 25 日，我们孔子祖籍老年大学开始组织大家走进新时代文明家风网上共学平台，学习《郭文斌解读〈弟子规〉》视频。刚开始他不愿意听网课，在我的耐心劝说下，才勉强听下来。听了几集后，从表情上看他很乐意听。我每天反复播放郭老师讲座视频，把写的感悟读给他听，手把手地教他写字，教他读《弟子规》三个字，就这样我反复教，他认真学。功夫不负有心人，经过几个月的学习，在他身上出现了一个又一个奇迹。

第一，会说话，会写字了。通过学习，他每天变得乐呵呵的，显得很有精神，看来是学习提升了能量。他每周五就暗示我：“明天该听网课了，别晚了！”十一年来连自己名字都叫不上来的他，有一天竟然费劲地蹦出三个字“弟——子——规”。当时我特别感动，竖起大拇指为他点赞：“老伴儿，你真棒！我爱你！”我们俩紧紧地拥抱在一起，悲喜交加。手术后，医生曾嘱咐我：“让他多写字，既能练习手，也能对大脑恢复有好处。”但他十多年来从未拿过笔，更没想过让他写字。看到他会说话了，我写心得时，就有意开始教他写字，一笔一画地教。功夫不负有心人，经过反复练习，他现在可以歪歪扭扭地写出“学习弟子规”五个字。失而复得的语言表达和书写功能让我喜出望外，激动得眼泪都掉下来了！

第二，主动为家人做早餐。学习养成习惯了，他就惦记着早点儿吃饭，按时听课。一个周六的早晨，他居然早早起来做好早餐，叫我快点儿吃，集体学习可别迟到啦！多年来老伴儿整天闷在卧室里，从不和家人在一起吃饭，从不跟他人接触，衣物乱扔乱放，更别提做饭啦。现在竟有这样的变化，我的心里别提多高兴啦。

第三，能力所及做家务。2020 年 3 月 18 日，我儿子把我们从商丘市接回夏邑县城。第二天，老伴儿就像变了个人似的，开始打扫庭院，给院内两个小花园除草、施肥、修剪花木。我提醒他："别干啦，小心累着。"他用手示意着："没事儿！"他有时候帮我摘菜、洗碗、拖地，有时还和我一起去超市购物，自己的衣物摆放得整整齐齐。孩子们都说："老爸变了，有精神，心态好！"一家人有说有笑，共学共享，其乐融融。

从老伴儿鲜活的例证中我看到《郭文斌解读〈弟子规〉》惊人的能量和生命力，感谢《弟子规》开启我老伴儿崭新的人生。《弟子规》不仅是孩子学习的经典，而且也应该是所有人都学习的生命智慧，谁学谁受益，早学早受益！

折磨老母亲十几年的病为啥不治而愈

河南省郏县文明十二家　王军伟

我叫王军伟，是郏县教师进修学校副校长，在郏县文明十二家中是诚信之家。新时代文明家风共学平台组织第一轮网上共学时，我带领全家八口人，每天观看《郭文斌讲解〈弟子规〉》。通过学习和践行，兄弟妯娌和睦了，母亲多年的病好了，晚辈们对中华文化生起了景仰、向学之心。

我对《弟子规》并不陌生，过去至少两次系统地学习过两位老师讲解的《弟子规》。在张广老师倡导学习《郭文斌讲解〈弟子规〉》的初期，并没有引起我的重视。我觉得《弟子规》大家都学过多次了，再学是不是浪费时间？虽然那些天不能出门，但每天的学习任务和需要办的事情还是很多的，有点儿不想为此浪费时间的想法。但是，考虑到家里还有几个人，特别是有几个未成年人，就觉得应该组织他们学一学，基于这样的动机我们开始了全家的共学。

随着几天的学习，我发现郭文斌老师解读《弟子规》，与其他老师讲解《弟子规》完全不是一个风格。郭老师从人的生命力重建的角度切入，运用现代自然科学和社会科学的最新研究成果，结合儒家经典的智慧和中国当今社会的现实，用广阔的视野和深邃的透析，解读《弟子规》对人的生命力构建的根本意义。这是目前来说我们所能够学到的最系统、最新颖、最深刻、最让人信服、最有用的传统文化经典课程。

在学习的过程中，大家每天都全神贯注地看视频，畅所欲言地谈感受。上至 78 岁的老母亲，下到 8 岁的小侄女，都能够积极分享，真正达到了全家共学、共同提高的效果。随着学习的深入，我更认识到，学是明智的！如果不学的话，可能全家就要错过一次重大的全面提升机会！

十多年来，我和弟弟两家关系不和睦，老母亲为此担忧受煎熬。因为心情不舒畅，常年消化不良，经常拉肚子，任何油腻、荤腥的食物都不敢吃。她每天都是靠面汤和馒头充饥，晚上还经常失眠，浑身疼痛。为了减轻母亲的病痛，我带母亲到多家医院住院治疗，医生都说没有啥病，只好出院回家，但消化不良和浑身疼痛始终不能根治，人瘦得只有八十多斤，我也很心疼。

通过新时代文明家风共学平台组织第一轮网上共学，尤其是听了郭文斌老师母亲在悌道上的感人故事，再看看母亲因为忧虑我们兄弟妯娌不睦而身心不安，我们都深受教育并深感惭愧，更深刻地领会了“兄弟睦，孝在中”。于是，全家人的思想发生很大变化，我和弟弟两家人之间的关系也大大改善。弟弟主动为我和母亲按摩、洗脚，弟媳争着承担做饭、洒扫等家务，嫂子主动承担起全家的生活开支和繁重的家庭后勤工作，还购买学习资料让大家学习。

三代人抓住时机共同学习，在疫情中其乐融融地度过了几个月珍贵的幸福时光。全家人关系的融洽和谐，母亲看在眼里、喜在心上，逢人就说她现在是最幸福的人。心中无愁身轻安，老母亲十几年的病痛奇迹般地不治而愈了。她现在每天在学校食堂吃饭，学生吃啥她吃啥，根本不存在消化不良的问题了；晚上睡觉安稳，白天还帮厨干活儿，好像又年轻了十几岁。

郭文斌老师讲解的《弟子规》课程，是人生至理；文明十二家建设工程是人间正道。感谢郭文斌老师、张广老师、许建国老师带领全国的家人们共学大道、共建和谐、共享幸福！

我的重度抑郁症重度失眠偏头疼咋好的

河南省登封“天地之中”文明十二家　王建芳

我叫王建芳，54 岁，普通家庭主妇，一儿两女。一个偶然机会，接触登封“天地之中”文明十二家，学习郭文斌老师解读《弟子规》课程，对生活有了全新认识。

以前我性子急，脾气倔，说话不好听，遇事不冷静，总拿自己的想法要求别人，造成家庭破裂。怨孩子爸爸、怨公婆，怨得自己一身病，重度抑郁，重度失眠，偏头疼，到处寻医问药。

通过学习，知道自己错了，明白多年来身体不好都因不孝公婆而起。老师讲，学习要体现在行动上。就给孩子爸爸打电话，说明自己学习后的想法，准备给二老赔不是，让他做二老的工作。他先是惊讶，后做二老的工作。

二老答应见我。腊月初二，我早早起床，买来肉馅，打馅，和面，给二老包饺子。公婆最爱吃饺子。买来点心，带好礼物，怀着一种特别的心情，上路了。

见到公爹，我就给他们跪下了，一声“我错了”，就把泪盆子打翻了。婆婆抱着我，也哭得撕心裂肺一般。说，你哪有错，把三个孩子照顾得那么好，我们应该感谢你！没想到她老人家会这么说。更觉得自己当年不该任性离婚，让二老难过。

婆婆扶我起来，要给我做饭。我说我带了饺子，说着，就给二老下。

好多年不见了，婆婆不停地问寒问暖，问几个孩子，问我病情，我的心，就像锅里的饺子一样翻腾，全身充满了暖流，直觉得和公婆的心通了，也觉得把他们爷孙的根给连上了。

那天，我深深地体会到，认错也是一种幸福，也是一种治疗。

回来的路上，我的身体格外轻盈，心想，回去得给大家分享一下，题目就叫《与公婆连心，给儿女连根》。

现在，我的重度抑郁症，重度失眠，偏头疼，全好了。

我是如何让自闭症孩子痊愈的

河南省新安县樱桃小镇文明十二家发起人　张进巧

我叫张进巧，理发师，乡村志愿者，也是新安县樱桃小镇文明十二家发起人。

学习《郭文斌解读〈弟子规〉》课程两年多时间了。

第一轮跟着“全国文明十二家”共学到第十集时，心里豁然开朗。老师讲，天地万物为一体，我们是一个命运共同体！从那天开始认真学习，每集都写感悟。

第二轮我一集都没落下，听课写感悟。

第三轮订了《郭文斌解读〈弟子规〉》40本，开始在我的理发店每周三领众共学。每次共学我都写践习感悟，并制作美篇，发到网上，有11万人阅读。

有位大嫂说：“没学习前，整天看丈夫的不是，闹得不愉快，现在学习啦，懂得谦让，会换位思考，想别人的不容易，家里笑声多了，日子别提多滋润。”

一位朋友介绍，有一位小学校长，夫妻感情不和，要离婚，孩子自闭症辍学。我知道后，马上去见他们，推心置腹地谈一个上午。我不会说教，他们每提一个问题，我就现场把《郭文斌解读〈弟子规〉》打开，找到对应章节去劝说，让他们很佩服。

最后我提议建立一个群，陪他们一起学习，每周一集，必须写感悟，每周六分享心得。我的真诚感动了他们！他们学习得可认真了。到第三周奇迹发生了！三个月孩子都没下楼，竟然在他们的引导下，一起回老家看望奶奶！

还有一位教师教小学三年级，第一次听我分享后，打电话问我分享的都是在哪学的,我告诉她《郭文斌解读〈弟子规〉》上,也把她拉进群里。前几天晚上,她打电话高兴地说:“我变啦!以前教孩子题,她们不会,我恨他们,整天板着脸,怒目圆睁,自己快累死了,现在通过学习,变得柔和啦!”我说:“你要感恩孩子们,促进了你生命的成长!”她很吃惊地说:“我咋没这境界,没这格局,我得好好学习这本书,把它当宝贝,来提升自己!”

我越来越强烈地体会到,帮人最快乐。就更加自觉地下乡做公益,免费理发,上门为行动不便的老人理发,给去世的老人剃头,不喝群众一口水。遇到老人讲老人之道,遇到女人讲为妻为母之道。一个村一个村地去讲,去做,走过了十几个村庄,把“庙头”文明十二家也建立起来了,每天晚上共学!

我每天写成长感悟,转发 10 个群里,影响了无数人。2020 年被评为“新安县巾帼志愿者”,2021 年被评为“河南省孝贤之星”。

感恩郭老师,让我的生命焕然一新!现在,我终于明白老师讲的,成长自己是头等大事,而要成长自己,就要全心全意为人民服务!

儿子是如何戒掉网瘾的

河南省襄城县“山前古庄”文明十二家　李　景

我叫李景,河南省襄城县湛北乡山前古庄村村民,今年 51 岁。

曾经,我的家庭可谓是鸡飞狗跳:我们夫妻俩三天两头吵闹,女儿婚姻不顺,初中的儿子辍学,经常泡网吧不回家,把身体损耗得瘦骨嶙峋,我愁得没法儿,每天在煎熬中度日。

后来,有幸接触到中华优秀传统文化,明白了“我是家庭问题的根源”，我好了，家就好了！我开始每天诵读《弟子规》。我只有小学二年级文化，诵读经典像啃西瓜皮，但我不气馁，坚持每天读。我到多地参加学习班，课堂上我认真听讲，生怕漏听老师的一句话。

经过学习，我决定不再外出挣钱了，我要在家补孝道课。娘家妈有病，我形影不离伺候了十一个月，直到离世。接着公爹重病卧床，我擦屎刮尿伺候了一年半，直到离世。我学着柔声细语和丈夫和和气气地说话。丈夫对我的态度也变了，也能尊重我的想法了。我对儿女也不再强势、抱怨，从改变自己开始去影响孩子。慢慢地我们家欢笑声多了，曾经的鸡飞狗跳再也没有发生过。儿子现在不泡网吧了，开始外出打工自食其力，还主动将借舅舅和姐姐的钱还上，以前不接我和丈夫的电话，现在主动打电话，对我和丈夫嘘寒问暖。儿子说，我已经是 20 岁的大人了，以后不能再让你们为我闹心、操心、担心了。为了能让传统文化课堂开到俺村，我经常找支书表达愿望。2019 年 11 月，我们成立了“山前古庄”文明十二家，村支书任会长，我被大家推选为副会长。2020 年暑假，在家风志愿者的帮助下，我组织村上孩子们开始每天早上诵读《弟子规》。2020 年暑假开始，我县家风志愿者每周一次的线下家风共学在我们村老村委院进行，每周大家都要观看一集《郭文斌解读〈弟子规〉》。后来，我们的家风夜课也开始了，每天晚饭后，家风课堂的灯就亮起来了。村民们三五成群地赶来，互相说说家里的开心事、烦心事。我能开导的开导开导，不能开导的，就推荐他们看老师的讲座视频。慢慢地参加学习的村民受益了，改变了，家庭和谐了，身体健康了，能积极主动奉献爱心了。重阳节，我们开展“爱心饺子宴”等敬老爱亲活动，村民自愿捐钱捐物，像过年一样热闹！

越来越多的村民加入到家风志愿服务中来，大家主动担当，打扫公厕、为老人理发、到家风课堂领学，村里的好人好事接连不断出现。

我看在眼里，喜在心上。没有想到我这样一个小学二年级农村妇女，通过努力学习新时代文明家风，不仅可以让自己家庭和谐，而且还可以带动父老乡亲们过上开心幸福的好日子！

一分耕耘，一分收获。2019 年我家被评为湛北乡“孝贤之家”，2021 年被评为襄城县“最美家庭”。

心大了，事就小了

河南省襄城“千年古县”文明十二家观察员　李春平

我是一名幼儿教师，从事幼儿教育多年。先生在平煤集团上班，儿子 17 岁参军，已服役十年。女儿正在念高中。日子一直过得顺意。一年前因为儿子的婚事，却让我焦头烂额。

2019 年春节，儿子探亲时把女朋友带回来了。湖南女孩，人挺可爱，但身高反差太大了。儿子一米八四，女孩还不到一米六。就劝儿子再找一个。可托亲戚朋友介绍的，他都不愿意。只好默认。

2020 年清明前，儿子打电话要我们去湖南见见女孩的父母，我们也正想见见亲家把婚事订下，就去了。不想亲家却说：“俺就这么一个闺女，嫁到河南不放心，房子得买到俺这儿，您只要付个首付，结婚时俺啥彩礼都不要。”

这可难倒了我，心里是一百个不愿意！还是先生智慧，说：“俺家族人多，得回家商量商量。”摆脱了僵局，儿子和我们一起回了家。一家人都不同意儿子去湖南，理由是孩子远去湖南，有个啥事没人帮忙，多作难！再说我们老了怎么办？可是儿子真是大了，他愿意去湖南定居。

那段时间我整日精神恍惚，好像掉入了亲家精心设计的陷阱之中，无法自拔。就在这时，我所在幼儿园的郭园长把我拉进“襄城千年古县”文明十二家的微信学习群，成了名观察员，每天可以在群里观看《郭文斌解读〈弟子规〉》的视频。慢慢地我心中的坚冰开始融化。当我学到第 43 集《心底无私天地宽》时，我顿时觉得堵塞的心畅通了。我反问自己：儿子去湖南，我都如此不舍，人家女儿远嫁河南，她父母能舍得吗？《弟子规》有言：“将加人，先问己；己不欲，即速已。”儿子说，“个儿高个儿低都一样，湖南、河南都一样。”这不正是郭文斌老师讲的“都一样”吗？儿子是军人，若没有高远的格局，如何保家卫国？

去年 5 月 4 日，儿子和儿媳顺利地步入了婚姻的殿堂，亲家也兑现了“不要彩礼”的诺言。现在我们一家五口虽没在一起生活，但是心却在一起，儿子儿媳有事总征求我们的意见。女儿正值高考季，我常用《郭文斌解读〈弟子规〉》的精神开导她，让她缓解压力，劳逸结合，学习状态很好。

心情一好，我家先生也主动戒烟了。

学习让我的生命得以舒展，也让我的家庭回归了安详和喜悦，现在我每天带班上的孩子们晨读《弟子规》，力行《弟子规》，让《弟子规》精神深深扎根于孩子们的心中。

婆婆也是妈

河南省襄城“千年古县”文明十二家　李肃鲜

家庭环境的原因，我从小是放养式长大的，所以养成了独立自主、不愿意受约束的性格。结婚后，我不喜欢婆婆干预我的事情，尤其不喜欢婆婆唠唠叨叨。

婆婆操心惯了，小姑的衣服放在哪儿？侄子的鞋子怎么刷？先生的袜子怎么叠？事无巨细，她都要管。记得有一次，先生拿回来几双穿脏了的白色袜子，我用肥皂洗了好几遍，都没有办法把袜子上的黄色给洗掉。婆婆看见了就说："你看这洗的啥袜子？黄色都没洗掉，你看看你，连只袜子都不会洗！"我委屈极了，觉得如此优秀的我，在这个家竟然得不到婆婆的肯定！傲慢心、狭隘心、不服人的心油然而起，感觉婆婆说话、做事都是在找我的茬儿。我和婆婆的关系越来越疏远。那时的我面黄肌瘦，还有些神经质。

我的这种状态不仅影响了我的身体，还殃及了我的孩子。有一次，儿子在学校表现不好，老师向婆婆反映情况。结果是婆婆怨我，我怨婆婆。先生回家看到生气的婆婆和掉眼泪的我，不知道怎么办好。他转头想走，被我给叫住。我对他是一顿嚷嚷。先生也恼怒了，拉住儿子噼里啪啦一顿打。孩子的哭声、婆婆的指责声、先生摔门离去声……大家可以想象当初我家是如何的鸡犬不宁！

《郭文斌解读〈弟子规〉》视频第五集《〈弟子规〉里蕴藏的能量》中说："养老本身是育儿，当我们孝敬老人，老人高兴了，孩子受到的家庭环境就是祥和的、温暖的。"这句话深深地教育了我。通过反思，我才知道自己之前错得一塌糊涂！家是讲爱的地方，不是讲理的地方——我最大的错是傲慢地和婆婆讲理。婆婆为这个家操碎了心，婆婆是我们家的大功臣。做儿媳妇的，我理应孝敬婆婆，顺婆婆的心、从婆婆的意。《弟子规》中讲"父母教，须敬听；父母责，须顺承"。我想：要获得家庭的幸福，就要突破婆婆这一关，那就从安抚顺从婆婆开始做起吧。

为了进一步搞好婆媳关系，在家风建设过程中，我学一点儿，马上就做一点儿。有一次在我们文明十二家的学习会上，王会长提议回到家要学会大声喊爸妈。这个提议说起来容易，但对我来说做起来可难了。“大声喊妈。”——那天回婆婆家，一路上我都在默念这句话。自己从来没有大声喊过妈，不知道婆婆听到后会是怎样的表情。为了婆媳关系更好，我豁出去了！到婆婆家大门口时，我清了清嗓子，大声喊道：“妈，你儿媳妇带着孙子、孙女回来啦！”连喊三遍。只见婆婆急急忙忙从厨房出来，喜笑颜开地迎接我们，说：“赶紧进屋，赶紧进屋，你们回来得正好，午饭刚刚做好，马上吃饭！”先生和我高兴地到厨房帮婆婆端菜盛饭，一家人乐乐呵呵地吃了一顿团圆饭。大声喊妈，温暖了婆婆的心，也赢得了先生的赞美。

现在我和婆婆的关系如同母女一般。疫情期间，我每天早早起床为全家准备早餐，并和婆婆一起学习《郭文斌解读〈弟子规〉》。我夸婆婆是位爱学习的人，婆婆夸奖我现在越来越会说话了。有一次我在《家风践行日记》里面写到了婆婆，被婆婆偷偷看了。第二天做饭时，她笑着对我说：“我以后得好好做，如果做不好，你就把我给宣传到全国各地了。”看，婆婆也学会幽默了！

婆婆也是妈。敬顺婆婆，让我收获了和谐的婆媳关系。

这一年是我的“《弟子规》年”

河南省孝行中原教育研究院院长　孟　亮

2020 年 2 月开始，有缘跟随新时代文明家风共学平台，学习《郭文斌解读〈弟子规〉》视频课程。52 集课程深深地吸引了我、触动了我、感动了我，让我第一次感受到一本《弟子规》所蕴含的人生大智慧，让我第一次感受到《弟子规》所蕴藏的生命能量。

2013 年前后，我主持河南《东方今报》洛阳中心工作，也曾带领同事集体诵读《弟子规》，每天一遍，坚持了近两年。效果如何呢？只是诵读而已，很少“动手”，更少“动心”。

这次学习让我照见了埋压在自己心灵深处的陈年污垢，给我指明了前行的方向，并给予了我极大的动力，我决心按照郭老师的教诲改变自己。

我过去也做点儿家务活儿，但那时以为是替爱人做的。在家办公的这两个月里，我主动承担起了家务。爱人经常批评我在孩子面前废话多，过头话多，把握不住分寸。通过这次深度学习，我就用《弟子规》的训谕来不断提醒自己“我错了”“话说多，不如少”。

从读书方法到关爱家人时的念头，从拖地时的觉知到晨读时的心态，我开始有意识地训练自己的觉察力，开始观照念头，不断提醒自己“事虽小，勿擅为”。

通过反思我还认识到，作为一家之长，过去我承担得太少，担当得太少，以至于让家里出现了这样那样不该出现的问题。无论大问题还是小问题，根本上讲都是我的问题，都是我不学习、不成长、不担当、没智慧造成的问题。

一人变，全家变。爱人和两个孩子达成共识，每周家庭集体学习一集《郭文斌解读〈弟子规〉》。大学毕业二十多年，我从来不主动锻炼身体。通过学习，我开始每天坚持晨练一套松筋保健操至今，从未间断。当爱人主动跟我一起晨练时，那种夫唱妇随的感觉真是幸福啊！

作为河南省孝文化促进会常务副会长兼秘书长，我想这么高能量的课程不能独享。我迅速给会长汇报并安排会里的公众号持续转载《郭文斌解读〈弟子规〉》讲座视频，同时，持续连载转发许建国老师等人的系列感悟文章。每篇感悟文章我都认真学习。

在我的建议下，河南省孝文化促进会全年全员学习《郭文斌解读〈弟子规〉》系列课程，每位副会长的标配是：一个 52 集课程 U 盘和一本《〈弟子规〉到底说什么》。

从 2020 年 2 月至今，我每天坚持早晚各诵读一遍《弟子规》，并发到工作群和亲友群里。商丘、三门峡、濮阳等地的干部群众、学校师生也纷纷响应，每天早晚跟读，有的还带着儿子、孙子共读，掀起了《弟子规》诵读热潮。

这一年，我觉得是我的"《弟子规》年"。从晨醒到夜眠、从年初到年底、从声音到文字、从言语到行动、从家庭到单位、从亲人到朋友、《弟子规》时时处处陪伴我，助我提升，助我改变，助我前行，成为一年来的主旋律。

《弟子规》这么好，接下来，我将发挥河南省孝文化促进会的平台优势，推动《郭文斌解读〈弟子规〉》在一些项目试点村镇进行常态化深度共学，使其在净化人心和培育文明乡风、良好家风、淳朴民风方面发挥积极有效的作用，助力乡村振兴和文明共建，为实现两个一百年奋斗目标和中华民族伟大复兴做出应有的贡献。

后记

这本书的出版，本身就是一个“传奇”。

2021年4月10日，百花文艺出版社在京举办“名家散文书系”新书发布会，因《中国之中》忝列其中，出版社邀请我出席。和社长薛印胜先生、丛书策划王燕主任一起用餐时，谈及疫情期间“文明十二家”团队为了帮助人们降低恐慌，组织大家在“学习强国”观看由海口电视台录制的五十二集《郭文斌解读〈弟子规〉》，不想很多人都收到了意外的效果，不但降低了恐惧，还发生了许多“奇迹”（见本书附录）。后来，就出现了让人十分感动的一幕，“文明十二家”团队居然组织志愿者把这五十二集节目的视频字幕听打了出来，凑份子打印成书，向大家赠送，方便更多的人学习。印胜社长被这种自发的民间出版行为感动，让王燕主任尽快调研，开展选题论证。

五月初，王燕主任就开始了实地考察。当她得知这套课程不但在疫情期间帮助人们有效降低了恐惧，还被人们作为和家兴企、乡村振兴的重要教程，特别是在探索降低抑郁率、离婚率、犯罪率等方面收到很好的实验性成果时，她也被感动了。她说，不说别的，就抑郁症来说，已经成为一个巨大的社会问题，心理学干预，又显得力不从心。而“寻找安详小课堂”十年来做出的探索，给了她信心。从受益者的“现身说法”得知，不少在全国看了一圈也收效甚微的重度抑郁症患者，在“寻找安详小课堂”通过学习这套课程，不打针、不吃药，居然缓解了，有的甚至彻底康复了，这是多么鼓舞人心的实践。如果这本书的出版，能够帮助这些无助的家庭走出困境，也是出版人给社会做出的一份贡献。

不久，我就接到她的电话，论证会上，社领导一致同意出版。

十分惭愧的是，我居然没有时间坐下来，将这本书精心打磨。

让我感动的是，编辑用大半年的时间把书稿去口语化。

2022 年 2 月底，我收到了清样，一页页阅读，非常感动。为之，出版社付出了巨大的劳动。但对于我这个完美主义者来讲，觉得编辑还是太“手下留情”了。我决定用两个月时间，把它彻底改成像《寻找安详》《醒来》《中国之中》那样可供大家朗读的纯书面语文本。我每天在朋友圈转发的朱永利、张潇月、崔金英、宁欢、刘一然、高娟、闫会娜、毛海群、杨新华、郭嘉佑等读者的朗读，他们之所以把拙著《农历》《醒来》《寻找安详》《中国之中》在“喜马拉雅”“荔枝”平台反复朗读，大多超过十遍，其中刘一然小朋友已经把《农历》读了三十遍，在七岁前就基本完成识字任务，就在于这些书是我反复修改过的。一边朗读，一边修改，力争做到文气顺畅，不多一字，不少一字，以朗读时自己感觉身心愉悦、没有阻滞为止。包括分段，我都要一次次地试，从哪儿起，到哪儿止，更能让文气自在。在我看来，文气通心气。能养自己的气，就能养读者的气。

可出版社反馈意见：“恐怕等不及，不少订户已经催得不行了，还是先印吧，让大家先用着，我们再从容改一版纯书面语的。再说，书面语有书面语的好处，口语有口语的好处。口语保留了讲课时的场态，有代入感。”

没想到，首印的一万册很快就发售完了。出版社催我赶快修订书稿，安排重印。我就向全国深度阅读本书的读者征求修改意见。

这时，河南财经政法大学的杜卫东老师已经把本书在“喜马拉雅”朗读了两遍；“文明十二家”发起人张广先生安排全国“文明十二家”团队以每周课程的形式学了两轮；“寻找安详小课堂”更是配合线下课程的应用，班主任张润娟和驻会志愿者李伟、张晋、朱丽娥、张金霞以及“寻找安详早课”的主持人杜瑞红等同学也是反复研读，他们都反馈来一些需要修改的部分，我把它们汇总，发给出版社，让他们尽快改版印刷。

在此，特别感谢北京建瓴启华教育集团的叶建灵和贾玉文老师在每天的早晚直播课上向全国同学复讲、推介；感谢汉菽集团的穆浩雄董事长随产品配赠受众；感谢所有为这本书的出版、发行付出爱心的朋友！

2022 年 11 月 10 日郭文斌于阅海万家

弟子规

总　叙

弟子规	圣人训	首孝悌	次谨信
泛爱众	而亲仁	有余力	则学文

入则孝

父母呼	应勿缓	父母命	行勿懒
父母教	须敬听	父母责	须顺承
冬则温	夏则凊	晨则省	昏则定
出必告	反必面	居有常	业无变
事虽小	勿擅为	苟擅为	子道亏
物虽小	勿私藏	苟私藏	亲心伤
亲所好	力为具	亲所恶	谨为去
身有伤	贻亲忧	德有伤	贻亲羞
亲爱我	孝何难	亲憎我	孝方贤
亲有过	谏使更	怡吾色	柔吾声
谏不入	悦复谏	号泣随	挞无怨
亲有疾	药先尝	昼夜侍	不离床
丧三年	常悲咽	居处变	酒肉绝
丧尽礼	祭尽诚	事死者	如事生

出则悌

兄道友	弟道恭	兄弟睦	孝在中
财物轻	怨何生	言语忍	忿自泯
或饮食	或坐走	长者先	幼者后

长呼人	即代叫	人不在	己即到
称尊长	勿呼名	对尊长	勿见能
路遇长	疾趋揖	长无言	退恭立
骑下马	乘下车	过犹待	百步余
长者立	幼勿坐	长者坐	命乃坐
尊长前	声要低	低不闻	却非宜
进必趋	退必迟	问起对	视勿移
事诸父	如事父	事诸兄	如事兄

谨

朝起早	夜眠迟	老易至	惜此时
晨必盥	兼漱口	便溺回	辄净手
冠必正	纽必结	袜与履	俱紧切
置冠服	有定位	勿乱顿	致污秽
衣贵洁	不贵华	上循分	下称家
对饮食	勿拣择	食适可	勿过则
年方少	勿饮酒	饮酒醉	最为丑
步从容	立端正	揖深圆	拜恭敬
勿践阈	勿跛倚	勿箕踞	勿摇髀
缓揭帘	勿有声	宽转弯	勿触棱
执虚器	如执盈	入虚室	如有人
事勿忙	忙多错	勿畏难	勿轻略
斗闹场	绝勿近	邪僻事	绝勿问
将入门	问孰存	将上堂	声必扬
人问谁	对以名	吾与我	不分明
用人物	须明求	倘不问	即为偷
借人物	及时还	后有急	借不难

信

凡出言	信为先	诈与妄	奚可焉
话说多	不如少	惟其是	勿佞巧
奸巧语	秽污词	市井气	切戒之
见未真	勿轻言	知未的	勿轻传
事非宜	勿轻诺	苟轻诺	进退错
凡道字	重且舒	勿急疾	勿模糊
彼说长	此说短	不关己	莫闲管
见人善	即思齐	纵去远	以渐跻
见人恶	即内省	有则改	无加警
唯德学	唯才艺	不如人	当自砺
若衣服	若饮食	不如人	勿生慼
闻过怒	闻誉乐	损友来	益友却
闻誉恐	闻过欣	直谅士	渐相亲
无心非	名为错	有心非	名为恶
过能改	归于无	倘掩饰	增一辜

泛爱众

凡是人	皆须爱	天同覆	地同载
行高者	名自高	人所重	非貌高
才大者	望自大	人所服	非言大
己有能	勿自私	人所能	勿轻訾
勿谄富	勿骄贫	勿厌故	勿喜新
人不闲	勿事搅	人不安	勿话扰
人有短	切莫揭	人有私	切莫说
道人善	即是善	人知之	愈思勉

扬人恶	即是恶	疾之甚	祸且作
善相劝	德皆建	过不规	道两亏
凡取与	贵分晓	与宜多	取宜少
将加人	先问己	己不欲	即速已
恩欲报	怨欲忘	报怨短	报恩长
待婢仆	身贵端	虽贵端	慈而宽
势服人	心不然	理服人	方无言

亲仁

同是人	类不齐	流俗众	仁者希
果仁者	人多畏	言不讳	色不媚
能亲仁	无限好	德日进	过日少
不亲仁	无限害	小人进	百事坏

余力学文

不力行	但学文	长浮华	成何人
但力行	不学文	任己见	昧理真
读书法	有三到	心眼口	信皆要
方读此	勿慕彼	此未终	彼勿起
宽为限	紧用功	工夫到	滞塞通
心有疑	随札记	就人问	求确义
房室清	墙壁净	几案洁	笔砚正
墨磨偏	心不端	字不敬	心先病
列典籍	有定处	读看毕	还原处
虽有急	卷束齐	有缺坏	就补之
非圣书	屏勿视	蔽聪明	坏心志
勿自暴	勿自弃	圣与贤	可驯致